KB043280

| 비판적 도해력 |

CRITICAL GRAPHICACY

비판적 도해력 · CRITICAL GRAPHICACY

초판 1쇄 발행 2015년 2월 27일

지은이 울프-마이클 로스 · 릴리앙 포제르-아르덴지 · 한재영
옮긴이 한재영 · 강창숙 · 오연주 · 김용진 · 홍준의

펴낸이 김선기
펴낸곳 (주)푸른길
출판등록 1996년 4월 12일 제16-1292호
주소 (152-847) 서울특별시 구로구 디지털로 33길 48 대륭포스트타워 7차 1008호
전화 02-523-2907, 6942-9570~2
팩스 02-523-2951
이메일 purungilbook@naver.com
홈페이지 www.purungil.co.kr

ISBN 978-89-6291-273-9 93370

■이 도서의 국립중앙도서관 출판예정도서목록(CIP)은 서지정보유통지원시스템 홈페이지(http://seoji.nl.go.kr)와 국가자료공동목록시스템(http://www.nl.go.kr/kolisnet)에서 이용하실 수 있습니다.(CIP제어번호: CIP2015004502)

CRITICAL
GRAPHICACY

학교 교육에서 시각적 표상의 이해와 활용

비판적 도해력

지은이

울프-마이클 로스·릴리앙 포제르-아르덴지·한재영

옮긴이

한재영·강창숙·오연주·김용진·홍준의

푸른길

서문

교과서는 고등학교에서 가르치고 배우는 데 주도적인 역할을 한다. 교사 149명을 대상으로 한 설문에서 생물을 공부하는 학생들은 학년에 따라 일주일에 교과서 10~36쪽을 읽어야 하는 것으로 나타났다.[1] 그러므로 교과서가 학생들에게 어느 정도의 문해력(literacy)을 요구하는지 질문했어야 하지만, 과학 교재, 특히 교과서의 질을 비판적인 관점에서 논의한 연구는 거의 없다. 이러한 점에서 우리는 이 책을 통하여 텍스트 주위에 있는 **시각적 자료**(inscription; 이 책에서는 시각자료라고 명명한다)를 읽고 해석하는 활동에 대해서 이야기해 보려고 한다. 이 책 전체를 관통하는 질문은 다음과 같다. "시각자료를 읽는 데 해야 하는 일이 무엇일까?", "교과서는 학생들이 과학 텍스트를 **비판적으로** 읽는 데 필요한 도해력의 발달을 돕는가?" 좀 더 구체적인 질문은 다음과 같다. "시각자료, 캡션, 본문을 읽는 과정은 어떠한가?", "교과서에 있는 시각자료를 읽는 데 필요한 일은 무엇인가?" 즉 우리는 시각적인 자료(시각자료)를 읽고, 이해하고, 해석하는 데 무엇이 필요한지 아는 데 관심이 있고, 또 그것을 **비판적인** 방식으로 활용하는 데 무엇이 필요한지 아는 데에도 관심이 있다. 특정한 정치적 입장을 가진 시민으로 TV나 신문, 잡지에 나오는 표현을 선택해서 사용할 줄 아는 교양 있는 사람이 되려면 그전에 반드시 언어(텍스트, 말)나 시각자료를 비판적으로 사용할 수 있어야 한다.

이 책은 학생들에게 '진정한 과학(authentic science)'을 가르치려는 것에 대한 관심에서 출발하였다. 문자 이외의 다양한 시각자료는 모든 학문 분야에서 이론적 모형을 나타내는 데 중요한 역할을 한다고 알려져 있다. 그러나 우리는 시각적 표상이 일반적으로 학생의 비판적인 문해력을 높이는 데 기여하지 못한다는 점에 주목하였다. 이러한 비판적 문해력을 이 책에서는 **비판적 도해력**(critical graphicacy)이라고 표현한다. 우리는 수년간 과학에서 시각적 표상을 가지고 학습하는 데 필요한 읽기 작업이 무엇인지 분석하는 많은 프로젝트를 수행하였다. 그 연구들은 *Journal for Research in Science Teaching, Science Education, British Journal of Educational Research, Journal of Curriculum Studies, and Cybernetics & Human Knowing* 등의 학술지에 실렸으며, 이러한 성과를 이 책의 출발점으로 삼는다. 이 책에 쓰인 시각적 자료와 내용은 이들을 재구성한 것이며, 책의 전체에 걸쳐 일관성 있게 구성되도록 노력하였다.

이 책이 나오기까지 여러 곳에서 지원받은 것에 감사한다. 울프-마이클 로스(Wolff-Michael Roth)는 캐나다의 인문사회과학연구위원회(Social Sciences and Humanities Research Council)로부터 여러 지원을 받았으며, 이를 통해 릴리앙 포제르-아르덴지(Lilian Pozzer-Ardenghi)와 같은 대학원생과 연구보조원들이 데이터베이스를 구축할 수 있었다. 한재영은 한국과학재단에서 해외 박사 후 연구원 장학금을 받아 울프 마이클 로스의 지도하에 빅토리아 대학교에서 1년간 연구를 수행하였다. 이렇게 지원해 준 기관에 감사하며, 이 책의 내용에 대한 책임은 우리에게 있음을 밝힌다.

우리는 과학 시각자료에 대한 연구를 처음 시작할 때 대학원생으로 연구를 보조한 G. 마이클 보엔(G. Michael Bowen)과 미셸 K. 맥긴(Michelle K. McGinn)에게 감사한다. 2003년과 2004년 사이에 CHAT@UVic 연구 집단에 있었던 모든 사람들(Diego Ardenghi, Leanna Boyer, Damien Gyvry, Maria Ines Mafra Goulart, Michael Hoffman, 황성원, Yew Jin Lee, Giulian dos Reis)과 함께 특히 화학 표상의 활용에 대한 우리의 생각을 검토할 수 있었다. 로버트 앤서니(Robert Anthony)가 사진에 대한 우리의 텍스트에 비판적으로 응답해 준 것에도 감사한다.

차례

글을 시작하기에 앞서

모든 이미지(image)에는 그것을 보는 방식이 따로 있다. 사진도 그렇다. 흔히 사람들이 사진을 기계적인 기록의 하나라고 생각하지만, 그렇지 않다. 우리는 사진 한 장을 볼 때 사진사가 여러 광경 중에서 그 장면을 선택했다는 것을 어느 정도 알 수 있다. 아주 일상적인 가족 스냅 사진에서도 이러한 점은 마찬가지이다. 사진사가 대상을 보는 방식에 따라 대상을 선정하는 것이 달라진다. 하지만 모든 이미지가 보는 방식을 가지고 있다고 하더라도, 우리가 이미지를 지각하고 감상하는 것은 우리의 보는 방식에 따라 달라진다.1

현대인은 시각 문화 속에 살고 있다. 인쇄물, 컴퓨터, 텔레비전은 텍스트가 아닌 그래픽으로 넘쳐 난다. 지도, 차트, 도표(diagram), 표, 그래프 등등. 이런 텍스트 이외의 그래픽을 흔히 시각자료라고 부르는데, 이것은 복잡한 정보를 종합하거나, 말로 기술하기 어려운 현상을 나타낼 때, 자료를 간결한 방식으로 제시할 때 사용한다. 어떤 경우에는 속담에서 말하듯이 하나의 그림이 '천 마디 말의 가치'를 가질 수 있다. 그러나 잘 드러나지도 않고 의심 받지도 않지만, 시각자료는 선택과 제외, 보는 방식과 보지 않는 방식, 포함과 배제 등을 그 안에 담고 있다. 캐나다 빅토

그림 1. 저자 중 한 명이 비행기에서 우기에 찍은 캐나다 빅토리아 연안 조지아 해협의 멋진 저녁 풍경

리아 연안의 조지아 해협에 있는 산후안 섬의 사진을 보자(그림 1). 일몰 노을빛이 멋지게 비친 수많은 섬과 구름, 이런 사진은 브리티시컬럼비아 주로 여행객을 끌기 위한 광고에서 쉽게 볼 수 있다. 우리는 이런 사진을 브라질, 독일, 한국 등 먼 곳에 있는 가족에게 보내서 여기가 얼마나 멋있는 곳인지 말해 주기도 한다. 또한 이러한 사진을 웹 사이트에 올리거나 이메일에 첨부하여 캐나다의 다른 지역 사람에게 보내서 타 지역이 아직 눈에 덮여 있을 때 이곳의 3, 4월이 얼마나 아름다운지 보여 주기도 한다.

하지만 이 사진은 말없이 우리를 속인다. 이 장의 처음에서 인용한 존 버거(John Berger)의 말을 따르면, 이 사진을 찍을 때 이 장면 말고 다른 장면을 찍었을 수도 있지만, 다른 장면은 우리가 살고 있는 이곳을 자랑하거나 광고하는 데 이 사진만큼 훌륭하지 못할 수도 있다. 게다가 잠시

후 안개와 구름이 조지아 해협 전체를 뒤덮었는데, 이러한 날씨의 변화는 연중 이 시기에 전형적으로 나타난다. 사진은 그 지역 사람들이 일반적으로 그 계절에 보고 경험하는 전부를 보여 주거나 말해 주지 않는다. 사실 많은 캐나다인은 그 차고 습한 서부 연안에 살고 싶지 않다고 이야기한다. '우림' 주변에 산다는 것은 비, 구름, 안개가 그곳의 일상적인 기후 패턴임을 말한다.

이미지 자체에는 무엇인가 생략되어 있고 사진가는 그 장면을 선택한 기준이 무엇인지 말해 주지 않기 때문에, 이미지가 우리를 속인다는 것에 주목해야 한다. 우리가 이 텍스트를 쓰는 동안, 뉴스나 텔레비전에는 '테러와의 전쟁' 이미지가 가득 차 있었다. 다른 나라의 방송을 본 적이 없는 사람은 그 나라의 방송에서 무엇을 보여 주고 무엇을 보여 주지 않는지 알기 힘들다. 즉 대부분의 미국인은 그들의 방송이 가진 전쟁을 보는 관점이 일방적이라는 것을 알지 못하며, 아프가니스탄과 이라크 사람들이 무엇을 어떻게 생각하는지, 무고한 시민의 고충이 무엇인지, 미군 장교가 완곡하게 "부수적인 피해(collateral damage)"라고 말하는 것이 무엇인지 알지 못한다.

이미지에는 그 이상의 무엇인가가 더 있다. [그림 1]과 같은 사진은 우리의 지역뿐 아니라 우리들 자신에 대해서도 말해 준다. 우리가 말하는 것, 우리의 동작, 쓰는 것, 사진으로 나타낸 것, 우리가 하는 것 등이 바로 우리이다. 우리가 말하고 움직이고 쓰고 행하는 방식은 우리 자신의 발달을 이끈다. 단어나 동작, 텍스트, 행동을 통해 우리는 세계 속의 우리를 만들어 간다. 세상은 우리에게 서로 다른 정체성을 가지고 살아가도록 한다. 남자는 여자와 다르고, 원주민과 유럽인이 다르고, A 학점을 받은 학생이 D 학점을 받은 학생과 다르고, 하류층의 가정과 상류층의 가정이 다르다. 우리가 어떤 사람이 되고 어떤 사회를 만들지 배우는 의사소통의 도구(즉 언어)는 운명적으로 정해지지만, 우리가 단어, 몸짓, 사진, 행동 등을 표상하거나 그것으로 대상이 표상되는 방식은 운명으로 결정되지 않는다. 만약 우리가 원한다면 어떤 대안적인 프로젝트를 통해 자신을 재정의하고 사회를 재구성할 수도 있다.

지난 십여 년간 과학에서 표상의 필수적인 역할과 기능을 다루는 연구가 점점 많아졌다. 이들 연구에서 텍스트 이외의 표상을 **시각자료**라고 부른다.[2] 그것은 과학 실험실이나 야외 현장에서 처음 나타나고, 정리되고 중첩되고 변형된 후에 과학 학술지에 사용되며, 인터넷, 신문, 잡지 등의 공적인 매체에 인용된다. 시각자료에는 간단한 장치의 기록물, 자동화된 장비의 기록물, 컴퓨터 스크린 출력물, 사진, 마이크로그래프(micrograph), 데이터 표, 그래프, 방정식 등이 포함된다. 시각자료가 요약하는 정보가 많을수록 그것은 더 복잡해지고, 분해하기 어렵고, 큰 힘을 가진다. 과학에서 표상이 중심적인 역할을 하는데도 과학 교육에서는 사회학적인 관점에서나 심리학적인 관점에서 사람들이 시각자료를 어떻게 사용하는지, 그것도 어떻게 **비판적**으로 사용하는지에 대한 연구를 많이 하지 않았다. 따라서 비판적 시각자료 실행에 대한 깊이 있는 이해나 이론이 교육에서 시각자료가 사용되는 방식을 안내하는 일은 거의 없다.

시각자료를 비판적으로 사용하는 것을 다루기 위해 우리는 도해력(graphicacy)이라는 개념을 사용하며, 그것은 스케치, 사진, 도표, 지도, 계획표, 차트, 그래프 등 텍스트가 아닌 이차원적 형태를 가진 것에 대한 지식능력(knowledgeability)을 말한다.[3] 표상되었다고 하는 것에는 사진이나 사실적인 그림과 같이 우리가 세상에서 보는 것과 도상적 관계를 가지는 것이 있고, 그 관계가 좀 더 멀리 떨어져 있는 것으로 공간 지도, 계획표, 도표 등이 있고, 그 관계가 수치적으로 나타나는 것으로 표나 그래프가 있다. 신문, 텔레비전, 작업장 지침서 등에 그래픽이 널리 쓰이고 있는 것은 우리의 생활 문화가 어느 정도의 도해력을 전제하고 있음을 말한다.

교과서의 저자들도 학생들이 어느 정도 도해력을 가지고 있고 그것이 여러 과학 교과에 공통적으로 통용된다고 전제한다. 우리의 연구에서 과학 교과서에 시각자료가 나타나는 빈도는 국가(브라질, 캐나다, 한국)나 학년, 과목(생물, 화학)에 따라 조금 다르지만 10페이지에 15~24개 정도였다. 따라서 교육자들에게 학생들이 텍스트가 아닌 다양한 표상 형태를 읽는 능력에 대해 좀 더 많은 관심을 가지라고 주장하는 것은 놀랄 일이 아니다. 즉 이미지와 시각자료가 이미 널리 퍼져 있으므로, 학생들이 언어적 문해력과 도해력을 모두 개발하여 일상생활에서 의사소통의 형태로 둘 다 사용하도록 해야 한다.

그러나 보통의 문해력이나 도해력만으로는 충분하지 않다. 문해력에 대한 연구 문헌에서 학생들이 개발해야 할 특수한 형태의 지식능력을 기술하기 위해 비판적 문해력이라는 개념을 사용하고 있다. **비판적 문해력**은 권력 관계, 담화, 끊임없이 변하는 인간 세계에서의 정체성과 인간성 등에 의문을 제기하게 해 준다. 이 관점에 따르면, 문해력은 일반적으로 우리가 언어를 통해 사회생활을 함으로써 전체 문화 안에서 변화의 수행체(agent)가 되도록 하는 것으로 이해한다. 반면, 비판적 문해력은 읽고 쓰는 법을 배움으로써 우리의 경험이 특정 권력 관계에서 역사적으로 구성된 것임을 의식하는 과정으로 이해된다. 이에 상응하여 우리는 비판적 도해력 개념을 제안한다. **비판적 도해력**은 여러 형태의 그래픽 표상을 사용해서 인간 수행체가 생산하고 재생산하는 권력관계, 담화, 정체성에 의문을 제기하게 해 준다. 아래에 우리가 이 책을 쓰도록 이끈 몇 가지 생각과 방법을 기술한다.

주입된 것을 해체하기

일반적으로 인간이나 생물체가 자신이 사는 조건에 적응하는 것처럼, 학생들도 자신이 참여하는 상황이나 활동을 문제시하지 않은 채 과학이나 수학, 역사 등을 수행하는 특정한 조건에 적응한다. 즉 진정한 과학을 학습하는 것이나 다른 어떤 과목을 학습하는 것은 각각 사회적, 물질적 특성을 내포한 특정 상황이나 구조에 적응하는 것이라는 점에서 서로 유사하다. 학생들은 구조화된 성향을 개발함으로써 상황이나 구조에 적응한다. 이러한 성향은 유형화된(즉 구조화된) 인식을 만들고, 그것을 통해 가능한 영역(물질적, 대화적 영역 등)에서 유형화된 행동, 즉 그 분야를 특징짓는 실행(practice)을 낳는다. 아동이 특정한 방식의 문화로 자연세계나 사회를 보는 법을 배울 때, 그러한 성향을 구조화하는 것은 바로 그 분야(field) 자체이다. 문화에 적응하는 과정에서 이루어지는 구조화는 부지불식간에 이루어지기 때문에, 어떤 성향을 습득하는 것은 맹점, 이데올로기, 해당 분야의 편견 등을 습득하는 것과 연관된다. 따라서 성향을 개발하는 것은 구조화된 성향을 자신도 모르게 습득하는 것을 의미한다. 예들 들면, '진정한 과학'의 방식으로 가기 위한 방법으로써, 학생들을 전통적으로 가르치는 것과 훈육으로 가르치는 것 간에는 차이가 없다. 전통적인 종교에서는 추종자가 일련의 전제나 집단의 통치 이데올로기를 근본적으로 의심하거나 문제 삼지 않고 믿을 것을 요구한다. 기존의 과학은 여러 면에서 종교와 다르지 않기 때문에, 최근 과학에서 이러한 측면을 점검하는 움직임이 있다. 과학의 여러 세분화된 영역에서 과학을 실행하는 사람들은 모든 가정에 동의하지 않으며, 새 구성원이 기존 문화에 길들여지도록 가르치는 것에 질문을 던지기도 한다. 예를 들면, 사회학자 피에르 부르디외(Pierre Bourdieu)는 젊은 실행가를 대상으로 한 워크숍에서 자신이 가진 것에 대해 '급진적 의심(radical doubt)'을 하고, 알게 모르게 자신이 이전에 습득한 상식이나 편견을 비판하라고 충고하였다.4 따라서 과학(수학, 역사 등) 교육에 학생들이 특정 영역이나 매체의 지식 언명을 비판적으로 평가하도록 하는 반성적 요소를 포함하지 않는다면 학생들은 어떤 형태로든 주입된다고 결론지을 수 있다. 비판적 문해력 교육과 함께 비판적 도해력 교육은 세상을 표현하는 서로 다른 수단을 따져 보는 기회를 제공하는 것, 그래서 그렇게 구성된 권력관계를 질문하는 것을 의미한다.

주입: 사례

[그림 2]의 그래프는 변인(variable)을 탈맥락화된 사실로 아무런 의심 없이 제시한 사례이다. 즉 관찰, 대화, 조작이 서로 일치할 때까지 경험을 늦추거나 실행을 수정하면서 얻어 낸 결과로 변인을 제시하지 않았다. 지역 대학의 일반 생태학 수업 중에 변인의 성격과 선정 이유에 대

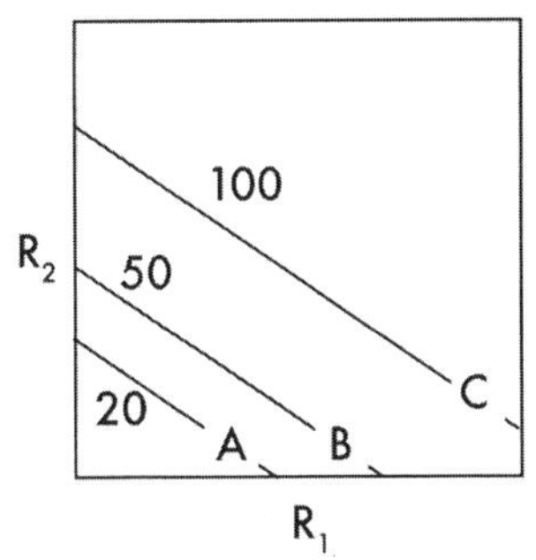

그림 2. 일반 생태학 수업에서 두 독립 변인(R_1, R_2)과 하나의 종속 변인(동등한 값을 나타내는 기울어진 선으로 표현된) 사이의 관계를 가르치기 위해 사용된 그래프. 변인 사이의 관계를 나타내는 그래프를 배우는 것은 우리를 특정한 세계관으로 이끄는 것이다. 즉 세계를 몇 개의 변인으로 분해하여 전체 시스템을 이해할 수 있다는 세계관으로 이끈다.

한 짧은 논의가 있었다. 그래프의 양 축에는 이름을 적는데, 이것은 자연현상이 그래프에 표현된 인과관계나 상관관계의 용어로 이해될 수 있다는 것을 의미한다. 수강생들은 변인들을 실제적인 것으로 받아들이기 때문에 변인 처리 활동에 내재되어 있는 환원주의는 보지 못한다. 자원(resource)에 대한 수업에서 대체 가능한 자원을 다루고 그것을 그래프(그림 2)에 나타냈는데, 자원의 예가 많았다면 학생들이 고려할 수 있는 자원이 많은 것으로 이해했겠지만, 여기서는 다른 가능한 변인들 중 왜 이 변인을 선택하였는지 생각해 볼 기회가 없었다.

아래는 자료의 상호 작용을 묘사하는 [그림 2]의 그래프를 주어진 그대로 읽어 낸 한 대학교수의 이야기이다.

> 대체 가능한 자원은 다른 것으로 대신할 수 있는 것이지만 그들이 완전히 똑같지는 않다. 여러분이 사바나에 있는 사자나 치타라고 하자. 그렇다면 얼룩말을 잡거나 가젤을 잡거나 둘 다 괜찮다. 먹고 사는 데 어느 것이나 좋다. 일 년에 30마리의 가젤이나 20마리의 얼룩말이면 된다. 또 다른 예를 들면, 비행기에서 승무원이 와서 "닭고기나 생선 요리 있습

니다. 닭고기나 생선 요리 있습니다."라고 말할 때 그렇다. 서로 대체 가능한 것인데, 이것을 "둘 다 나쁘지는 않다."라고도 말할 수 있다. 이 등기울기선은 대체 가능한 자원을 보여 준다. R_1이 적고 R_2가 많을 때, 반대로 R_1이 많고 R_2가 적을 때 개체 수는 비슷할 것이다. 하나를 다른 것으로 대치할 수 있다. 더 좋은 것은 아닐 수도 있지만 대체가 가능하다.

이 에피소드는 학생들에게 변인(예, 자원의 유형)을 제시하는 전형적인 사례로, **이** 연결점을 따라 세상이 잘려 있는데 왜 꼭 세상을 그렇게 **잘라야 하는** 상황인가에 대해서는 설명하지 않는다. 자원 수업에서 두 가지 영양의 자원이 상호 작용하는 '사례'를 아주 많이 다루었다. 하지만 정작 생물체가 사는 데 필요한 다양한 자원에 대해서는 거의 언급하지 않았다. 학생들에게 영양 종류, 측정 단위, 영양 효과 등(예를 들면, 칼륨, 칼슘, 질소, 마그네슘, 파운드, 킬로그램, 성장, 성장률, 건강 유지 등)은 많이 설명하였다. 그러나 생물체에 적합한 자원의 종류나 범위에 대해서는 거의 가르치지 않았기 때문에 학생들은 실제 상황을 이해하기 위한 큰 그림을 그릴 때 두 자원의 관계를 이해할 수 있는 특정 상황은 알 수 없었다.

이처럼 많은 수업에서 변인은 정해진 사실처럼 제시된다. 이 특정한 쌍의 자원이 어떻게, 왜 중요한지는 토의하지 않는다. 과학자를 대상으로 한 면담에서는 자원을 비교한 결과를 생태학이나 자원 활용에 대한 넓은 틀에서 이해하려면 변인에 대한 정보가 필요하다는 응답이 나왔다. 과학 연구에서 변인(원자료)을 정할 때에는 아무런 이유 없이 선택하지 않으며, 특히 학생들과 같은 학문 초심자를 대상으로 특정 변인을 선택해서 그 상호 작용을 다루는 것은 결코 쉬운(투명한) 과정이 아니다. 학생들은 자원에 대해서도 처음 배우고 자원의 상호 작용에 대해서도 처음 배울 뿐 아니라 그것이 이차원의 그림으로 제시되는 것도 처음이므로, 상황에 대하여 설명을 잘해 주지 않는 것은 큰 문제가 된다. 학생들은 초심자의 입장에서, 경력자가 자신의 이야기를 현장 경험에서 얻은 식견을 가지고 자서전과 같이 구조화하여 이야기하는 것을 듣는다.

학생들은 수업에서 과학의 최첨단 내용을 공부하면서 어둠 속의 탐색을 한다. 전통적인 실험실에서와 마찬가지로 어둠 속에서 공부하는 학생들은 이중 고통에 사로잡힌다. 학생들은 그림이나 그래프에서 관찰한 것이 자신들이 관찰했어야 하는 것인지 알기 위해, 경력자가 한 것이 자신이 했어야 하는 것임을 알아야 한다. 다음의 일반적인 사례를 보면 이해가 될 것이다. 초보 요리사는 이중의 고통을 겪는다. 요리책이 최종 요리 사진을 보여 준다면 그것은 행운이다. 요리책을 한 단계씩 따라가지만 그가 한 것이 그렇게 했어야 하는 것이었는지 알 수 없다. 그러나 많은 요리책은 그림을 제공하여 이중 고통에서 벗어나도록 해 준다. 요리의 최종 결과물이 그림과 다르면, 그렇게 해야 했던 것이 아님을 알지만, 자신이 달리 어떻게 했어야 했는지 알기는 어렵다.

또한 그들이 한 것이 해야 했던 것임을 알기 위해서는 그들이 관찰한 것이 관찰했어야 했던 것임을 알아야 한다. 과학 수업이나 현장 생태학자에 대한 우리의 열린 탐구는 세상을 객관화하는 방법이 자연 세계의 특정 부분을 경험해야만 나타날 수 있는 것임을 보여 준다. 즉 세상을 관찰하는 과학자나 학생들에게 변인은 스스로 안정된 구조로 드러나서 확인되거나 인식되는 것이 아니다. 그보다 변인은 자연적인 제약, 장치나 재료에 대한 조작, 그리고 인간의 경험을 객관화하는 데 사용하는 (기술적 그리고 이론적) 대화가 서로 일치할 때 생성된다.

그래프를 가지고 학생들이 나눈 대화를 분석해 보면 그들이 서양 과학의 환원주의적 접근을 많이 따르고 있음을 볼 수 있다. 예를 들면 그들은 많은 시간과 노력을 기울여 과학 시각자료를 생태학적 상황에 놓으려 하고, 그 상황은 다시 시각자료와 상황을 정교화한다. 그러나 학생들의 대화를 들어 보면 그들이 시각자료를 해석하는 데 필요한 생태학 관련 경험이 불충분함을 알 수 있다. 따라서 학생들이 구체적인 '실재' 상황을 이해하도록 돕기 위해서는 왜 다른 변인 말고 **이들** 변인이 중요한지 생각해 보도록 하는 것이 중요하다. 생태학적 사고를 할 때 이리저리 옮겨 재분류하는 능력은 주어진 상황이 생물학적으로 실재로 **존재하는지** 아닌지 아는 데 중요하다. 전통적인 생태학 지식을 바탕으로 생태계를 다른 방법으로 생각해 보는 방식은 학생들이 모든 형태의 생태학 지식을 비판적으로 바라보게 하는 데 기여할 것이다. 이 사례에서 보면 학교 과학은 학생들에게 그래프나 다른 시각자료를 반성적으로 생각할 기회를 제공하지 않았다. 우리가 연구했던 학생들은 그래프를 읽을 때 다른 변인을 생각할 수 있는 해석적 자료를 가지고 있지 않았다. 교사는 종종 학생들이 세상에 대해 새로운 측면을 고려하려는 시도를 방해한다. 결국 학생들이 세상을 환원론적으로 보도록 유도하게 된다.

과학적 표상(시각자료)은 인식론을 포함한다

고등학교 교과서와 과학 학술지의 논문에서 데이터로 이루어진 카테시안(Cartesian) 그래프를 다루는 방식과 모델을 나타내는 방법이 서로 다르다(2장을 보라). 즉 (a) 어떤 관계를 유도하거나 확인하는 데 사용하는 자료와 (b) 이론적 모델에서 도출된 관계를 표현하는 그래프가 서로 다르다. 과학 학술지에서는 '실재' 자료와 이론의 관계가 연속적인 선 그래프로 표현된 것을 볼 수 있다. 매끈한 곡선은 개별 측정치를 선 위에 놓지 않고 종종 측정의 오차를 나타내는 막대를 함께 그리는 것을 통해 정당성을 인정받는다. 점들이 정확도와 통계적 변이를 말해 주는 반면, 점들이 근접해서 만들어지는 완만한 곡선은 점들의 관계를 수학 방정식으로 단순화하여 나타낼 수 있다는 희망을 보여 준다. 매끈한 곡선만 제시된 그림에는 데이터 점(data point)이 필요하다. 과학 연구자 사이에서는 실제 자료 없이 그래프 곡선만 그려 놓는 것을 '게으른 표현'이라고 평가한다.5 그러나 고등학교 교과서에서는 바로 그런 그래프를 계속 만나게 된다. 과학 교과서에서는 독자가 실험 자료와 이론적 내용 사이의 상호 작용 관계를 볼 수 없다. 교과서의 그래프는 실험 상황과 분리되어 있다. 그럼에도 교과서의 저자는 선 그래프가 현재 받아들이고 있는 모델을 나타내는 것임을 분명히 언급하지 않는다. 이것은 통치 이데올로기에 기여하고 이데올로기를 구성한다.

과학 텍스트는 자연에 대한 것이다. 과학 텍스트는 자연을 보는 법을 말해 준다. 과학 텍스트는 시각자료를 통해 독자에게 질서를 보여 주고 질서를 보는 법을 배우도록 하는데, 그 질서는 단어와 그래픽의 배열에 의해 구체화된다. 그러한 텍스트는 지식이 구성되는 작업 공간인데, 지식은 책이나 논문으로부터 독자에게 전달되는 것이 아니고, 저자가 텍스트와 그래프에 기호화하여 넣은 질서를 독자가 재발견함으로써 구성된다. 즉 명료한 읽기 작업을 통해 생물학적(자연적) 대상이 구성되는 것이다. 이해가 필요한 텍스트는 독자를 진정화(authentication)의 과정에 참여시켜, 독자로 하여금 생물학자가 본 것을 발견하도록 한다. 이러한 진정화를 달성하는 텍스트, 즉 그래프와 텍스트의 표현이 서로 부합하는 텍스트는 독자가 살고 있는 세상에 대해 무엇인가 알게 해 주는 교육적 힘을 가진다.

'진정한' 과학, 수학이나 역사 등에 초점을 두는 최근의 교육 과정 개혁에서, '진정함'에 수반되는 문화화 은유(enculturation metaphor)의 문제점을 충분히 다루지 않고 있다. 시각자료는 정파적이고 이데올로기적이며 따라서 정치적이기 때문에, 교과 내용을 가르칠 때 학생들에게 왜 그 표상 형태를 선택했는지 비판적으로 생각할 기회를 주어야 한다. 이것은 '실행으로서의 인식론'에 관한 교육적 관심과도 연결된다. 그러한 교육에서 학생들은 단지 과학이나 수학, 역사를 배우는 것이 아니고, 내용을 배우는 활동의 일부로서 인식론적 비판을 통해 모든 형태의 앎을 재맥락화하고 상대화하여 앎의 형태가 제공하는 기회와 단점을 모두 설명하게 된다. 또 다른 연구에서는 학생들이 지식과 지식이 표상되는 방식에 관련된 철학적 문제를 내용 학습과 함께 읽고 논의하였을 때 과학의 존재론과 인식론에 대한 관점이 변화하는 것을 보여 주고 있다. 다음 절에서 물리 수업(로스가 가르친)의 간단한 사례에서 학생들이 실험을 하거나 교과서로 공부할 뿐 아니라 인식론에 대한 텍스트를 읽고, 쓰기를 하면서 토의했던 것을 살펴본다.

인식론적 실행에서 비판적 도해력

대부분의 학생은 학교에서 인식론적 대화에 참여해 본 적이 없다. 따라서 면담 연구에 참여한 학생들은 교육 연구자가 꺼낸 이야기의 주제에 대해서는 이야깃거리가 적다. 반면 학생들에게 인식론적 주제에 대해 이야기할 기회를 주면 그들은 핵심 논점에 도달하는 방법을 잘 개발한다. 즉 학생들은 인식론적 실행을 개발해 나가는 것이며 어떤 기념비적인 지식 체계로 인식론을 접하는 것이 아니다. 여기서 말하는 인식론적 실행이란 시각적 재현(re-presentation)에 질문을 제기하는 것이며, 그들에게 의심의 여지가 없는 사실로 제시된 내용을 암기하는 것이 아니다. 그러한 대화가 과학(여기서는 물리) 교육의 일부로 일어나면, 학생들은 지금까지 의심하지 않은 과학적 지식의 본성 및 그러한 지식과 대상 사이의 관계를 대화의 주제로 선택하는 기회를 얻게 된다. 다음은 자기장의 본성을 비판적으로 다루는 토론에서 이루어진 그러한 문제 제기의 사례이다.

01 마크: 자기장은 실제로 존재해. 자석 위에 종이를 놓고 철가루를 뿌려 보면 실제로 자기장을 볼 수 있어. (학생은 자석과 철가루를 가지고 [그림 3]과 유사하게 재현하였다)

02 제임스: 꼭 그런 건 아니야.

03 교사: 우리가 **보는 건** 무엇이지?

04 제임스: 우리는 철가루를 볼 뿐, 꼭 자기장을 보는 것은 아니야.

05 토드: 우리는 무늬를 보는데, 분명히.

06 제임스: 아니, 그건 어떤 것도 될 수 있어. 그게 우리기 생각하는 게 되어야 할 필요는 없지.

07 토드: 그럼 뭐가 되는 거야? 우리는 보지만 실제로는 볼 수 없는 것.

08 그레이그: 누가 알아?

09 피터: 내가 정리해 볼게. 너희들은 존재하지 않아. 왜냐하면 내가 그렇게 말했잖아. 아마도 난 혼자인 것 같아, 알아? 나의 외로움을 멈추기 위해, 내가 미치지 않기 위해 내가 너희들을 모두 만들고 물리 교실도 만들었어.

여기서 교사가 '에너지'나 '장' 개념의 존재론에 대한 질문을 하였고 학생들은 막대자석 주위에 원형으로 배열된 철가루(그림 3)를 이야기의 출발점으로 삼았다. 학생들은 이 시각자료의 사례에서 철가루의 배열에 어떤 패턴이 들어 있다는 점에 동의하였고, 이것을 보는 것이 '장'의 존재에 대한 증거가 되는지 논의하였다. 대화에서 실재에 대한 토론 가능성이 만들어진 것을 볼 수 있다. 그런데 대화는 토론 가능성을 제기하는

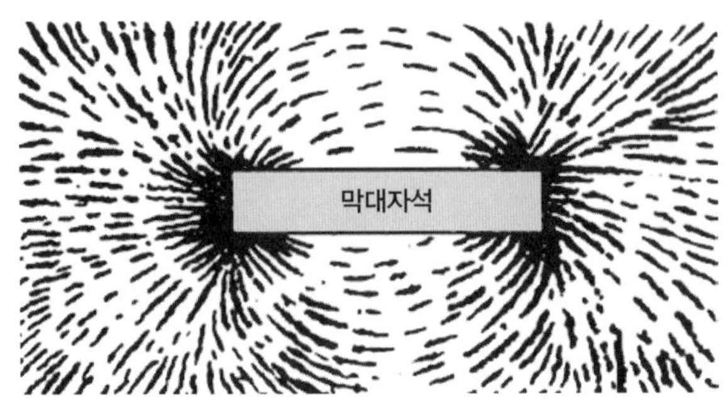

그림 3. 시각자료를 의심하는 법을 배우는 것, 즉 비판적 도해력의 발달은 학교 교육 과정의 핵심적 측면이 되어야 한다. 12학년 학생들이 물리 수업에서 이것을 재현하고, 이것이 무엇의 증거인지 토의하고 있다.

것뿐 아니라 실재와 언어의 관계도 언급하고 있다. 이 과정에서 교사의 짧은 질문이 대화의 특정 측면을 지적하며 부각시켰다. "우리가 **보는 건** 무엇인가?"라는 질문은 대화의 초점을 지각 활동에 두도록 하였다. 대화가 진행되면서 서로 다른 입장이 산만하게 나타났다. 마크는 장을 볼 수 있다고 하였지만(01번 발화), 제임스는 철가루가 특징적으로 배열된 것 이상으로 무엇을 보았는지 확실하지 않다고 말하였다(02번 발화).

대화를 통해 학생들은 서로 다른 입장을 정리했고, 그렇게 함으로써 궁극적으로 자신이 어느 입장인지 확인했다. 전개되는 이야기를 서로 주고받으며 다른 사람이 이야기할 길을 놓아 주고, 나중에 말하는 이야기의 바탕을 제공하기도 하였다. 피터는 논쟁을 벗어나면서까지 실재는 말하기의 결과이고, 언어를 통해 구성된다고 이야기하며 도박에 가까운 급진적인 제안을 하기도 했다. 이것은 대화의 내용을 바꿔 언어에 대해 이야기하는 것으로 방향을 돌린 것이다. 피터는 대화 진술 자체만으로도 어떤 것이 존재하도록 하는 데 충분한 것인지 질문하였다. 그는 대화의 가능성, 대화에 대한 대화의 가능성뿐 아니라 자신과 동료가 있는 그 상황의 가능성까지도 자신의 상상에 의한 산물이라는 우스갯소리를 하면서 그렇게 이야기했다.

즉 과학(수학, 역사 등)을 공부하면서 앎과 그 표상에 대해 비판적으로 반성하는 것은 학생들이 대화에 참여할 때 제한적이기는 하지만 합법적이고 주변적으로 참여할 기회를 제공할 뿐 아니라, 앎과 그 시각적 표상을 무비판적으로 수용하지 않고 비판적으로 반성하는 데 참여하도록 해준다. 따라서 우리는 교육자들이 학생들을 어떤 영역의 지식으로 안내하는 학습 환경을 구성할 때 좀 더 반성적인 입장을 취했으면 한다.

비판적 도해력을 향해

우리는 인식론적 실행을 통해 학생들이 속박에서 벗어나는 것을 보았고, 학교 수업에서 인식론적 실행의 일환으로써 비판적 도해력 활동을 하면서 주입에 반대하는 입장을 취하기로 결정하였다. 시각자료를 좀 더 광범위한 인식론 상황 안에 놓음으로써 학생들은 전문가의 권위로부터 자유로워지는 지식 구성 관계를 개발해 나갈 수 있을 것이다. 예를 들면, 학생들은 (a) 우리 생활의 일부분이 된 사회 기술적 환경에 대한 논쟁 등에서 신문이나 TV에서 전문가가 한 조언이나 언론인이 표현한 것에 제한점이 있고 상황에 따라 타당성이 달라지는 것과 (b) 갈등이 표현되는 방식 등을 고려하여 생각할 수 있을 것이다. 이후 학생들은 시민으로써, 스위스 시민이 생명 공학 연구에 대한 투표에 참여했던 방식과 유사하게, 과학 정책에 대한 투표에 참여할 것이다. 스위스 사람들은 그러한 참여적 행동이 자연스럽고 정상적인 일상생활이라고 생각한다. 다른 나라, 다른 장소, 다른 지역 사회에서 그렇게 못할 이유가 없다. 또한 지식의 또 다른 형태의 가치를 재고함으로써 시각적으로 표상된 지식에 새로운 지위를 부여하고, 학생들은 다른 문화적 상황에서 오는 새로운 형태의 지식에 대해 개방적인 태도를 취할 수 있게 된다. 예를 들면, 미국 원주민의 생태학적 지식이 일종의 민간전승일 뿐이라고 생각하는 것을 멈추고 권위 있는 지식이라는 지위를 부여할 수 있다. 이 점에서 인식론적 실행은 일상적 시민성의 일부가 되어 다른 문화와 그 문화에서 개발된 시각적 지식 형태에 대한 관용으로 이어지면서 우리를 맹목적 믿음에서 벗어나게 한다. 이러한 관용은 개인과 집단의 다양성을 풍부하게 하는 원천이 된다. 인용된 학생들의 이야기가 보여 주듯이 고등학생들도 비판적 도해력과 문해력이 중심 요소인 인식론적 실행에 참여할 수 있다는 희망을 가질 수 있다.

다음 장에서 우리는 교과서에 사용된 여러 형태의 시각자료를 해체하고 중학생이나 고등학생들이 시각자료를 해석하는 실행 과정을 분석하였다. 이러한 분석을 해체적으로 접근하기 위해, 우리가 직접 시각자료를 읽고 이해하는 실행을 통해 그 과정에 무엇이 필요한지 조사하였다. 그러한 접근법은 시각자료의 현상학적 인류학이라고 부를 수 있다. 인류학이라고 하는 것은 우리가 실행 과정에 관심을 갖기 때문이며, 현상학이라고 하는 것은 우리가 연구하는 것이 과학 교육 분야의 유능한 구성원으로써 우리가 수행하는 실행이기 때문이다. 우리는 어떤 의미에서는 상당한 수준의 도해력을 보이는 개인이다. 이것은 지난 십 년간 많은 연구를 해 온 것에 일부 기인한다. 따라서 우리가 도해력을 분석한다는 것은, **우리 스스로** 시각자료를 읽는다는 것을 의미한다.

시각자료의 현상학적 인류학을 향해

특정 학문 상황에서 설득적인 주장이나 결과는 현상을 **설명하는** 실제적인 도구와 반드시 연결되어 있다.6

도해력을 인지적 능력이 아닌 실행의 용어로 연구하는 이유를 궁금해하는 독자가 있을 수 있다. 우리가 표상이 어떤 정신적인 것이라기보다 실행이라고 생각하는 연구 의제를 따르는 동기를 짧게 언급한다. 우리는 시각자료를 사용하거나 생산하는 사람의 마음속에 무엇인가 있다는 것을 반박하지는 않는다. 다만 그보다 사용자나 생산자가 시각자료와 상호 작용하면서 실제로 드러내 보이는 것을 탐구하는 것이 더 흥미롭다는 것을 알았을 뿐이다.

정신적 표상으로서 그래프

교육이나 심리학 문헌에서 학생들이 언어적 정보와 함께 시각자료를 사용하는 것에 초점을 둔 많은 연구를 찾을 수 있다.7 그러한 연구들은 시각적 표현이 자료를 제시하고, 추상적 개념을 예시하고, 복잡한 정보를 조직하고, 새로운 지식과 기존 지식의 통합을 돕고, 정보의 파지를 높이고, 사고 과정을 매개하고, 문제 해결을 증진하는 데 사용될 수 있다고 말한다. 그런데 시각자료가 다양한 교수 기능을 함에도 불구하고, 교육적 실행 결과는 종종 양면적인 태도를 보인다. 관련 연구에서 시각자료의 잠재력이 모두 발휘되었다는 증거를 별로 제시하지 못한다. 연구자들은 시각자료와 관련된 인지 분야는 아직 초보 단계이며 많은 질문이 해결되지 못했다는 점에 일반적으로 동의한다.8

인지를 지향하는 연구들은 시각자료가 개인적인 인지 능력이나 기능의 복합체라고 이론화하고 그것을 (정신적) 표상으로 본다. 이러한 전통에서 연구자들은 시각자료들 사이의 관계 또는 시각자료와 대수적 규칙이나 상황 사이의 관계를 객관화하는 일이나 학생의 인지 조작에서 나타나는 기능에 초점을 둔다. 그래프 활동을 인지적 관점에서 연구하는 과학 교육 연구들은 시각자료에 대해 좀 더 일반적으로 연구하는 교육학적, 심리학적 연구들과 유사한 결론에 도달한다. 학생들은 그래프를 잘 해석하지 못한다. 학생들은 오개념을 가지고 있고 혼동하며 그래프를 그림으로 생각한다. 학생들이 이렇게 하는 원인은 인지적 능력, 인지 발달, 읽기 능력, 독해력, 인지 과정 등의 '부족'이라는 용어로 탐색된다.

인지적 관점에 의한 연구를 통해 개인의 시각자료 사용에 대해 어느 정도 이해할 수는 있지만, 우리는 그러한 연구가 그래프 표상 실행에 관련된 교수-학습의 비판적 차원은 다루지 않는다고 주장한다. 우리는 표상을 실행하는 것이 일차적으로 사회적 함수라고 제안한다. 사회적으로 설명되지 않는 측면이 있을 때에만 비로소 인지적 설명을 찾는다. 그래프 활동을 과학자 커뮤니티에서 공유하는 사회적 실행으로 보고 과학적 주장을 생성하는 상황에서 사용하는 것으로 볼 때, 수업 실행에 중요한 시사점을 얻을 수 있다.

시각자료를 실행으로써 다루기

시각자료에 대한 인지적 관점의 연구는 어느 정도 유용하다고 알려졌지만, 그것은 사람과 상황 또는 실행 사이의 관계를 고려하지 않는다. 또한 시각자료와 관련된 개인의 동기, 시각자료 관련 활동의 목적, 시각자료에 포함된 조작을 고려하지 못한다. 전통적 인지 지향 연구는 그래프의 사회적, 정치적, 수사적 본질을 간과하는 학문적 맹점이 있다. 인지 지향 연구는 시각자료와 관련된 정보와 실행이 일반적인 (과학적) 문해력에 얼마나 연결되고 얼마나 가치가 있는가를 질문하기보다는 시각자료가 정보를 기억시키는 데 얼마나 잠재력이 있는가에 더 관심이 있다. 시각자료와 관련된 과학적 실행에 대한 인류학적 관점은 그 실행의 공적 사용, 조직, 기능에 관심을 가진다. 이러한 관점에서는 학습을 학생들이 정보(과학 내용), 메타 인지적 지식, 정보 처리 기능 등을 습득하는 것의 문제로 생각하지 않는다. 그보다 학습은 학생들이 해당 학문의 실행에 참여하는 정도와 학생들이 그 실행을 **비판적인** 방식으로 반성하는 정도에 좌우된다. 이러한 연구는 학생들이 도제식으로 훈련되거나 문화화되는 실행의 공적 표현 방식(삶의 형태)에 초점을 두며, 또한 시각자료 사용자가 비판적이고 반성적인 입장을 취하는 방식에 초점을 둔다. 그러한 실행은 '다른 사람이 하는' 것에 대한 모델이 되고, 이것은 학생들이 포함된 커뮤니티에서 새로운 실행을 가져와 사용하는 데 중요한 요소로 기능한다. 우리는 브뤼노 라투르(Bruno Latour)의 **방법론 7번째 규칙**을 따르는데, 시각자료가 수집되고 합쳐지고 변형되고 묶이는 수많은 방식을 연구하고 난 뒤에도 설명되지 않는 것이 남을 때에만 인지적 요인을 탐색할 것이다.9 즉 우리는 인지적 접근을 추방하는 것이 아니고, 인지적 접근이 대답할 수 없었던 많은 질문에 대한 설명을 찾으려는 바람에서 비판적 도해력을 이해하는 데 전통적인 인지적 접근의 대안을 탐색하는 것이다. 즉 그래프 활동에 대한 인지적 연구의 맹점에 초점을 둔다.

시각자료를 사용하는 것을 배우는 데는 실행을 습득하는 것이 포함된다. 전통적으로 교과서는 학생들의 학습에 중요한 자료였다. 역사적으로 과학과 기술이 분리됨에 따라 앎과 행동이 분리되고, 교과서는 과학 내용과 수업에 가장 중요한 자료가 되었다. 따라서 교과서에 시각자료가 전개된 방식은 학생들의 실생활과 학교 교육에서 그래프를 이용하는 데 중요한 역할을 한다.

시각자료 활용의 인류학

인류학에서는 커뮤니티에서 인정하는 세상에 대한 지식이 무엇이고,

그 지식이 커뮤니티의 실행에 어떻게 내재되어 있는지 드러내려고 시도한다. 어떤 문화는(또는 수학과 같은 하위문화는) 그것이 인식되어 드러나는 실행의 미세하고 구체적인 세부 내용을 통해 전승되고, 세부 내용 안에서 또는 세부 내용으로서 알려진다. 시각자료를 사용하는 문화 안에서 공적으로 설명되고 설명할 수 있는 일들이 구성원의 지식을 구성한다. 우리는 시각자료가 텍스트 중심 교육에서 차지하는 형태와 기능을 물질적으로 구체화하여 세부적으로 살피기 위해 인류학적 접근을 선택한다.

다른 문화에서 작업을 하는 인류학자처럼, 우리는 연구를 통해 우리 자신의 실행을 좀 더 잘 이해하기를 기대한다. 이러한 노력에서 우리는 실제 행동에 대한 자연적인 분석 가능성에 의지한다. (민속지학적 방법론을 특징짓는) 현상학적 접근과 보조를 맞추면서 시각자료 읽기에 대한 기존의 이야기를 잊어버리고 시각자료를 읽는 실행 자체를 분석하려고 시도한다. 우리는 교과 내용을 모르는(최소한 일부 저자가 모르는) 영역에서 직접 읽어 가며 읽기 실행을 발견하려고 시도한다. 다음의 비유가 우리의 논점을 명확하게 해 준다. 대부분의 독자는 운전하는 것에 매우 익숙해서 운전에 주의를 기울이지 않으면서 다른 사람과 이야기하고 전화를 하고 먹거나 마실 수 있다. 그러나 도로와 자동차의 통행 구분이 좌우가 반대로 된 나라에서 처음으로 운전할 때에는 상당한 어려움을 겪을 것이다. 이때 운전자는 방향을 바꿀 때 다른 차를 살피고 기어를 바꾸고 주차를 하거나 다른 차를 지나치면서 의식적으로 주의를 기울이기 시작한다. 즉 보통은 자신의 일상성에 의해 암묵되고 반성되지 않았던 일상적이고 평범한 실행의 본질이 운전자가 그 행동에 주의를 기울이면서 드러나게 된다. 이와 유사하게 친숙하지 않은 영역의 시각자료를 읽고 해석하는 것은 우리가 당연히 인정해 왔던 실행을 드러내 준다.

시각자료는 실행가가 현상을 보여 주는 데 사용하는 도구로 생각할 수 있다. 시각자료가 실행가의 학문적 실행 안에 내재되어 있다는 점에서, 실행가는 시각자료를 볼 때 그 너머에 있는 실재 세계의 대상까지 바라보는 전문성을 발휘할 수 있다. 즉 경험이 많은 실행가에게 그래프는 투명하고 (너무 쉬워서) 드러나지 않는 도구이다. 유능한 생태학자에게 시각자료는 그것이 묘사하도록 의도된 것, 예를 들면 '검정파리의 경쟁적 상호 작용', '동물에 의한 나무의 원상 회복', '생산성의 계절 의존' 등을 직접 볼 수 있도록 해 준다. 모든 그래프는 이러한 개념을 이야기하는 시각자료와 텍스트의 복합체이기 때문에 생태학을 처음 배우는 사람은 개념에 익숙하지 않아 더 어려운 과제를 수행하게 된다. 그러한 경우 시각자료는 더 이상 투명한 것이 아니며, 바로 사용할 수 없는, 눈에 거슬리는 도구가 되어 학생들은 시각자료에 모든 집중을 기울여야 하며, 그것이 말하는 현상에는 집중하기 어렵게 된다.

시각자료를 읽는 데 관련된 실행을 드러내기 위해 우리는 익숙한 실행을 익숙하지 않게 만들어야 한다. 우리는 익숙하지 않거나 조금밖에 모르는 분야를 다룸으로써 익숙한 실행을 익숙하지 않게 만들었다(우리는 각각 물리학, 생물학, 화학을 전공했다). 이 책에서 우리는 시각자료를 읽고 해석하는 과정을 통해 우리의 시각자료 관련 실행 능력을 들춰냈다. 인류학 프로젝트의 실행 가능성은 시각자료의 사용을 구체적인 실제 활동(관찰 가능한 커뮤니티의 문화적 실행)으로 복원하는 것에 달려 있다. 즉 우리는 인쇄된 시각자료를 읽는 자연적이고 과학적인 실행의 실천 기반 타당성을 복구하려고 하였다. 우리의 읽기를 통해 조직적인 자료에 대한 두 대조 집단의 이해가 어느 정도 일치하는지 드러내려고 했다. 한 집단은 과학에서 사용하는 시각자료이고, "다른 집단은 시각자료에 대해 자연적인 언어에 기반하여 설명(the natural language-based explanation)하는 것으로, 시각자료의 적절성, 세부 내용, 구성, 개념 일관성을 찾으려는 집단이다".10 우리는 "텍스트를 제시하는 순서와 교수학적 배치로 인해 나타나는 특정 제한(즉 이야기하려는 대상의 '합리적' 가시성을 얼마나 일관되고 구체적으로 드러내 주는지)"11을 알기 위하여 '읽기'를 통해 시각자료와 텍스트를 둘러싼 의미를 어떻게 해석해 내는지 발견하려고 노력하였다.

책 구성의 개관

1장에서는 이전 교육 연구에서 그래프 관련 활동을 정신 능력(mental ability)이라는 용어로 본 것과 대조하여, 그래프 활동을 기호학적 활동으로 개념화해야 한다고 주장한다. 이렇게 했을 때 그래프 읽기 과정에서 개인의 경험, 친숙도, 사회문화적 요인을 고려할 수 있고 학생과 '전문가'가 범하는 오류를 좀 더 그럴듯하게 설명할 수 있다. 지각적 영역을 분석해서 적절한 기호를 구성하는 과정과 기호에서 지시 대상으로 그리고 지시 대상에서 기호로 움직이는 변증법을 통해 기호를 근거 짓는 과정의 두 가지 과정 요소를 포함하는 기호학 활동 모델을 제시하였다. 또한 기호학 활동 모델은 그래프 활동(그리고 다른 기호 관련 활동)에 대한 연구를 좀 더 일반적인 문해력 개념으로 통합하는 것을 함축하고 있다.

2장에서 (a) 고등학교 교과서와 과학 학술지에 사용된 그래프를 읽는 데 필요한 실행과 (b) 고등학교 교과서가 진정한 과학 그래프와 관련된 실행의 적용을 위해 어떤 역할을 하는지 이야기한다. 분석을 위해 우리는 주요 생태학 학술지 5개와 대표적인 고등학교 생물 교과서 6개를 선정했다. 세밀한 분석을 위해 그래프의 존재론을 전개하였다. 이 존재론을 기초로 한 분석은 고등학교 교과서와 과학 학술지에 사용된 그래프가 캡션이나 관련 본문에 있어 정성적 차이가 있음을 보여 주었다. 과학 학술지는 고등학교 교과서에 비해 그래프 읽기를 용이하게 하는 자료를 더 많이 제공하였고 그래프에 대한 정교한 기술과 해석을 포함하고 있었다.

3장에서 학생들이 맥락적 단어/이야기 문제를 푸는 것에 대해서 조사했다. 이야기의 맥락을 더 자세히 기술하는 방법으로는 학교 수학 문제를 맥락화할 수 없음을 보여 주었다. 대신 학생들이 참여한 수학 실행을 좀 더 큰 의미가 있는 실행 안에 통합하면 문제가 맥락화된다. 생태학 단원의 수업 중 다음 두 활동을 하는 8학년 학생들을 관찰하였다.

(a) 개방적 탐구를 위한 현장 연구에서 결론을 뒷받침하는 설득적인 표상(시각자료) 만들기.
(b) 현장 연구에서 학생들이 얻어 낸 자료와 이야기로 만든 단어 문제 풀기.

학생들의 수학 실행을 분석한 결과, 이야기 상황이 (자신들이 했던 활동을 기술한 것이어서) 학생들에게 매우 친숙했음에도, 또 자료를 제공하는 시각자료가 한 학생이 만든 것임에도, 단어 문제는 그다지 맥락적인 문제가 되지 못하였다. 단어 문제를 풀 때 시각자료를 가지고 한 실행은 현장 작업에서의 실행과 대조적으로 나타났다.

4장은 사진과 관련된 3개의 장 중에서 첫 번째이다. 사진은 고등학교 과학 교수-학습에 필수적인 교과서에서 중요한 부분을 차지한다. 그런데 사진의 기능과 캡션, 본문과 사진의 관계가 연구 주제가 되지 않은 것은 놀랄 만한 일이다. 우리는 고등학교 과학에서 사진의 기능과 구조를 조사하였다. 우리를 동기화한 연구 질문은 "학생들이 사진을 공부할 때 무엇을 배우는가?"이다. 이것과 몇몇 하위 질문에 대답하기 위해 우리는 브라질 생물 교과서 4권을 골라 분석하였다. 사진이 사용된 정도와 사진들 사이의 관계, 다양한 유형의 본문, 사진에 제시된 내용 등에 초점을 두었다. 분석 결과 텍스트, 캡션, 사진의 구조적 요소와 그들 간의 관계가 책에 따라 달랐고 어떤 경우에는 같은 책에서도 달랐다. 이것은 학생들의 사진 해석에 영향을 주고, 텍스트에서 사진의 역할 변화에도 영향을 준다.

학생들이 사진을 어떻게 이해하고 그것을 통해 어떻게 공부하는지 거의 알려지지 않았다. 수업에서 사진이 사용될 때 사진의 이해를 돕는 다른 자료로 무엇이 있는지는 더더욱 알려지지 않았다. 5장에서 강의나 강의식 수업 상황에서 사진이 사용되는 것에 대해 다루는데, 스크린에 전사된 사진 옆에서 강사가 사진을 이해하고 사진으로부터 학습하도록 하기 위해 제공하는 의미-형성(기호학적) 자료를 분석하였다. 우리의 분석에서 8가지 몸짓/몸의 방향 유형을 찾아냈는데, 이것은 사진의 고유한 모호성을 줄이고 사진과 사진 속의 과학 개념을 더 잘 이해하게 해 주는 잠재력을 가진 기호학적 자료이다. 교사가 사진을 전사하고 몸짓과 몸의 방향을 추가적인 의미-형성 자료로 활용할 수 있도록 하면 수업에서 학생들이 사진 읽는 법을 배우고 해석하는 것을 도울 수 있다고 정리하였다.

우리의 연구에서 사진은 변증법적 성격을 가지고 있음을 알 수 있다. 사진은 확정성(determinancy)이 부족하며 동시에 너무 많은 의미를 드러낸다. 이 상황에서 우리는 6장에서 학생들이 서로 다른 분량과 유형의 공동 텍스트(co-text), 즉 캡션과 본문이 있는 사진을 어떻게 해석하는지 이해하려고 노력하였다. 이 연구 자료는 브라질 고등학생 12명과 면담한 것을 촬영한 것이다. 학생들은 캡션과 본문의 기능을 인식하였다. 이러한 텍스트는 무엇을 보아야 할지 **기술**할 뿐 아니라, 사진을 어떻게 볼지 **가르쳐 주기**도 한다. 고등학교 학생들이 교과서를 완전히 이해하기 위해서는 교과 내용에 관련된 문해력도 개발해야 하고 사진에 관련된 문해력도 개발해야 한다.

학생들이 시각자료를 쉽게 이해하지 못한다는 연구 결과가 있다. 이것은 독자가 시각자료와 그것이 나타내는 세상의 대상 사이에 다리를 놓기 위해 상당한 해석적 작업을 해야 하기 때문일 수 있다. 경험과 멀리 떨어진 시각자료에 학생들의 일상 경험과 가까운 시각자료를 겹쳐 놓으면 학생들의 학습을 도울 것이라는 제안이 있었다. 7장에서 한국 중학교 과학 교과서에 사용된 겹쳐진 시각자료의 기능을 조사하였다. 우리는 그러한 겹쳐진 시각자료를 읽고 해석하는 일을 기술하기 위한 의미론적 모형을 개발했다. 이 모형은 1장에서 우리가 빠트렸던 부분을 보충해서, 교과서의 지면을 구조화하여 읽고 해석해야 하는 기호를 적절히 찾아내는 일을 밝혀 주었다. 몇 가지 겹쳐진 시각자료의 분석을 통해 서로 다른 층(시각자료) 사이를 연결하는 것과 시각자료와 학생들에게 친숙한 세계를 연결하는 데 엄청난 양의 일이 수행되어야 함을 기술하였다. 또한 겹쳐진 시각자료 사이의 기능적 관계가 다른 경우에는 필요한 연결 작업의 종류와 양도 달랐다. 비록 겹쳐진 시각자료가 경험과 멀리 떨어진 시각자료와 세상의 경험 간 간격을 줄여 주기는 하지만, 수행되어야 하는 서로 다른 유형의 일(구조화, 변형, 번역)의 전체 수는 증가하는 것을 보여 주었다. 이 장에서 학생들이 크게는 시각자료, 작게는 겹쳐진 시각자료를 사용하여 어떻게 공부하는지 연구할 수 있는 틀을 제시하였다.

다른 어느 나라의 교과서보다 한국의 과학 교과서에는 총천연색의 시각자료가 많이 들어 있다. 우리는 그러한 시각자료가 어떻게 학생들의 학습을 도울 수 있을지 질문하였다. 8장에서 기호학적 틀을 사용하여 중학교 과학 교과서에 사용된 화학 시각자료의 기능과 구조를 조사하였다. 화학기호학이라는 개념을 개발하여 화학 시각자료를 저자가 의도한 대로 이해하는 데 필요한 일을 찾아냈다. 우리는 서로 다른 종류와 기능(구조)의 시각자료는 학습 과정에서 서로 다른 기호를 구성한다고 생각하였다. 물질의 입자성을 이해하기 어려운 것은 거시적 입자를 묘사하는 시각자료와 미시적 입자에 대한 모형 사이의 서로 다른 기호 작용(해석과 의미-형성) 때문일 수 있음을 보여 주었다. 우리의 연구는 교과서에 화학 시각자료를 제시하는 방식과 학생들이 화학 시각자료를 통해 공부하는 방식을 이해하는 지침을 제공한다.

이 책 전체에서 교과서에 사용된 시각자료를 저자의 의도대로 읽는 데 필요한 작업이라는 용어를 사용하여 시각자료를 분석하였다. 우리는 간단한 시각자료와 겹쳐진 시각자료를 모두 고려하였다. 또한 다양한 나이(8~11학년)의 학생들이 시각자료를 읽을 때 나타나는 도해력을 분석하였다. 9장에서 컴퓨터가 사용자에게 제공하는 기회와 제한점을 살펴보았는데, 사용자의 도해력은 시각자료를 조작하는 데에서 드러나고 그것은 다시 컴퓨터에서 실행되어 조작의 결과를 보여 준다. 9장에서는 앞장에서 기술된 시각자료의 기호학적 및 인류학적 분석의 문제를 발전시킨다. 겹쳐진 시각자료(7장, 8장), 면대면 상호 작용에서 움직임과 몸짓으로 기호가 부각되는 것(5장), 즉 우리는 (a) 운동 현상을 모형화하는 도구로써 물리에서 사용하는 컴퓨터 프로그램에 나타나는 시각자료와 (b) 컴퓨터 스크린 위의 시각자료와 사건에 대한 학생–학생, 학생–교사 간 상호 작용을 분석한다.

이 책 전체에 걸쳐 (a) 여러 영역의 과학 시각자료를 이해하는 데 필요한 읽기 작업과 (b) 학생들이 실제로 시각자료를 읽는 것을 분석하였다. 그러나 우리가 비판적인 교육자로서 목표로 하는 것은 학생들이 시각적인 문해력을 가질 수 있는 기회를 제공하는 것만이 아니다. 그보다는 학생들이 **비판적** 문해력을 개발하기 바라며, 이것은 항상 본래 정치적으로 배열되는 시각자료를 재구성하고 해체하는 문해력을 말한다. 10장에서 우리는 학생들이 단지 시각자료가 아니라 **비판적** 시각자료를 개발하도록 돕는 프로젝트에서 우리가 할 수 있는 몇 가지 단계를 정교화하였다. 우리가 **비판적** 시각자료라고 기술할 때 마음속에 가지고 있는 것이 무엇인지 보여 주기 위해 짧은 사례 연구를 제시하면서 시작한다. 그리고 우리는 교육자가 학습에 대해 인류학적 관점을 가져야 한다고 주장하며, 그러한 관점은 비판적 도해력이 개인의 머릿속에 들어 있는 어떤 것이 아니라, 원래 공적이고 공유되는 실행이라고 생각하도록 해 준다. 저자 중 한 명이 가르친 물리 수업의 사례를 제시하여 비판적인 교육자가 **비판적인** 도해력을 개발하기 위해 행하는 일을 보여 준다. 우리는 비판적 교육자들이 시각자료를 재설계하는 것과 수업에서 고려해야 할 쟁점에 대한 제언으로 이 텍스트를 마친다.

1장

비판적 도해력을 향해

(포스트)모던 세계는 시각적이다. 시각적 표현과 사고의 관계는 너무 심오해서, 의식적인 사고에서 그 관계는 부각되어 드러나지 않는다. 역사적 연구에서 과학이 우세한 문화적 패러다임으로서 등장하는 시기와 그래픽 시각자료를 사용하는 시기가 일치함이 밝혀졌다.1 지난 수십 년간 이루어진 수많은 사회학 연구는 과학 실험실에서의 작업과 의사소통, 과학과 기술의 협동적 작업 등에서 그래픽 시각자료가 얼마나 핵심적 역할을 하였는지 보여 준다.2 따라서 교육 연구자들이나 교육 개혁 문헌에서 그래픽 시각자료의 교육적 사용에 더 많은 관심을 기울일 것을 요구하는 것은 놀랄 만한 일이 아니다. 이러한 요구는 학생들이 그래픽 시각자료를 읽고, 만들어 내고, 사용하는 것에 관련된 문해력을 갖추도록 돕는 학습 환경을 조성하라는 것을 의도한다. 흥미롭게도 수학이나 과학 교육자들이 문해력(해당 영역의 대화에 참여하는 능력)에 대해 말하거나 텍스트를 쓰지만, 그래프 사용을 문해력 이론의 용어로 이론화하려는 움직임은 없었다. 기호 사용(signing practice)이라는 좀 더 일반적인 틀에서 보았을 때, 그래프 활동은 좀 더 일반적인 문해력 개념의 한 측면이 되며, "의미를 조직하고 기록하며 함축하는 수단으로서 표상의 실행"3과 표상의 구조를 문제 삼는다.

이 장에서는 시각자료의 한 종류인 카테시안 선 그래프를 읽는 것이 어떻게 기호학적 활동으로 개념화되는지 보여 주면서, **비판적 도해력**을 좀 더 넓게 생각하여 이해하는 데 기여하고자 한다. 우선 과학자나 학생들이 그래프를 유능하게 또는 문제 있게 읽는 사례를 제시하고, 그래프 읽기를 좀 더 일반적인 문해력 개념으로 엮어 내는 틀을 제안한다. 이 틀은 기호학과 인류학, 비판적인 현상학적 해석학에 근거하며, 그래프 읽기에 대한 현재의 연구를 재검토하는 렌즈로 활용되고, 여러 교육 과정에 걸쳐 시각자료 실행과 관련된 문해력의 통합적 개념을 논의하는 출발점으로 활용된다.

1. 시각자료와 텍스트 읽기

시각자료 연구는 크게 두 가지 이론적 관점에 기초하여 접근한다. 첫 번째 접근에서 그래프의 질이나 개인의 능력이 특정한 공헌으로 귀결되는 존재론적 출발점이 된다. 그래픽 표현에 대한 대부분의 전통적 연구에서 그래프의 질은 표현된 그래프의 고유한 성질로 간주되고,4 지식은 마음속에 들어 있는 능력으로 간주되었다.5 하워드 와이너(Howard Wainer)는 "그래프로 제시된 것을 이해하는 능력은 몸속에 내장된 것"이라고 제안하기까지 하였다.6 두 번째 접근에서 과학자의 시각자료 사용에 흥미를 가진 사회학자와 인류학자는 그래프 활동을 사회적 실행으로, 즉 시각자료를 수집하고, 종합하고, 함께 묶고, 되돌리는 것으로 기술하였다. 브뤼노 라투르는 그래프 사용의 사회적이고 실용적인 문제에 집중하기 위한 방법론적 규칙으로 "설명되지 않은 것이 있을 경우에만 … 인지적 요인을 이야기해야 한다."라고 제안하였다.7 이 관점은 실용

주의적이고 포스트 모더니즘적인 접근과 일치하며, 시각자료와 텍스트(즉 기호와 기호 복합체)가 선험적으로 의미를 가지고 있는 것이 아니고, 기호를 사용하는 상황에서 의미가 도출되며 항상 재구성의 가능성이 열려 있다고 생각한다.[8] 첫 번째 접근은 개인의 머릿속에 있는 인지에 초점을 두며, 문화나 개인 경험의 중재 역할을 배제한다. 두 번째 접근은 시각자료 활동에서 문화의 역할에 초점을 두고, 경험하는 존재로서 개인은 대부분 무시한다.

이 책에서 우리는 사회적이고 실용적인 접근으로 해석할 수 없는 것이 있을 경우에만 인지적 요인을 도입하는 좀 더 강력한 사회-기호학적 입장을 취한다. 개별적인 그래프 읽기 활동, 개인적 경험, 독자의 문화적 상황을 설명하는 모델을 제시하기 전에, 우리는 시각자료의 해석과 사용에 대한 광범위한 연구에서 구체적인 사례를 제시한다. 발견적 목적(heuristic purpose)을 위해 그리고 간결한 제시를 위해, 우리는 시각자료 읽기 수행을 '투명한', '능숙한', '문제 있는'으로 이어지는 연속선상에 놓아 분류한다. 우선 그래프 읽기의 사례와 비교되는 언어 텍스트 읽기의 사례부터 시작한다.

(1) 투명하게 또는 다른 방식으로 텍스트 읽기

텍스트를 읽는 개인은 그래프가(즉 텍스트가) 세상의 어떤 측면을 말하는지 알아내려고 한다. 이 활동은 개인이 기호(단어, 개념), 기호가 표현하는 '자연 대상', 기호의 사용을 조절하고 제한하는 사회적 관습 등의 친숙한 상황에서 일어난다. 즉 기호와 그것이 언급하는 것들에 아주 친숙하다면 읽기는 텍스트(기호 혼합체)라는 물질적 기초를 넘어 텍스트가 말하려고 하는 것으로 도약한다. 예를 들면 한글(영어)을 유능하게 읽는 사람은 지역신문에 실린 다음 문단의 내용이 무엇을 말하는지 아는 데 아무런 문제가 없다.

> 주 전체에 교실을 짓기 위해 학교에 있는 물건들을 치우고 있을 때, 학교의 몇몇 이사는 그 돈이 더 좋은 곳에 쓰일 수 있지 않을까 의문을 제기한다.9

위의 문단을 읽을 때 눈이 어떤 문자에 멈추거나 문장을 재구성하지 않고, 읽으면서 물질적 기초인 문자 자체에서 이면에 있는 실체로 도약한다.10 일상적인 읽기를 통해 유능한 독자는 학교, 운동장, 교정의 물건, 계속되는 교육 재정의 어려움, 돈을 어떻게 쓰는 것이 좋은지에 대한 질문 등의 문제에 즉각적으로 도달할 수 있다. 어떤 사람은 교실을 짓는 대신 책과 컴퓨터를 구입하자는 토론에 참여하는 것을 상상할 수도 있다. 교육 분야에 경험이 있다면 텍스트가 말하려는 것의 배경을 알 수 있다. 다시 말하면, 텍스트는 읽기 활동에서 투명해져서, 텍스트가 말하려는 현상에 독자가 직접 접근하도록 해 주었다. 즉 텍스트를 이해하는 것에는 기호를 아는 것과 기호가 말하려는 영역에서의 경험이 포함된다. 독자가 텍스트가 언급하는 영역에 경험이 없고 친숙하지 않다면, 즉 경험적인 내용에 친숙하지 않다면, 텍스트를 읽기 어려울 것이다. 문장(즉 텍스트)의 경험적 내용(현재 이 문단의 주제)에 대해 진술한 책의 내용을 인용하며 이것을 예시하고자 한다.

다음의 텍스트는 한글(영어)로 쓰인 철학, 수학, 또는 논리학 입문 과정의 내용으로, 대학생에게 친숙할 것으로 기대되는 기호 요소('{ }', 'q⊃c') 를 포함하고 있지만 이해하기 어렵다.

> 모든 문장은, 러셀(Russell)의 "사중 중복성이 게으름을 마신다(Quadruplicity drinks procrastination)."라는 문장도 관찰 범주를 함축하는 집합의 지지항이다. 러셀의 문장을 'q'라고 축약하고 어떤 관찰 범주를 'c'라고 하자. 이항 집합 {'q', 'q⊃c'}은 'c'를 함축하지만 일항 집합 {'q⊃c'}은 그렇지 않다. 따라서 러셀의 문장은 {'q', 'q⊃c'}의 지지항이다.[11]

이 진술문에서 문제 삼고 있는 것은 문장의 경험적 내용—기호학적 지시 대상—이 어떻게 확인될 수 있는가이다. 윌러드 콰인(Willard Van Orman Quine)은 만약 집합이 일반화 'c'(관찰 범주)를 **함축**하면, 그것은 "중복성이 게으름을 마신다."라는 문장에 의해서도 지지된다는 것을 보여 주었다. 여러분은 여기에 사용된 기호 자체에는 친숙할 수 있지만, 이 상황에서 기호의 내용에 친숙하지 않을 수도 있기 때문에, 이 문장이 **무엇을** 말하는지 이해하지 못할 수 있다. 읽기의 문제는 독자가 시각자료의 형식에 친숙하지 않을수록 더욱더 복잡한 문제가 된다. 많은 사람에게 수학적 공식, 악보, 20세기 미술, 그래프는 언어 텍스트와 달리 일상적으로 사용되는 것이 아니다. 즉 우리는 학생과 성인 독자가 수학 공식, 악보, 20세기 미술, 그래프 등을 읽을 때 어려움을 나타내는 것이 '오개념'이나 '인지적 결함' 때문이 아니고 내용 영역과 기호를 조절하는 관습에 익숙하지 않기 때문이라고 예상할 수 있다. 그래서 우리는 시각자료를 읽는 것은 좀 더 일반적인 기호 읽기 활동의 한 사례에 해당한다고 개념화할 것을 제안한다. 다른 교육 연구자들도 기호학적 틀을 사용하기는 하였지만, 그들은 기호 자체의 본성이 문제시되는 상황에는 주의를 기울이지 않았다.[12] 우리는 다른 연구자들이 아직 말하지 않은 두 과정을 포함하는 기호학적 틀을 제안한다. 첫 번째 과정은 개인이 시각적 내용을 지각적으로 **구조화**하여 기호 자체와 그에 대한 해석을 구성하는 과정이다.[13] 두 번째는 기호와 지시 대상, 지시 대상과 기호의 변증법적 움직임으로 서로 상호 안정화하는 과정이며, 그렇게 함으로써 기호가 지시하는 내용이 정해진다. (기호학 연구에서는 주로 기호-지시 대상 해석 과정만 고려한다) 이 과정들은 아래의 '투명한', '능숙한', '문제 있는' 읽기의 사례에서 각각 예시된다.

(2) 투명한 읽기

과학자나 어떤 사람이 다음 쪽에 나오는 인용문과 같이 그래프와 그것이 가리키는 세계에 아주 친숙할 때, 학교의 물건에 대한 텍스트를 읽는 것처럼 그래프를 투명하게 읽게 된다. 그 사람은 그래프의 굴곡(높이 변화, 기울기 변화, 봉우리의 폭 등)을 보면서 곧바로 각각에 상응하는 세상의 상태를 본다. 사실 이렇게 개인이 기호 "**안**에서 무엇을 본다."라고 말하는 것은 과장된 표현이다. 우리의 연구에서 과학자나 공학자, 기술자들은 그래프의 특정 지점을 가리키거나 하지 않았다. 단지 상황을 기술하면서 상대방이 자신이 말하는 것을 그래프에서 보기를 기대했다. 앞에서 학교의 물건, 이사, 재정에 대한 발췌문이 학교와 관련된 세상의 모습을 제공하였듯이, 친숙한 그래프는 그들에게 친숙한 세계로 향하는 투명한 창문을 제공한다. 이와 유사하게 다른 사례에서는 한 생물학자가 포식자의 유무에 따른 올챙이의 3가지 섭식 형태에 대한 실험을 간단히 설명하였다. 그는 그래프를 변형하거나 그래프의 어떤 특징을 부각하지 않고, 먹이 가용성이나 포식 그리고 개구리 생존의 상호 작용에 대하여 텍스트를 읽는 것처럼 그래프를 읽어 냈다. 그는 그래프를 구조화할 필요가 없었고, 그래프는 현상에 깊게 뿌리내리고 있었다. 이 생물학자는 그래프와 현상을 융합하였다.

이처럼 과학자는 자신의 그래프에서 바로 보이지 않는 현상을 읽는다. 우리의 연구에서 과학자만 그래프를 투명하게 읽는 것이 아님을 알았다. 아래의 사례에서 켈리(Kelly, 수질기사이며 일할 때와 공공장소에서 발표할 때 등의 4가지 다른 상황에 대해 연구하였다)가 우드윈 농장에 있는 유량측정소에서 제작한 그래프(그림 1.1)를 투명하게 읽고 있다. A, B, C는 켈리가 이야기하면서 가리킨 그래프상의 지점이다.

> 이 봉우리는 처음에 작은 정점(A를 가리키며)을 지나 최고로 높아진다(B를 가리키며). 내가 모은 자료에 의하면, 강의 북쪽 지류는 대략 부피의 20퍼센트를 차지하고 뉴턴 산으로 빠져나간다. 그리고 남쪽 지류는 만나는 지점까지 부피의 약 80퍼센트를 차지한다. … 그래서 이 변동점(A를 가리키며)이 의미하는 것은 북쪽 지류에 비가 왔을 때, 북쪽 지류가 좀 더 빠르게 흐른다는 것이다. 부피는 작지만 정점(A를 가리키며)을 먼저 보이고, 오션 농장의 측정소에서 낮아진다. 그리고 8시간 정도 지나서 이 강수량을 보인다(B를 가리키며).

이 발췌문에서 켈리는 시간에 따라 측정소를 지나가는 물의 근원이나

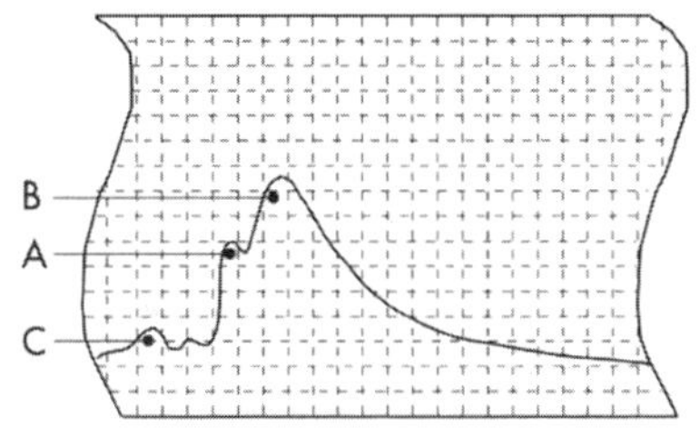

그림 1.1. 이 그래프는 작은 하천의 수위를 보여준다. 비가 온 직후 수위는 오른다. 환경연구소 방문 행사 중에 켈리는 그래프의 몇몇 부분을 가리키며 헤이건 강의 북쪽 지류에서부터 뉴턴 산으로 빠져나가거나 남쪽 지류로부터 들어오는 물에 대해 이야기하였다. 그녀는 그래프와 자신이 이야기하는 자연 현상을 구분하지 않았다.

강의 지류 간 흐르는 시간의 차이 등을 그래프에서 투명하게 읽었다. 켈리가 굴곡 A를 강 북쪽 줄기에서 오는 물을 나타내는 기호로 읽었으나, 봉우리 왼쪽에 보이는(그림 1.1) 굴곡 C는 중요하게 고려하지 않은 점에 주목하라. 과학적 용어로 하면, 그녀는 어떤 굴곡 A는 신호(즉 의미가 있거나 유의미한 어떤 것)로 읽고 다른 굴곡 C는 잡음(무의미한 것)으로 읽었다.

유사한 방법으로 켈리는 우드윈 농장이 그래프의 어떤 지점에서 댐을 쌓아 물을 저장하는지, 어떤 지점에서 계곡 주위의 농부가 관개 시스템에 의존하는지 읽는다. 그녀는 굴곡을 가리키면서 "여기는 파이프가 막혀 있다."**14**라고 말하거나 하루 중 동결(밤)과 해빙(낮)의 변화도 알아낸다. 그녀는 물고기가 생존할 만큼 물이 없거나 농부가 물이 부족하여 관개를 멈추어야 함을 '보았다'. 켈리는 또한 거꾸로, 그녀가 알고 있는 세상에서 표현(차트)의 세상으로도 움직였다. 그녀는 지역의 현상에 대해 이야기하고 그것을 차트의 용어로 번역하였다. 그녀는 지역의 역사적 상황에 대해 말하고 30~50년 전이라면 차트가 어떠했을지 이야기하였다. 즉 켈리는 완전히 투명하게 차트를 사용했다. 학교에 대한 보고서가 교육자나 이 책의 독자에게 투명한 것처럼 그녀의 활동에서 그래프는 투명했다. 그래프와 언어를 사용하는 사람은 일상생활에서 그것을 투명하게 사용한다.

그 외 몇몇 연구에서도 그래프 사용에 관련된 유사한 내용을 보고하고 있다. 그래픽 표현은 물리학자에게 자신과 물리 현상이 상징을 통해 만나는 장소로 작용한다. 움직임 그래프나 그래프에 표현된 움직이는 물체와 과학자 사이의 강한 동시적 상호 작용은 기호와 그 지시 대상의 융합으로 이어진다. 그래서 독자가 기호 체계와 그것이 말하는 대상에 아주 친숙하다면 기호 자체는 투명해진다. 독자는 단어나 곡선의 일부를 생각하지 않고 바로 그것이 말하는 대상으로 간다. 이 투명성은 너무나 명백해서 독자가 기호와 지시 대상을 구분하지 못한다. 우리는 지도와 땅을 혼동한다. 그래프는 단지 유능한 읽기를 조직화하는 물질적 기반을 제공한다. 그러나 그래프를 이해하기 위해서는 유능한 읽기를 할 수 있어야 하고, 그래프가 언급하는 상황에 친숙해지는 것이 필요하다. 읽기가 사회적 특성을 달성하는 것은 이러한 기호의 사라짐, 즉 텍스트의 물질적 기반을 넘는 도약 안에서 이루어진다.15

(3) 능숙한 읽기

텍스트(그래프, 캡션, 본문을 포함)와 그 주제에 덜 친숙하다면 독자는 더 많은 일을 해야 한다. 이 일에는 텍스트를 적극적으로 구조화하는 것(강조하기, 밑줄 긋기, 요약하기 등)이 포함될 수 있다. 이 구조화의 결과 텍스트는 실제 세상에 근거를 가지게 된다. 기호와 현상의 본질이 불확실하면, 기호를 읽은 것과 현상 사이에 변증법적 과정을 거쳐야 할 때도 있다. 셜록 홈스가 상황을 읽고 사건에 대한 가설을 세우고 다시 읽고 다시 가설을 세우는 등의 활동을 통해 그의 읽기가 일련의 사건들과 일치되도록 하는 것을 상상해 보라. 처음에는 기호의 본성 자체도 의문이다. 테이블과 의자의 위치가 의미 있게 되는 것은 그 기호를 살인과 연결하여 구성하였을 때이다. 우리는 과학자들이 그래프를 읽을 때 기호와 유추된 사건이 상호 전제되고 서로 안정화되는 변증법적 과정을 관찰한 바 있다.[16] 과학자들은 그래프(또는 그래프의 일부)가 말하려는 것에 맞춰서 상황에 대한 기술을 다듬거나, 알고 있거나 친숙한 상황에 대한 묘사를 변형하여, 상황과 묘사가 그래프를 읽은 것과 일치하는지를 테스트한다. 이러한 변증법적 움직임에서, 과학자들은 텍스트를 구성하는 기호(지각적 구조화의 결과)와 현상(근거화의 결과)을 구체화한다. 다음의 사례에서 생태학자가 인구 그래프(그림 1.2.a)의 왼쪽 교점을 인구 평형을 나타내는 지점으로 읽고 있다. (P_1과 P_2는 과학자가 지적한 점이다)

(P₁을 가리키며) 이 점 아래에서는 사망률이 출생률보다 높아서, 개체

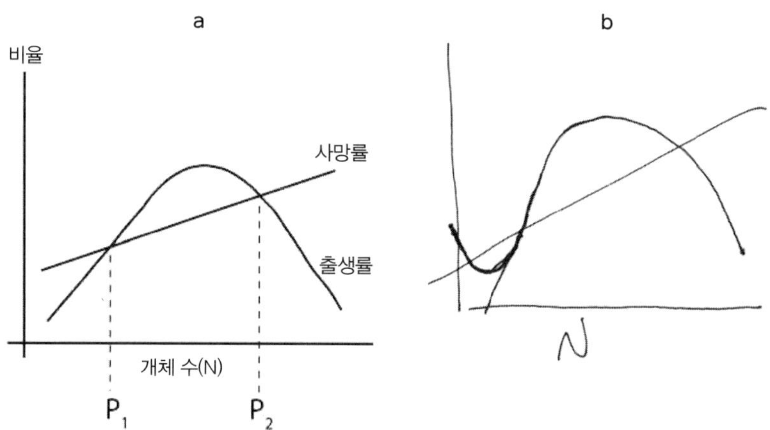

그림 1.2. a의 개체 수 그래프를 해석하려고 시도하면서 과학 연구자는 그 해석체의 하나로 두 번째 그래프 b를 만들어 냈다.

수가 이렇게(P_1 왼쪽으로 몸짓) 되어 멸종에 이르는 것을 의미한다. 이 점(P_1을 가리키며) 위에서는 출생이 사망보다 많아서 개체 수가 이 점(P_2를 가리키며)까지 증가한 후 출생과 사망이 다시 같아진다.

[그림 1.2.a]를 참고하면, 과학자는 처음에 P_1 점보다 크기가 작은 개체군에서 사망률(직선)이 출생률(곡선)보다 크므로 개체 수는 감소할 것이라고 지적한다. 그리고 P_1 점보다 크기가 큰 개체군에서 개체 수는 증가하는데 그것은 사망률(직선)이 출생률(곡선)보다 아래에 있기 때문이다. 그는 다른 교점에서도 마찬가지로, 그래프가 자신에게 아주 친숙한 늑대와 무스(moose; 큰 사슴의 종류로 말코손바닥사슴이라고 한다) 사이의 상호작용을 설명하고 있는지 점검하였다. 그러면서 선을 그리고(그림 1.2.b) 다음과 같이 말했다.

> 늑대로 인한 사망률은 피식자의 수에 따라 올라간다. 그래서 N(을 쓰면서)은 피식자이고, 이것은 늑대로 인한 사망률이고(기울기가 증가하는 곡선을 그리기 시작하며), 올라갔다가 내려온다(기울기가 감소하는 곡선으로 마무리하며). 늑대의 영역 내에 살고 있는 먹잇감에 한계가 있기 때문이다. 그래서 사망률은 개체 수에 따라 결국은 감소한다.

이 발췌문에서 과학자는 먼저 처음의 그래프(그림 1.2.a)를 읽은 내용을 말하고 나서 그에게 아주 친숙한 상황인 늑대와 무스(피식자)의 관계로 바로 이동하였다. 그리고 포식자와 피식자를 그래프로(그림 1.2.b) 나타내고 그것을 처음 그래프와 비교하였다. 이것과 앞의 사례를 통해, 독자가 그래프를 투명하게 읽기 위해서는 그래프에 대한 친숙성, 그래프 기호 요소를 조절하는 관습, 적절한 기호 요소를 바르게 확인하는 것이 필요하다는 것을 알 수 있다. 또한 독자는 그래프가 표현하는 가상적인 현상이나 자연과 친숙해야 한다.[17] 우리의 연구에서 학생들이 그래프에 묘사된 상황에 친숙하고 현상과 그래프 사이의 번역에 친숙한 모든 경우, 학생들은 어려움을 거의 겪지 않고 난관에 봉착하지 않았다. 학생들의 읽기는 그래프를 넘어 그것이 묘사하는 세계로 도약하였다. 반면 과학을 전공하는 대학원생일지라도 어떤 그래프를 처음 보았을 때 그 그래프와 현상 사이의 번역에 친숙하지 않고 자연 현상 자체에 친숙하지 않은 경우에는 그래프를 읽는 데 어려움을 나타냈다.

나이는 능숙한 그래프 읽기를 위한 핵심 변수라고 할 수 없다. 어린 학생도 적절한 기회가 제공되면 그래프를 능숙하게 읽는 능력(실행)을 개발할 수 있다. 3장에 설명한 우리의 프로젝트에서 8학년 학생들이 생태 구역(ecozone)에 영향을 미치는 생물학적, 물리적 요인에 대해 연구를 진행하였다. 교사가 학생들에게 준 과제는 자신의 연구와 결과물을 정기적인 세미나에서 다른 학생에게 **설득력 있게** 발표하고 다른 학생의 질문에 답변하는 것이었다. 이 학생들은 수학적 시각자료(그래프 포함)를 사용하는 경험을 많이 하였고, 자신이 한 연구의 질과 중요성을 동료에게 확신시키는 일도 경험하였다. 그리고 현상을 여러 가지 수학적 시각자료로 번역하는 경험도 많이 하였다.

이렇게 10주간 활동한 후 검사를 실시하였다. 검사 결과 과학 교사가 비계(飛階)를 제공한 학생들은 자료 분석, 변형, 해석에서 같은 검사를 받은 과학 전공 대학원생보다 더 유능한 실력을 보여 주었다.[18] [그림

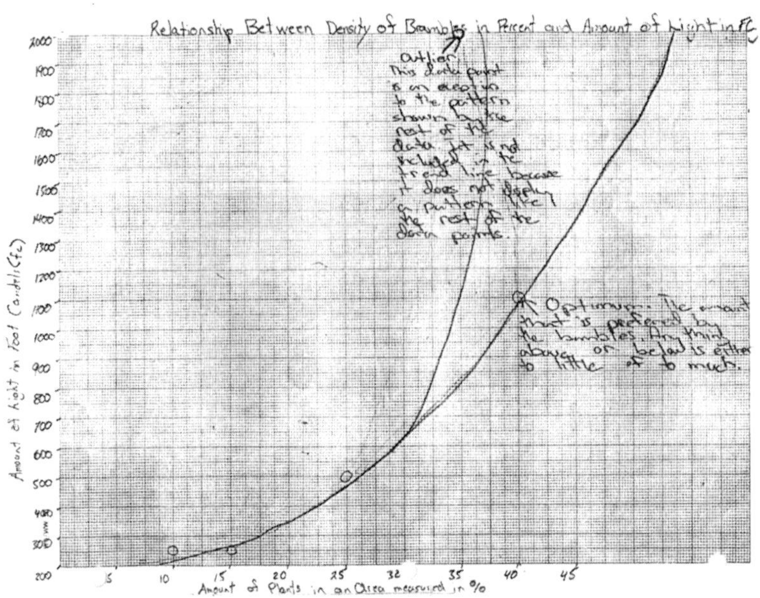

그림 1.3. 8학년 학생들은 지도 상에 제시된 일련의 데이터를 해석하려고 시도하면서 위와 같은 그래프를 만들었으며, 특정 데이터를 나타내는 점들에 대해 각기 다른 가정을 세우고, 이를 바탕으로 대안적인 해석의 가능성도 만들었다.

1.3]은 주어진 문제에 대해 한 학생 모둠에서 종합적으로 작성한 그래프와 해석이다. 빛과 식물 생장의 관계에 대해서 두 가지 가능한 시나리오를 구성하였을 뿐 아니라, 관찰한 패턴을 설명하는 가상의 시나리오를 기술한 것도 분명히 알 수 있다. 빛의 강도가 어떤 역치 이상일 때 그 효과는 일정하거나 음으로 나타났다. 여기서 측정치를 설득력 있는 형태로 변형하는 경험, 실제 생태 상황에 대한 심도 있는 지식은 그래프를 매우 능숙하게 읽어 내는 데 바탕이 된 것으로 보인다. 이 가설은 2년간의 인류학적 연구에서 생태학자들이 동물을 잡거나 현장을 관찰하면서 몇 달을 보내는 동안 개발한 그래프의 투명성과 광범위한 배경을 이해하는

것 사이의 관계에서 보인 결과에 의해 확증되었다.

(4) 그래프 읽기에서 나타나는 문제

그래프나 현상, 또는 둘 사이의 번역에 친숙하지 않은 경우는 그래프를 읽을 때 분명히 문제가 발생한다. 이 경우 읽기 활동은 대부분 그래프를 현상에 연관 짓는 것보다 그래프(와 함께 제시된 텍스트) 자체의 구조와 관련된다. 도상적 관계와 두드러지게 부각된 겉보기 특성 등이 독자의 구조화 활동을 편향되게 하고 과학적으로 부정확한 읽기가 되게 한다. 아래 세 가지 사례에서 독자가 직면하는 문제를 보여 준다.

첫 번째 사례는 그래프 관련 연구 문헌에서 사용되는 대표적인 문제에 대한 것인데, 학생이 시간-거리 그래프에서 더 빠른 것을 찾도록 하는 것이다. 많은 학생이 올바른 답을 내지 못한다.[19] [그림 1.4]의 1초에서 더 빠른 물체를 찾으라고 하면 학생들은 보통 'B'라고 한다. 그러나 'A'와 'B'를 질적으로 비교하며 읽으면 'A'가 'B'보다 정해진 시간 간격에서 더 많은 거리를 차지하므로, 그래프에 제시된 전체 시간 동안에는 A가 더 빠르다. B라는 틀린 답은 높이-기울기 혼동이라는 특징으로 분류되는

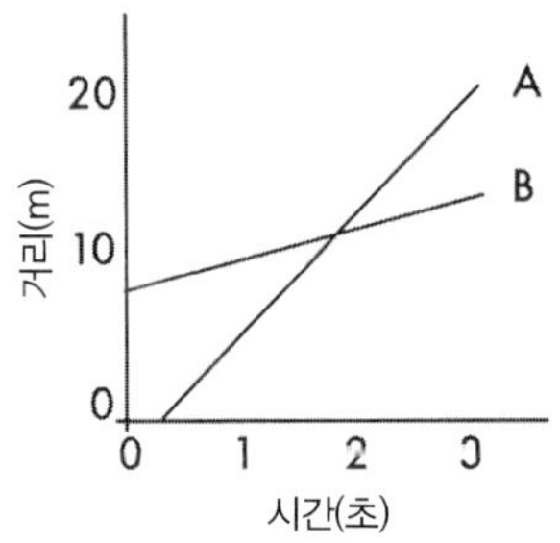

그림 1.4. 그래프에 대한 학생들의 '오개념'을 찾는 데 종종 사용되는 그래프. 주어진 시간 간격에서 A는 B보다 더 긴 거리를 이동하고 따라서 더 빠르다. 교점 왼쪽에서 더 빠른 자동차를 찾으라고 하면 많은 학생들이 B라고 틀리게 답한다.

데, 그것은 질문에 대한 답은 주어진 지점에서 높이보다는 기울기에 의해 추론되어야 하기 때문이다. 틀린 답은 높이를 지시 대상으로 생각하는 것에서 기인한다. 많은 연구에서 학생들이 이러한 과제 수행에서 어떤 특성적 결함을 가지고 있다고 말한다. 즉 '오개념', '하위 수준 사고', '지적 구조[의 부족]', '이해 부족', '논리적 사고력 부족' 등이 이것을 설명하는 도구로 사용된다. 연구자들은 학생들이 시각자료의 고유한 논리적 성질에 주목하기보다 지각적으로 두드러진 특성에 빠지기 쉽다고 설명한다. 이 장에서 개발한 기호학적 관점에 따르면 기표(記標)와 기의(記意) 사이의 관계는 항상 임의적이며, 기호 관계를 조절하는 문법은 선험적 '논리'가 아닌 관습에 근거한다. 그러므로 만약 아래의 두 예가 보여주듯이 국제적으로 유명한 상을 받은 과학자 중에 그래프를 학생들처럼 읽는 사람이 있다면, 결함적 특성이라는 설명은 수정되어야 한다.

두 번째 사례는 유명한 이론 물리학자이자 경험 많은 교수가 초등 교육 전공자를 대상으로 수업하는 상황에 대한 것이다. 우리가 경험한 다른 물리학 수업에서처럼 이 수업에서도 칠판은 시각자료(그림 1.5)로 계속 '어지럽게 채워지고' 학생들이 수업을 이해하기 위해 상당한 수준의 도해력이 있어야 했다. 먼저 교수는 경사면에서 공을 굴리고 1, 2, 3, 4초 후에 각각의 거리를 측정하여 표에 적었다. 그는 처음에 시간-거리 그래프(그림 1.6.a)를 그리고, 이어서 시간-속도 그래프(그림 1.6.b), 시간-가속도 그래프(그림 1.6.c)가 처음의 표와 그래프에서 어떻게 나올 수 있는지 나타냈다. 학생들의 이해를 돕기 위해, 교수는 일상생활에서의 돈을 비유 사례로 들어 설명하였다. 그러나 그가 일상적 사례를 말하는 동안 그의 읽기는 이상하게 변했고 그는 그것을 알아차리지 못했다. 가속도

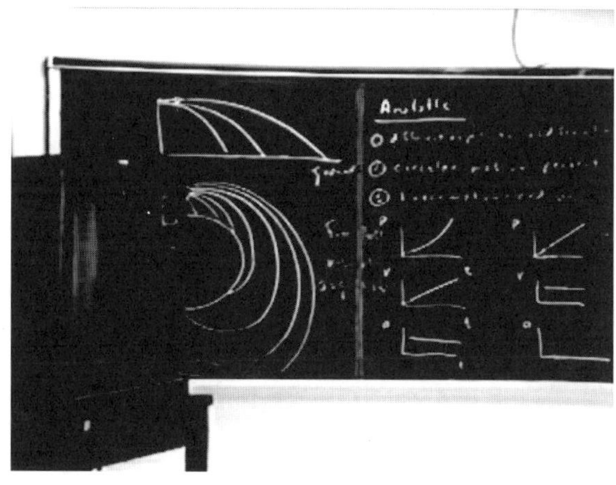

그림 1.5. 물리 시간에는 칠판이 온통 시각자료로 가득 차서 학생들이 수업을 따라가려면 엄청난 수준의 도해력이 있어야 한다.

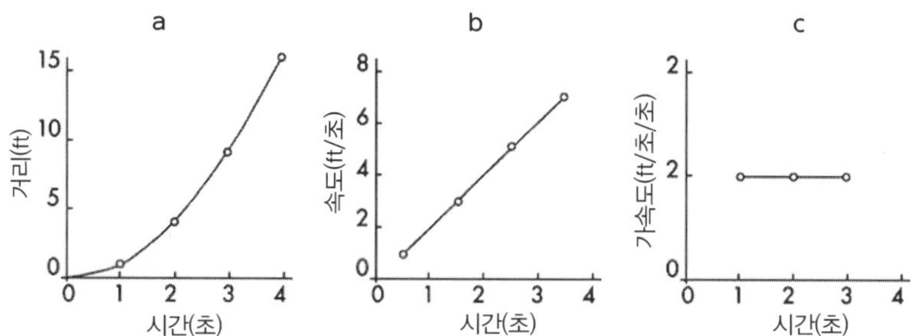

그림 1.6. 예비 초등 교사들의 물리 강좌에서 사용된 일련의 그래프. 교수가 봉급을 비유 사례로 사용했을 때 그는 그래프를 일상적 경험에 부적절하게 대응(번역)했다.

그래프(그림 1.6.c)를 가리키면서 교수는 "여기서 나는 봉급이 오르지 않고, 가속도는 일정하고, 매일 똑같은 돈을 받는다. 주립 대학에서 일하는 사람은 대개 그렇다."라고 말하였다. 여기서 그가 그래프를 '일정하다'라고 읽은 것은 '나는 봉급이 오르지 않았다'로 번역되었다. 비유를 자세히 분석하면, 그림의 세 그래프는 전체 수입(예를 들면, 원) 대 시간, 임금(예를 들면, 원/시간) 대 시간, 임금의 변화(원/시간/년) 대 시간에 대응된다. 따라서 0보다 큰 일정한 가속도는 시간당 임금이 일정하게 올라가는 것을 말하고(예를 들면, 200원/시간/년), 교수가 학생들에게 말한 것처럼 변화가 없는 것이 아니다. 20년의 경험을 가지고 물리학자나 교사로 성공했으며, 그래프와 봉급에 친숙한 상태인데도, 그는 그래프를 일상적 예에 올바로 대응하지 못했다. 교수가 직접 고안한 일상적 상황에 그래프를 연결하려고 할 때 발생한 유사한 문제들에 대한 연구가 보고되었다. 더불어 이 수업의 학생들은 칠판, 과제, 또는 시험에 나오는 그래프를 읽고 비판적으로 검토하는 도해력을 충분히 개발하지 못하였고, 좌절감을 느꼈으며 물리에 대한 이해도 낮았다.

마지막 사례는 과학자들의 그래프 읽기에 대한 연구로, 과학자들에게 자신의 전공 분야에서 대학 초급 수업에 나오는 다양한 그래프 과제를 다루어 보도록 하였다(그림 1.7). 과학자의 대부분은 생태학자와 생물학자였는데, 25~50%가 2학년 생태학 초급 수업에서 뽑아낸 그래프를 옳지 않게(그 분야에서 공인된 기준에 비교하였을 때) 해석하였다. 주어진 출생률과 사망률 그래프에서(그림 1.2.a) 개체 수의 최대 증가량을 물었을 때 높은 비율(92%)의 과학자가 틀리게 답했다. 약 절반의 과학자가 출생률이 가장 높을 때 개체 수 증가가 가장 크다고 말하였다(그림 1.7의 과학자를 보라). 나머지 과학자는 출생률과 사망률 사이의 거리가 최대일 때 개체 수 증가가 가장 크다고 하였다. 그러나 그래프가 출생률과 사망률을 나타낼 뿐 절대적인 수를 말하는 것이 아니므로, 개체 수의 최대 변화는 (출생률−사망률)×개체 수가 최대일 때이다. 즉 다른 연구에서 기울기/

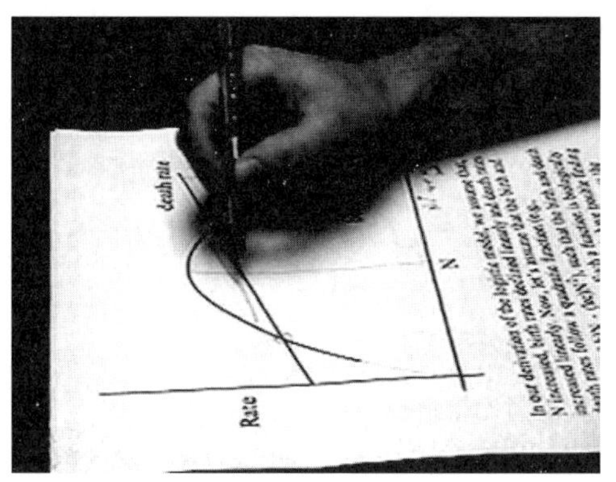

그림 1.7. 개체 수 그래프(그림 1.2)를 읽는 일을 하고 있는 과학자. 그는 그래프 위에 그림을 그려서 그래프를 보강하고 새로운 시각자료를 만든다.

높이를 혼동하는 중고생들과 유사하게, 이 연구에서 경험 있는 과학 연구자 중 상당수가 지각적으로 두드러진 특징을 자신의 (틀린) 답에 관한 자료로 사용하였다. 학생들의 그래프 활동 오류에 대한 문헌에서 주장하는 것과 똑같이 말하면, 과학자들은 개념적으로 적절한 답을 추론하기보다 지각적으로 두드러진 높이나 높이의 차이에 걸려들었다.

우리의 연구에서 나온 3가지 사례는 과학자들도 학생들(처음의 예)에게서 확인된 것과 유사하게 수학적 측면에서 그래프를 구조적으로 잘못 읽는 경향이 있음을 보여 준다. 이 과학자들 대부분은 최고 교육을 받았고 논문도 많이 냈으며, 연구에 대해 전국적 또는 국제적인 수상 경험도 가지고 있다. 이 연구 결과물에 비추어 볼 때 '오개념'이나 '인지적 결함'을 설명 구인(構因)으로 계속 사용하는 것은 어렵다. 결함에 대한 접근보다는, 교육자들이 지적 활동에만 집중하는 것에서 벗어나게 하는 틀을 제안한다.

2. 기호학적 활동으로 시각자료 읽기

주어진 과제의 기호학적 측면을 고려한다면 발달 이론은 상당한 설명력을 갖는 장점이 있다. 기호학에 기반을 둔 교육 연구는 기호 실행의 개체발생론에는 관심이 없다. 그러나 읽기에 대한 이론은 독자의 발달 경로를 설명할 수 있어야 한다. 이 경로는 텍스트에 대한 초기의 지각적 언어 분석에서 투명한 읽기로 진행해 가며, 그것은 표현 영역(시각자료, 언어 텍스트), 실험 영역(현상 세계), 둘 사이의 번역, 표현 영역의 요소를 제어하는 관습 등에 대한 경험이나 친숙함 등과 함께 이행된다. 여기에 제시된 시각자료 실행에 대한 개념화는 퍼스(Peirce)의 기호학과 해석학적 현상학에 근거하며, 발달적 요소를 가지고 있다는 점에서 이들을 더 확장한 것이다.20 이 접근에서 시각자료(색인, 캡션, 본문 포함)는 텍스트, 기호 복합체, 기호 구성체로 간주된다. 그러므로 '시각자료의 해석'은 좀 더 일반적인 기호 읽기의 활동 안에 포함된다.

(1) 기호와 기호 과정

앞 절의 사례에서 과학자도 친숙하지 않은 시각자료 읽기는 어려울 수 있으며 개념에 기초하기보다 지각에 기초하여 추론할 수 있다는 것을 보았다. 과학자는 시각자료에 처음 대응해 보는 일상적 사례를 사용할 경우에도 오류를 범했다. 그리고 고도로 훈련된 사람도 그래프를 외부의 지시 대상과 연결하기 전에 그래프를 지각적으로 분해하는 데에서 막혀 버리는 상황에 처할 수 있다. 반면 위의 예들은 모든 나이에서 다양한 훈련을 받은 사람들이 그래프를 투명하게 읽을 수 있고, 그래프를 통해 어떤 현상이나 상황에 직접 접근할 수 있음을 보여 준다. 그러한 투명한 읽기는 기호 체계, 현상, 기호와 현상의 상호 번역, 기호 사용을 조절하는 관습 등에 충분한 경험을 가지고 있는 결과이다. 결합에 대한 접근 모형은 이러한 연구 결과를 만족스럽게 설명하지 못한다. [그림 1.8]은 우리가 앞에서 언급한 대안적 모델을 나타낸다. 이것은 기호를 구성하는 지각적 분해, 기호와 지시 대상이 안정화되는 변증법적 근거화 과정을 포함한다.

이 모델은 두 부분으로 이루어져 있다. 위의 왼쪽 부분은 독자가 (시각적, 언어적) 텍스트를 의미 형성 요소인 기호로 구조화하는 과정을 표현한다. 이 과정의 결과는 아랫부분인 두 번째 과정의 입력물이 되는데, 두 번째 과정은 기호를 내용 영역(또는 지시 대상) 안에 근거화하는 과정이다. 읽기의 일반적인 과정과 우리의 모델이 보여 주는 두 과정을 아래 문단에 자세히 기술한다.

이 모형의 핵심 개념은 찰스 샌더스 퍼스(Charles Sanders Peirce)가 기호

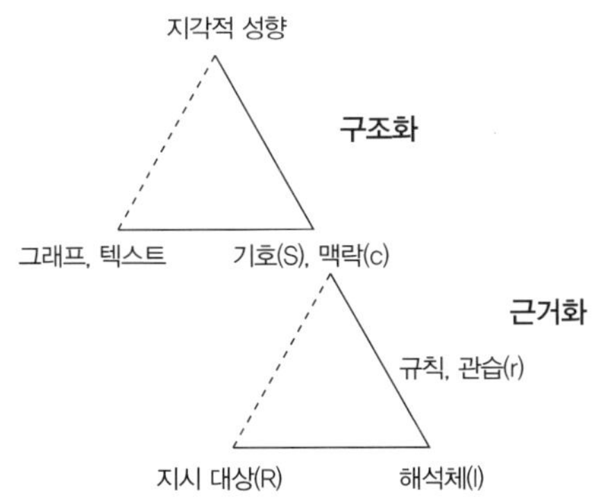

그림 1.8. 시각자료를 읽는 데 두 단계가 있다. 구조화 과정 중에 적절한 기호와 텍스트 내부의 관계가 확인된다. 근거화 과정 중에 기호와 세상의 친숙한 대상(지시 대상)이 상호 안정화된다.

학에서 만들어 낸 기호(S), 지시 대상(R), 해석체(I)21이다. 기호는 물질적 자취(문자, 단어, 텍스트, 사진, 그래프 등)로 독자에게 기호 자체가 아닌 어떤 것, 지시 대상이나 기호의 내용을 지시하는 것이다. 예를 들면, '말코손바닥사슴(무스)', '출생률', '개체 수'는 (흰 종이 위에 잉크의 자취로 구성된) 기호이고, 캐나다 밴프 국립공원에서 말코손바닥사슴의 개체 수를 연구하는 생태학자들이 일상적으로 경험할 수 있는 자연 대상이나 현상을 의미한다. 해석체는 기호에 대한 보조물이며, 지시 대상인 사물과 관련된 기호의 정의 또는 설명이다. 예를 들면, 사슴의 그림, 사진, 개체 수 대비 출생률을 나타내는 점그래프 등은 생태학자들이 제시할 수 있는 해석체이다. 해석체를 만들어 내는 것을 기호 과정(semiosis)이라고 부른다. 기호 과정은 원래 끝이 없는 과정이다. 한 포스트모던 학자는 어떤 기호나 텍스트도 자신의 의미화 가능성을 소진하면서 의미로 **가득 찰** 수 없다고 결론지었다.

기호와 지시 대상의 관계는 임의적이다. 말의 윤곽 그림과 살아 있는 말 사이에는 시각적인 유사성이 있지만, 그것은 문화적 합의에 부합되어야 하고, 따라서 학습되어야 한다. 즉 기호를 현상에 연결하려면(또는 그 역으로 현상을 기호에 연결하려면) 변형을 해야 한다. 이 변형은 자연적으로(논리적으로) 되지 않으며, 표현 S(기호)를 내용 R(지시 대상)과 연결 짓는 규칙과 관습에 대한 지식 r(규칙, 관습)에 기초해야 한다. 마지막으로 기호는 그 자체로 존재하지 않으며, 그 주위에 있는 다른 기호들의 맥락 안에서 읽혀야 한다. 특정 S를 읽는 데 배경을 제공하는 다른 모든 기호는 c(맥락, constituent)를 구성한다.

(2) 기호 과정으로 그래프 읽기

모델의 왼쪽 위는 개인이 텍스트를 구조화하는 읽기 활동을 나타낸다. 즉 이 읽기 작업은 그래프 안쪽을 읽는 것이다. 여기서 텍스트(그래프, 그림, 언어 텍스트) 자체는 주의를 끄는 지각적 자료를 바탕으로 구조화되는 지시 대상이다. 이 과정에서 텍스트의 구성 요소와 내적 구조가 만들어진다. 예를 들면, [그림 1.2.a]를 읽는 독자는 최대 출생률, 출생률과 사망률의 교점, 기울기(변화), 기울기의 관계(변화), 축과의 교점, 절대 높이(변화), 상대 높이(변화), 출생률과 사망률의 최대 차이 등 의미 있는 특징을 확인할 수 있다. 그리고 "출생률과 사망률이 같다"나 "개체 수는 변하지 않는다(그림 1.2.a)"와 같이 해석체를 연결함으로써 초기 과정에서 나온 결과물을 정교화한다. 이 새로운 해석체들은 다음 단계에서 기호가 될 수 있다. 읽기의 과정에서 확인된 두드러진 특징은 개인 간뿐 아니라 개인 내에서도 서로 다르다.

일단 그래프의 특징이 지각적으로 분리되면 그것은 그 자체로 외부에서 일어난 어떤 현상을 가리키는 기호로 읽힐 수 있다.22 기호와 지시 대상을 연결하는 과정은 **근거화**로 불린다. 즉 독자는 [그림 1.2]의 기호를 어느 공원의 늑대 무리에 대한 진술이라고 읽거나 밴프 국립공원의 말코손바닥사슴 개체 수에 대한 것이라고 읽을 수 있다. 앞의 예로 돌아가 보자. 우선 켈리는 작은 굴곡을 강의 북쪽 지류에서 오는 특정 강우와 연관된 물로 읽는다. 그리고 8학년 학생은 그래프의 최대치(최적치)를 빛이 식물에 음의 효과를 미치기 시작하는 지점으로 읽는다. 마지막으로 물리학 교수는 가속도 그래프를 일정한 연 수입으로 (잘못) 읽는다. 읽기 과정의 두 단계 모두에서 해석체는 읽기 과정에 있는 개인 독자가 만들어

낸 언어적 정교화로 생각할 수 있다. 그러므로 기호를 해석하는 것은 세계를 조각으로 나눈 후, 나누어진 세계의 일부를 기호로 정의하고, 그것이 세계의 다른 부분을 나타내도록 하는 것을 의미한다. 모형의 두 부분에 변증법적 과정이 있는데, 한 과정은 현상과 기호를 안정화하고, 다른 과정은 분리된 특징과 읽기 과정 사이에서 작동한다. 과학자가 특정한 읽기에서 어려움을 경험할 때, 두 수준의 읽기에 대해 의문을 가질 수 있다. 예를 들면, 우리 연구의 한 과학자는 개체 수가 안정된 평형으로 이동하는 경향이 있다고 추론하였다. 그러나 실제 생물체에 대한 그의 경험에서 개체 수는 항상 변동하였다. 따라서 그는 초기 그래프를 지각적으로 분해한 것에 의문을 가지기 시작하였고 그가 유추한 진동으로 이끌 수 있는 특징을 찾기 시작했다. 즉 자신의 지각을 재구성하여 자신의 모델인 변동으로 이끌 수 있는 새로운 특징에 도달하려고 노력하였다.

기호학 모형은 두 개의 추가적 특징을 가지고 있는데, 그것은 모든 기호 읽기에 관련된 사회문화적 관습(r)과 그래프와 관련 텍스트(캡션과 본문)로 구성된 맥락(c)으로, 이 둘은 기호 S가 그 이상의 어떤 것을 어떻게 가리키는지를 제한한다. 예를 들면, 일단 독자가 그래프(그림 1.2.a)에서 '출생률'과 '사망률'이라는 표식을 분리해 내면, 거기에는 한글(영어)에서 그 용어가 어떻게 사용되는지에 대한 관습이 있으며, 따라서 관련된 선이 무엇을 의미하는지에 대한 관습이 있다. 유사하게 두 그래프 사이의 교점도 기호(출생률과 사망률이 같음)로 읽힐 수 있고, 그것은 출생률과 사망률을 특정 추론으로 이끄는 맥락 안에서 읽힐 수 있다. 만약 선들이 사슴의 출생률과 말코손바닥사슴의 출생률로 표시되었다면 동일한 교점에 대한 해석은 변할 수 있다.

따라서 그래프를 투명하게 읽는 것은 개인이 기호, 현상, 특정 기호를 현상에 연결하는 변형, 기호의 사용을 제약하는 문화적 특정 관습에 친숙하다는 것을 의미한다. 게다가 개인은 그 자체 이상의 무엇인가를 언급할 수 있는 기호들로 그래프의 표현을 지각적으로 구조화할 수 있다. 존 바와이즈(Jon Barwise)는 읽기의 문제를 기호의 내용을 결정하는 4가지 변수 {S, I, r, c} 사이의 관계에 대한 해답을 찾는 것이라고 하였다.[23] 우리의 연구는 과학자들조차도 그래픽 표현을 지각적으로 구성하는 것이 서로 다르고, 그로 인해 그래프에서 읽는 것이 서로 다르다는 것을 보여 준다. 또한 읽기 과정은 상호 연결되어, 그래프의 구조화가 독자의 생물학적 맥락에 친숙한 정도에 의해 영향을 받으며, 그 반대의 경우도 마찬가지이다.

(3) 읽기의 발달적 현상학을 향해

읽기에는 다음 작업이 필요하다. (a) 복잡한 추론 과정을 통한 텍스트의 해석, (b) 텍스트가 말하고 있는 사물의 실제 특성을 제대로 표현하고 있는지 점검, (c) 코드화되거나 코드화되지 않은 어떤 맥락에 기초하여 표현을 해석하는 것이다. 즉 텍스트 읽기는 독자가 내용 영역과 텍스트를 구성하는 기호를 조절하는 문화적 관습에 얼마나 익숙한가에 의존하기 때문에, 텍스트 자체로는 아무것도 말해 주지 않는다. 텍스트와 그것이 말하는 세계 사이에는 상호 구성적 관계가 존재하고, 그 관계는 텍스트의 맥락과 사회문화적 그리고 문화역사적 관습에 의해 조절된다. 이것은 발달 가능성을 제한한다. 현상의 이해에는 표현 영역(discourse)에 대한 이해가 필요하고, 시각자료의 이해에는 현상에 대한 이해 또한 필요하다.

이 상황을 딜레마로 치부하기보다, 그 발달을 신발 끈을 매는 과정으로 생각할 수 있다. 신발 끈 매는 과정의 예를 들면, 컴퓨터 클럽 구성원들이 초기에 개개인이 가진 실력을 넘어 전문적 실력을 달성하는 것을 들 수 있다. 이러한 신발 끈 매기는 개인이 직접 경험하고 그 경험을 시각자료에 기록하는 활동에 참여함으로써 달성된다. 학생들이 내용 영역, 표현 영역, 둘 사이의 번역(교실 사회에 존재하는 관습 또는 컴퓨터 기술을 사용하는 데 포함된 관습)을 경험하는 활동에 참여함으로써 시각자료에 관련된 능력을 개발할 수 있다. 학생들이 자신의 경험과 실험을 그래프에 대응하고 그래프를 자신의 경험에 대응하는 활동을 많이 하였을 때 상당 수준의 전문적 능력을 개발하였다. 즉 교사와 컴퓨터의 도움을 받아 개인과 학급은 신발 끈을 매듯 능숙한 상태로 발달하였다.

이 모형은 그래프 읽기 능력의 수준과 그 수준 사이의 전이를 설명할 수 있는 매우 좋은 모형이다. 좀 더 일반적인 문해력 개념을 논의하기 전에 학생들의 문제 있는 읽기를 기호학적 틀이라는 렌즈로 다시 한 번 살펴본다.

3. 그래프 읽기의 문제

시각자료에 대한 많은 문헌을 검토하면서 시판되는 대부분의 초등 교과서에서 시각자료가 중요하지 않은 위치를 차지하고 있음을 알았다. 시각자료 표기법과 관련된 활동은 교과서 전체에서 몇 페이지만을 차지한다. 게다가 다음 장에서 보겠지만 고등학교 생물 교과서에 있는 카테시안 그래프는 생태학 학술지에 있는 것보다 더 읽기(해석하기) 어렵다. 이런 상황에서 학생들이 그래프 읽기를 어려워하는 것은 당연하다.

우리의 기호학 모형에 따르면 학생들이 그래프를 읽을 기회가 적었다면 그래프를 기호와 상황으로 구조화하고 기호를 (친숙하지 않은) 상황에 연관 짓는 데 어려움을 겪을 것으로 예상할 수 있다. 학생들은 필요한 번역 과정에 친숙하지 않을 뿐 아니라 기호 사용의 관습(과학자들에게는 친숙하여 주의를 이끌어 주는 자료가 없어도 되는)에도 친숙하지 않다. 비유를 하자면 독일어나 불어를 못하는 학생에게 그 텍스트를 읽으라고 하는 것과 같다. 그들은 처음에 단어 철자를 보거나 그 기호 매체(예를 들면, Universität, université)의 의미를 추리하기 시작하지만 그 텍스트가 무엇을 말하는지 모르면서 그렇게 한다. 그래프를 처음 읽는 단계에서 이러한 초기 읽기와 유사한 일이 일어날 것이다. 철자로 단어를 재구성하고 단어 하나씩 보며 문장을 재구성하지만 텍스트가 무엇을 말하는지 모른다. 어떤 사람은 학생들이 기호를 문자 그대로 읽을 것을 기대할 수도 있다. 학생들은 기호와 지시 대상 사이의 복잡한 은유적 관계보다는 도상적 유사성(우리가 처음에 찾게 되는 특징)에 의존하고, 흔히 언어학자들이 *faux amis*(나쁜 친구, 속이는 친척)라고 분류한 것을 활용하고, 농담을 '제대로 받아들이지' 못한다.

앞에서 보았듯이 그래프의 구조화 결과로 나타난 기호와 그것이 가리키는 현상 사이에는 변증법적 관계가 있다. 학생들은 가능한 지시 대상(R)에 친숙하지 않기 때문에 많은 어려움을 겪는다. 예를 들면, 한 연구에서 강의 여러 위치(하수구 식물이 있는)에서 측정한 산소량과 새우의 수를 함수로 표현한 그래프를 해석하라는 과제를 제시하였다.24 학생들이 새우나 용존 산소, 산소량과 새우 수 사이의 관계, 상황에 대한 표상과 상황 자체 사이의 번역 등에 친숙하지 않음을 고려하였을 때, 많은 학생들이 '틀린 이야기'를 만들어 낸 것은 놀랄 만한 일이 아니다. 이것은 우리의 대학생 연구에서도 확인되었다. 학생들은 지각적으로 기호를 분리하고, 그것을 일상 경험(사망률, 출생률)과 연결하기도 하였지만, 내용 영역과 기호-지시 대상 사이의 번역에 친숙하지 않았기 때문에 과제(그래프, 캡션)를 문자 그대로 읽는 데에 그쳤다. 만약 둘 중에서 더 큰 것을 찾으라는 질문이 있다면 독자는 차이를 눈으로 확인할 수 있다고 가정할 것이다. 이와 유사한 일이 과학자에게도 일어날 수 있다. 과학자가 특정 그래프를 일상적 상황에 대응하는 것에 친숙하지 않을 때 오류를 범하고, 특히 지시 대상 상황에 대한 구조적 분석을 주의 깊게 할 여유가 없을 경우(강의나 발성 사고 등)에도 그렇다.

사실 이동 거리나 기준점에서의 거리를 나타내는 그래프에서 속력이 더 빠른 것을 찾으라고 요구하는 과제는 좋은 그래프 설계를 위해 제안하는 내용을 어기는 것이다. 좋은 그래프 구성에 대한 제안의 첫 번째는, 속도 비교가 목적이라면 속도를 나타내야 한다는 것이다. 응답자는 변형된 그래프 맥락에서 쉽게 적절히 대답할 수 있는 질문을 받아야 한다. 속도는 속도의 정의와 기울기가 일치하는 거리-시간 그래프(그림 1.5.a)에서 읽을 수 있다. 거리-시간 그래프에서 한 점의 기울기는 해당 시각에서 물체의 속도를 말한다. 거리가 다른 어떤 변인의 함수로 표현된다면, 그 곡선의 기울기는 더 이상 속도를 나타내지 않는다. 즉 두 관습이 일치한다. 이 관습에 친숙하지 않으면, 응답자는 적절히 반응하지 못한다. [가장 큰 개체 수 증가를 그래프(그림 1.2.a)에서 찾으라고 한 우리의 질문에도 이

러한 점이 유사하게 적용된다]

앞에서 지적한 바와 같이, 기호-지시 대상 관계는 도상적 유사성의 경우(말과 말을 그린 그림)에도 임의적이며 또한 학습되어야 한다. 그래서 여러 연구에서 흔히 '도상적 혼동'이라고 알려진 오류를 찾아낼 수 있었던 것이다. 이 오류를 범하는 학생은 하나의 영역(기호, 지시 대상)에서 특징을 파악하고, 시각적인 유사성에 근거하여, 다른 것(지시 대상, 기호)에도 동일한 특성이 있다고 가정한다. 구불구불한 속도-시간 그래프를 주었을 때 학생들은 각각의 굴곡을 트랙의 꺾임이라고 잘못 연결한다. 우리 모형의 용어로 표현하면, 학생들은 트랙 위 차의 속도와 그래프 사이의 대응에 친숙하지 않고, 그래프 관습에도 친숙하지 않으며, 그래프에서 서로 다른 굴곡의 맥락을 고려하지 않은 것이다. 그래프와 지시 대상이 친숙하지 않을 때, 고도로 훈련된 과학자도 친숙하지 않은 그래프를 잘못 읽고, 과거에 '오개념'이나 '인지적 결함'으로 귀인된 유형의 오류를 범한다. 우리가 제안한 모형으로 전환하면 그러한 읽기 문제의 본질을 다르게 이해할 수 있으며, 그것을 다루는 교수 전략에서도 초점을 달리하게 될 것이다.

4. 도해력의 통합적 개념

앞 절에서 그래프를 텍스트나 기호 복합체라고 생각하고 그래프 읽기를 좀 더 일반적인 시각자료 읽기의 측면에서 재고할 것을 주장하였다. 이 접근은 기호와 지시 대상, 즉 지식과 경험 세계의 상호 구성적 성격을 강조한다. 앎이라는 것은 단어나 텍스트를 습득하는 것 이상의 의미를 지닌다. 앎은 시각자료를 실체화하는 유의미한 대상 영역의 존재를 요구한다. 앎은 경험과 시각자료를 앞뒤로 번역하는 경험을 요구한다. 그리고 기호 관습에 대한 친숙성을 요구한다. 이러한 관점은 학교 수업에 많은 시사점을 준다. 단지 교과서나 수업을 통해 학생들을 새로운 (형태의) 시각자료에 노출시키는 것만으로는 안 된다.

읽기에 대한 기호학적이고 비판적인 해석학적 접근은 시각자료 실행과 관련하여 통합적 문해력 개념으로 우리를 이끌어 준다. 기호학 모형은 선 그래프나 다른 형태의 수학적 시각자료 맥락에 적합할 뿐 아니라 비언어적 시각자료인 지도, 과정에 대한 그래픽 모델, 사진 등에도 적합하다. 이러한 시각자료는 여러 과목의 교과서에 널리 사용된다. 학생들이 다양한 다중형식 텍스트(multi-modal text)를 어떻게 읽고 해석하는지에 대해 관심을 가지고 더 연구해야 한다. 미디어(예를 들면, TV나 인터넷)를 비롯하여 학생들의 실생활에 시각적 이미지가 엄청나게 늘어나고 있으므로 이러한 관심이 특히 더 필요하다. 시각자료와 다른 비언어적 기호(예를 들면, 몸짓)를 종합적인 기호학 이론에 통합하는 것은 우리를 문해력에 대한 새로운 개념으로 이끈다.

지금까지 논의한 것을 통해 우리는 문해력의 개념을 모든 텍스트를 읽을 때 기호와 지시 대상, 청중, 기호 사용의 관습, 텍스트를 구조화하는 다른 방법 등을 확인하는 능력이라고 생각한다. 그렇다면 (과학적으로, 수학적으로, 예술적으로) 문해력이 있는 학생은 기호학적 활동에 좀 더 일반적으로 참여할 수 있는 권한을 부여받게 되며, 텍스트의 저자가 선택한 시각자료가 근거하고 있는 전제를 따져 보는 수준까지 갈 수 있다. 교육자들은 학생들이 동일한 문화적 배경을 가지고 있지 않은 것에 종종 실망한다. 그러나 모든 학생들은 이미 경험과 그 경험에 대한 표상 형태를 다루어 왔다. 만약 행동과 문화를 텍스트로 본다면, 모든 학생들은 도시 저소득층 공영 주택에 살고 있더라도 문해력을 개발할 수 있는 경험적 기초를 가지고 있다. 학교 활동은 백인 중산층 문화를 기술하는 텍스트에서 학습 과정을 시작하기보다, 거리에서 시작해야 한다. 교사가 교과 내용을 학생들의 경험에 연결하려고 노력했음에도 학생들은 학교 과학에 실패했지만, 그 학생들이 거리에서 과학 활동을 하는 동안에는 성공을 경험하였다는 연구 보고가 있다. 교육자들은 학문적 교과 내용으로 시작해서 이것을 일상적 경험에 연결하기보다, 일상적 경험으로부터 시작해서 반성적이고 비판적으로 경험을 읽는 과정을 거쳐, 학문적으로 그것을 이해하는 것으로 이동해 가야 한다.

이러한 문해력 개념은 언어학과 사회문화적 실행을 중재하는 활동에의 참여와 관습을 전통적 문해력 연구의 전면으로 가져오고, 개인의 지식 결함에 초점을 두는 것을 지양한다. "만약 우리가 세상을 텍스트로 본다면, 문해력은 도서관에 있는 것(읽기에 대한 관습적 개념)에서부터 미술 전시관에 있는 것(미술 작품을 만들고 해석), 거리에 있는 것(대중문화와 학생 경험)에 이르기까지 모든 것에 참여하는 것을 의미한다."25 교육의 중요한 목표 중 하나는 학생들이 문학, 미술, 문화 텍스트를 구성하고 해체하는 (기호학적, 해석학적) 수단을 사용하도록 하며, 의미가 고정된 것이 아니고 텍스트가 서로 다른 방식으로 구성됨에 따라 변화한다는 것을 인식하게 하는 것이다. 그러면 학생들은 서로 다른 위치(중심, 주변), 역사, 경험을 가진 다른 사람과 이야기할 수 있는 힘과 권한이 생긴다.

기호학적 모형은 여러 교과에 걸쳐 학습과 발달을 좀 더 통합적인 방식으로 이론화하도록 해 준다. 사회문화적 모형은 언어적 지식과 사회문화적(세계적) 지식 사이의 연결을 가정하였다. 그래프 관련 능력의 발달에 가장 중요한 것으로, 사회문화적 지식(세상의 대상과 사건에 대한)과 언어적 지식(기호 형태에 대한)은 개인이 참여하는 활동 안에서, 그리고 활동을 통해 매개된다. 즉 "사회문화적 그리고 언어적 지식은 활동을 구조화하고, 활동은… 두 영역 사이의 지식을 만들고… 다시 만든다."26 만약 학생들이 기호학적 지식을 개발하고, 텍스트가 말하는 대상에 대한 지식을 개발하려면, 교사는 발달과 성장을 가능하게 하는 적절한 활동 구조를 제공할 필요가 있다. 아동의 언어 발달에서 대상에 처음 연결된 기호(예를 들면, 단어)가 점차 독립성을 얻어 가는 것과 유사하게 학생들의 그래프 활동 능력은 발달하게 될 것이고, 자신들이 활동한 특정 상황으로부터 독립하게 될 것이다.

5. 비판적 도해력과 경계 교육학

언어 텍스트, 그래프, 그림, 사진, 그 외 의사소통적 도구들을 텍스트로 개념화하는 것은 비판적 도해력에 대한 개념의 기초를 제공하고, 그것은 여러 교육 과정에 걸쳐 적용될 수 있다. 학생들이 역사, 언어, 과학, 수학 등의 교과를 학습하는 데 참여하는 것뿐만 아니라 서로 다른 형태의 표상 형태를 (기호학적으로) 분석하는 일에 참여할 것이라는 기대를 할 수 있다. 학생들은 '올바른 것'만 배우는 것이 아니라 기호 형태(시각자료)가 어떻게 특정 읽기, 진술, 정치를 지지하는지 배운다. 또한 기호의 형태를 변화하면 세상을 다른 방식으로 새겨 담을 수 있고, 의미는 전승되거나 고정되거나 종결되는 것이 아니라는 것을 배우게 된다. 이렇게 정의된 비판적 도해력은 인식론적이고 논변적인 실행이 된다. 문해력은 광범위한 교육학의 대형 프로젝트가 되고 민주적 생활을 재구성하게 된다.

여기에 기술된 틀은 교육 연구자들이 자료를 분석하고 인과관계를 확인하는 방법을 변화시킨다. 그래프 연구를 기호학에 근거하여 수행하는 연구자는 학생들이 (a) 기호 형태, 세상의 상황, 둘 사이의 번역, (b) 기호의 사용을 제한하는 학문적 관습, 있을 법한 간학문적 차이, (c) 기호 복합체의 지각적 분석에 친숙한지 주의를 기울인다. 기호-지시 대상 관계는 임의적이며 기호 형태의 구문론적 의미론적 특성은 관습적인 성격을 가지므로, 시각자료의 의미는 그 자체의 특성만으로는 유추될 수 없다. 기호학적 모형은 연구의 초점을 개인의 정신에 귀인하는 것에 두지 않고 학생들의 시각자료 경험에 두도록 해 준다.

기호학적 모형은 사람들의 텍스트 생산에 대한 사고방식에 시사점을 줄 수 있다. 즉 기호학적 관점은 작가(학생, 교사, 교육 연구가)에게 그래프가 원래 잘 구성되었거나 잘못 구성되었다고 가정하기보다 독자의 해석 과정에 주의를 기울일 것을 촉구한다. 텍스트를 만드는 사람은 독자와 텍스트의 정치학을 생각해 볼 필요가 있다. 텍스트(그래프, 그림, 웹 페이지) 자체로는 말하는 것이 없고, 작가가 의도한 대로 해석하는 데 중요하게 작용하는 그래픽 기호의 명시된, 그리고 명시되지 않은 요소, 독자 공동체 안에서 기호의 사용을 조절하는 관습, 독자의 지시 대상에 대한 친숙성에 따라 읽힌다. 학생들이 시각자료와 독자 사이의 이러한 관계를 이해하면, 그들은 자신의 그래프 표상에 좀 더 비판적일 수 있고, 그렇게 비판적 도해력을 실행할 수 있게 된다.

2장

그래프 읽기 작업

그래프 관련 실행은 과학 시각자료 활동의 핵심 중 핵심이다. 그래프는 (a) 연속적인 두 측정치 사이의 관계를 나타내는 가장 좋은 도구이고 (b) 많은 양의 자료를 경제적으로 요약하는 데 매우 유용하다. 우리의 연구에서 그래프 활동은 생물학 전문가에게 필요한 주요한 기능으로 나타났다.[1] 학교 교육 과정을 재구성하여 학생들이 비판적 도해력에 대한 인식론적 능력을 개발하는 출발점으로 그래프 관련 표상 실행 능력을 개발하도록 하는 것은 현재의 '진정한 학교 과학' 개혁 운동에 비추어 볼 때 매우 중요하다. 우리는 그래프의 존재론을 간단히 다루면서 그래프 해석에 중요한 것들을 설명하고자 한다.

1. 그래프의 존재론

존재론은 (a) 연구 대상인 세계를 구성하는 대상과 요소, (b) 대상과 요소 사이의 관계를 말해 준다. 카테시안 그래프는 그래프 연구에서 거의 고려되지 않았기 때문에,[2] 우리는 이 그래프에 초점을 둔다. 카테시안 그래프의 존재론은 인지적 결함만 언급하는 이전 연구에서 설명하지 못하는 것과 학생들이 겪는 어려움을 일부 이해하도록 해 줄 것이다.

(1) 카테시안 그래프의 요소들

① **선** 카테시안 그래프의 전형은 선 그래프이다. 여기서는 전체 그래프를 말하는 것이 아니고, 두 측정치 사이의 관계를 표현하기 위해 사용한 선을 말한다. 두 사람이 선 그래프가 나타내는 내용을 주고받는 상황이라면, 선 그래프는 몸짓으로 공중에 그리는 궤적을 나타내기도 한다(그림 2.1.h). 그러한 궤적은 해석적 유연성 때문에 항상 상황 의존적이고 불확정적이다. 좀 더 정교한 궤적의 모습은 두 축과 함께 칠판이나 화이트보드에 그린 것이다(그림 2.1.g). 여기에서 궤적은 축을 가진 사각형 틀 안에 놓이는데, 사각형 공간의 성격은 미리 정해져 있다. 서구 과학 문화의 관습에 따르면 이 그래프(그림 2.1.g)는 가장 기본적인 시각자료가 된다. 이 시각자료는 독자가 특정 과학 맥락에 그래프를 놓고 저자가 만든 공간을 재구성하는 데 필요한 자료가 여전히 부족하다. [그림 2.1.f]의 축 위에 표기된 라벨은 그러한 공간을 생성해 준다. 즉 오른쪽으로 갈수록 '강한 세기'가 되고 위로 갈수록 '높은 밀도'가 되며, 그 역도 마찬가지이다. 다른 특징이 더 추가되면서 기본적인 그래프가 상세하게 된다(그림 2.1.d와 2.1.e).

② **배경** 카테시안 선 그래프의 배경은 연구자들이 거의 관심을 가지지 않은 요소이다. 배경에 군더더기가 없는 것이 그래프의 능력을 더 높이는 것이다. 다른 많은 시각자료에는 배경이 있지만 그래프에는 하얀색이나 빈 공간으로 배경이 제한되어 있다. 사진이나 그림에는 독자가 텍스트의 목적에서 벗어나게 하는 "불필요한 세부 묘사"3가 있지만 그래프에는 없다. 사진과 그림은 대안적인 해석의 가능성이 커서 과학자들은 적절한 설명을 부가하여 그 가능성을 막아야 한다.4

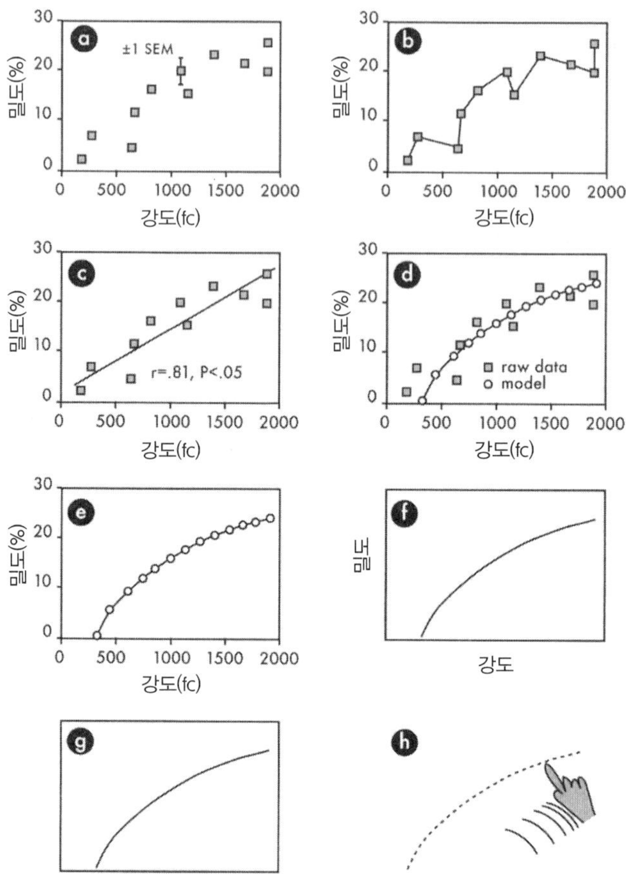

그림 2.1. 이 연구에서 개발한 여러 그래프 범주들은 다음과 같다. (a) 데이터를 점으로만 나타낸 산포도, (b) 점들을 연결한 선이 있는 산포도, (c) 최적 곡선(통계치 포함 가능)이 그려진 산포도, (d) 수학적 모형 선이 함께 그려진 산포도, (e) 수학적 모형의 그래프, (f) 눈금과 단위가 없는 그래픽 모형, 이전 연구에서 확인된 두 가지를 포함하여 범주 체계를 완성하였다. (g) 축만 가지고 있는 곡선, (h) 면대면 대화에서 몸짓으로 그려진 곡선.

사진이나 사실적인 그림, 도표 안에 있는 '사실적인' 세부 묘사는 그 표상이 우리의 일상 경험과 연속선상에 있다는 환상을 제공하는데(4장과 6장을 보라), 이러한 환상이 그래프에는 없다. 우리가 수행한 다른 연구에서 과학자의 그래프 해석 능력은 시각자료, 자료 수집 맥락, 자연적 상황과 시각자료 사이의 번역 등이 친숙한 정도에 따라 달라짐을 알았다.[5] 배경에 '불필요한' 세부 묘사가 없으므로, 카테시안 그래프는 (특히 초심자에게) 그것이 지시하는 대상이 무엇인지 모호하다. 즉 그래프가 가리키거나 표현하려는 것에 대한 해석이 유연해진다. 독자는 제시된 것만 가지고 실생활과의 연속성이 생략된 그래프에서 지시 대상을 재구성해 내야 한다. '실재적인' 현상은 우리의 실생활 경험과 연속적인데, 과학자가 그것을 환원하여 그래프에 점으로 표현하였고 우리는 그것을 되살려 내야 한다. 선이나 점으로부터 실제를 되살리는 과정은 학생과 과학자가 텍스트로 제시된 그래프를 이해할 때 어려움을 겪게 되는 출발점이다.

③ **공간과 라벨** 다른 시각자료와 마찬가지로 카테시안 그래프는 종이의 평평한 이차원 표면에 놓인다. 제3의 차원은 삼차원적 조망을 묘사하는 관습에 의해 표현된다. 삼차원 형태의 시각자료는 새로운 문제를 지니고 있는데, 이 문제는 네덜란드의 예술가인 마우리츠 코르넬리스 에스허르(M. C. Escher)가 그린 많은 그림에 나타난다. 카테시안 그래프는 이차원을 사진이나 사실적인 그림 등의 시각자료와는 다르게 사용한다. 사진이나 사실적인 그림, 일부 도식은 독자의 일상적인 생활 세계와 유사한 공간 관계의 특성을 지닌다. 그래서 이들 시각자료는 그래프보다 '좀 더 실재적'이다. 이들은 종이가 갖는 이차원 공간의 의미를 유지한다. 그러나 그래프는 우리의 경험 공간과는 상관없는 새로운 공간을 창조한다. [그림 2.1.a~f]에서 양축의 라벨인 빛의 강도와 들장미의 밀도는 서로 다른 차원으로, 두 축이 선형으로 확장되며 만들어진 공간을 구성하고 있다. [그림 2.1]의 그래프는 두 개의 차원을 활용할 수 있다는 장

점이 있다. 그러나 라벨은 임의로 적을 수 있으므로 이들 차원은 더 이상 실생활의 공간이 아니며, 과학자에게 필요한 어떤 것, 즉 빛의 강도, 들장미의 밀도, 시간, 에너지, 속도 등을 가리킬 수 있다. 독자는 그래프에 적힌 축의 라벨을 통해 생성된 공간과 그 차원의 본질을 알아낸다.

카테시안 그래프는 언어와 같은 표상 형태가 주지 못하는 특별한 것을 제공한다. 두 측정치들(하나의 대상에 대한 측정치의 쌍) 사이의 연속적 변화를 묘사할 수 있다. 언어가 가진 유형학적(typological) 질에 비해 그래프가 가진 위상학적(topological) 질은 우리가 일상에서 경험하는 연속성을 기록하는 데 더 적합하다. 그러나 단지 표현된 곡선의 연속성을 공부하고 그 위상학적 질을 언어와 비교하는 것만으로 그래프를 완전히 이해할 수는 없다. 다른 인간 활동과 마찬가지로 그래프 활동에서는 유형학적 표상(여기서는 라벨)과 위상학적 표상(여기서는 선)을 모두 활용한다. 과학자는 변인 사이의 관계를 연구하기 전에 각 변인의 성격을 결정해야 한다. 각 축의 라벨에 적힌 변인을 확인하는 것은 유형학적 성격을 알아내는 것이다.

④ **눈금과 단위** [그림 2.1.e]와 [그림 2.1.f]가 비교되듯, 축의 **눈금**과 라벨과 연관된 **단위**는 단순한 선에 대한 해석의 유연성을 감소시킨다. 축의 눈금은 측정 기기로 잰 수치를 그래프에 대응시킨다. 그것은 '현상'과 그래프가 연속성을 가진다는 환상을 제공하기는 하지만, 측정 기기와 그래프 사이의 존재론적 간격을 극복하지 못하고, 측정 기기가 측정하는 대상과 그래프 사이의 존재론적 간격도 극복하지 못한다. 눈금은 측정치를 재현한다. 그것은 새로운 공간의 길이 단위를 정의하고 측정 기기와 연결해 준다. 단위는 눈금과 유사하게 기능하며, 각 축에 표시된

숫자의 크기와 질을 지정한다. 들장미 밀도로 표시된 축에 0에서 50까지 10단위로 매겨진 눈금은 해석의 유연성 측면에서 열려 있다. 20이라는 값은 전체의 20%, 1m^2당 식물 20개, 20% 근적외선 반사율(반사율은 하늘에서 내려다볼 때 식물의 양을 말해 주는 유용한 지표이다) 등을 의미할 수 있다. 즉 눈금과 단위는 독자가 이차원적 상상의 공간에서 실제의 측정 기기로 이동하도록 돕는 자원을 제공한다. 그것은 종이 세계를 실제 경험 세계와 연결해 주는 자원이다.

실험실이나 야외에서 이루어지는 과학적 절차는 자연 현상을 수치화하는 종합적인 의미 형성 과정이다. 즉 '원'자료를 카테시안 좌표 위에 그리는 것은 변인과 측정 기기의 성격을 결정한 후에만 수행된다. 과학적 자료 수집은 본질적으로 측정치, 계산된 수치(흔히 표, 히스토그램, 막대 그래프로 나타내는), 방정식, 그래프 등의 수학적 표상에 맞게 조정된다. (물론 수학적 표상은 과학적 이데올로기의 일부이다. 이로 인해 과학자는 해석적이거나 비수학적인 방식으로 세계를 이해하려고 하는 연구자들을 낮게 평가하곤 한다.) 각 점은 분석의 단위가 된다. 각 데이터의 점은 '실재' 자료의 하나와 대응하지만, 그것은 축과 라벨로 생성된 이론적 공간에서 새로운 실체로 창조된다.

데이터 점은 분석의 단위 또는 개체나 대상을 재현한다. 독자가 그래프 읽기 활동을 통해 알아내야 하는 것은 본래의 개체나 대상이다. [그림 2.1.a~d]의 점처럼 표기된 작은 원은 서로 다른 연구 지점에서 측정한 빛의 강도와 들장미 밀도에 해당하는 두 개의 측정치를 나타낸다. 각 점은 각 쌍의 측정이 이루어진 서로 다른 장소에 대응된다. 이러한 경우 바탕에 깔린 가정은 분석 단위가 대상 집단을 실제로 나타내고 각 데이터 점이 전체 집단에서 왔다는 것이다. 따라서 [그림 2.1.a]의 각 데이터 점은 집단(또는 우주)의 구성원인 대상을 나타낸다(재현한다). 집단에서 나타나는 관계는 각 개체나 대상 모두에서 나타난다. 그런데 둘 이상의 데이터 점이 꼭 대상 집단을 나타낼 필요는 없고, 하나의 개체나 대상을 나타낼 수도 있다. 예를 들면, 잎의 길이를 일정 기간 동안 측정하고 나서 측정치를 시간 수평축에 나타낼 수 있는데, 이때 각 데이터 점은 서로 다른 시점에 있는 '같은 잎'을 나타낸다.

최적화 과정은 어떤 현상의 연속성을 몇 개의 측정치 쌍으로 알아낼 수 있다는 믿음에 기초한다. 최적화 과정을 통해 데이터 점에서 관계나 법칙을 유도한 경우(그림 2.1.c에서와 같이), 유도된 연속성은 직접 측정된 것이라기보다는 구성된 것이다. (연속적인 그래프는 기기가 아날로그에서 디지털로 변환하는 과정 없이 '직접' 현상 세계를 종이에 번역하여 기록할 때 그려질 수 있다. 예를 들면, 컴퓨터 기반 실험 장치에서 온도와 운동 센서를 사용하는 경우.) 최적 그래프의 연속성이 구성되는 과정에서 명명하고, 지정하고, 분석 단위를 선택하고, 데이터 점을 수집하는 등의 불연속적이고 유목적인 행위는 모두 사라져 버린다. 즉 최적화라는 과학 활동은 자연이 수학적 법칙으로 변해 가는 과정에 나타나는 여러 가지 표상들 사이에 존재하는 존재론적 간격을 덮어 버린다. 독자는 그래프를 해석하여 그것이 표현하는 자연적 상황(현상)을 거꾸로 복구해 내려고 노력해야 한다.

카테시안 그래프는 (a) 범례(그림 2.1.d와 2.3), (b) 각기 다른 색, 모양, 크기의 점들(그림 2.1.d), (c) 특징이 다른 선(직선, 점선, 점), 두께나 색이 다른 선(그림 2.4와 2.6), (d) 화살표와 라벨이 표시된 선(그림 2.2, 2.3과 2.6)을 포함한다. 카테시안 그래프의 이러한 측면은 모두 표식으로서 저자와 독자의 읽기와 해석의 방향을 조정하는 기능을 한다. 관계를 의미하는 선은 위상학적 성격을 가지지만, 이에 대한 표식은 유형학적 성격을 가진다. 이러한 표식은 저자가 언어적 설명을 많이 하지 않고도 특정 선이나 데이터 점이 전면에 나타나도록 해 준다. 또한 독자가 그래프에서 서로 다른 곳을 비교하며 보도록 지시하는 데 사용될 수 있다.

(2) 그래프 활동 자원들

지금까지 기술한 카테시안 선 그래프 요소들(예를 들면, 축 라벨, 눈금, 단위 등)은 다른 방식으로도 이해할 수 있다. 그들은 두 측정치 세트 사이의 기능적 관계를 나타내는 주요 곡선의 의미를 이해하는 데 필요한 자료이다. 이들은 정보를 제공하는 자료이므로 선이나 일련의 데이터 점에 대한 해석의 유연성을 감소시킨다. 수집한 자료에서 패턴을 찾으려고 그래프를 그린 사람은 여러 가지 자료를 사용할 수 있다. 학교 교재나 교과서에 실린 시각자료가 예시적 목적을 가질 경우 이러한 자료는 특히 중요하다. 이러한 자료에 포함되는 것은 다음과 같다. 축 라벨(그림 2.1.a~f), 눈금의 성격, 눈금은 로그-로그, 선형-로그, 로그-선형, 선형-선형일 수 있다(그림 2.1.a~e). 단위(그림 2.1.a~e에서 촉광), 범례와 오차 막대(그림 2.1.a)나 신뢰 구간, 제목, 통계치(그림 2.1.c), 캡션이나 텍스트, 데이터 점의 색(그림 2.1.d), 모양과 크기, 선의 색과 성질(꺾인 선, 굵은 선, 점선), 곡선이나 화살표에 적은 라벨(그림 2.2, 2.3), 숫자나 단어로 나타낸 식별자, 한 그래프나 여러 그래프에 선을 겹쳐 놓기(그림 2.1을 보라)가 있다.

이러한 자료들은 독자가 그래프로 추출되어 나온 '실재' 상황을 상상하는 재구성 과정을 돕는다. 과학 저자는 독자의 해석을 그들이 의도한 대로 제한하기 위해 이러한 자료에 의존한다.

과학 삽화는 과학 학술지와 동일하게 작동한다. 그것은 도주가 불가능하도록 매복을 심은 군사 전략처럼 구성된다. 저자의 의도와 다르게 읽을 가능성이 있으면, 그 가능성은 적절한 진술에 의해 저지된다.6

그러나 이러한 자료가 해석을 제한하더라도 하나의 그래프는 얼마든지 다른 의미를 가질 수 있기 때문에 재구성 과정은 본질적으로 열려 있다. 간단한 도표일 경우에도 해석의 유연성은 피할 수 없다. 8개의 선이 육면체를 나타내는 그림은 다양하게 읽힐 수 있다. 유리 육면체, 철사 구조물, 세 개의 판, 뒤집어진 상자 등 그림이 어떻게 읽히는가는 상황에, 특히 저자가 제공한 해석적 자료에 의존한다. 자료가 적을수록 해석 유연성은 커지고, 그래프가 나오게 된 상황의 범위도 커진다.

(3) 카테시안 그래프, 캡션과 본문

그래프는 혼자 존재하지 않고 보통 캡션이나 본문과 연결되어 있다. 그래프는 종종 텍스트를 보조하는 것으로 주장에 대한 물질적인 근거나 '증거'로 취급된다. 반면 기호학적 분석에서는 그래프와 텍스트를 좀 더 대등하게 놓고 두 의사소통 도구의 상호 작용적 특성을 강조한다. 카테시안 선 그래프는 텍스트가 전달할 수 없거나 복잡하게 표현해야 하는 것, 예를 들면 두 측정치 세트의 연속적 변화를 표현할 수 있다. [유형학적 성격의 수학 표현(예를 들면, '포물선'이나 y=m· x+b)을 통해 연속성이 표현될 수 있다. 그러나 수학자나 과학자가 컴퓨터와 같은 시각화 도구를 점점 더 많이 사용하면서 이 수학 표현은 이들에게도 접근성이 떨어진다.] 차이를 설명할 때에는 텍스트가 더 쉽기는 하다. 여기서는 그래프에 부가되는 캡션이나 본문과 같은 텍스트와 그래프 사이의 상호 작용에 관심을 둔다.

캡션은 그래프 읽기에 추가적 자료를 제공하여 그래프 해석의 유연성을 제한한다. [그림 2.1]에서 간단한 캡션이 그래프를 구조화한다(그림 2.2를 보라). 대충 읽어 보면 다음과 같다. 캡션의 첫 문장은 그래프의 내용을 여러 지점에서 측정한 들장미의 밀도와 빛의 강도 사이의 함수적 관계로 기술한다. 다음 문장은 특정한 두 지점에 대한 읽기를 제공하는데, 이 경우 두 극단점을 다룬다. 마지막 문장은 두 번째의 데이터 점 세트와 곡선을 어떻게 구했는지 말한다.

그런데 이 캡션은 내용을 진술하는 것 이상의 일을 한다. 첫째, 자료를 '어느 강기슭'에서 얻은 것이라고 말하며 맥락을 제공한다. 게다가 분석 단위가 '여러 지점'임을 말해 준다. 둘째, 두 번째 문장은 독자가 그래프의 특정 위치에 집중하도록 안내하여 극단적 측정치를 보도록 한다. 즉

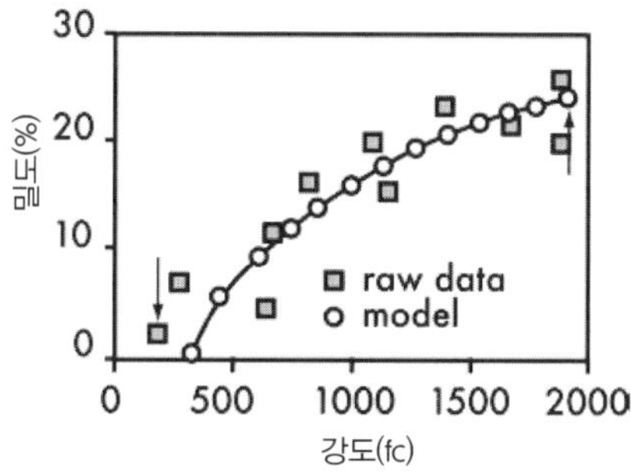

그림 1. 어느 강기슭의 여러 지점에서 측정한 들장미 밀도를 빛의 강도에 따른 함수로 나타낸 것(사각형). 빛의 강도가 최소 요구치인 250fc 아래에서 들장미 밀도는 0%가 된다. 선 위에 그린 점(원)들은 최적 흡광 모형에서 예측한 값이다.

그림 2.2. 그래프와 캡션의 예시. 화살표와 캡션은 그래프를 특정한 방식으로 읽도록 지시한다.

캡션은 그래프를 읽는 하나의 예를 들면서 저자가 의도한 그래프의 내용을 제공한다. 그리고 캡션은 추가적인 일을 한다. 제시된 그래프를 어떻게 읽을지 지시문의 역할을 한다. 과학자라면 이 그래프가 수평축과 수직축 위에 나타낸 측정치 사이의 관계를 표현하는 것이라고 누구나 이해할 수 있다. 그러나 그래프에 친숙하지 않은 사람에게 이 진술은 어디에 집중하고 어떻게 읽어야 하는지에 대한 지침이 된다. 캡션에서 언급한 것에 독자가 주의를 기울이도록 지시하는(교수적 의미에서) 화살표는 두 번째 문장(이것이 그래프의 핵심 포인트이다)의 교육적 성질을 강조해 준다. 본문은 그래프 읽기에 추가적인 설명이나 지시 사항을 제공한다.

본문은 그래프와 캡션에 삽입될 수 있는 이야기를 제공한다. 이야기는 그래프와 캡션의 틀이 된다. 본문은 그래프에 대한 읽기를 제공하고, 특정 그래프를 어떻게 읽어야 하는지 지시를 제공한다. 본문은 그래프와 그래프의 요소를 돋보이게 해서, 독자가 개념의 여러 특성을 이해하도록 해 준다. 그리고 본문은 그래프를 이론적 틀에 넣을 수 있도록 설명해 준다. 그래프가 본문에 인용되지 않는다면 그것은 본문 진술에 보조적인 것이 되고, 독자는 그래프에 주의를 기울일 필요가 없게 된다.

그러나 그래프와 연결된 두 형태의 텍스트는 서로 조금 다르다. 캡션은 그래프에 붙어 있지만, 본문에서 그래프를 언급하는 부분은 종종 그래프/캡션이 있는 곳에서 떨어져 있다. 어떤 경우에는 그래프가 다른 페이지에서 언급되기도 한다. 그럼에도 본문은 저자의 주장에 대한 물질적 기초인 그래프에 의존한다. 과학에서 예시를 보여 줄 때 그래프는 수사적 자료를 형성한다. 그래프는 연속적인 변화를 표현하는 데 사용되므로 관련성을 나타낼 때 텍스트만 제시하는 것보다 경제적이다. 그러나 이렇게 그래프가 이야기를 지지하는 기능을 하는 것은 그래프와 텍스트 사이 관계의 일부분에 해당한다. 본문은 캡션과 마찬가지로 그래프 해석의 유연성을 제한한다. 본문은 저자가 주장하려고 하는 그래프의 내용을 독자에게 강조해 준다. 그러므로 본문은 저자가 읽기와 해석을 제공하는 것으로 생각할 수 있다. 그러나 본문은 캡션과 마찬가지로 다른 측면을 가진다. 그래프 읽기와 해석에 지시적 역할을 한다.

여기서 잠깐 반성적으로 생각해 보는 것이 좋겠다. 우리의 [그림 2.1]은 그것을 언급한 본문과 다른 쪽에 있다. 그림과 텍스트는 모두 그래프의 종류를 예시해 준다. 텍스트는 그래프의 범주에 대해 말한다. [그림 2.1]은 그것을 입증하고 예시한다. 하나의 그림이 천 마디 말의 가치가 있다는 격언과는 대조적으로, 우리는 텍스트와 그림이 서로를 필요로 한다고 제안한다. 그들은 서로 의존하며, 서로 다른 권위와 확실성을 제공한다.

본문과 캡션이 그래프 읽기를 제한해 주기는 하지만, 읽기 지시 내용에 대한 해석이 다르게 될 가능성은 열려 있으며, 그래프를 읽는 방식에 대한 진술도 마찬가지이다. "실제에 대한 묘사는 항상 부정확하다. 읽기에 대한 진술과 읽기 작업 사이에는 항상 간격이 존재한다."[7] 그래프에 대한 설명과 그래프 읽기 사이의 간격은 그래프를 읽는 행동 그 자체로 채워져야 한다. 독자가 텍스트와 그래프라는 두 조직된 물질 자료 사이의 일치성을 달성하는 것은 읽기 활동을 통해서이다. 과학 저자는 그래프 읽기에 특별한 제약을 제공하기 위해 본문이나 캡션을 구성한다. 본문과 캡션은 저자가 이것저것 닥치는 대로 섞어 보여 주는 브리콜라주(bricolage)에서 특정 내용을 가리키도록 구성된다. 본문과 캡션은 카테시안 그래프에 대한 자료로서 동일하게 작용하며, 저자와 다르게 읽지 않도록 설계된다. 텍스트는 독자가 유능한 읽기를 통해 찾고 회복하려는 질서를 구체적으로 그려낸다. 이렇게 하여 텍스트와 그래프는 해당 자연 대상의 가시성을 높인다. 이렇게 되기 위해서 텍스트와 그래프는 독자가 그들을 일관된 방식으로 구성해 내도록 도와야 한다. 마지막으로, 본문과 캡션은 진술(읽기 지시)을 제공할 뿐 아니라, 그래프로부터 증거를 통한 지지를 받는다. 그래프와 텍스트(캡션과 본문) 사이의 관계는 재귀적이다. 서로 다르게 조직된 물질 자료로써, 그래프와 텍스트는 서로를 제한하고 서로에게 의존한다.

여기에 제시된 카테시안 그래프, 캡션, 관련 본문에 대한 존재론은 교과서를 통한 교육에서 그래프의 형태와 기능을 인류학적으로 분석할 때 사용할 수 있는 자료를 제공한다. 아래 4개의 사례 연구는 카테시안 그래프가 생태학 학술지(사례 1)와 다양한 학년의 교과서(사례 2~4)에 사용될 때의 차이점을 보여 준다.

2. 생태학 학술지에서의 그래프

이 연구를 위해 응용 연구, 순수 연구, 생태학 과정 모델링으로 초점이 서로 다른 5개 학술지 *Journal of Animal Ecology, American Naturalist, Ecological Monographs, Ecological Applications, Ecological Entomology*를 선정했다. 형식적인 지표(인용 지수)로 보나 비형식적인 지표(생물학 교수의 자문)로 보나 선택한 학술지들은 매우 저명한 것들이다. 생태학 주제에 관련된 4개 학술지 중 3개가 SCI(Science Citation Index; 국제 과학 논문 인용 색인) 10위 안에 든다. 이 등급은 우리가 연구한 7년 동안(1988~1994) 계속 유지되었다. *Ecological Entomology*는 1994년 62개 곤충학 학술지 SCI 7위였고, 조사 기간 내내 그랬다. 각 학술지에서 1995년도 1권부터 전체 500페이지가 될 때까지의 논문을 표집하였다.

(1) 일반적 관찰

우리가 조사한 과학 논문에서 그래프는 텍스트와 잘 통합되어 있었다. 그래프에는 산포도, 점들이 선으로 연결된 산포도, 최적 곡선과 통계치를 가진 산포도, 산포도와 수학 모델, 수학 모형만 제시된 것 등(그림 2.1.a~e)이 있었다. 눈금이나 단위가 없는 그래픽 모형(그림 2.1.f)은 학술지에 나타나지 않았다. 소수의 그래프가 단독으로 제시되었는데, [그림 2.1]과 같이 2~6개의 그래프가 모인 그림 안에 들어 있었다. 여러 개의 그래프 판(panel)이 함께 제시되거나 하나의 판 안에 몇 개의 선 그래프가 있으면 저자나 독자가 비교하기 쉽다. 그러나 이런 비교는 그림에 의해 만들어지는 것이 아니라, 텍스트와 그래프 판에 대한 독자의 해석 과정에서 만들어진다는 것에 주목해야 한다.

캡션은 대부분 길었고, 어떤 경우에는 150~200단어에 이르렀다. 캡션은 저자가 진술한 내용과 관련된 그래프의 특정 부분을 보도록 독자에게 지시한다. 캡션은 그래프를 설명하는 것이고, 수학 모델이 있을 경우에는 데이터와 모델 사이의 적합성에 대한 통계 정보를 제시하는 경우가 많았다. 과학 논문은 맥락 정보와 그래프 읽는 '방법'을 제공하여 캡션과 텍스트가 상호 작용하며, 그래프의 의미를 제한하도록 하였다. 저자는 그래프가 현상의 시각적 증거를 제공한다고 가정하지 않고, 그래프가 불명확하게 읽히지 않도록 모든 노력을 기울인다(앞 절의 인용문을 보라). 한편 어떤 사람은 이런 정보가 중언부언하다고 주장하기도 한다. 저자가 텍스트로 제공한 모든 정보는 그래프에서 이미 얻을 수 있다. 다른 한편으로 이러한 '진술'은 어떤 순서로 읽고, 어느 숫자에 초점을 두고, 그래프의 어느 측면에 주의를 기울여야 하는지 등으로 그래프 읽는 것을 지도하는 것으로 볼 수 있다. 다음의 분석을 통해 과학 문헌에서 그래프가 중심적인 요소임을 지적한다. 저자는 해석 유연성을 줄이고 독자의 의미 구성을 촉진하는, 그래서 본문에 제시한 주장에 대해 그래프가 지지하는(그래프와 일치하는) 것을 찾도록 많은 자료를 제공한다. 또한 본문과 그래프와 캡션은 통합되고 충분한 여분 내용을 제공하여 독자가 연구 논문의 서로 다른 부분으로부터 수렴되는 의미를 구성하도록 돕는다. 즉 과학 학술지를 읽는 사람은 그래프의 맥락을 제공하고 특정한 방법으로 읽도록 하는 주변 내용을 보게 된다. 과학 학술지의 독자는 주어진 그래프를 읽는 활동에 대한 견고하면서도 가벼운 비계가 장르를 넘나들며 제공되고 있음을 알게 되는 것이다.

1) 사례 1: 생태학 학술지의 가상적 생존 곡선

우리가 과학 문헌에 있는 그래프와 본문의 사례로 제시한 것(그림 2.3)은 케냐의 목축-매개 삼림 복원에 대한 논문에서 발췌한 것이다. 이 논문에서 저자는 조사한 많은 자료를 제시하여 목축이 삼림의 생성과 재생에 미치는 영향을 나타냈다. 다른 논문에 비하여 저자는 데이터 점을 연결한 산포도를 상대적으로 많이 사용하였다.

첫눈에 독자는 4개의 선 그래프에 많은 자료가 들어 있음을 알 수 있

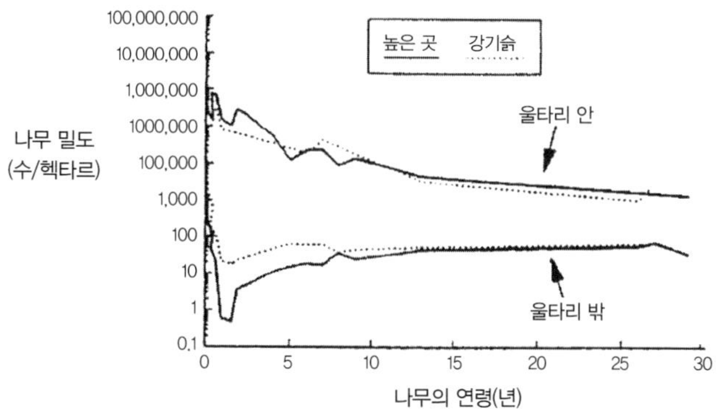

그림 9. 높은 곳과 강기슭에서 발견되는 나무의 연령별 개체 밀도 자료(수/헥타르, 로그 척도)로 만든 울타리 안과 울타리 밖의 가상 생장 곡선

그림 2.3. 과학 학술지 논문에서 발췌한 캡션이 있는 그래프.

다. 4개의 선 중에서 둘은 점선이고 둘은 실선 곡선이며, 점선과 실선이 쌍을 이루고 있다. 범례는 점선과 실선을 구분하고 있다. 부가된 표식('울타리 안', 울타리 밖')은 두 쌍의 선을 구분한다. 수평축은 5씩 증가하는 숫자로 표시되고, 그것을 통해 '지점의 나이'를 년 단위로 읽을 수 있다. 수직축은 로그 척도로, 10의 배수로 증가하는 숫자의 연속적 배열로 주의를 끈다. 라벨은 그 눈금을 헥타르당 수로 '나무 밀도'를 읽도록 한다.

경험 있는 과학자라면 그래프 자체만으로도 바로 해석이 가능할 정도로 충분한 자료가 들어 있다. 표식(울타리 안, 울타리 밖)과 범례(높은 곳, 강기슭), 그리고 다른 형태의 선들은 2(두 유형의 지역) × 2(강에서부터의 거리) 설계를 말해 준다. 이러한 설계는 과학 분야의 독자에게 주 효과와 상호작용 효과를 비교할 수 있도록 해 준다.

캡션은 과학자가 선 그래프를 읽을 때의 불확실성을 제거하였음을 보여 준다. 그것은 그래프 자체에서 얻을 수 있는 정보를 반복한다. 그러나 이러한 중언부언은 독자가 그래프와 텍스트를 일관되게 구성하도록 안내한다. '가상적'이라는 말로 이 그래프가 다른 그래프와 상황이 다름을 말해 준다. 캡션은 "다른 연령의 지점에서 얻는 나무 밀도 자료로 만들었다"와 같이 이 가상적 생존 곡선이 어떻게 구성되었는지 설명한다. 선의 각 지점을 통해 분석의 단위도 표시하였다. (서로 다른 나무들) 세로축에서 1과 10 사이, 10과 100 사이, 100과 1000 사이 등의 간격이 같다는 것을 보아도 로그 척도라는 것을 추리할 수 있지만, 캡션은 독자에게 나무 밀도 자료의 로그 눈금에 주의하도록 하였다.

본문에서 저자는 그림 안의 그래프에 대한 읽기(또는 읽기에 대한 지시)를 제시하였다.

울타리 안과 밖의 서로 다른 군집에 속해 있는 오래된 나무의 밀도는 우산가시 아카시아(그림 9)의 가상적 생존 곡선으로 연결될 수 있다. 울타리 안의 곡선은 우리가 표집한 군집의 생존을 정확히 나타낸다. 울타리 밖의 곡선은 이 나무들의 일반적인 생존을 말하는데, 그것은 울타리 밖에 있는 수령이 2년 이상 된 나무의 연령을 정확히 측정할 수 없기 때문이다(방법을 보라). 부정확한 수령 측정치는 2년 후에 울타리 밖 나무의 밀도가 증가함을 보여 준다. 이러한 단점이 있지만 곡선은 흥미 있는 일반화를 보여 준다. 곡선 전체 모양은 예상한 것과 같다. 어린 나무의 사망률이 매우 높고 늙은 나무의 사망률은 낮다. 그러나 기울기가 다르다. 울타리 밖의 경우 최초 2년 이내의 높은 사망률에 의해 울타리 안보다 더 빠르게 감소하는 것처럼 보이고, 울타리 안에서는 개체 수가 한 자릿수 정도로만 감소한다.

수령이 오래된 나무의 사망률 패턴은 반대인 것처럼 보인다. 울타리 안에서 오래된 나무는 수령이 10년인 경우에도 매우 일정한 속도로 죽는다. 이것은 울타리 안에서 목축으로 인해 시간이 갈수록 나무가 줄어드는 것으로 예상할 수 있다. 대조적으로 울타리 밖의 오래된 나무는 10년 이상이 되어도 거의 죽지 않거나 사망률이 매우 낮다. 이것은 목축을 하는 울타리 안에서 나무가 2~3년 정도로 어리다면 사망률이 다소 높다는 것을 시사한다.8

저자는 그래프에 찍힌 분석 단위와 울타리 안과 밖의 군집에 대해 가상적 생존 곡선을 만들어 냈음을 명확히 언급하였다. 그리고 표현된 자료의 신뢰성을 기술하였다. 울타리 안 나무의 수령 측정은 매우 정확하므로, 그 자료는 '정확하다'. 울타리 밖 나무의 수령 측정은 불확실하다. 텍스트는 독자에게 측정 절차에 대한 설명은 방법을 참고하도록 언급하고 있다. 부정확한 측정의 결과가 그래프에 미치는 영향도 바로 기술되었다. 즉 2년 이후에 나무의 밀도가 증가하는 것을 그래프에서 볼 수 있다. 이것은 울타리 밖 그래프에서 2~3년 정도 된 나무 밀도가 기대 밖으로 증가하는 것을 읽도록 하는 지시이다. 본문은 이러한 단점을 분명히 말하고 있다.

본문은 그래프에 대한 설명을 제공한다(그림으로써 읽기를 지시한다). 곡선의 전체 모양을 사망률(밀도의 감소)의 용어로 기술하는 것으로 시작해서, 다음에는 울타리 안과 밖의 곡선 차이에 독자가 주의를 기울이도록 한다. 좀 더 구체적으로 보면, 독자에게 초기 2년간 곡선의 서로 다른 기울기에 집중하도록 하고, 울타리 안 개체 수의 감소를 '한 자릿수 정도'

로 분명히 말한다. 로그 척도로 표현되었기 때문에 한 자릿수는 한 눈금에 해당하여 그것을 사실로 쉽게 받아들일 수 있다.

본문 마지막 부분에서 오래된 나무들을 비교하였고, 울타리 안과 밖을 비교하였다. "수령이 오래된 … 것처럼 보인다" 이러한 진술은 다시 정교화되었다. "울타리 안에서 오래된 나무는 매우 일정한 속도로 죽는다."라는 문장에서 '죽음'은 선 그래프를 밀도 감소의 용어로 평가하라고 지시하고, '일정한'은 10년 이상의 수령에서 그래프가 곧은 선으로 나타나는 것에 주목하도록 지시한다. 그리고 본문은 앞서 설명한 비교 "울타리 밖의 나무는 사망률이 매우 낮다."를 언급한다. 여기서 우리는 수평축에 대하여 나무의 일정한 밀도에 주의를 기울이도록 안내한다. 그리고 두 가지 경향에 대한 전체적인 읽기와 해석을 제시한다. '목축을 하는' 울타리 안에서 2~3년 이상 된 나무들의 사망률이 더 크다.

본문에는 독자에게 이미 알려진 사실을 제시하기보다 과학 지식의 잠정성을 제안하는 표현도 있다. 예를 들면, "전체 모양은 예상한 것과 같다."라는 표현은 앞서 밀도가 높을수록 빠르게 줄어든다(사망률이 높다)고 상세히 해설한 가설과 비교하도록 한다. "~처럼 보인다"라는 말은 불확실성을 강조한다. "이것은 … 제안한다."라는 그래프에 대한 이전 기술과 대조된다. 여기서 그래프에 대한 추론과 기술이 명확히 분리되어 있다.

생태학 학술지에 있는 이 사례는 그래프와 캡션과 본문이 밀접하게 통합되어 있는 전형적인 사례이다. 논문의 세 부분이 중언부언하며 정보를 제공하기 때문에 밀접하게 통합된다. 이러한 중언부언으로 어떠한 작은 부분에 대해서도 해석의 유연성이 줄어들고, 독자와 저자 사이의 상호 주관성이 높아진다. 우리는 분석을 통해 과학 저자가 그래프-캡션-본문 3가지를 한 가지 방법으로만 읽히도록 구성한 것을 보여 주었다. 분석을 통해 앞서 언급한 과학적 삽화의 특성을 확인한다. 모든 과학적 삽화는 정보의 매복을 심어서 다른 해석으로 빠져나갈 수 없게 한다. 독자가 그래프를 스스로 해석하도록 두지 않고, 캡션은 분석의 단위, 생존 그래프의 가상적 성격, 서로 다른 표집 지역(강기슭과 높은 곳, 울타리 안과 밖), 나무의 서로 다른 수령과 같은 특정 측면을 볼 것을 지시한다. 이러한 측면들은 그래프 자체 안에서도 얻을 수 있는 자료이다. 본문은 특정한 읽기를 제공하고, 그럼으로써 읽는 방법을 지시한다. 즉 이 학술지의 독자가 분명 과학자임에도 그래프에 대한 기술(읽기에 대한 지시)이 제공되고 단위와 눈금에 대한 주의를 기울이게 하였다. 이러한 모습은 다음 절의 고등학교 교과서나 학생들의 그래프 관련 능력에 대한 연구에서는 볼 수 없는 것이다.

3. 고등학교 생물 교과서의 그래프

이 조사에서 우리는 북아메리카에서 쓰이는 생물 교과서 6종을 선택했다. 그중 3권은 교과서 구조 연구에서 대표적인 교과서로 선정된 4권에 포함된다.[9] 선택한 교과서는 대상 학생이 다양하며, 읽기 수준이 낮은 학생을 위한 일반 생물 교과서, 초급 생물학 학생을 위한 교과서, 고급 생물학 학생을 위한 교과서를 포함한다. 모든 교과서에서 과학 학술지를 분석한 것과 비교하기 위해 생태학 관련 단원을 선정했다. 하지만 카테시안 그래프의 개념적 분석은 교과서 전체를 대상으로 실시하였다.

(1) 일반적 관찰

6종의 고등학교 생물 교과서에서 생태학 단원을 분석한 결과, 카테시안 좌표를 사용한 그래프가 과학 학술지에 비하여 놀랄 만큼 낮은 빈도를 차지하고 있었다. 교과서 3권을 심층 분석해 보아도 카테시안 그래프의 전체 개수는 적었다. 고급에서 초급, 일반 수준의 교과서로 갈수록 그래프의 수가 34, 20, 4개로 줄어들었다. 모델을 나타내는 선 그래프를 애용하고 있었고, 실제 실험 자료를 포함한 그래프는 거의 없었다. 그래프에는 단위와 눈금이 종종 누락되었다. 어떤 경우에는 그래프가 본문에 언급되지 않은 경우도 있었다. 생태학자도 그러한 그래프를 해석하는 데 어려움을 보여 준다.10

그래프는 매우 다양하게 나타났는데, 해석에 유용한 자료의 종류와 수가 달랐고, 캡션이나 텍스트와 통합된 방식이 서로 달랐으며, 서로 다른 과학 개념의 일부로 제시되기도 하였다. 따라서 경향을 일반화하기는 어렵다. 대신 우리는 고급, 초급, 일반 세 수준의 교과서에서 사례를 하나씩 선정하여 제시하고자 한다. 이들 사례는 관련 텍스트를 통한 구체화 정도가 점점 증가하는 것으로 그래프-텍스트의 연속선상에 놓일 수 있다(사례 2에서 제시된 그래프의 빈도가 가장 높다). 처음 두 사례 연구(사례 2와 3)는 고등학교 생물 교과서에 전형적으로 나타나는 것이다. 이와 달리 일반 수준 생물 교과서에서 발췌한 그래프(사례 4)는, 그래프를 활용하는 방법과 텍스트에 통합하는 방법을 보여 주는 데 긍정적인 사례이다(정성적 연구에서 이러한 사례는 '부정적 사례'라고 말한다).

1) 사례 2: 고급 생물학에서 자연적인 선택

이 사례의 그래프와 캡션, 본문은 고급 생물학 교과서의 자연 선택 단원에서 발췌한 것이다.11 그래프와 캡션과 본문은 모두 같은 페이지에 제시되어 있다. [그림 2.4]를 대략 살펴보면 'a', 'b', 'c'로 표시된 판이 있다. 세 판에 똑같이 나오는 곡선이 있고, 그림 23.13.b와 23.13.c 판에는 다른 곡선이 더 그려져 있다. 그림 23.13.b에서 추가로 그려진 곡선은 기존의 곡선보다 더 높이 올라와 있고, 그림 23.13.c에서 추가로 그려진 곡선은 기존의 곡선과 비슷한 모양의 곡선이 옆으로 조금 이동해 있다.

이 그림은 고등학교 교과서에 나오는 전형적인 사례이다. 읽기를 돕는 자료가 부족하다는 특징이 있다. 이것은 [그림 2.1.g]의 그래프와 유사하며, 앞에서 말한 바와 같이 과학자 사이의 면대면 대화에서 관찰될 수 있는 것이다. 우리가 조사한 과학 학술지에서는 이런 종류의 그래프를 전혀 볼 수 없었다. 즉 과학 문헌에서 보통 기본적으로 제공되는 자료가 여

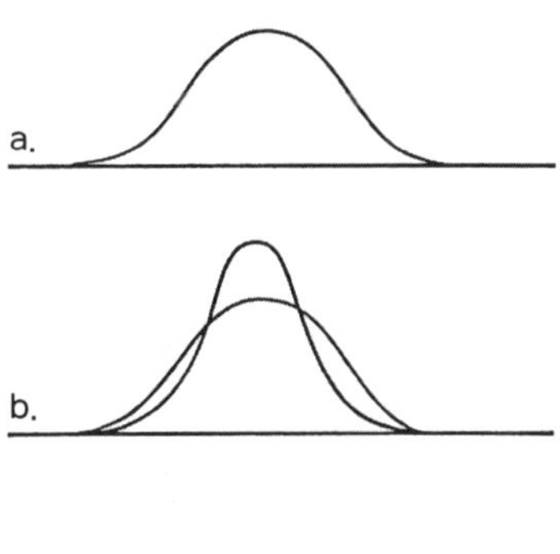

그림 23.13 두 종류의 선택. a. 개체군 안에서 표현형의 초기 분포. b. 안정화 선택이 일어나면, 극단적 표현형이 제거되면서 변량이 줄어든다. c. 방향 선택이 일어나면 극단적 표현형이 다른 표현형에 비해 선호된다.

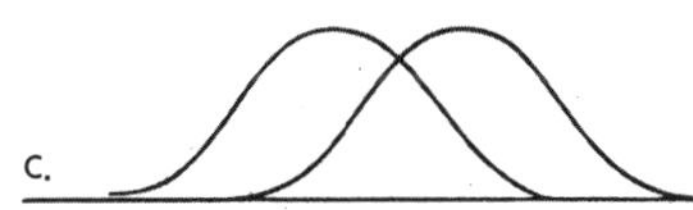

그림 2.4. 고등학교 고급 생물 교과서에서 발췌한 가우시안 그래프. 그래프와 캡션에는 안정화와 방향 선택의 주제를 이해하는 데 필요한 중요한 자료가 부족하다.

기에는 빠져 있다. 제목, 라벨, 눈금, 단위 등의 다른 표식이 없다. 수평축이 무엇을 말하는지 설명이 없고, 수직축에도 없다. 이 상태의 그림은 여러 상황이나 영역에서, 예를 들면 통계학에서 학생들이 분포에 대해 배울 때나 티 검증의 기본 논리를 배울 때 사용될 수 있다. 그래프가 특정 영역이나 측정, 개념과 관련되지 않았으므로, 독자는 이것을 이해하기 위해 캡션이나 본문에서 자료를 찾아야 한다.

캡션의 처음 문장은 '두' 종류의 선택을 말하고 있지만, 그 뒤로 3개의 판이 설명되고 있어 조금 대조된다. 그래프를 보는 독자가 그림 23.13.b와 23.13.c의 두 곡선이 안정한 곡선과 대조되는 것에서 이 갈등을 해결할 것으로 기대할 수 있다. 그다음에 독자에게 그림 23.13.a 판을 "개체군 안에서 표현형의 초기 분포"로 읽도록 지시하는 문장은 긴장을 발생시킨다. '표현형'이라는 단어는 유형학이며, 모든 유형학이 그렇듯이 이것은 분류적인 것을 의미한다. 반면 그래프의 선은 연속적 변화를 보여준다. 만약 수평축이 유형학을 기호화하는 것이라면, 막대그래프가 더 적절하였을 것이다.

독자는 두 번째 문장 "안정화 선택이 일어나면, 극단적 표현형이 제거되면서 변량이 줄어든다."가 그림 23.13.b에 대한 것임을 읽는다. 그런데 저자는 그림 23.13.b가 무엇을 보이는지 기술하기보다는, 선택과 변량 감소에 대한 일반적인 이야기만 하고 있다. 이를 이해하기 위해 독자는 통계에서 분포 폭이 변량을 나타낸다는 표상 방식에 익숙해야 한다. 높은 봉우리는 분포가 좁고 변량이 작은 것을 말한다. 세 번째 문장은 독자가 그림 23.13.c를 방향적 선택의 예를 들면서 이해하도록 지시한다. "방향 선택이 일어나면 극단적 표현형이 다른 표현형에 비해 선호된다." 여기서도 캡션은 선 그래프에서 직접 얻을 수 없는 정보를 제시하고 있다. 게다가 '표현형(phenotype)'을 단수 형태로 적은 것은 하나의 종류가 선호된다는 것을 암시한다. 그러나 이것에 연관된 그래프는 표현형을 보여 주지 않는다. 그것은 연속적 변화를 보여 줄 뿐이다.

분명히 캡션은 독자가 그림 23.13.b와 23.13.c의 그래프 선과 그에 대한 기술을 직접 연결하도록 해 주는 지시나 그래프 읽기를 제공하지 않고 있다. 예를 들면, "방향 선택이 일어나면 극단적 표현형이 다른 표현형에 비해 선호된다."라는 문장은 그림 23.13.c에서 볼 수 있는 것을 설명하는 것은 아니다. 대신 독자가 가능한 의미나 관계를 스스로 만들어야만 한다. 독자는 눈으로 볼 수 있는 것들, 같은 모양(폭과 높이)의 두 곡선이 수평 방향으로 옮겨진 것과 '방향적 선택', '극단적 표현형', '다른 표현형에 비해 선호된다' 등을 연결해야 한다. 즉 독자는 텍스트를 따라 선을 읽으면서 의미를 찾아내야만 하는 것이다.

선택은 자연 법칙처럼 일어나는 과정이다. 캡션은 맥락상 분포에서 나타나는 의미를 평균을 이동시키는 원인으로 해석하는 것을 허용한다. 그러나 여기서 논의해야 할 3가지가 있다. 첫째, 그래프는 관찰의 결과이다. '유전적 이동(자연 선택)'은 그래프에 근거하여 추론된 것이다. 둘째, 유전적 이동을 가져오는 것은 생물체와 환경 사이의 상호 작용이다. 셋째, '방향 선택'이나 '안정화 선택'은 변량이 줄어들거나 평균 성질이 이동하는 것의 관찰에 대한 기술일 뿐이다. 즉 생태계 현장에서 인과관계를 결정짓는 것이 아니다. 다른 많은 경우처럼, 여기서 교과서는 원인과 결과를 뒤집거나 관찰과 이론을 혼동한다. 이것은 과학 학술지에서 볼 수 있는 설명 형식과 대조되는데, 학술지였다면 '동일한 변량 분포의 평균 이동'과 같은 캡션을 사용하였을 것이고 텍스트에서는 이것이 방향적 선택을 말해 주는 것으로 해석될 수 있다고 진술하였을 것이다.

본문도 애매모호함을 줄이는 데 도움이 안 된다. 예를 들면 첫째, 첫 문장에서 [그림 2.4]의 그림 23.13.b와 23.13.c에 있는 안정화 선택과 방향적 변화에 대해 'a', 'b'의 라벨(기호)을 사용한 것을 볼 수 있다.

> 그림 23.13은 자연 선택의 일반적 효과 (a) 변화의 안정화와 (b) 변화의 방향성을 말해 준다. 안정화 선택은 비전형적인 표현형을 제거하고 개체군이 현재의 환경 여건에 적응하도록 하는 경향이 있지만, 방향적 선택은 극단적 표현형이 새로운 환경 여건에 더 잘 적응하여 선택되는 것을 말한다. 방향 선택은 환경이 빠르게 변하거나 개체군 구성원이 새로운 환경 상황에 적응하고 있을 때 나타난다.12

둘째, 첫 문장은 읽기를 제공하기보다(읽기에 대한 지시를 하기보다) 단지 두 종류의 효과를 이름 짓는 것에 그치고 있으며, 그다음 문장은 이들 효과를 설명하지만 그래프를 더 이상 언급하지 않는다. 셋째, 본문은 원인(이론적 설명)과 관찰된 내용의 혼동을 부추긴다. 여기서 그래프 읽기에 대한 지시는 안정화 선택이 비전형적 표현형을 제거하고 방향 선택이 극단적 표현형을 선택한다는 것을 암시한다. 이 설명이 혼동을 부추기는 원인이 된다. 새로운 조건에서 '극단적 표현형'은 이해가 되지 않는데, 그것은 새로운 그래프에서 정상적인 표현형으로 평균 주위에 균일하게 분포되어 있는 것이기 때문이다. 또한 독자는 '비전형적'이라는 것이 분포에서는 꼬리로 표현되고 있음을 알아야 한다.

여기에는 모델과 자료에 대한 혼동도 포함되어 있어서, 두 가지 과학적 방법인 연역과 귀납에 대한 혼동도 발생한다. 첫 문장은 그래프가 두 가지 자연 선택의 효과를 말해 주는 것처럼 암시하는데, 이것은 전형적으로 자료에 기초한 귀납의 형식이다. 그러나 이 선 그래프가 자료에서 도출된 것이라는 근거는 없다. 그보다 이 그래프는 어떤 특징을 연속적으로 측정하였을 때 관찰되는 분포 모형의 종류일 뿐이다.

여러 면에서 이 그래프는 앞 절(사례 1)에서 분석한 것과 극단적으로 대비된다. 과학 논문의 저자는 선 그래프를 정해진 방식대로 읽도록 그림, 캡션, 본문에 많은 자료를 제공한 반면, 고등학교 교과서에는 그런 자료가 제공되지 않았다. 고등학교 교과서에 나오는 그래프는 좋은 정보원이 되는 데 필요한 설계 지침을 어기고 있다. 독자와 저자 사이의 공통분모가 적을수록 의사소통이 어려워지고 더 많은 설명을 해야 한다. 고등학교 교과서의 그래프는 학생들이 분포, 변량, 그래프의 재현 방식에 대한 지식이 많을 것으로 가정한다. (이 책의 뒷부분에 이 그래프를 이해하는 데 필요한 지식을 예시하였다. 즉 현재의 그래프, 캡션, 본문이 고등학생들의 의미-형성 과정에 충분한 자료를 제공하도록 재구성한 사례를 제시하였다.) 이러한 가정은 정당화될 수 없다. 게다가 그래프와 캡션과 본문은 일관성 있게 구성하기 어렵게 되어 있다. 여러 단계의 추리를 통해 텍스트의 진술과 선 그래프의 특징 사이의 관계, 그리고 그들이 서로를 어떻게 지지하고 표현하는지 구성해 나가는 것은 독자의 몫으로 남겨져 있다.

2) 사례 3: 초급 생물학에서 외부 온도와 물질대사율 사이의 관계

이 사례는 고등학교 초급 생물학 교과서에서 발췌한 그래프와 관련 캡션 및 본문에 대한 것이다(그림 2.5).[13] 이 그래프에는 [그림 2.4]의 경우와 는 달리 많은 자료가 제공된 것을 첫눈에 볼 수 있다. 수평축에는 라벨, 단위, 눈금이 나타나 있다. 그러나 수직축에는 변인인 '물질대사율'만 있고 단위가 없다. 그래프의 출처에 대한 정보가 없어서 독자는 그래프가 특정 동물에 대한 것인지 일반적인 동물에 대한 것인지도 알 수 없다. 매끈한 곡선은 '데이터 점을 요구하고', 수평축의 눈금은 연속적인 측정을 시사한다. 그러나 분석의 단위가 무엇인지, 그래프가 실제 측정 자료를 재현하는지, 일반적인 대사 과정을 나타내는 모형인지 명확하지 않다. 그래프에 표현된 것이 무엇인지 관심을 가지고 스스로 질문하는 독자는 물질대사에 대한 설명을 교과서의 약 570페이지 앞에서 찾을 수 있다. 즉 "세포 안에서 화학 반응을 통해 많은 복잡한 분자가 합성되고 분해된다. 이러한 반응 전체를 대사라고 부른다."[14]라는 것이다.

캡션의 첫 문장은 그래프를 일반적으로 기술하고 있다. 그것은 외부 온도(원인)와 물질대사율(종속되는 내용) 사이의 인과관계를 말하고 있다. "영향을 받는다"라는 동사는 원인이 변화하면 종속 내용이 변화함을 말한다. 두 번째 문장에서 곡선에 대한 기술(50℃ 이상에서 속도가 빠르게 감소한다)과 곡선 모양에 대한 설명(효소가 파괴되기 때문에)을 제공한다. 세 번째 문장은 그래프에서 볼 수 없는 것을 기술한다. 그래프가 "대부분의 생명체는 50℃ 이상에서 살 수 없다"는 것을 보여 주지 않으므로, 이 말을 그래프와 연결하여 평가할 수 없다. 캡션은 분석의 단위가 무엇인지 그래프가 실제 자료를 나타내는지 모형을 나타내는지 말하지 않는다.

동물의 물질대사율은 외부 온도에 따라 변한다. 45℃ 정도까지는 온

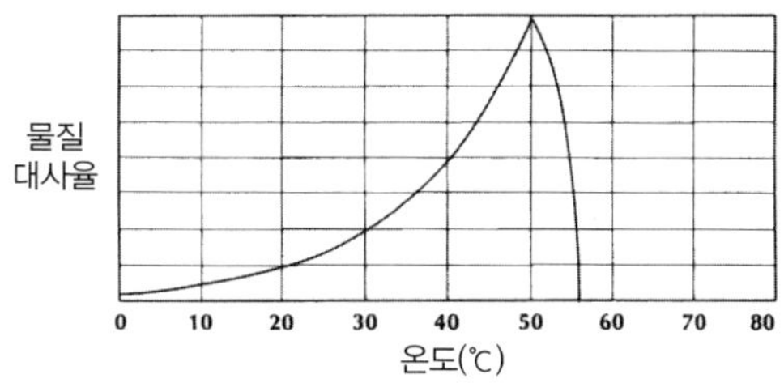

그림 33-21 물질대사율은 외부 온도의 영향을 받는다. 50℃ 이상에서 효소가 파괴되기 때문에 속도가 빠르게 감소한다. 대부분의 생명체는 50℃ 이상에서 살 수 없다.

그림 2.5. 고등학교 초급 생물학 교과서에서 발췌한 그래프와 캡션.

도가 10℃ 오를 때마다 물질대사율이 2~3배 증가한다. 50℃에 접근하면 속도가 줄어든다. 그리고 속도는 0으로 빠르게 떨어진다. 높은 온도에서 신진대사에 필요한 효소가 파괴된다. 따라서 대부분의 생명체는 50℃ 이상의 온도에서 살아남을 수 없다(그림 33-21).[15]

본문은 끝 부분에 50℃ 이상에서 동물이 살 수 없다는 주장을 지지하며 그림을 언급한다. 그림과는 다른 위치에 있는 본문에서 그림을 언급함으로써, 그 문장은 실험적 근거를 요구하는 것처럼 보인다. 캡션에 대한 논의에서처럼 그런 '사실'은 그래프에서 볼 수 없기 때문에 그림은 이러한 근거를 제공할 수 없다. 즉 그림은 근거를 제공하지 못한 채 일반화한 진술을 지지하고 있다. 해당 진술은 이 그래프나 다른 유사한 그래프에서 유도하거나 물질대사에 대한 일반적 지식에서 나올 수 있는 추론이다. 현재 텍스트는 이것이 그래프에서 직접 알 수 있는 사실이라고 말하고 있다.

앞에서 본 것처럼, 본문은 그래프 읽는 방법을 지시하는 것으로 이해할 수 있다. 그러나 독자가 이 지시를 따르려고 하면 문제를 만나게 된다. 인용된 본문 두 번째 문장은 온도가 10℃ 오를 때마다 물질대사율이

2~3배 증가한다고 말한다. 그래프를 잘 읽는 독자는 증가 요인이 50℃까지는 정확히 두 배임을 알 것이다. 본문에서는 "50℃에 가까워지면 속도가 느려진다"라고 하지만, 그래프에 속도 변화는 나타나지 않는다. 또한 속도 개념은 시간에 따른 변화율이라는 점에서 혼동이 발생할 수 있다. 대학생들의 그래프 읽기와 해석에 대한 연구에서는 출생률과 사망률이 개체군 밀도의 함수로 그려진 그래프에 대한 의미를 구성할 때, 그런 식으로 속도 개념을 해석하는 것은 분명한 방해로 작용하였다.[16] 현재 사례에서 물질대사율이나 그것의 온도 미분값(즉 물질대사율 그래프의 기울기)은 둘 다 감소하지 않는다.

과학 삽화에 대한 비판적 관점에서 이 그래프와 관련 캡션이나 본문을 보면, 더 많은 질문과 의도된 해석과 다른 대안적 해석이 나타날 가능성이 보인다. 이 그래프와 앞 절에서 살펴본 그래프의 캡션과 본문은 우리가 살펴본 고등학교 생물 교과서에 전형적으로 나타나는 사례이다. 비록 두 번째 사례는 추가적인 해석적 자료를 제공하여 특정 방식의 읽기를 수행하게 하지만 여전히 불충분해 보인다. 특히 그래프, 캡션, 본문 사이에 분명한 끊김이 있다. 캡션과 본문이 그래프가 나타낸다고 말하는 것과 그래프가 진짜 나타내는 것 사이의 관계는 고등학생들이 아직 알지 못하는 이론을 가지고 높은 수준의 유추를 해야만 알 수 있는 것이다. 그래프에 대한 설명이 있을 경우에 그것은 종종 부정확하거나 그래프가 표현하는 것과 모순되기도 한다. 즉 고등학생들은 그래프 읽기 학습에서 이중으로 어려움을 겪는다. 첫째로, 과학자에게는 제공되는 그래프 읽기와 해석에 필요한 자료가 제공되지 않는다는 것, 둘째로, 본문에 제공된 것이 종종 일관되지 않는다는 것이다.

3) 사례 4: 일반 생물학에서 개체 수 생장 곡선

마지막 그래프(그림 2.6)는 중간 이하의 읽기 능력 수준을 가진 학생들을 위한 일반 생물학 교과서에서 발췌한 것이다.17 우리가 이 사례를 포함하는 것은 (a) 이것이 고등학교 교과서에서 흔히 볼 수 없는 '부정적 사례'이고, (b) 고등학교 교과서에 그래프를 어떻게 제시해야 하는지를 보여 주기 때문이다.

고등학교 교과서에 있는 이 그래프는 우리가 분석한 다른 모든 그래프와 달리 읽기와 해석을 돕는 자료가 많다. 축의 라벨, 단위, 눈금은 독자가 그래프와 실생활 경험을 연결하도록 돕는다. 문자 'A', 'B', 'C'는 그래프의 특정 부분을 표시한다(다른 정보가 없다면 이들 문자가 지시하는 것이 불명확하다). 추가적인 라벨('수용 용량', '환경 저항', '생물 번식 능력')과 화살표(pointer)가 그래프의 일부분을 표시하고 있다. 독자는 데이터 점들이 곡선에 정확히 들어맞지 않는다는 것을 알 수 있다.

캡션은 단지 제목만을 말하고 있다(캡션의 사용에 대해서는 4장을 보라). 다른 많은 그래프의 캡션과 비교해 보면 이 캡션은 그래프에 나타난 관계를 진술하지 않음을 알 수 있다. 그보다 이것은 그래프를 '개체 수 생장 곡선'이라고 이름 붙여, 곡선 그래프의 일종으로 보게 한다. 본문은 "대부분의 자연적 개체군은 이것과 유사한 생장 곡선을 따른다."라며, 그래프를 곡선의 한 종류를 나타낸 것으로 해석하는 것을 평가절하한다. 캡션에 정보가 부족하므로 독자는 본문에서 추가적인 해석 자료를 찾아야 한다.

본문은 그래프에 제시된 데이터를 극단적으로 유도하는 특정 실험을 정교화하는 것으로 시작한다.

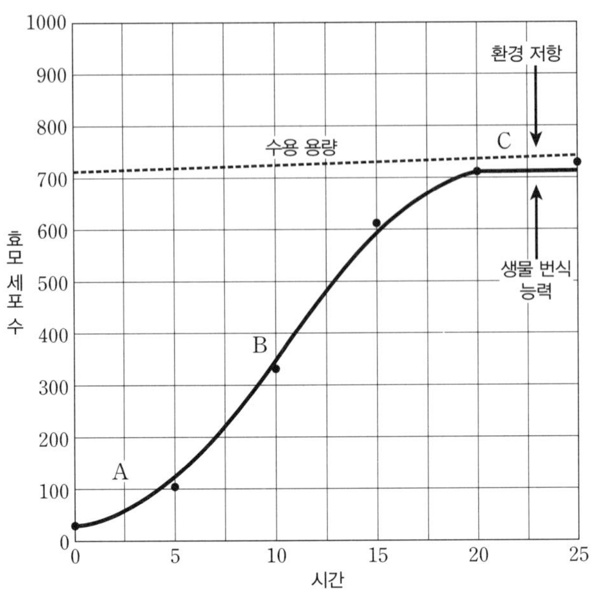

그림 38-2 효모 개체군의 개체 수 생장 곡선

그림 2.6. 고등학교 일반 생물학 교과서에서 발췌한 그래프와 캡션. 그래프와 본문은 읽기를 위한 자료를 많이 제공하여 의미 구성을 돕는다.

특정 실험을 자세히 설명하는 것은 과학자들이 과학 논문에서 제시한 그래프를 해석할 때 전형적으로 나타난다.18 독자가 그 실험 과정을 찾아보도록 교과서 위치를 괄호 안에 적어 주었다. 텍스트는 분석의 단위(정해진 부피 안의 효모 세포)와 측정 빈도(5시간마다)를 명시하고, 그림 38-2의 그래프가 자료를 점찍어서 나온 것임을 분명히 말한다. 이어서 텍스트는 독자가 그래프에 'A', 'B', 'C'로 표시된 세 부분에 주목하도록 한다. 서로 다른 부분을 확인하게 하면서 텍스트는 그래프 읽기에 대한 지시를 제공한다. "개체 수가 천천히 증가한다", "개체 수가 조금 빠르게 증가한다", "개체 수가 일정 수준에 도달해서 변하지 않는다"는 것을 읽으

개체 수 생장 곡선

많은 과학자들이 개체 수 생장을 연구해 왔다. 그중 한 과학자가 효모 세포를 가지고 실험을 했다(그림 38-1). 그녀는 효모 세포를 적절한 환경에서 놓아(158쪽 12.7절을 보라) 효모 배양을 시작했다. 그리고 25시간 동안 5시간마다 정해진 부피 안의 효모 세포 개수를 계산해서 그린 그래프가 그림 38-2의 개체 수 생장 곡선이다. 이 그래프에는 세 개의 주요 부분이 있음을 주목하라.

- A 부분 - 개체 수가 천천히 증가한다.
- B 부분 - 개체 수가 조금 빠르게 증가한다.
- C 부분 - 개체 수가 일정 수준에 도달해서 변하지 않는다.

대부분의 자연적 개체군은 이것과 유사한 생장 곡선을 따른다. 이에 대한 설명을 해 보자.

개체군의 크기에 영향을 미치는 요인

생물 번식 능력과 환경 저항

A 부분에서 개체 수는 천천히 증가한다. 이것은 효모의 '모세포' 수가 매우 적기 때문이다.

B 부분에서 개체 수가 좀 더 빠르게 증가한다. 이것은 새로운 세포를 만들어 내는 효모의 '모세포'가 많기 때문이다.

C 부분에서 개체 수가 일정 수준에 도달해서 변하지 않는다. 이것은 왜 그럴까? 모든 종은 번식하려는 경향이 있다. 이러한 경향을 생물 번식 능력이라고 부른다. 생물 번식 능력은 개체군 크기를 증가시키는 경향이 있다.

하지만 다른 요인이 이 경향에 반대로 작용한다. 이 요인들은 환경 저항이라고 부른다. 그래프에서 볼 수 있듯이, 환경 저항이 생물 번식 능력과 균형을 이루면 개체 수가 일정 수준에 도달한다. 생태계는 이제 수용 용량에 도달했다고 말할 수 있다. 환경 저항에는 어떤 것들이 있을까?19

면서, 그래프에서 그 위치를 찾아보도록 지시한다.

그래프에서 이 세 부분은 뚜렷이 구분되지 않는다. 독자는 개체 수 증가에 따라 세 부분을 나누는 본문으로 다시 돌아와야 한다. 또한 개체 수 증가는 그래프에서 직접 볼 수 없다. 여기서 세 부분과 그에 대한 기술은, '개체 수 증가'와 'A/B/C 부분'의 의미를 정교화하는 과정을 통해 다시 기술되어야 한다. 독자가 찾아야 하는 것은 시간에 따른 증가, 즉 시간에 따른 기울기 변화 또는 수학적으로 말하면 주어진 함수의 시간에 대한 미분값이다. 모든 독자의 해석적 기반을 예상할 수는 없으므로, 이러한 여정에서 어느 정도의 정교화가 이루어질지는 알 수 없다.

인용된 본문의 두 번째 부분('개체군의 크기에 영향을 미치는 요인'의 제목 아래)은 그래프의 데이터를 이론적 설명과 통합하는 것으로 읽을 수 있다. 각 부분의 설명은 원인과 연관된다. A와 B 부분에서는 모세포의 수가 개체 수 증가 크기와 연관된다. C 부분에 대해서는 겉보기에도 다르게, 다른 종류의 설명이 텍스트와 그래프에 제시되어 있다. 여기서 환경 저항과 생물 번식 능력이라는 두 개의 반대 경향이 텍스트에 인용되고 그래프에 설명자와 지시자로 서술되고 있다. 좀 더 완전히 이해하려면 학생들은 이 두 요인이 왜 개체군 발달 후반부에만 작용하고 그 이전에는 나타나지 않는지 알고 싶을 수 있다. 수용 용량이 왜 그래프에 기울어진 선으로 시간의 함수가 되어야 하는지도 분명하지 않다.

분석 결과 그래프와 본문에 의미 구성을 위해 많은 자료가 제공된 것은 분명하다. 지시자와 라벨은 독자가 이론적 개념을 실험에 근거한 자료와 통합하도록 해 준다. 선 그래프는 점들을 그대로 지나가지 않으므로 변량과 오차에 대한 힌트를 준다. 과학 논문에 비하여 빠진 것은 캡션을 통해 의미를 구성하도록 돕는 좀 더 정교화된 설명(읽기에 대한 지시)과 시각자료에 들어 있는 의미를 확장해 주는 지원이다.20

4. 과학 텍스트와 고등학교 교과서에 있는 그래프 읽기 작업

그래프는 과학의 패러다임적 상징이며 연속적 관계를 나타내는 데 사용된다. 현상의 수치화를 구현하는 동시에 현상의 구성에 기여한다. 그래프 없이는 '현상'이 가시화되지 않는다. 예를 들면, 사례 1에서 논문의 저자는 주장을 '지지하기' 위해 여러 그래프를 병치하여 울타리 안과 밖의 건조율과 토양의 차이를 시각적으로 나타냈다. 그와 동시에 현상은 그래프를 통해서만 활용될 수 있다. 즉 현상과 과학 그래프 실행은 상호 구성적이다.

우리의 조사 결과 고등학교 교과서와 생태 문제를 다루는 과학 학술지에 사용된 시각자료의 수는 같았지만, 시각자료의 성격은 엄청나게 달랐다. 고등학교 교과서에 많이 사용된 시각자료는 사진, 사실적인 그림, 도표 등인데, 이것은 모두 회화적 메타포(pictorial metaphor)에 근거한 것이다. 회화적 메타포는 과학 지식의 현실성에 대한 실증주의적 주장을 지지하는 강력하고 직관적이며 매력 있는 설명 자료이다. 우리의 예감으로는 그것이 교육에 사용됨으로써 과학의 진리 언명에 대한 전통적 인식을 강화할 수 있다고 생각한다. 물론 이에 대해서는 철저하고 많은 분석이 이루어져야 한다. 카테시안 그래프는 학술지에 더 많이 사용되었을 뿐 아니라 다양하게 사용되었다. 고등학교 교과서에는 눈금이 없는 그래픽 모형이 가장 많이 사용되었는데, 과학 논문에서 그러한 모형은 거의 없었다. 반면에 과학 논문에는 산포도, 점이 연결된 산포도, 최적 곡선이 포함된 산포도, 수학 모형이 포함된 산포도, 수학적 모형 등이 더 많이 사용되었다.

우리의 세밀한 분석은 그래프 간에도 질적 차이가 있음을 보여 주었다. 즉 그래프들은 상당히 다른 모습을 나타냈다. 과학 논문에 있는 카테시안 그래프에는 독자가 데이터 점과 선 그래프의 적절성을 구성하도록 돕는 자료가 많았다. 게다가 과학 논문은 어떤 경우에는 캡션을 통해 독자의 주의와 해석적 노력을 환기하는 추가적 자료를 너무 자세하게 제공하고 있었다. 그래프는 이론과 구분되는 자료를 제시하는데, 과학 논문의 본문은 그러한 그래프에 대한 특정 읽기를 제시한다. 분석 결과 고등학교 교과서의 본문과 캡션은 자료를 너무 적게 제시하고 추가되는 자료나 구체적 읽기는 거의 없었다. 예를 들면, 과학 문헌에서 특정 지점에 대한 분석의 단위는 "각각의 기호는 하나의 실험 결과를 말한다",[21] "31개 가문비나무는 적색과 근적외선 반사율이 측정되고 모형화되었다", "울타리 안과 밖의 오래된 나무의 밀도(종속 변인)를 종합하여 가상적 생존 곡선을 만들 수 있다." 등 캡션이나 본문에 매우 분명히 나타나 있다. 이와는 달리 고등학교 교과서에서는 분석 단위가 거의 제시되지 않았다. 분석의 단위는 원래 대상이나 개체가 측정되는 방식을 말하는데, 고등학생들은 이러한 내용에 친숙하지 않다.

고등학교 교과서와 과학 학술지는 카테시안 그래프로 자료나 모형을 다루는 데 있어 서로 다르다. 즉 어떤 관계를 확인하거나 유도하는 데 사용하는 자료와 이론적 모형에서 도출되는 관계를 표현하는 그래프는 서로 다르다. 학술지에서는 연속적 선 그래프로 표현된 이론과 '실재' 자료 사이의 관계를 인식할 수 있다. 과학자의 실험 결과가 하나의 법칙이나 일련의 법칙으로 환원된다. 부드러운 곡선은 개별 측정치와 꼭 들어맞지 않으며 종종 측정의 오류를 보여 주는 막대와 함께 제시된다는 점에서 권위를 가진다. 데이터 점은 정확도와 통계적 변량을 말해 주고, 부드러운 곡선의 근접성은 수학적 공식으로 그 관계가 간단히 표현될 수 있다는 희망을 나타낸다. 부드러운 곡선만 제시된 것은 데이터 점을 찾도록 요구한다. 과학계에서 실제 자료가 없는 그래프는 '게으른 제시 형태'라고 말한다. 하지만 고등학교 교과서에서는 이런 것을 계속 볼 수 있다. 실험 자료와 이론 사이의 상호 작용은 교과서에서 얻을 수 없다. 여기서 그래프는 연결될 수 있는 실험적 상황과 떨어져 있다. 하지만 교과서 저자는 선 그래프가 현재 공인된 모형을 표현하는 데 사용되었다는 점을 분명히 말하지 않는다.

우리는 이번 조사에서 두 가지 문제를 가지고 시작했다. "교과서와 과학 논문의 그래프를 읽는 실행에 무엇이 필요한가?", "교과서는 학생들이 과학 텍스트를 읽는 데 필요한 그래프 관련 실행을 활용하고 실행 능력을 개발하도록 돕는가?" 이러한 질문에 답을 찾기 위해 첫째, 고등학교 교과서와 과학 논문 그래프의 양적 및 질적 차이를 살펴보았다. 즉 고등학교 교과서와 과학 논문의 그래프 관련 실행이 불연속적임을 확인했다. 이 불연속성은 그래프 해석 실행에서도 유사하게 나타난다. 대학생들도 그래프를 읽는 데 큰 어려움을 경험하고 종종 그래프에서 무엇을 봐야 할지 몰라 막혀 버린다. 이 불연속성은 고등학교와 대학에서 배운 교과의 양 차이보다는 현장 연구를 수행하고 보고한 양에 따른 것으로 보인다. 이러한 표상 사용의 불연속성 때문에, 실행 공동체 안에서 초심자가 숙련가로 변해 가는 데 핵심적 역할을 하는 주변적 참여의 여정이 가능하지 않을 수 있다. 우리 연구 프로그램의 또 다른 연구 결과는 이 해석을 지지한다. 우리는 대학이나 대학원을 다니는 과학 전공 예비교사가 8학년 학생보다 그래프를 이용하여 자료를 분석하는 능력이 높지 않음을 보았다(3장을 보라). 둘째, 그래프 읽기에 필요한 자료와 실행에서 놀라운 아이러니를 발견하였다. 그래프를 읽고 해석하는 데 훈련되고 경험이 많은 과학자에게는 자료나 특정 읽기, 이론과의 연결 등이 제공된다. 학생들은 그래프 관련 기술이 부족하다고 보고되는데, 그들에게는 이러한 자료나 읽기, 그래프의 이론적 또는 실험적 근거에 대한 설명이 제공되지 않았다. 과학자는 고등학교 학생들보다 훈련을 더 많이 받고 경험도 많지만, 아이러니하게도 그래프의 구체적 의미를 구성하기 위해 고등학교 학생들이 생물 교과서를 읽을 때보다 더 많은 자료를 제공받고 있었다.

지금까지 고등학교 교과서와 과학 논문 그래프의 차이를 강조하였다. 그러나 그래프 읽기 작업의 본질에 대해서는 질문이 제기된다. 그래프의 현상학적 인류학에서 그래프 읽기는 텍스트에 있지도 않고 독자에 있지도 않다. 그래프 읽기는 그것의 작성과 사용을 통한 사회적 실행(현상)으로 구성된다. 그것은 독자가 공동체의 읽기 방법을 유능하게 실행하여 그래프가 말하는 것을 읽을 때 나타난다. 그래프와 캡션과 본문은 이러한 그래프 읽기 실행이 조직되는 물질적 기초가 된다.

우리는 지금 생물 텍스트를 다루고 있다. 생물은 자연을 보는 하나의 방식을 제공한다. 즉 연구 논문이나 교과서의 생물 텍스트는 독자가 단어와 그림의 텍스트적 배열을 통해 명시된 질서를 보고 배우게 하는 기능을 한다. 텍스트는 지식이 구성되는 작업 공간이 되며, 그것은 교과서나 논문에서 독자로 지식이 전달되는 것이 아니라 저자가 텍스트와 그래프에 암호화해 넣은 순서를 독자가 복구하는 것을 통해 일어난다. 생물학적 대상에 대한 지식이 구성되는 것은 많은 양의 읽기 작업을 통해서 이루어진다. 설득적인 텍스트는 독자로 하여금 생물학자가 먼저 본 것을 복구하는 진정한 활동 과정에 참여토록 해 준다. 이러한 진정한 활동을 하도록 돕는 텍스트, 즉 독자가 그래프와 텍스트가 서로 잘 들어맞는 것을 보게 해 주는 텍스트는 독자에게 그들이 살고 있는 세상에 대한 어떤 것을 가르칠 수 있는 설득적 교육 자료가 된다.

그래프는 단순히 관련된 내용이나 추가적 내용, 본문에 기술된 것의 증거를 나타내서 독자가 아무 문제없이 그것을 '수용하도록' 하지는 않는다. 그보다 그래프에서 나타나는 생물학적 현상을 이해하기 위해서 독자는 본문과 캡션이 하는, 그래프에서 어디를 보고 어떻게 읽어야 하는지에 대한 여정적 지시를 따라 스스로 정교화 과정을 거쳐야 한다. 본문과 캡션은 독자가 바라보고 해석하도록 지원하는 조직적 자료이다. 그래프 읽기와 그래프의 특징을 인지하는 것은 개인의 현재 해석적 수준, 공동체의 텍스트 실행을 수행하는 능력, 그래프가 지칭하는 영역에 대한 친숙함 등에 의해 좀 더 촉진된다. 이러한 개인의 지평은 잠재적인 중요성을 가진 여러 내용들 중에 어떤 것을 고려하거나 무시하거나 선택할지에 대해 동기를 제공한다. 이 점에 대해 4장에서 더 다룰 것이다.

단어나 그래프와 같은 기호는 다른 기호나 대상과의 전체 관계 속에서 존재한다. 즉 기호는 그 자체로 의미를 가지지 않으며, 다른 기호와의 관계를 통해서 독자가 가진 세상에 대한 경험에 관계되어 의미를 가진다.

의미는 공유된 사용에서 나온다. 이 의미는 우리가 기호를 기호로서 집중하여 다루어야 알 수 있는 것이 아니고, 그것을 지시 대상에 투명하게 연관 지어 사용할 때 알 수 있다. 그러므로 학생이 개별 점(그래프)에서 자연 현상을 재구성하지 않는다면, 우리는 이것이 그들의 '무능'이나 '인지적 결함'을 보여 준다고 생각하지 않고, 그래프를 읽고 만들어 내는 활동이나 그래프를 사용하는 사회문화적 그리고 문화역사적 실행에 참여한 경험이 적음을 나타내는 것이라고 생각한다. 그래프가 생물 내용을 구성하는 자료나 유형을 말하는 기호로 투명하게 사용된다면, 그것은 손쉽게 바로 사용할 수 있는 투명한 도구가 된다(목수가 망치를 사용하는 것과 같이). 독자가 그래프에서 지시 대상을 투명하게 보지 못하면, 그는 그래프 자체에 주의를 기울여야 한다. 그래프는 곧바로 사용 가능하지 않고, 망가진 도구처럼 존재할 뿐이다. 그런 그래프는 자신에게 집중하도록 요구하고 독자의 관심은 그 기호에 놓이게 된다. 우리가 기호를 바라보거나 그 모든 성질을 찾고 있으면, 기호를 '파악'하지 못한 것이다. 대화하는 사람들 사이에 상호 주관성이 높은 경우에는 종이나 칠판 위의 간단한 끄적거림이나 손짓만으로도 충분히 의사소통이 일어날 수 있다. 보통 그래프에 제시된 자료는 지시 대상의 본성을 이해하는 데 더 이상 필요하지 않다. 그러나 그런 자료는 대상을 구성하는 특정 프로젝트에 친숙하지 않은 독자에게는 분명 도움을 제공한다.

3장

도해력과 맥락

과거 연구자들은 (수학, 과학 등의) 문해력을 일련의 기능이라는 관점에서 개인이 가진 지식이나 식견을 여러 상황에 쓸 수 있는 것이라고 생각했다. 사회 활동이 일어나는 장소와 다른 독특한 건물에서 이루어지는 학교 교육은 원래 이러한 생각에 바탕을 두고 있는 것이다. 여러분은 자신의 인생 초반부에 일련의 기능을 획득한 뒤 '실재 세계'에 나와서 그 기능을 적용하게 된다. 학교는 '실재 세계'가 아니라 조금 다른 종류의 세계라고 가정한다. 그럼에도 학교에서 획득한 문해력은 그것을 적용할 다른 세계에서도 타당성을 가진다고 가정한다. 학교 교육을 받은 정도나 수학을 배운 정도와, 채소 가게, 골목길 노점상, 길모퉁이 마권영업자, 일용 노동자 등으로 살아가는 데 필요한 일상 활동에서의 수학적 지식능력을 비교하려 했던 수학인류학적(ethnomathematical) 연구들은 이러한 가정에 의문을 제기했다.[1] 이들 연구는 학교 수학 과제의 수행 능력과 실생활 상황의 수학적 행위 능력 사이에는 큰 차이가 있음을 보여주었고, 학교 교육의 수준과 실생활에서 나타나는 능력 간에는 상관관계가 거의 없거나 전혀 없다는 것도 밝히고 있다. 이러한 차이를 맥락의 차이라는 용어로 생각해 볼 수 있다. 학교에서 도해적 문해력은 그것이 활용되는 상황의 의도, 감정, 구조, 정치 등과는 독립적인 것처럼 가르쳐 왔다. 그러나 학교 환경 밖의 일상에서 도해적 문해력은 사람들의 목적과 흥미나 사회적 관계(예를 들면, '문맹의' 브라질 어린이들이 그래프 사용에 도움받기 위해 사회적 관계에 의존하기), 그리고 환경의 물질적인 구조(material structure; 예를 들면, 일용 노동자가 적하장 깔판 위의 우유 상자 개수를 추리하기) 등과의 밀접한 관계를 나타낸다. 즉 맥락은 도해력의 수준을 매개한다.

교육자들은 지적 능력에 대한 맥락의 중요성을 인식하고 있다. 전형적으로 수학 교육자들은 맥락을 도입하는 방법으로 단어 문제를 사용한다. 과학 교육자들은 과학 개념이 학생들의 학교 밖 세계에 적용되는 것을 보여 주기 위해 일상적인 사례를 제시한다. 예를 들면, 1장에서 물리학자는 학생들의 위치-시간, 속도-시간, 가속도-시간 그래프 이해를 돕기 위해 임금, 시간당 임금, 봉급, 임금의 증가에 관하여 이야기를 했다.[2] 우리는 그러한 접근 방식을 학생들의 학습을 조력하는 성실하고 진지한 시도로 인식하지만, 그것의 오류는 말로 추론하는 것과 실제 행동에서 추론하는 것이 같다고 생각하는 오류와 유사하다.[3] 흥미롭게도 물리학자는 물리적 개념을 임금의 사례로 변환하는 것을 잘 하지도 못했다. 그는 일정한 가속도(속도가 계속 증가하는 것)를 연봉이 일정한 것에 비유하였고, 시간당 임금이 일정하게 증가하는 것에 비유하지 않았다. 이러한 생각은 "지적 능력에서 맥락의 역할은 무엇인가?"라는 질문을 던지게 한다. 또한 부수적인 질문으로 "도해력에서 맥락의 역할은 무엇인가?" 그리고 좀 더 중요한 질문으로 "**비판적 도해력**에서 맥락의 역할은 무엇인가?"에 관심을 가지게 된다.

이 장에서 우리는 학생들이 시각자료를 해석하는 실행, 즉 도해력에서 맥락의 역할을 분석한다. 도해력을 많이 사용하는 활동을 관찰하였는데, 8학년 학생을 대상으로 한 10주간의 생태학 수업이 서로 다른 두 맥락에서 진행되었다. 두 맥락은 (a) 야외 조사에서 결과를 설득력 있게 지지해 줄 수 있는 시각자료 만들어 내기, (b) 야외 조사를 한 8학년 학생들의 이야기와 학생들이 만든 시각자료를 사용하여 자료를 제시한(즉 친숙한 **맥락**의) 단어 문제 풀기이다. 이렇게 하여 학생들이 맥락에 친숙한 정도가 같도록 유지하면서 서로 다른 도해력 맥락을 계획하였다. 문제에 학생이 만든 시각자료를 표상으로 활용하고, 두 상황 모두 같은 소집단에서 활동하게 함으로써 문제와 이 연구를 생태학적으로 타당하게 만들고자 하였다.

1. 맥락과 해석

연구를 할 때 8학년 학생들은 다양한 생태 구역으로 이루어진 50에이커 정도의 학교 부지에서 10주간의 생태학 학습에 참여했다.[4] 생태 단원의 목표는 학생들이 스스로 조사 연구를 계획하고, 내용을 이해하며, 결과를 설득력 있게 제시하는 능력의 개발에 있었다. 학습 과정은 자연 현상에 통계 적용하기, 시각자료를 변환하기, 수학 및 과학과 자연 현상을 연결하기, 문제를 해결하고 자연 현상을 모형화하기와 같은 도해력을 살펴볼 수 있는 많은 기회를 제공했다. 생태 단원을 배우는 동안 각 학생 집단은 생태 구역(ecozone)이라고 부르는 35~40m^2 정도 규모의 작은 구획에서 가능한 한 많은 것을 찾아내야 했다(그림 3.1). 이러한 활동으로부터 설득력 있는 표상을 만들기 위해 학생들이 관찰한 것을 수치화하는 기회가 여러 차례 있었다.

개방적인 탐구 조사 활동을 하는 동안 학습을 최대화하기 위해서 교사

그림 3.1. 그림의 왼쪽은 제이미와 마이크가 동물과 식물 생태를 연구하려고 선정한 곳에서 자료를 수집하고 있는 모습이다. 여기서 메이애플 나무가 받는 빛의 양을 측정하고 있으며, 이것을 나무의 키나 성장과 연결 지으려고 한다.

는 학생들에게 (a) 연구 문제의 필요성과 실험 설계의 온당함에 대해 방어할 수 있는 주장을 만들어 내기, (b) 자신들의 조사 활동 결과를 친구들과 선생님이 신뢰할 수 있는 시각자료로 나타내기와 같은 조건을 부과했다. 이러한 학습 환경은 과학적 과정의 기초 원리 중 하나를 구체화한 것이다. 과학적 실행은 수사학적 측면이 있는데, 이것은 과학자가 자신의 입장을 주장하기 위한 노력에서 나타난다. 즉 학생들의 실제적 도해력을 드러내고 개발하게 하였다. 나아가 학생들은 자신의 시각자료는 옹호하고 다른 친구의 시각자료는 비평해야 했는데, 이러한 학습 조건은 학생들이 시각자료의 상대적 장점을 평가하도록 해 주었다. 즉 학습 환경은 도해력의 발달뿐만 아니라, 비판적 도해력의 발달 기회도 제공해 주었다. 야외 활동과 면담에서 이루어진 학생들의 대화는 학생들이 이러한 비판적 태도에 동화되고 있음을 암시해 주었다. 학생들은 서로에게 "너는 어떻게 그것이 옳다고 생각하니?", "네 주장을 설득력 있게 설명해 볼래?" 혹은 "측정 자료를 많이 넣어. 선생님은 증거 자료를 좋아하시니까." 등을 질문하고 요구했다. 예를 들면, 8학년 제이미는 교실에 돌아와서 두 번째 야외 조사에서 얻은 자료를 기록한 노트를 가지고 공부하다가 갑자기 소리쳤다. "이것 좀 봐! pH가 높을수록 식물의 키가 커. 하지만 증가량은 작아. 키가 클수록 증가량이 작아. pH가 낮을수록 키는 작은데 증가량은 커." 그는 자신의 보고서에 이러한 주장을 설명하는 내용을 계속 기록했다. 그러나 약 5분 후에 그는 자신의 주장을 펼치기 위해서는 개체 밀도를 pH와 성장과 비교하여 보여 주는 표를 만들어야 한다고 같은 집단의 마이크를 설득했다.

일 년간 수업을 진행하면서 이번 생태학 학습을 대비하여 교사는 학습의 책임을 조금씩 학생들에게 이동시켰다. 첫 단원인 물리에서는 교사가 학생들에게 주어진 연구 질문에 답하기 위해 주어진 실험을 수행하도록 지시했다. 그다음 화학 단원에서는 교사가 제시한 연구 질문에 대하여 학생들이 실험을 설계하도록 하였다. 세 번째 단원인 생태학에서는 학생들에게 연구 문제와 조사를 모두 계획하게 했다. 비록 생태학 단원에서 주어진 자유에 대해 모든 학생들이 끝에 가서는 매우 긍정적으로 평가했지만, 처음에는 일부 학생들이 연구 질문을 만들어 출발하는데 어려움을 겪었다. 일부 학생들은 관찰을 엄청나게 많이 했지만, 나머지 학생들은 자신의 생태 구역에서 발견하거나 알아낸 것이 거의 없었다. 활동의 독립성을 많이 부여하였고 수행 기준은 강의식 수업에 비하여 명확하지 않았다. 예를 들면, 학생들은 '자신들의 주장을 설득력 있게 제시할 것'을 요구 받았을 뿐이다. 따라서 일부 학생들은 무엇을 해야 하며 무엇을 예상하고 어디에서 시작해야 하는지를 몰랐던 것이다. 그러나 다음에서 설명하는 지원 구조는 학생들이 새로운 학습 환경에 확신을 가지고 빠르게 적응할 수 있도록 해 주었다.

(1) 전형적인 야외 작업

제이미와 마이크는 질문에 대답하기 위해 자신들이 수집한 자료에서 찾을 수 있는 패턴이 어떤 것인지 고민했다. "토양 산성도와 식물 성장 사이에는 어떤 관계가 있을까?" 그들은 야외에서 조사한 자료에서 어떤 감을 잡기 위해 노력하였으며, 그래서 다른 자료나 보조적인 자료가 필요한 경우 다시 수집하였다.

01 제이미: 우리는 지금 찾아내야 해, 패턴을.

02 마이크: 네가 만약 패턴을 보았다면 그것은 [pH가] 낮은 것을[지역을] 본 거야. 그것은 [pH가] 가장 낮은 것에서[지역에서] 출발하고, 그것은 pH가 가장 높은 곳[지역]이야. 여기가 가장 낮고, 이것을 보면 여기의 pH가 가장 높아.

03 제이미: 그래서 pH를 선택했어.

04 마이크: 중심에서 가장 가까운 것은 18.9[cm, 평균 높이]이고, pH가 가장 낮은 것[지역]은 21.5[cm, 평균 높이]야. 거기에는 16개의 메이애플이 있어. 그리고 중간 값을 가진 하나는 20cm야. 그래서 이게 패턴인 것처럼 보여.

05 제이미: pH처럼 보여.

06 마이크: 그래, pH처럼 보여, pH가 낮을수록.

07 제이미: 더 많이 자라지.

08 마이크: 그런데 그렇게 표현하면 우리가 생각한 것과는 달라. pH가 1일 때 [pH=1]에는 식물이 전혀 자라지 않기 때문이야. 그것은 단지 산성일 뿐이야.

그래서 그렇게 말할 수 없어, pH가 낮을수록 [더 잘 자란다]고 말할 수 없어.

이러한 대화는 야외 조사에 참여했던 모든 수준의 학생들에게서 나타나는 전형적인 대화였다. 특징적인 것은 학생들이 측정한 자료와 구성한 패턴을 곧바로 이해했다는 것이다. 학생들은 3쌍의 측정치에 근거하여 pH와 성장 간의 반비례 관계를 결론으로 도출하였다(대화 06~07 참조). 그러나 마이크는 식물이 pH 1인 토양에서는 자랄 수 없다는 사실 때문에 그러한 진술이 문제가 있다는 것을 바로 알아차렸다(대화 08 참조). 마이크와 제이미는 실험실로 돌아온 다음 야외 조사 노트에 기록한 것을 표로 변형하여 순서대로 정리하였다. 그들은 계속해서 이렇게 탐색했으며 2주 후에는 고도로 정교한 복합 변인 관계를 만들어 냈다. 이 관계는 독립 변인과 종속 변인이 표와 그래프 형태로 제시된 것이었다. 발표 시간에 마이크는 자신의 활동에서 발견한 것을 다른 친구들에게 설명하였다.

Data table

	Area #1	Area #2	Area #3
amount of mayapple per m²	16	7	8
pH level	6.5	6.7	6.6
average height May 4th	14	12	14
average height May 7th	17.3	18.6	18.1

그림 3.2. 제이미와 마이크가 pH와 메이애플 키의 관계를 자료표에 모아 적었다. 이 표에는 세 표집 장소에서 자라는 식물의 수와 2일간 측정한 키의 평균이 포함되어 있어서 pH가 식물 성장에 미칠 수 있는 영향을 추리할 수 있게 해 주었다.

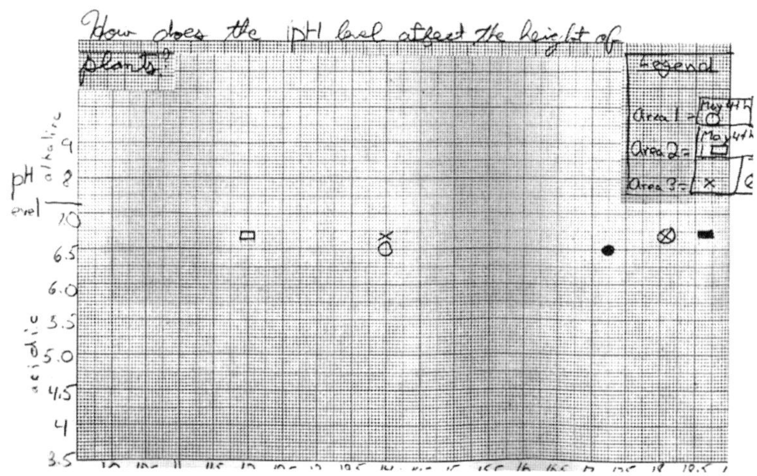

그림 3.3. 제이미와 마이크는 pH와 식물의 평균키를 점으로 나타낸 그래프를 그렸다. 그들은 중성(pH=7.0)에서 식물의 키가 크고 다른 곳에서는 식물 평균키가 작다고 결론 내렸다.

> pH가 높을수록 식물의 키는 더 커지지만, 그 양은 작다(키는 조금만 더 커진다). pH가 높을수록 식물은 더 커지지만, 식물의 양은 더 적어진다[식물의 수는 더 줄어든다]. 식물의 키가 클수록 그 수는 적다. pH가 낮을수록 식물의 키는 작아지지만 수는 더 늘어난다.

야외 조사를 하는 동안, 마이크와 제이미는 자신들의 상황을 구조화하는 기회가 있었다. 그들은 상관관계가 있을 것이라고 생각되는 환경 요인을 정의했고 확인했다. 그들은 어떤 환경 요인이 중요한지 결정했고, 그것을 조사했으며, 조사 결과를 보고했다. 이렇게 10주 동안 그들은 자신들의 생태 구역을 복합적으로 이해했으며 생물 변인과 무생물 변인 사이의 관계를 이해했다. 지금 제시한 마이크와 제이미 사례에서, 측정치 쌍을 순서대로 정리한 표를 통해 자신들의 첫 번째 주장을 지지하는 근거를 도출했다는 점이 흥미롭다. 그들의 두 번째 주장을 위해서는 표뿐 아니라 그래프도 추가로 사용하였다. 즉 그들의 도해력은 고등학생이나 대학생 수준이라고 할 수 있을 만큼 발달했다.

비디오테이프를 보면 8학년 학생들의 (과학적) 실행이 브라질 과학 탐험 대원들의 실행과 상당히 유사함을 알 수 있다. 두 사례에서 구성원들의 실행은 자연을 수치화 가능한 방식으로 변형한 것이다. 온도계, pH 미터, 풍력측정기 등을 측정 도구로 사용했을 때 그러한 변형은 속을 바로 알 수 없는 블랙박스와 같은 것이다. 이러한 변형은 다른 사례에서도 분명히 나타났다. 예를 들면, 몇몇 집단은 토양 샘플을 실험실로 가지고 왔다. 침전 실험(물질의 부유성이 서로 다른 것을 이용하는)을 통해 각 샘플을 몇 가지 구성 요소로 분리하고 나타나는 층을 그림으로 그렸다. 교사의 격려를 받은 학생들은 각 구성 요소의 상대적인 비율(%)을 자로 쟀다. 이 시점에서 자연 현상은 수치화되고, 이후 수학적 처리가 가능한 자료가 되었다. 몇몇 학생들은 자료를 표로 정리하였고, 다른 학생들은 기존의 자료와 자신의 결과를 비교하기 위해 그래프를 그렸다. 여기서 학생들의 도해력은 자연을 여러 형태의 시각자료로 변환하는 전체 과정 안에 포함되어 있는 것이다. 이러한 변환 중 일부는 좀 더 물질적인 성격을 가지고 있는 반면에(현장에서 샘플 채취하기, 침전 실험하기), 다른 것은 좀 더 형식적인 성격을 가지고 있다(% 표시하기). 즉 이와 같은 일련의 실행은 도해력의 맥락을 구성하며, 우리는 시각자료 활용에서 자료를 지지하거나 비판해야 할 필요성, 그리고 개인의 감정적 이해가 이러한 맥락의 중심 구성 요소라는 것을 가정할 수 있다.

2. 해석에서 맥락은 어디 있는가?

연구에서 두 가지 질문에 답을 얻기 위해 '분실된 노트' 사건을 준비하였다. "학생들은 야외 조사 활동에서 그래프를 얼마나 사용할 것인가?" 그리고 "조사 자료의 개수와 사용되는 시각자료의 종류 사이에 관련성이 있는가?" 동시에 교사는 학생의 과학 경험에 대한 이야기로 수학 문제를 만드는 것은 평가 상황을 생태적으로 타당하게 만든다고 믿었다. 즉 이야기 줄거리는 8학년 학생들의 경험을 묘사한 것이므로 동일한 수학적 실행을 야기할 것이다. 이야기는 수업 중 실제로 있었던 사건에서 시작되었다(노트 분실, 자료의 의미에 대한 의견의 차이). 이야기와 학생들의 경험이 좀 더 유사해지도록 하기 위해 문제에 학생들이 직접 만든 시각자료(그림 3.4는 8학년 학생이 만든 자료 지도이다)도 포함하였다. 작업 가설은 학생들이 적은 수의 자료보다 많은 수의 자료(자연에 가까운 것)가 있을 때

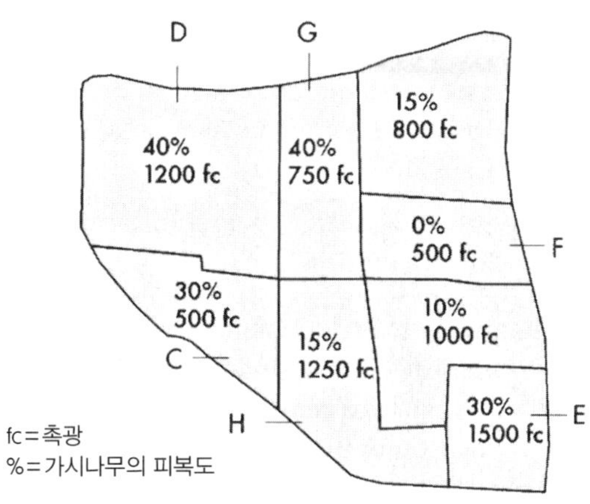

그림 3.4. 이 단어 문제에 있는 텍스트는 학생들의 조사 연구를 묘사해 준다. 지도는 한 학생이 조사 연구에서 제출한 것과 동일하다. 숫자는 편의상 추가하였다.

그래프(형식에 가까운 것)를 더 많이 사용할 것이라고 설정했다.

(1) 분실된 노트

에리카는 생태 구역 조사 학습을 하고 있는 8학년 학생이다. 이 여학생은 가늘고 긴 줄기를 가진 식물인 가시나무의 밀도와 자신의 생태 구역 내 여러 구역에서 이들 식물이 받는 빛의 양이 관련성이 있는지 알고 싶었다. 에리카는 먼저 자신의 생태 구역을 좀 더 작은 구역으로 나누었다. 그리고 각 구역에서 가시나무의 피복도(%)를 측정했다. 또한 각 구역에서 빛의 평균량을 촉광(fc) 단위로 측정했다. 그런 다음 자신이 조사한 자료를 [그림 3.4]와 같은 형식의 지도로 기록하였다. 에리카는 야외 조사 노트를 분실했는데, 당신이 그것을 발견했다. 당신은 에리카가 찾아낸 패턴을 알고 싶었지만, 지도에는 그 어떤 설명도 없었다. 제공된 정보에 근거할 때, (a) 패턴이 있는가? 있다면 패턴은 무엇인가? (b) 당신은 어떤 주장을 만들어 낼 것인가? (c) 당신의 주장을 어떻게 주장할 것인가?

비교를 위해 '분실된 노트'는 3가지 자료 세트(하나는 순수한 학생의 자료이고, 나머지 두 개는 제작된 것이다)로 만들었으며, 자료 쌍(pair)의 수와 학생들의 활동지 색을 다르게 하였다. [그림 3.5]는 3가지 자료 세트를 나타낸다. 이 문제를 선택한 이유는 3가지이다. 첫째, 야외 조사에서 학생이 경험한 것과 상당이 일치한다. 둘째, 3가지 다른 자료의 문제는 연구 경험이 많은 사람(예를 들면, 대학원생)에게도 애매모호하다. 이러한 애매

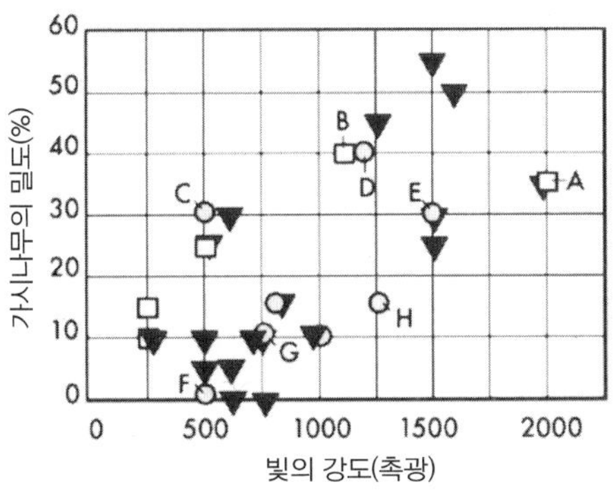

□ $r = .80, p = .11$;
A를 극단값으로 처리하면: $r = .97, p < .05$;
B를 극단값으로 처리하면: $r = .89, p < .11$;
다항식 최적값: $r^2 = .99, p < .05$;
○ $r = .80, p = .11$;
C를 극단값으로 처리하면: $r = .46, p < .25$
▼ $r = .70, p < .001$

그림 3.5. 3가지 자료 세트를 찍은 그래프와 회귀 분석 결과. 자료가 흩어져 있어서 단일한 해석이 어렵고 학생들 사이에 활발한 토의를 이끌어 낸다.

모호한 특성은 많은 논쟁을 야기하고, **비판적** 도해력을 드러내는 기회를 제공한다. [그림 3.5]에서 나타낸 것처럼, 이런저런 데이터 점을 극단값으로 처리하면 선형 회귀선의 통계적 적절성이 높아진다. 사각형으로 표시된 자료 세트는 'A' 지점을 극단값으로 처리하거나 2차 다항식을 쓰면 회귀식이 잘 들어맞는다. 8개 데이터 점으로 구성된 두 번째 자료 세트(원으로 표시된)는 'C'점을 극단값으로 처리하면 무의미한 것에서 유의미한 것으로 바뀐다. 검은색 삼각형으로 표시된 자료 세트는 초보자의 경우 너무 넓게 분포하고 있어서 관련성이 없다고 생각할 수도 있는 흥미 있는 자료이다. 셋째, 교육적 관점에서 볼 때 문제의 자료 세트가 현재 활동하고 있는 자연과학자나 사회과학자가 연구에서 접하는 자료들과 유사하다는 점에서 흥미롭다. 이처럼 문제는 학생들이 전통적으로 학교에서 다루었던 것들, 명확한 관계를 보여 주는 자료를 주거나 만들어 내야 하는 그런 활동과는 매우 다르다.

학생들이 야외 활동에서는 문제를 쉽게 조직하고 지적인 도해력을 발휘하였지만, '분실된 노트'와 같은 단어 문제에 접했을 때에는 다르게 반응하였다. 학생들은 "생태 구역의 위치를 모르면 문제를 해결할 수 없다."라고 느끼는 경우가 많았다. 다른 때였다면 학생들은 야외로 나가 자료를 수집하고 측정한 것을 다양한 방식으로 설득력 있게 표현하기 위해 변형했겠지만, 문제를 처음 받았을 때 학생들은 당황한 듯 보였다. 교사가 충분한 정보를 제공하지 않았다는 공통된 생각을 하는 것 같았다. 예를 들면, 학생들은 그 자료가 연못, 호수, 핵 발전소 근처 등에서 수집되었을 경우에는 자료 자체와 해석이 다를 것이라고 제안하기도 했다. 몇몇 학생들은 조사 지역의 크기, 방향(남북 또는 동서), 토양의 수분량이 어떠한지 등에 대해 질문했다. 국지적으로 낮은 토양 수분은 식물 성장을 이해하는 데 영향을 미칠 수 있다. 학생들은 또한 교사에게 생태 구역 안이나 주위에 큰 나무들이 있는지, 위로 하늘이 얼마나 열려 있는지 등의 질문을 했다. 캐시는 "주위의 나무는 측광의 크기에 영향을 주고 빛을 가리며 가시나무 성장에 영향을 미쳤을 수 있다."라고 지적했다. 다른 학생들도 자신이 노트를 찾았다면 조사 지역으로 되돌아가 전 구역을 조사하거나 정해진 구역을 조사하여 얼마나 많은 나무가 있고 다른 나무가 구역을 얼마나 가리고 있는지 알아볼 것이라고 생각했다.

문제를 이해하기 위해 학생들은 '또 다른 요인'을 찾거나 '직선이 북쪽을 가리킨다고 가정'하거나 '같은 날짜에 수집된 자료라는 가정'을 세우기를 원했다. 일부는 문제에 있는 지도에 태양을 그려 넣고, 그것을 지역의 방향과 일조량을 가늠하는 요인으로 해석하기도 했다(그림 3.7 아래 참조). 일부 학생들은 문제 진술 그 자체에 오류가 있다고 말하기도 했다. 어떤 학생은 노트를 발견했을 때, "패턴이 무엇인지 알고 싶지 않다."라고 말하기도 했다.

'분실된 노트'는 야외 조사 동안 학생들이 습득한 도해력을 생태적으로 타당하게 측정하기 위해 계획된 것이지만, 학생들의 반응은 이러한 가정에 문제가 있음을 말해 주었다. 과제가 자신들의 야외 조사 연구와 유사하다고 느끼기보다, 학생들은 야외 조사에서 얻을 수 있었던 정보에 접근하는 것이 막혔다는 생각을 했다. 이러한 정보는 학생들이 자료에서 그럴듯한 패턴을 찾고 다양한 시각자료로 구성하는 데 필요한 것이었다. 학생들의 질문에도 불구하고, 우리는 학생들에게 그대로 과제를 해결해 보도록 하였다.

문제를 푼 19개 집단 가운데 11개 집단에서는 언어적 표상의 일부로서 몇 가지 형식의 수학적 시각자료를 사용한 반면, 8개 집단에서는 언어적 표상만 사용하였다. 수학적 시각자료에는 7개의 그래프가 있는데, 여기에는 순서대로 값을 나열한 표 두 개와 사분 상관관계와 유사한 대답 두 개, 세 가지 유형의 지도가 있었다(한 집단이 3개의 시각자료를 만들었다). 10개 집단은 식물의 밀도에 영향을 미칠 수 있는 빛의 강도 이외의 변인에 대해 분명히 논의했지만, 자료에서 명백한 패턴을 도출하지 못했다. 7개 집단은 측정이나 기록의 오류를 말하며 패턴의 '불규칙성'을 설명하였다.

이러한 결과는 최근에 중학교 과학 예비 교사 5년 양성 과정의 방법론 수업에서 얻은 결과와 비교하면 특히 흥미롭다. 과학이나 수학 학사 학위를 가진 17명 중에서 단지 1명만이 그래프를 제안하였고, 나머지 16명은 그 어떤 수학적 변형도 하지 않거나 명확한 패턴이 없다고 말했다. 이들 예비 교사들은 '분실된 노트'가 중학생은 물론 고등학생에게도 너무 어려운 과제라는 데 동의했다. 우리는 다른 예비 교사 집단에게 이 문제를 해결하도록 요구했다. 이들 중 14명은 과학(생물, 화학, 물리) 분야 학사이고, 4명은 석사이며, 1명은 박사이다. 단지 4명의 예비 교사가 수학적 시각자료를 포함하는 해답을 제시하였고, 나머지 예비 교사들은 시각자료를 만들지 않았고 패턴도 발견하지 못했다.

이러한 내용은 특정한 시각자료를 활용해 본 선행 경험이 똑같은 시각자료를 사용한 과제를 수행하는 데 충분조건이 되지 못함을 보여 준다. 8학년의 17개 집단에서는 집단별로 최소 1명은 그래프 활용의 경험이 있었다. 그렇지만 7개 집단에서만 그래프를 만들었다. 마찬가지로 표도 19개 집단에서 최소 1명이 표를 사용해 본 경험이 있었지만, 두 개 집단만이 자료를 순서대로 나열한 표를 시각자료로 사용하였다. 자료를 비교하기 위해 평균값을 구하는 것은 지금까지 수업에서 사용되지 않은 것인데 두 집단에서 자발적으로 '고안'되었다. 마찬가지로 지도의 활용도 한 집단에서 고안했고 다른 두 집단에서 따라했다.

수학 성취도(수학 성적)는 학생들의 시각자료 선택을 예측하였다. 성취도가 높은 집단에서는 자료를 그래프, 순서를 가진 표, 지도 등으로 쉽게 변형했다. 성취도가 낮은 집단에서는 지도를 조사한 것에만 근거하여 답을 도출했다. 야외 조사 학습 동안에 수학 성취도가 시각자료의 선택을 예측하지 못하였다는 우리의 초기 결과와 비교하면 이러한 결과는 이 과제가 우리들의 맥락화 노력에도 불구하고 전통적인 수학 교과서 문제와 비슷하다는 점을 일부 말해 준다. 학생들의 과제 해결 과정과 결과에 대해서는 다음 장에서 다루도록 한다. 학생들에게 제시한 이 문제는 주어진 시각자료(지도와 자료 측정치 쌍)와 관련된 지적 능력을 나타낼 기회 그 이상을 제공했다. 이 문제는 시각자료를 만들 기회를 제공했고, 그렇게 해서 **해석적** 도해력에 생산적 도해력을 사용할 기회를 추가로 제공했다. 우리는 한 가지 이상의 시각자료를 변형하여 활용하고, 이야기 문제에 주어진 정보를 순서대로 나열하여 도출한 해답에 대하여 먼저 논의한다. 그다음 절에서 시각자료를 활용하지 않은 해답을 다룬다.

3. 생산적 도해력

[그림 3.6]은 그래프로 해결한 7개의 사례 중 하나이다. 학생 두 명이 서로 다른 두 가지 최적 '패턴'을 제안했다. 함께 제출한 텍스트는 다음과 같다.

> 주어진 자료에는 패턴이 있다. 빛이 많을수록 식물의 피복도(%)는 증가하는데, 예외적으로 한 곳은 반대 경향을 보여 준다. 우리는 하나의 패턴을 찾아냈다. 이 패턴이 극단값을 지나게 하면 다른 점이 극단값이 된다. (그래프에서 증명되듯) 모든 자료에서 빛이 많은 곳일수록 식물의 피복도(%)는 높아진다. 이것은 태양으로 인해 수분이 증발하면 식물이 죽어버리기 때문일 수 있다. 만약에 일조량이 증가하고 수분도 증가한다면 식물의 수는 증가하게 될 것이다. 그래프에는 빛의 최적량이 표시되어

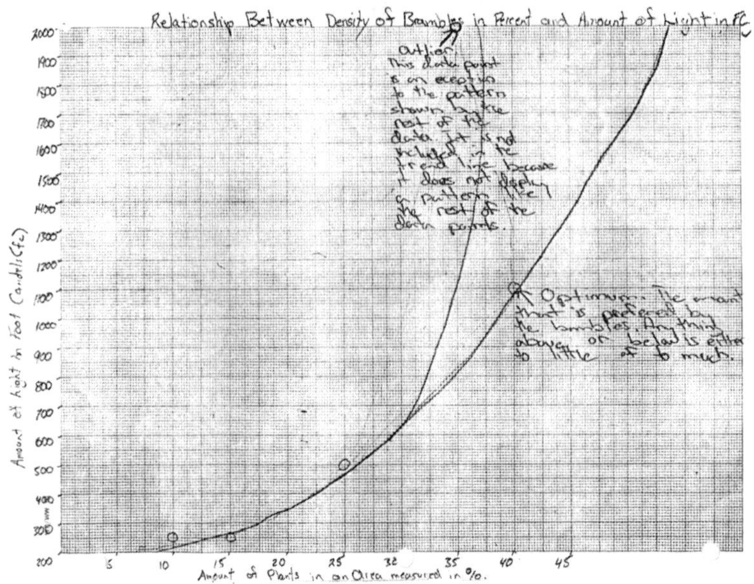

그림 3.6. 분실된 야외 노트 문제에 한 집단의 학생이 낸 해석. 두 가지의 가능한 최적선(경향선)을 논의하였고 그것의 물리적인 의미도 논의하였다.

있다.

그들은 종속 변인인 식물의 밀도를 x축에 놓고(과학자들이 사용하는 관습과는 일치하지 않는다) 두 가지 다른 해답을 말하고 있다. 학생들은 극단값을 한 점으로 분명히 표시하였다. 다른 점이 극단값이 되면 패턴이 변한다는 것도 인지하였다. 이러한 해답은 우리가 지금까지 수학에서 경험한 것과는 다른 양상을 나타내는 것이다. 학생들은 패턴과 환경에서 발생 가능한 특징을 관련지으면서 그래프를 이해했다. 예를 들면, 학생들은 가장 오른쪽에 있는 점을 최대 밀도라고 해석하였다. 학생들은 빛의 강도가 더 증가하면 수분 증발이 너무 활발해져 식물이 죽게 된다고 제안했다.

학생들이 그래프를 설득력 있는 시각자료로 사용한 이야기에는 다음의 내용이 포함된다. (a) "우리는 단지 그래프를 통해서만 패턴을 발견했다" (b) "무엇인가를 발견하고자 할 때, 그래프를 그리면 좀 더 쉬워질 것이다. 경향을 나타내는 선이 있으면 패턴을 찾기 쉽다" (c) "누가 '너는 이것을 어떻게 증명하려고 하는가?'라고 말한다면 나는 바로 그래프를 생각한다" (d) "나는 그래프가 우리에게 좀 더 나은 아이디어를 준다고 그를 설득하기 시작했다" (e) "그래프가 좀 더 좋아 보이고 패턴을 찾는 데 도움을 준다" (f) "사진은 수천 마디의 말을 한다". 이러한 진술들은 학생들이 중요하게 여겼던 그래프의 두 가지 특성을 말해 준다. 첫째, 그래프는 학생들이 관계를 인식하거나 좀 더 쉽게 관계를 세울 수 있도록 해 주는 하나의(어떤 이에게는 유일한) 실행 과정이다. 여기서는 학생들이 지도나 표에 나타나 있는 원자료를 이해하는 것보다 그래프를 인식하는 것이 훨씬 더 쉽다고 인정했다. 그래프는 한 번 보고도 읽을 수 있지만, 다른 표상들은 나름대로 계산하며 읽어야 한다. 두 번째 특성은 제이미가 인정했던 "사진은 수천 마디의 말을 한다."와 같이 시각자료가 가지고 있는 수사학적 힘과 관계된다. 여기서 우리는 교사가 '설득력 있는' 증거와 표상의 사용을 강조하여 나온 결과를 알 수 있으며, 이 점은 사회학에서 보고된 최근의 과학 지식에 대한 연구와 연결되기도 한다.

패턴을 찾으려는 시도에서 생산적인 시각자료를 활용함으로써 학생들은 물리적인 상황을 문제에서 제거하였다. 지금까지 학생들의 관심은 수학에서 일상적으로 하던 것에 있었다. 여기서 해야 했던 것은 수행할 변형의 특성과 경향선이 가지는 물리적 특성을 아는 것이다. 경향선에 대해 토의하면서 학생들은 자신들이 그린 경향선이 나타내고 있는 자연적 상황에 대해서 이야기하기 시작했다. 여기서 학생들은 형식(form)에서 물질(matter)로 이동하려 한 것이다. 다음의 인용문에서 두 학생이 빛의 강도와 가시나무 간의 관계를 설명하기 위해 두 가지 가능한 최적 그래프를 생각하는 것을 볼 수 있다. 이 에피소드는 그래프(그림 3.6)를 놓고 이야기한 것이다.

01 파브리시오: 빛이 많은 것을 봐, 여기는 많은 빛이 있을 거야.

02 제임스: 그리고 물도.

03 파브리시오: 어느 곳이든 같은 양의 물이 있는데 빛이 증가하면 많은 물이 증발할 거야.

04 제임스: 그럼 토양은 말라 버리고.

05 파브리시오: 그리고 식물이 점점 더 빛을 많이 받게 되지만, 토양도 그렇게 될 거야. 그래서 나는 이것을 최적의 빛이라고 말하려고 해. 그리고 빛이 점점 더 많아지면 식물들은 좀 더 자라기도 하고 자라지 못하기도 해. 빛은 식물을 해치게 될 거야. 빛을 점점 더 많이 받으면, 너무 많은 빛이, 식물이 성장할 수 없을 정도로. 그래서 그것은 그렇게 될 거야.

위의 인용문에서 파브리시오와 제임스는 최대치를 가진 최적 곡선의 타당성을 생각하려고 했다. 교사는 그들에게 그래프가 평평하게 되는 이유를 물었다. 학생들은 빛의 강도와 식물의 밀도 사이에 정적인 관계를 설정하였다. 위의 전사본은 학생들이 이 정적인 관계가 높은 강도에서는 유지되지 못하고 두 개의 최적 곡선 중의 하나에서는 실제로 감소하고 있는 이유를 자신들의 용어로 설명하려고 하는 부분에서 발췌한 것이다. 파브리시오는 센 빛을 말했고, 제임스는 매개 변인으로 물을 추가했다(02 참조). 파브리시오는 이 생각을 받아 빛의 강도와 토양의 수분 증발 간 관계를 제안했다(03 참조). 이것은 제임스가 지적한 것처럼 토양을 건조하게 할 것이다(04 참조). 파브리시오는 이것이 식물을 해칠 것이고, 빛의 양이 최적의 상태를 넘어서게 될 경우 식물의 밀도에는 더 이상 유익하지 않을 것이라는 결론을 내렸다(05 참조).

이 인용문의 파브리시오와 제임스는 그래프 자료를 수집한 환경을 공동으로 구성해 나간 점에서 다른 집단을 대표할 만하다. 무엇보다도 파브리시오는 빛의 증가를 제임스가 말한 물과 유기적으로 관련지었다. 파브리시오는 두 가지 요인을 결합시켜 빛의 증가가 토양 수분의 증발을 촉진한다는 가설을 설정하였다. 제임스는 이것을 토양의 상태를 나타내는 용어(건조한 흙)로 바꿔 말했다. 그리고 파브리시오는 식물은 더 많은 빛을 받게 되지만, '식물도 그렇게' 수분을 잃게 된다는 결론을 도출한다. 파브리시오는 '물'이라는 말을 분명히하지 않았지만, '최적의 빛'보다 더 많은 빛이 실제로 식물을 해친다고 말한 것은 다른 요인을 고려하지 않았기 때문에 물에 대해 이야기한 것으로 생각할 수 있다. 여기서 온도 변화에 따른 토양 수분의 변화에 대한 두 학생의 선행 경험은 이 학생들이 시각자료를 생태 구역에서 일어날 수 있는 현상으로서 좀 더 물질적인 특성을 가진 것으로 만드는 데 도움을 주었다. 파브리시오와 제임스가 그래프에서 상승과 하강에 대해 이야기하면서 그래프의 모양이 의미를 가지게 되었다. 그래프가 상승하는 부분은 토양 온도와 수분에 대한 야외 조사 경험으로부터 두 학생을 그래프로 이끌었고, 이것과 반대되는 하강 부분은 형식적 특성을 가진 시각자료(그래프)로부터 실제의 실생활 경험으로 두 학생을 이끌었다.

두 집단의 학생들이 서로 의미를 비교했다. 이러한 토론 중 하나는 다음과 같다.

> 우리는 가시나무가 빛이 많은 곳에서 잘 자란다고 주장한다. 가시나무가 받은 빛의 평균 촉광으로 우리의 주장을 증명할 수 있다. 왼쪽의 평균(그의 종이에서 1139번을 가리킴)은 오른쪽(790번을 가리킴)보다 더 크다. 왼쪽에 빛이 더 많다는 것과(28번을 가리킴), 가시나무가 오른쪽(13번을 가리킴)보다 조밀하게 자란다는 것도 알 수 있다. 따라서 빛을 더 받는 곳에서 가시나무가 더 조밀하게 자라는 것은 분명하다. 그렇지만 이것이 모든 경우에 그런 것은 아니다. 오른쪽 아래에서 보는 바와 같이 들어오는 빛의 양이 매우 많은 구역에서는 가시나무의 밀도 수치가 높지 않다.

여기서 학생들은 식물의 밀도가 높고 낮음에 따라 구역들을 구분했다. 그리고 높은 곳과 낮은 곳에서 빛의 강도와 식물의 밀도 평균을 계산했다. 이어서 학생들은 이렇게 인위적으로 둘로 나눈 것을 비교하였고 그들 간에는 정적인 상관관계가 있다고 결론 내렸다. 마지막으로 학생들은 개별적인 사례에서는 자신들이 일반화한 것과 다를 수 있다고 말하며 자신들의 주장을 완화하였다. 다른 집단도 이와 비슷하게 주장했는데, 이들은 모든 자료를 낮은 강도(1000촉광 미만)와 높은 강도(1000촉광 이상)로 나누었다. 학생들은 빛의 강도가 높은 구역에서 식물 밀도가 평균적으로 더 높은 것에 주목했다. 다른 한 집단은 빛의 강도와 식물의 밀도를 모두 평균한 후 더 이상 비교하지 않았다. 등간 자료를 두 개 또는 그 이상으로 묶는 과정은 많은 사회과학자들이 흔히 하지 않는 방식이다. 이들 중 두 집단에서는 독립 변인과 종속 변인을 임의로 둘로 나눠 상관을 보는 양분 자료 상관 방법을 만들어 냈다. 교사는 학생들이 자발적으로 이와 같은 답을 만들고 정교화한 것에 놀랐다.

두 집단은 자료를 순서대로 표에 기록했다. 5개의 수치 자료를 가진 집단에서는 위에서 기술한 그래프를 그린 집단들과 같은 결론에 도달했다. 식물은 빛의 강도가 중간 정도인 900~1300촉광 정도를 좋아한다. 두 번째 집단은 8개의 수치 자료를 가지고 있었는데 식물 밀도는 강한 빛의 강도(1000촉광 이상)와 관련되는 것 같다고 제안했다. 학생들은 "빛의 정도가 500~800촉광일 때에도 가시나무의 분포 비율이 어느 정도 높게 나타나는데, 그것은 500~800촉광이 적절한 빛의 양이기 때문이다."라는 결론을 도출했다. 이 두 가지 경우에서 학생들은 자신들이 수행한 활동을 "나는 단지 자료들을 가장 작은 것에서 가장 큰 것까지 순서대로 정리했고, 패턴을 찾아보려고 노력했다." 그리고 "어떤 패턴이 있는지 보기 위해 정보를 도표로 그렸다."라고 설명했다.

세 집단은 빛과 식물 밀도의 크기에 따라 지도에 빗금을 그었다(예를 들면, 그림 3.7). 최소 요구치 이상의 밀도 혹은 강도를 나타내는 곳은 모두 한 가지 종류의 빗금으로 표시했다. 그 이하의 지역은 다른 종류의 빗금으로 표시했다. 말하자면 이 두 집단은 앞에서 설명한 평균 과정을 활용하여 분류한 것이다. 하지만 빗금을 표시하는 것을 통해 학생들은 평균을 내는 것보다 더 많은 정보를 이끌어 낼 수 있었다. 빛의 강도와 식

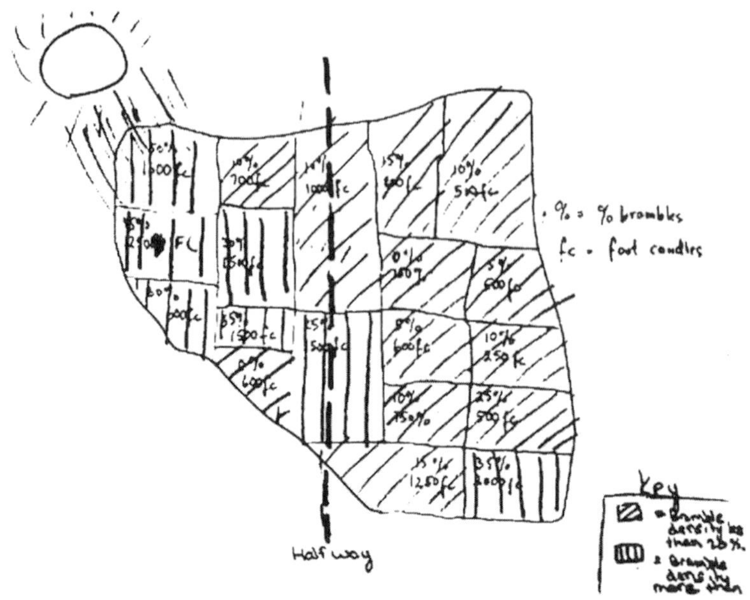

그림 3.7. 패턴 지도의 예. 학생들은 이것을 사용해서 자료와 지역 분포를 연결 짓고, 나타나는 경향을 토의했다.

물의 밀도 간 관련성에 대한 결론을 도출한 다음, 학생들은 (지도에 나타난 빗금의 패턴에 근거하여) 태양의 방향과 나무 그림자와 같이 야외 조사 구역에 영향을 미칠 수 있는 다른 요인에 대한 가설을 세웠다.

> 빛이 많은 곳에는 가시나무가 많이 있다—일부 예외적인 경우가 있다. 생태 구역의 오른쪽 절반은 햇빛이 부족하다—아마도 그림자가 원인일 수 있다—그곳은 빛의 양이 적어서 가시나무의 비율이 낮다. 그곳에는 나무나 그 외의 무엇인가가 빛을 가리고 있을 것이다.

4. 해석적 도해력

시각자료 없이 언어적 표상에 근거하여 질문에 대답한 집단의 학생들은 자료가 하나의 패턴으로 표현될 수 있는지 혹은 없는지에 대한 의견을 이끌어 내기 어렵다는 것을 알았다. 4개 집단은 빗금을 친 지도나 그 밖의 시각적 보조 자료 없이 빛의 강도나 식물 밀도가 높고 낮은 것이 조사 구역에 공간적으로 어떻게 배열되어 있는가를 살펴서 자신들이 관찰한 패턴을 설명했다. 이 설명에서 학생들은 "태양은 남동쪽에서 대각선으로 비추고, 따라서 평균 조도는 태양이 비치는 곳에서 가장 높을 것이다", "에코존의 가장자리에서 가시나무의 피복률이 높다" 혹은 "서쪽은 가시나무가 더 많지만 촉광은 그렇게 높지 않다"와 같은 것들을 제시했다. 이러한 언어적 표상의 의도는 패턴 지도를 활용했던 학생들의 경우와 비슷하지만, 그 절차의 일반화 정도는 낮다. 지도는 전체적으로 시각적 패턴을 보여 주지만, 언어적 표상은 시각적 이미지만큼 전체적인 모습을 말해 주지 못한다.

그래프, 평균 절차, 표, 패턴 지도 등을 활용한 집단은 모두 빛의 강도와 식물 밀도 사이의 정적 관계를 제안했다. 이들 집단은 자신들의 시각자료가 가지고 있는 의미를 정교하게 제시하는 데 발표의 초점을 두었다. 다른 집단들은 자신들의 주장을 언어적으로 개진하였다. 이들 중에서 4개 집단은 관련성이 없다는 결론을 도출했지만, 다른 집단들은 관련이 있는 것으로 보았다. 다음의 두 가지 인용문은 두 가지 유형의 대답을 예시한다.

빛의 양이 많아지면, 밀도는 더 높아진다. 빛의 양이 많아지면 빛이 비추는 구역이 더 넓어지게 되고, 빛의 양이 적어지면 비추는 구역도 좁아진다. 식물은 빛을 좋아하고, 빛의 양이 많은 곳은 식물의 밀도가 더 높다. 빛을 덜 받는 구역은 다른 식물이 더 많고 가시나무는 더 적은데, 1구역의 경우 가시나무는 15%이고 다른 식물이 85%이다. 빛이 증가함에 따라 가시나무의 밀도도 증가한다. 빛의 양이 너무 많은 3구역에서는 가시나무의 밀도가 감소한다.

지도를 보고 난 다음에, 뚜렷한 패턴이 나타나지 않는다는 것을 알게 되었다. 예외를 많이 두면 패턴을 만들 수 있다. 예를 들면, 1구역(지도에서)은 750촉광이지만 가시나무는 단지 10%이다. 그리고 2구역은 500촉광이고 가시나무는 30%가 분포한다.

첫 번째 학생들은 데이터 점들이 분산되어 있는 것을 설명하지 않았다. 그보다는 정적인 상관관계가 높은 값에서 달라진다는 것을 지적했다. 두 학생은 지도를 다시 그린 다음에 자신들이 보게 된 방식대로 식물의 비율과 추가 정보를 지도에 적어 넣기까지 했다(그림 3.8). 두 변인 사이의 정적 관계를 제안한 많은 집단들은 자료가 다른 변인이나 측정상의 오류 때문에 분산된 것이라고 제안했다. 두 번째 집단은 두 변인 사이의 관련성을 거부하는 증거가 많다는 것을 알았다.

다음 에피소드는 숀과 리사가 결론을 내리기 위해 추론한 것을 보여준다. 야외 조사 프로젝트에서 숀은 비슷한 실험을 했지만 두 개의 평균 높이(1.5~2, 3~4인치)와 빛의 두 개 수준(200촉광 이상/이하)을 관련지었을

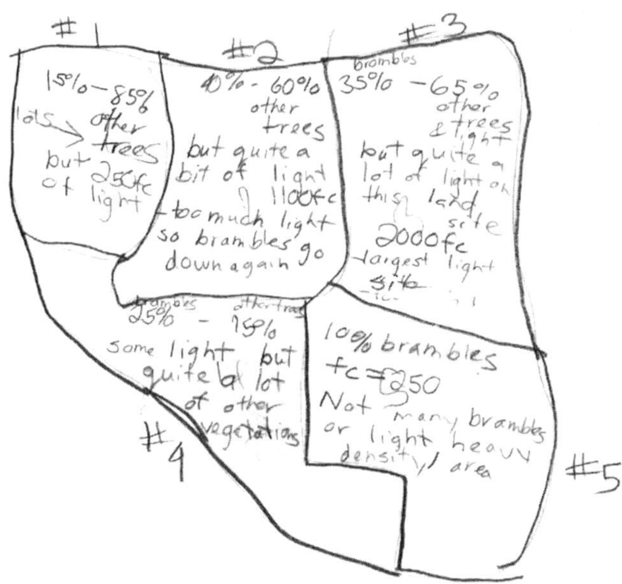

그림 3.8. 추가적 언어 정보를 적어 넣은 지도의 예. 학생들은 이 지도를 이용하여 언어-지역적 용어로 자료를 변형하였다.

뿐이었다. 현재 상황에서 숀과 리사는 대부분의 학생처럼 수업을 처음 시작할 때와 같은 상태를 느꼈다. 정보를 수학적 시각자료로 요약하지 않아서 결론을 도출하여 과제를 해결하는 데 문제가 있었다(숀과 리사는 자료 지도를 보며 이렇게 토의했다. 참고용으로 데이터 점 'C', 'D', 'E', 'F'를 그림 3.4와 3.5에 적었다).

01 숀: 그래서 패턴은 빛의 양이 많으면 가시나무의 양이 많다는 것, 단 한 가지 예외(그림 3.5의 C를 가리키면서)가 있어. 거기는 ⋯.

02 리사: 아니, 아니, 여기가 예외야(F를 가리키면서).

03 숀: 예외는 여기야(C를 가리키면서), 양이 더 많으면, 가시나무의 양이 더 많

아지면, 촉광의 크기도 크기 때문이야.

04 리사: 그래, 좋아. 그런데 여기는 어떻게 하지(D를 가리키면서)? 여기는 30%이고 여기는 1500인데(E를 가리키면서), 그리고 ….

05 숀: 하지만 여전히, 여기는 여전히 많아.

우리가 예상했던 바와 같이, 명백한 결정을 내릴 수 있도록 깔끔하게 정렬되지 않은 자료는 많은 토론을 유발했다. 여기서 숀은 빛의 양과 가시나무의 밀도 사이에 관계가 있고 C점은 극단값이라고 말했다. 리사는 (모든 교과에서 성취도가 높은 학생) 관계가 없으며 F점이 극단값이라고 생각했다(02 참조). 리사는 D점 아래에 있는 E점(그림 3.1)을 가리킴으로써 자신의 주장을 지지했다(04 참조). 숀은 머뭇거렸지만 리사의 주장을 완전히 믿지는 않았다. 그러나 이후 결국 숀은 리사의 주장을 받아들였고 "패턴이 없다"라는 대답을 만들게 된다. 우리는 이들의 토의가 지도를 가지고 한 것이었으며, 그래프를 가지고 한 것이 아니라는 점을 기억해야 한다. 이 학생들은 한 명이 제안한 패턴이 모든 자료에 들어맞지 않는다는 것을 이야기하는 증거로 개별적인 데이터 점들을 사용하였다.

8학년 학생들은 수학적 형식주의에 의존하지 않고 이야기 문제에 꾸며진 상황적 맥락 안에서 직접적으로 추론했다. 여기서 학생들은 하나의 관계를 제안한 후, 제안된 패턴에 따르지 않는 특정한 사례를 다루었다. 여러 문제의 맥락과 구조가 조금씩 달랐지만 학생들의 추론이 모두 동일한 생성 및 점검의 접근법(generate-and-test approach)에 기반하고 있다는 점은 같다. 관계가 있다고 답한 학생들은 규칙에 어긋나는 예외가 있다는 점을 가지고 일반적으로 추론했다.

위에서 제시한 숀과 리사의 상호 작용이 특히 흥미로운 이유는, 이 학생들이 패턴을 발견하기 위해 그래프를 그렸던 다른 두 집단의 근처에 있었다는 점이다. 처음에 숀은 그래프에 점을 찍는 것을 마친 파브리시오를 보며 배웠다.

01 파브리시오: (스스로에게) 여기서 오른쪽 위의 하나를 제외하면 패턴이 있어. (숀에게 설명하면서) 알겠지, 그것은 이렇게 돼. 그리고 이것은, 이것은 극단값이라고 해, 극단값, 맞지?

02 숀: 우리 것은 조금 다르긴 하지만….

파브리시오는 패턴에 관해서 무엇인가를 중얼거렸다. 그리고 그는 숀에게 손가락으로 최적 선 모양을 따라 그리면서 자신의 자료를 설명했고, A점(그림 3.5)을 하나의 극단값으로 정의했다. 숀이 거부 반응을 보인 것은 그래프를 사용한 것에 대한 반대와 자신과는 다른 자료 세트를 가지고 파브리시오가 최적 선을 만든 것에 대한 반대 두 가지에 관련된다(02번 대화). 그다음 대화에서 파브리시오는 숀에게 자신이 발견한 것에 대한 지지를 요청했다(너는 너의 주장을 어떻게 지지할 거야?, 너는 그것이 맞다는 것을 어떻게 알아?). 파브리시오의 집단과 숀의 집단은 그래프를 활용했는데 그 이유는 이후의 인터뷰에서 드러났다. 그 이유는 그들이 (a) 시각 자료로 가장 설득력 있는 진술을 할 수 있다고 느꼈으며(파브리시오는 값을 순서대로 나열한 표도 생각했었다), (b) 극단값을 좀 더 쉽게 확인할 수 있다고 생각했기 때문이다. 이러한 두 번의 상호 작용에도 불구하고 숀은 그래프의 활용을 거부했다. 숀은 짝인 리사의 의견에 따라 관계가 있다는 생각을 포기했다. 이들은 숀이 제시했던 상관관계와 모순이 되는 두 가지 세트의 자료 항목(C와 G, D와 H)을 사용하여 이야기를 나누었다.

이 상황에서 숀은 **비판적** 도해력을 드러냈다. 숀은 과제가 파브리시오의 것과 비슷한 것 같았지만, 파브리시오의 해결 과정을 그대로 모사하려는 생각은 없었다. 그의 지도에 표시된 점의 수가 달라서 다른 접근 방법이 필요했던 것이다. 파브리시오 역시 자신의 표상에 대한 친구의 주장에 "너는 그것이 진실이라는 것을 어떻게 알았지?"라고 질문할 때 **비판적** 도해력을 드러냈다. 다른 한편 숀의 많은 동료들은 그래프가 수사적 힘이 있다고 주장했다. 그들은 이미 과학자가(교실 수업을 담당한 교사 포함) 일반적으로 가지고 있는 믿음을 믿고 있었다. 일련의 시각자료(측정치를 기록한 지도, 목록, 표, 총합, 평균, 그래프, 방정식) 중에서 좀 더 보편적인 것이 지엽적인 것보다 더 설득력이 있다. 즉 이 학생들은 상당한 수준의 도해력을 나타냈던 것이다. 하지만 이러한 도해력이 이데올로기적 형태를 가지면, 학생들이 어떤 상황에는 대처할 수 있도록 해 주지만, 다양한 현상 표상에 대한 비판적 평가가 필요한 상황에는 대처하게 해 주지 못할 것이다. 숀과 다른 학생들은 야외 조사에서는 시각자료로 주장을 뒷받침할 수 있었지만, 이 상황(단어 문제)에서는 그렇게 하지 못했다. 그러나 이들은 다른 종류의 과학적인 실행(일반화에 맞지 않는 사례 찾기)을 공적으로 수행하기는 했다(어떤 이는 그 수행이 적절하지 않았다고 하겠지만).

관련성이 없다고 답한 학생들이 생각한 추론의 사례는 숀과의 인터뷰 내용에서 발췌한 다음의 인용문에서 볼 수 있다. 두 가지 근거(면담과 과제 제출물)는 학생들이 교실에서 자기 짝이나 다른 학생과 상호 작용한 것을 전사한 것과 일치한다. 전사한 기록은 학생이 '도표를 만들기 위해 조금은 노력했음'을 나타내지만, 이것은 우리가 그 학생에게서 받은 과제 제출물에는 없었다.

> 나는 기본적으로 더 많은 빛과 좀 더 많은 가시나무의 분포 비율 혹은 빛의 양이 좀 더 적은 경우를 관찰했다. 패턴이 모든 지점에 관련되어야 하는 것은 아니지 않는가? 나는 그것을 떨쳐 버렸다. 나는 패턴이 모든 지점과 관련되어야 한다고 생각했다. 모든 개별 사례는 어떻게든 관련되어야 한다. 패턴이 그런 것 아닌가? 패턴이 없다고 생각하는 이유는 이것 때문이다. 나는 그것을 도표로 만들기 위해 조금은 노력했고 패턴이 그들 모두와 연결되어야만 한다고 생각했는데 이것 하나는 벗어나 있기 때문에 패턴이 없다고 생각했다.

위의 인용문은 우주의 본성에 대한 많은 학생들의 신념을 보여 주고 있다. 대부분의 과학자와 마찬가지로, 학생들은 변인 사이의 관계는 이상적인 것이라고 가정했다. 과학자가 알고 있는 것을 일반인에게 전달하기 위해 사용하는 그래프는 일반적으로 매끈하고 연속적이며, 이 이상적인 그래프가 도출된 '실재 자료'에 대해서는 알려 주지 않는다. 사실상 이상적인 그래프는 자연적(사회적인 것과 구분되는) 현상의 기저에 깔려 있다고 여겨지는 수학적 구조를 암시하는 것이다. 패턴의 존재를 '반증한' 학생들은 두 개 혹은 세 개의 반례에 근거하여 그렇게 한 것이다. 자료에서 패턴이 있다고 주장한 학생들은 자신들이 가정하는 이상적인 관계를 매개할 수 있는 다른 가능한 요인을 제안했고 그것에 대해서 토의했다. 이런 요인에는 다른 변인, 무작위 표집 오류, 측정의 오류 등이 포함된다.

수학적 시각자료를 만든 학생들은 이유는 생각하지 않은 채 극단값이라는 말을 했다. 반면 언어적 표상을 만든 학생들은 자료 속에 숨어 있는 다른 변인들, 무작위 오류, 측정의 오류 등을 생각했다.

> 우리는 가시나무의 분포 비율에 영향을 줄 수 있는 또 다른 무생물 요인들을 가정할 수 있다. 생태 구역의 각 구역에서 나타나는 가시나무의 분포 비율과 빛을 평균했기 때문에 수집된 정보는 정확하지 않을 것이다.

다른 정보가 없었으므로 학생들은 자료에서 이상적 관계가 나타나지 않는 이유에 대해서 가능한 설명을 만들었다. 학생들은 다른 요인의 가능성과 측정 과정에 의문을 제기했다. 위의 인용문은 생태 구역에서 가시나무의 분포 비율과 빛을 결정하는 절차를 문제시했다. 다른 집단들은 그러한 체계상의 오류를 측정할 때 주변에 있던 나무의 그늘 혹은 측정 시간의 차이에 의한 빛의 측정 변화 등으로 생각했다. 앞에서 밝힌 바와 같이 학생들의 학습 환경은 학생들이 측정에 문제를 제기할 수 있는 많은 기회를 제공했다. 즉 측정의 정확한 위치 혹은 빈도, 표집한 식물이 전체 지역을 대표할 수 있는 특성이 있는지, '1m^2 구역에서 빛의 평균 강도'를 알기 위한 측정 횟수 등은 상황적인 것이었고, 협상되는 것이며, 자명한 근거를 가지지 못하는 것이다.

5. 도해력에서 맥락적 매개

이 장에서 학생들이 자연 현상에 대해 스스로 질문을 만들어 보는 환경에서 학습하는 것을 볼 수 있었다. 학생들은 자료를 수집하고 조직했으며, 자신들의 자료를 여러 가지 다양한 수학적 시각자료, 즉 그래프, 표, 패턴 지도, 평균 비교, 요약 통계, 다차원 분석 등의 수학적 시각자료를 활용하여 변형하였다. 자료 분석을 마친 후에는 질문의 중요성, 자료의 충실성, 다양한 시각자료로 변형한 것의 정당성, 결론의 적절성 등에 대해 설득력 있게 주장하는 보고서를 작성했다. 자신이 가진 지식의 정도나 설득력 있게 주장해야 하는 정도에 따라 학생들은 다양한 특성의 시각자료를 포함하는 다양한 도해력 수준을 보여 주었다.

이 장은 단어 문제에 포함된 시각자료를 다루었는데, 이것은 학생들이 생태학 단원에서 한 활동 중 작은 부분을 차지하는 것이다. 여기서 학생에게 준 과제는 자연 현상을 이해하는 것이라기보다는 시각자료의 의미를 이해하는 것이었다. 이러한 시각자료는 전통적인 이야기 문제의 일부였다. 그렇지만 문제의 본질은 학생들이 공유하고 있는 현장 경험을 설명하는 텍스트의 형식에 있었다. 텍스트와 함께 제시된 세 개의 자료 중 하나는 학생들이 만든 시각자료를 그대로 모방한 것이고, 다른 두 개는 그것을 약간 변형한 것이다.

처음에 학생들은 더 많은 정보를 찾았는데, 그것은 현재 환경을 자신들의 현장 작업과 유사하게 만들어서 좀 더 넓은 상황에서 의미를 파악하기 위해서였다. 학생들의 관점에서 보면 문제의 텍스트는 의미 구성을 제한하였다. 모든 학생들이 문제를 풀기 시작할 때 전제한 가정은 관계가 단순명료하다는 것이었다. 즉 (곡)선으로부터 벗어나는 것은 어떤 매개 변인에 기인하는 것이다. 모든 집단에서 그러한 관계는 찾을 수 없다는 것을 곧 알아차렸다. 이때부터 학생들은 더 많은 정보를 요구하기 시작했다. 정보에 대한 요구는 상당히 광범위해서 교사가 짜증이 날 정도였다. 교사에게 문제는 단순한 '숫자 게임', 즉 한두 가지 시각자료를 활용해서 자료 사이의 관계를 조사하고 묘사하는 것이었는데, 학생들은 자료를 수집한 상황에 관한 정보를 계속 묻는 것이었다. 환경으로부터 문제를 추출해 냄으로써 교사는 학생들이 현장 조사 활동에서는 가능했던 여러 가지 선택의 범위를 제한했다. 교사는 의미 있는 환경을 극히 제한적인 선택만이 가능한 퀴즈로 바꾸었다. 학생들의 현장 조사가 이루어진 자연 환경은 학생들이 다른 변인들을 확인해 볼 수 있게 해 주었으며, 특정한 환경에서 이루어지는 사회적이고 물리적인 상호 작용으로부터 발생되는 부수적인 작업으로서 측정 절차를 개발할 수도 있게 해 주었다. 현장 조사 맥락에서 학생들은 자신들이 제기한 질문을 다루는 데 필요한 자료를 얻을 수 있었으며, 이것은 학생들에게서 나타나는 도해력의 중심적인 측면이었다. 거기서 학생들이 수집한 자료는 학생들이 구조화하는 상황의 일부분이었다. '분실된 노트'에 수록된 시각자료는 학생들의 말처럼 '단지 낱말과 숫자'에 불과한 것이다. 학생들이 현장에서 탐구했던 의미 있는 경험이 학교의 전통적인 활동으로 변화된 것이었다. 이러한 결과는, 의도적으로 현실적인 것처럼 만든 단어 문제 맥락에서 학생들이 나타내는 도해력은 학교 밖의 맥락에서 나타내는 도해력과는 상당히 다르다는 이전 연구들과 일치한다. 단어 문제를 추상적인 것과 구체적인 것 사이의 연속선상 어딘가에 놓여 있는 것으로 생각하는 것은 너무 단순한 접근이다. 텍스트로 제공되는 단어 문제는 그것을 이해하기 위해 독자가 저자의 생각을 공유해야 한다는 문제를 가지고 있다. 이것은 독자가 아무 말 없이 모든 것을 이해해야 하는 것이다.

학생들은 처음에 문제 풀이에 어려움을 겪는데 교사가 계속 제시한 정보만을 사용해서 문제를 풀어보라고 하니, 그들은 문제에 있는 명백히 모순되는 정보들을 다루기 위해 현장 조사에서 얻은 경험을 자원으로 활용하였다. 학생들이 현재 과제(현장 조사가 아닌)의 맥락에서 나타내는 도해력(수학적 시각자료 혹은 언어적 표현)을 그들의 현재 수학 성취도로 예언할 수 있는 반면 야외 조사에서의 도해력은 수학 성취도로 예언할 수 없다는 사실은, 학생들이 이 과제에 접근한 방식이 전통적인 단어 문제 풀이 방식과 같다는 주장을 지지해 준다. 이것은 전이에 관한 전통적인 연구의 전제가 문제시될 수 있음을 시사한다. 이 상황에서 성취도가 높은 학생까지도 현장 조사에서 얻은 도해력을 단어 문제의 상황으로 쉽게 전이하지 못했다. 그런데 일단 학생들이 발표와 시각자료에 대해 토론을 시작했을 때에는 자료의 의미를 이해하기 위해 자신들의 현장 경험을 다양한 방식으로 활용했다. 즉 학생들은 특정 자료가 나오게 된 환경 상황을 상상하며 재구축하였다. 물론 현상을 불완전하게 나타낸 시각자료를 설명할 수 있는 환경의 개수는 매우 많다.

여기에 제시한 지도나 숫자(그림 3.4)와 관련된 학생들의 해석 활동은 이야기 문제를 푸는 동안 그들이 수행하는 도해력의 복잡한 성격을 모두 나타내지는 못한다. 이러한 생각은 우리가 8학년 학생들의 활동을 과학과나 수학과 대학생들의 반응과 비교해 보면 설득력을 갖는다. 8학년 학생들의 반응은 교실에서 일어나는 상호 작용의 출발점이 될 수 있고,

이것은 교실 전체로 보았을 때 도해력을 집단적인 문제로 만들어 주며 나아가 **비판적 도해력**으로 이끌어 준다. 학생들을 지도한 교사는 과학 교육 활동의 목적을 다르게 가지고 있고 수학과 과학 내용을 통합하는 것에 관심이 없었기 때문에 학급 토론을 더 이상 진행하지 않았다. 교사가 수업을 더 진행하여 집단적 시각자료 활동 경험이 되도록 하지는 못했지만, 수학과 과학을 동시에 가르치는 교육 과정 개발의 가능성은 인식했다.

'분실된 노트' 상황에서 학생들이 해석을 실행할 때 현장 조사 상황에서의 경험에 의존하였으며, 나타난 도해력 수준은 어느 정도의(정해져야 할) 맥락화 수준을 포함하고 있었다. 그러나 많은 과학 수업에서는 학생들이 그런 기회를 가지기 어렵다. 사실 단어 문제는 드러내기 위해서가 아니라 숨기기 위해서 쓰인다. 그것은 퍼즐과 유사하고 수업을 방해한다. 학생들이 '분실된 노트'의 이야기가 되는 실제 현장에서 경험을 했음에도, 그리고 자료의 성격이 그러함(학생이 만든 시각자료)에도, 학생들이 접한 문제는 현장 조사가 아니라 보통의 수학 시간에 경험한 것과 유사하게 나타났다. 따라서 전통적인 단어 맥락 문제의 사용에 문제를 제기할 수 있다. 학생들은 텍스트와 함께 주어진 맥락, 즉 con-text라고 할 때 텍스트에 의미를 주기 위해 **함께**(with) 제공되는 내용을 구성하기 어렵다. 감추어지는 것 이외에도 학생들이 단어 문제의 텍스트를 이해하기 어렵게 만드는 요인이 또 있다. (모든) 텍스트를 이해하기 위해서는 상식적 지식이 필요하며, 그것은 작가가 말하지 않고 함축적으로 남겨 두는 것이다. 현장 상황에서 학생들은 스스로 문제를 만들고 자신의 상식적 지식에 따라 문제에 답하였다. '분실된 노트'에 있는 시각자료는 **교사**

의 상식을 함축하며, 그것은 학생의 상식과는 다를 것이다. 그렇다면 학생은 다른 유형의 상식에 의존하며, 이 과제를 지금까지 학교에서 접해 본 문제처럼 바라보게 되는 것이다.

이러한 결과를 연구가 수행된 특정한 상황과 별개로 이해해서는 안 된다. 과거 연구자들은 개별 학생이 만들어 내는 시각자료의 유형과 그것이 정답과 얼마나 일치하는지에 초점을 두었다. 이 연구는 학생들이 시각자료를 수사학적 목적으로 구성하는 상황에서 이루어진 것이다. 즉 학생들은 정해진 과정, 시각자료, 해답을 찾기보다 자신이 할 일을 자유롭게 결정할 수 있었다. 우리가 분석한 도해력은 학생들이 해답을 만들어 낼 때 두 가지 의미에서 수사적인 전략을 사용한 것이라고 말할 수 있다. 첫째, 학생들은 자신이 이해한 내용과 과제 해결 방식을 같은 집단의 짝에게 설득해야 했다. 둘째, 집단별로 결론을 내리고 지지하는 증거를 찾아야 했다. 도해력의 수사적 측면에 대한 강조는 전사된 에피소드나 그래프 사용의 논리를 보면 분명히 드러난다. 이런 관점에서 볼 때 수업에 사용한 이야기 문제는 전혀 새로운 차원의 활동이 된다. 이전에 우리는 이런 문제가 (a) 학생들이 복잡한 정보를 해독하고 수학적 지식을 적용하는 기능을 사용하는 사례이며, (b) 현장 활동에서 학생들이 수학적인 실행을 하는 것을 생태적으로 타당하게 측정하는 것이라고 생각했다. 이제 우리는 이 문제를 다른 시각에서 본다.

우리의 연구에서 현장 활동과 이야기 문제는 서로 다른 **해석적** 그리고 **생산적** 도해력이 나타나게 하며, 현장 활동 상황은 이야기 문제 상황에 자료가 된다는 것을 보여 주었다. 그러나 두 상황은 유능한 도해력을 경험하고 관찰할 수 있는 기회를 제공해 주었다. 이런 측면에서 맥락의 의미가 달라진다면 두 경우 모두 가치 있는 상황이라고 생각할 수 있다. 단어 문제가 맥락적이라고 말할 때는 단어 문제의 도입 이야기에 기술된 맥락을 말하지 말고, 문제가 교실 수학이나 과학에서 다양하게 수행되는 활동 중 어떤 것을 하도록 할 때 그것이 교실 맥락이라고 해야 한다. 그럴 경우 단어 문제나 이야기 문제는 학생들이 이전 경험(역시 교실에서 제공된)에 의존하여 풀 수 있는 교육적 시도가 될 뿐 아니라, 풍부하고 유익한 토론이 일어날 수 있는 비옥한 토양이 된다. 여기서 도해력은 개인의 머릿속에 있는 어떤 것으로 다루어지지 않으며, 집단적 산출물을 도출해 내는 관찰 가능한 사회적 사건으로 다루어진다. 이러한 의미에서 단어 문제가 맥락적이다. 그러나 교사는 학생들이 사용한 다양한 형태의 도해력에 대해 전체 학급 토론을 하는 데 시간을 좀 더 사용하기를 바랐을 수 있다. 우리는 학습이 일어나게 하는 데는 학생의 자율과 상황이 핵심적인 중요성을 가진다고 믿는다. 이 부분 수업에서 성취와 자율성 인식이 서로 상관관계를 가지는 점은 이러한 직관을 지지해 준다. 이야기 문제 과제 상황은 현장 경험에 비하면 매우 제한적이기는 하지만, 여전히 학생들이 자율성을 발휘하도록 해 주었다. 학생들은 응답할 때 외부에서 주어진 기준에 맞추지 않고 답의 수사학적 힘에 기초하였다. 단어 문제 상황에서 시각자료를 사용하는 데 학생들의 현장 경험이 중요한 역할을 한다는 점에서, 우리는 그러한 현장 경험이나 실험실 경험을 더 늘리고 단어 문제를 적절하게 선택하여 사용할 것을 제안한다. 그렇게 하면 학생들이 참여하여 적절한 형태의 도해력을 드러낼 수 있는 활동에서 실생활 경험을 자료로 활용할 수 있을 것이다. 그렇다면 단어 문제는 맥락적인 것이 되는데, 그것은 과학의 합의된 문화에서 관찰 가능한 실행의 일부가 되기 때문이다.

6. 맥락 해체와 맥락의 재구축

우리의 연구에서 도해력은 한편으로 무한한 변형의 고리라고 이해할 수 있다(4장을 보라). 한쪽 방향의 변형은 지엽적이고 물질적인 성격을 가진다(예를 들면, 학생들이 토양 시료를 물에 부유시키거나 토양 채취기로 시료를 얻을 때). 다른 쪽 방향의 변형은 시각자료로 환원하여 범용성이 높아지는 특징을 가진다(예를 들면, 표의 자료를 그래프로 그려서 여러 점들을 하나의 경향선으로 환원할 때). 학생들은 생태 구역에 대해 이야기하기, 질문 만들기, 측정 장비 챙기기, 현장으로 가기, 결정 사항을 노트에 '휘갈겨' 적기 등의 활동을 돌아가며 했다. 그들은 이러한 활동을 정돈된 표나 그래프와 같은 설득적인 시각자료로 변형했다. 표나 그래프가 가지는 강점은 그것이 종이라는 이차원 공간을 (서로 다르게) 활용한다는 점에 있다. 표는 측정치 원자료에 좀 더 가까운 성격을 가진다. 표는 비연속적으로 각각의 측정치를 나타내며, 한두 개의 자료에 따라 배열되어 있다. 그다음 단계는 두 개의 측정치를 하나의 점에 동시에 표현하는 것이다. 여러 측정자료 수치 쌍들은 이제 하나의 '경향'으로 환원되어 선으로 표현된다(2장에서 그래프 분류한 것을 보라). 이러한 환원은 데이터 점의 비연속성이 선의 연속성으로 확장되는 것과 함께 이루어진다. 여기에서 연속성으로 확장되는 것은 우리가 일상생활에서 경험하거나 가정하는 연속성으로 한 발자국 더 나아가는 것이다. 표나 그래프에 의해 달성되는 또 다른 환원은 자료 수집에 걸린 많은 시간이 단축되어 한꺼번에 무엇인가를 볼 수 있게 해 준다는 것이다. 이러한 자료 수집과 통합의 과정에서 배경 정보는 점점 더 제거되고 관심 있는 현상이 전면에 나오게 된다. 이렇게 하여 학생들은 일련의 시각자료를 생성하며, 그것은 과학자 사회에서 좀 더 설득적이라고 여겨지는 것들이다. 그들은 실제로 수많은 현상적 탐구를 경험한 후에야 이러한 실행 과정을 수행할 수 있게 된다.

'분실된 야외 노트'의 의미를 해석할 때 학생들에게 자신의 경험에서부터 출발하지 말고 다른 사람이 관찰한 내용을 요약한 시각자료에서 출발하라고 요청하였다. 처음에는 학생들이 생태 구역의 물리적 상황에 대한 정보를 더 얻으려고 하였다. 주어진 정보만 가지고 과제를 해결하라고 했을 때 학생들은 '생태 구역 남서쪽 구석에 그늘을 만드는 나무' 등과 같은 내용을 만들어 냈다. 상황을 다시 기술하는 것은 학생들이 이전에 경험한 자연 환경에 대한 용어로 이루어졌고, 이렇게 하여 학생들은 경향선의 의미를 구성하여 이해할 수 있었다. 학생들은 그들이 만들어 낸 시각자료(그래프, 표, 지도)를 가능한 자연 환경의 용어로 해석하기도 하였다. 그래프는 가능성 있는 배경 정보로 치장되었고 그렇게 해서 그럴듯한 자연 환경이 재등장하였다. 즉 학생들이 현장에서 활동한 실행들은 단어 문제 맥락에서 수학적으로 실행하는 데 자료(아마도 정착지)가 되었을 것이다. 예를 들면, 토양의 온도와 식물의 양 사이의 관계에 대한 측정 조사가 있었다. 제임스와 파브리시오는 태양이 토양을 건조시키면 식물의 양이 줄어든다고 해석하였는데, 이것으로 이 조사 결과를 이해할 수 있다.

흥미롭게도 학생들이 자료 세트에서 관련성을 찾으려고 노력했던 것은 우리의 다른 연구와 대조된다. 자연과학자들은 어느 정도의 우연 오차를 가지고 있는 데이터 점들에 들어맞는 부드러운 곡선을 만들어 낸다. 이러한 적합화 과정에서 이 과학자들은 심적 이미지가 아닌 직관적인 이미지로 보이는 곡선을 만들어 냈고, 그렇게 하여 경험 속 대상(objects-in-experience)의 선험적인 본질을 표현하였다. 자료의 점을 찍고 최적 곡선을 그린 7개 학생 집단은 불완전한 자료에서 이상적인 관계를 유도하는 데 매우 유사한 실행을 수행하였다. 반면에 언어적 추리를 통해 부정적인 응답을 한 집단은 주어진 자료 자체는 이상적인 관계를 드러내지 않는다는 주장만 하였다. 대부분의 집단은 식물 밀도를 결정하는 다양한 변인의 존재를 가설로 세웠다. 분명 이 학생들은 매우 정교한 추론을 한 것이다. 과학 이데올로기의 용어로 말하면, 그들의 진술이 만약 시각자료를 사용했었더라면 더 많은 지지를 받았을 것이다.

텍스트(단어 문제)로부터 표, 그래프, 평균 비교, 방정식 등의 효과적인 시각자료로 이동하는 것은 상당히 복잡하다. 그러한 변형을 하기 위해서 여러 시각자료 자체는 다른 것으로 변형될 수 있는 대상으로 보아야 한다. 7장과 8장에서 그러한 변형에 포함된 작업을 다루었다. 여기서는 학생들이 일반적인 시각자료를 점점 더 많이 사용하기 시작한 것을 보여 주었고, 좀 더 설득적인 일반적 그래프를 만들어 낼 필요성이 교실 수업에서는 잘 나타나지 않는다는 것을 보여 주었다. 또한 학생들이 만들어 낸 시각자료는 구체적인 상황에서의 특정 현상을 가리킨다.

담화의 관점에서 보면 학생들의 활동은 텍스트를 만들어 내는 것으로 이해할 수 있다. 현장 조사를 하는 동안 학생들이 만든 텍스트는 비문자적 경험에 기초한 일차적 성질을 가지며, '분실된 노트' 과제에 답하며 만든 텍스트는 이차적 성질을 가진다. 해석학에서 이차적 텍스트는 일차적 텍스트의 의미를 정교화하며 맥락(con-text)이 된다. 첫 번째 유형의 텍스트를 만드는 것은 학생들이 좀 더 잘 이해할 수 있는데, 그것은 학생들이 자신의 현재 지식과 상식에 기초하여 텍스트를 만들기 때문이다. 이야기 문제는 학생들이 (a) 이야기를 읽고 이해할 줄 알고, (b) 이해를 구성할 수 있다고 가정했다. 즉 드러나 있는 이야기의 맥락 이외에, 이야기를 만든 사람이 당연시 여기는 함축적인 다른 텍스트(상식, 맥락)가 존재한다. 이렇게 하여 서로 다른 상황에서 학생들의 도해력은 더 큰 문해력의 용어로 이해될 수 있다. 현장 조사에서는 이야기 문제와 달리 학생들이 추가 정보를 요구하지 않고도 그들의 텍스트를 쉽게 만들어 냈다. 우리는 맥락(context)의 수준을 개인이 맥락(con-text)을 만들어 낼 수 있는 용이성의 용어로 개념화할 수 있다. 그러나 이 경우 용이성은 개인과 텍스트 사이의 관계에 의존한다. 즉 '맥락적인 단어 문제'는 학교 과제를 분류하기 위해 존재론적으로 고정된 분류 틀이 될 수 없고, 개인이 얼마나 추가적이고 정교화된 텍스트를 만드는 실행에 참여할 수 있는가에 따라 결정된다. 이 장의 학생들은 자신의 경험을 가지고 맥락을 만들었으며, 그 맥락에서 빛의 분포와 식물 밀도를 이해할 수 있고, 최적 곡선을 실재 세계의 현상과 관련시킬 수도 있다.

4장

생물 교과서의 사진

앞 장에서 도해력은 흔히 그래프를 읽고 활용하는 능력을 포함한다. 그러나 두 단어의 유사성에도 불구하고 도해력(graphicacy)은 그래프(graph)에만 한정되지는 않는다. 도해력은 모든 형태의 시각자료를 해석하고 읽고 활용하는 것을 말한다. 사실 과학 교과서를 거의 도배하고 있는 사진에 비하면 그래프는 고등학교 교과서에 그다지 많이 나타나지 않는다. 그렇다면 근간에 이르기까지 사진의 기능이나 사진이 캡션이나 텍스트와 가지는 관계에 대해 실행적 관점에서 연구 주제로 다루어지지 않았다는 것은 놀라운 일이다. 이 장에서 고등학교 과학 교과서에 있는 사진의 기능과 구조를 탐구하고자 한다. 우리의 연구를 출발하는 문제는 '학생들이 교과서의 사진을 공부할 때 무엇을 배우는가?'이다. 이 문제와 몇몇의 하위 연구 문제를 해결하기 위해서, 4개의 브라질 생물 교과서를 선정해서 분석하였다. 사진의 활용과 사진들 사이의 관계, 다양한 교과서의 형태 그리고 제시된 과학 내용에 초점을 둔다. 우리는 본문과 캡션과 사진의 구조적 요소를 분석하고 그들 사이의 관계가 교과서에 따라 어떻게 다른지 또는 같은 교과서 안에서도 어떻게 다른지를 알아보고자 한다. 물론 이것은 독자의 사진에 대한 해석과 교과서에서 사진의 역할 변화에 영향을 줄 수 있다.

1. 사진 읽기

사진은 고등학교 과학 교과서의 많은 부분을 차지한다. 고등학교 생물 교과서 20쪽마다 약 11개의 사진이 있다. 사진이 (단어처럼) 어떤 고유한 의미를 가지지는 않는다는 것은 놀라운 일이다(서문을 보라). 의미는 한 단어가 다른 단어들과 관계를 맺고, 사진이 다른 사진이나 단어와 관계를 맺는 여러 유사한 상황에서 계속 사용되면서 구축되는 것이다. 예를 들면, 브라질의 고등학교 생물 교과과서에 있는 "[그림 4.1]에 있는 사진의 내용이 무엇인가?"라고 누군가 물을 수 있다. "이것의 의미는 무엇인가?" 앞쪽에 소 몇 마리가 있고 그 뒤로 나무 두 그루와 담장이 있다. 그리고 들판 혹은 목초지를 지나 나무들이 집결되어 있는 '숲' 같은 것이 있다. 그래서 이것이 무엇을 의미하는가? 우리는 대답을 찾기 위해 3장에서처럼 어떤 맥락을 찾아야만 한다. 즉 우리는 사진을 발췌한 곳의 교과서 본문을 찾아야 한다. 사진의 캡션에는 서로 다른 생태군 경계(biome)를 보여 준다고 적혀 있다[중간을 가로지르는 선은 추이대(ecotone)라고 정의되는 주요 식물의 무리이다].1 이것을 안 다음에는 사진으로 되돌아가서 우리가 찾아야 할 서로 다른 생태계의 범위를 구분해 주는 특징을 발견하려고 할 것이다. 사진의 캡션은 밀도가 높아지는 어떤 것에 대해 알려준다. 캡션은 숲과 사바나에 대해서도 알려 주며 사바나가 들판의 일종임을 알려준다.

이러한 설명을 본 후 우리의 눈은 앞쪽의 나무를 무시하고 식물의 밀집 상태 변화를 찾아내서 숲과 들판을 구별한다. 그러므로 텍스트는 이미지에 있는 것을 그대로 묘사한 것이 아니다. 어떤 자명한 것을 기술한

그림 538. 두 개로 구분되는 생태군 경계: 숲과 사바나. 사바나는 들판의 다양성을 보여 준다. 두 개의 생태군을 나누는 선은 식물군이 밀집되어 있는 띠인데, 이것이 바로 추이대이다.

그림 4.1. '추이대'의 개념을 설명하기 위한 맥락으로 제시된 브라질의 고등학교 생물 교과서에 실린 사진과 캡션의 예. 이 사진은 두 생태군 사이의 경계를 예시하거나 그 증거를 제공할 뿐만 아니라 두 생태군의 사이의 경계를 알아보는 방법을 가르쳐 준다.

다면, 그것은 불필요한 것이다. 오히려 텍스트는 무엇을 찾아야 하는지, 어떻게 시각적으로 밀도가 낮은 부분을 분석하는지 가르쳐 준다. 텍스트는 비록 이 특별한 사진이 추이대 개념을 명확한 경계로 구분되는 것으로 단순화시켜 보여 주더라도 어떻게 생태군과 추이대를 알아보고 어떻게 서로 구별해야 하는지 우리에게 가르쳐 주는 일을 한다. 그와 동시에 텍스트 그 자체는 이미지가 제공하는 것에 비하면 부족하다. 여기에서 그림은 텍스트가 이야기하는 것, 생태군과 추이대의 존재와 둘 사이의 경계가 **실제로 있음을 증명**한다. 요약하면, 사진과 함께 제시되는 텍스트는(즉 공동-텍스트, co-text) 잠재적으로 무한한 해석이 가능한 사진에 대해 몇 가지 해석만을 허용해 주면서 사진 이미지 읽기를 교육한다. 사진 읽기에 대한 교육은 사진과 그에 관련된 텍스트가 각각 그리고 함께 어떻게 작용하여 우리에게 개념을 가르쳐 주는지 알려준다.

'학생들이 사진을 배우기 시작할 때 교과서로부터 무엇을 배울 수 있을까?' 경험적으로 사바나와 숲을 서로 구분하는 것이 과학자에게도 어렵다[2]는 점에서, 이 질문은 이 사진에 대해서 특히 적절하게 제기될 수 있다. 브뤼노 라투르는 브라질과 프랑스의 과학자들이 숲이 사바나로 이어지는지 혹은 사바나가 숲으로 이어지는지를 결정하기 위해 시도한 탐험을 아주 상세하게 기록하였다. 그의 연구는 과학자들이 풀어야 했던 주요 문제인 숲과 사바나 간의 경계를 위치 짓는 것이었다. 생태학자들에 대한 또 다른 사회학적 연구는 숲과 관목 사이의 경계를 구성하는 것이 무엇인지를 결정할 때 어마어마한 협동적 작업이 이루어졌음을 또한 보여 주었다. 유사한 어려움이 아마추어 조류 관찰자들에게서 발견되었는데, 그들은 조류 사진이 있는 안내서를 가지고 있어도 새를 알아보기 어려워했다.[3] 그러므로 실제로 고등학교 교과서에서 숲과 사바나를 구별하는 것은 우리가 믿고 생각하는 것보다 훨씬 더 어렵다. 따라서 과학 교육자로서 우리는 고등학교 교과서에 사용된 사진이 달성할 수 있는 것은 무엇인가?라는 질문을 한다. 만약 학생들이 자연 세계에서 사진 속의 대응물을 인식하는 것을 보장할 수 없다면 사진이 달성하려는 목적은 무엇인가? 결국 과학을 배우는 학생들은 자신을 둘러싼 세계를 설명할 수 있거나 이해할 수 없는 것인가? 이 장에서 우리는 고등학교 생물 교과서에 사용된 사진을 분석하여, 사진이 의미 생성 과정에 무엇을 제공하고, 교과서의 내용과 사진이 어떤 관계를 가지는지 알아볼 것이다. 생물 교과서에서 사진이 사용된 현황, 사진의 기능, 구조를 이해함으로써, 고등학교 과학 교과서에 수록된 사진의 교육론을 더 잘 이해하는 것이 본 장의 목적이다. 자료를 발췌한 교과서는 브라질에서 널리 활용되는 것이다.

2. 일련의 시각자료들

자연 현상을 상징하는 시각자료는 일반적으로 과학 연구실이나 현장 연구 장소에서 처음 나타나며, 이것이 정리되고 겹쳐지고 변형된 후에 과학 책에서 활용된다. 시각자료가 더 많은 정보를 요약할수록, 더 복잡해지고, 해체하기 어렵게 되며 결국 더 강력해진다. 시각자료에서 요약되는 정보의 양은 시각자료의 추상성을 결정한다. 즉 좀 더 많은 정보가 하나의 시각자료에 축적될수록 맥락적 상세함은 더욱 줄어들게 된다. 예를 들면, 장미 사진은 어떤 특정한 장미를 표상하는 반면, 장미 그림은 좀 더 일반적인 장미를 나타낼 것이다(그림 4.2). 이러한 주장은 현장 안내 책자에 새를 사진보다는 그림으로 분류해 놓는 것이 더 좋다는 연구에 의해서 지지되는데, 그림은 일반적으로 새를 표상해 주므로 상세한 배경과 함께 구체적인 새를 제시한 사진보다 더 쉽다는 것이다.

그림 4.2. 핵심 대상의 배경을 상세하게 나타낸 정도에 따라 연속선상에 시각자료를 배열하였다. 하지만 서로 인접하는 모든 시각자료 사이에는 변형이나 연결할 때 다리를 놓아야 하는 간격이 존재한다.

과학의 관점에서 보면 하나의 관찰에서 불필요한 상세함을 제거하는 것은 관찰로부터 과학적 주장의 일반화로 진행하는 과정에 해당한다. 따라서 사진은 한 줄로 나열된 시각자료들의 한쪽 끝에 놓이는데, 그것은 우리의 실생활 경험과 연속성 있는 공간을 배경으로 가지고 있어서 불필요한 상세함으로 가득 차 있다. 이러한 모든 상세함이 적절한 정보를 제공하지는 않는다. 비록 완벽하게 세상을 복제하는 것이 항상 사실적인 효과를 주는 것은 아니기는 하나, 사진의 상세함은 사진을 자연으로 확장하여 책의 한 면으로 가져오는 기능을 수행한다. 사진은 독자가 해석 작업을 하고 관찰자가 문서의 내러티브와 지각 순서를 인식하는 과정을 통해 실재 세계를 표상하는 강력한 역할을 할 수 있다.

전문 과학자들은 [그림 4.2]의 오른쪽 시각자료를 선호하는 반면, 고등학교 과학 교과서는 사진과 사실적인 그림을 많이 활용한다.4 이것은 아마도 사진이나 사실적인 시각자료가 학생이나 다른 보통 사람, 과학 분야 밖에 있는 개인이 이해하기 어려운 그래프나 수식보다 더 호소력이 있다는 사실과 관련이 있다. 교육 문헌에서 많은 보고서가 학생들이 언어적 정보와 함께 표상을 활용하는 것에 초점을 두고 있다. 하지만 시각자료의 교육적 기능이 많은데도 불구하고, 그러한 논문들은 시각자료가 인쇄물과 컴퓨터 매체에서 역할을 제대로 잘하고 있다는 증거를 별로 제공하지 못한다.

학생들은 일반적으로 사진에 익숙하다. 하지만 사진을 어떻게 해독하고 분석하는지에 대한 적절한 교육은 학생들에게 실제로 제공되지 않고 있다. 특히 일반적인 학생들은 사진의 비판적 분석에 대한 교육을 받지 못할 뿐만 아니라, 사진을 직접 다루는 일에 참여하는 기회도 거의 갖지 못한다. 교육 이외의 분야에서 적은 수의 연구가 의사소통에서 사진의 역할을 고려하는 정도이다. 그러한 연구는 사진이 명백하게 자기 증거적이라는 것을 보여 준다. 표상되는 대상과 유사하기 때문에 사진은 첫 인상의 증거로 간주되며, 이것은 진실한 표상의 보증인이 된다. 사진이 자동적으로 생산되기 때문에, 대상이 그려지는 주관적 이미지나 사진이 만들어지는 본질은 사라진다. 학습에서 사진의 효과를 이해하기 위해서 우리는 사진이 생산되는 방식뿐만 아니라 사진을 읽는 사람에 의해서 받아들여지는 방식을 모두 고려해야 한다.

3. 사진과 텍스트: 분석의 원리

우리는 사진이 원래 그 자체로는 의미가 거의 없다는 점을 분명히 하면서 이 장을 시작하고자 한다. 사진은 '불필요하게' 자세한 것으로 가득 차 있어서 이것을 보는 여러 가지 다른 방식과 해석을 허용한다. 이러한 사진의 상세함은 실재 세계와 연속적인 공간을 제공하여, 사진을 읽는 사람에게 자신을 둘러싼 일상 세계와 연결 짓도록 해 준다. 이와 동시에 사진은 저자에 의해서 의도된 의미를 안내해 주는 문화적 코드(예를 들면, 선, 글자, 혹은 인식할 만한 형태)를 거의 제시하지 않는다(책의 서문, 특히 존 버거의 말을 인용한 것을 보라). 사진이 제시할 수 있는 가능한 의미의 범위를 통제하기 위하여, 저자는 캡션을 활용하고 텍스트(본문)에 이 사진-캡션의 조합을 혼합하여 끼워 넣음으로써 사진을 읽는 사람이 의미화할 수 있는 것을 구속한다. 이 절에서 우리는 학교 과학 교과서의 사진을 분석하기 위한 원리를 제안한다.

그림 577. 겨울에 유럽 메추라기의 흰 깃털이 눈과 섞여 보인다. 겨울이 끝날 즈음, 새가 살고 있는 곳의 마른 식물과 유사한 색으로 깃털 색이 변하기 시작한다. 이것이 **위장**의 좋은 예이다.

그림 4.3. 사진과 캡션 사이의 관계에 대한 사례. 텍스트는 봐야 할 것을 기술할 뿐만 아니라 사진을 어떻게 보고, 어떻게 분석할지 제시해 준다. 사진이 배열된 순서는 독자에게 뚜렷이 변화하는 국면에서 변화하지 않는 특징을 보도록 지시한다.

기호학적 관점(1장을 보라)에서 사진과 캡션은 두 개의 서로 다른 기호 집합이거나 서로 다른 텍스트이다. 이 경우 텍스트는 해석될 수 있는 어떤 실체를 광범위하게 지칭한다. 하지만 캡션과 사진은 서로 독립적이지 않다. 캡션은 항상 사진의 아래나 옆에 나타나기 때문에, 이 두 가지의 서로 다르고 임의적인 기호 형태는 서로 직접적으로 연결되어 있다. 캡션과 사진은 같은 것에 대하여 이야기한다. '위장'을 다루는 교과서의 맥락에 제시된 [그림 4.3]의 사진과 캡션을 보라. 캡션의 마지막 문장에서 "이것은 **위장**의 좋은 예이다."라고 말하고 있다.

캡션은 '겨울' 그리고 '흰 깃털'을 기술하고 있는데, 이것은 특정 계절인 겨울에 깃털의 색깔에 주목할 것을 요구하며, **만약** 학생들이 흰 눈에 익숙하다면, 겨울이 그림 중에서 가장 왼쪽 것임을 쉽게 인식할 것이다. (대부분의 브라질 학생들은 눈을 본 적이 없고 자신의 삶에서 경험해서가 아니라 대중매체를 통해서 눈을 알고 있다). 글자를 따로 적어 놓지 않아도, 단순히 진술되었다는 사실만으로 겨울철 깃털의 흰색이 부각되어 나타날 것이다.

더구나 세 개의 이미지를 제시한 것은 모든 사진에서 계절과 깃털의 비교를 요구하고, 세 이미지 사이의 변화를 명확하게 인식하게 할 것이다. 즉 텍스트가 각각의 이미지와 연속된 이미지를 읽는 방식을 가르치고 정교화한다. 세 이미지를 제시하여 캡션에서 같은 동물이라고 말한 것의 특징 중에 변하는 것과 변하지 않는 것을 비교하여 인식하도록 해 준다.

사진 또한 캡션의 텍스트를 (그리고 재귀적으로) 정교화하는데, 이것은 사진이 캡션에 진술된 특정 내용에 대한 증거를 제공한다는 의미에서 그렇다. 사진은 흰 깃털과 깃털의 변화를 기술한 텍스트의 내용을 타당화한다. 또한 텍스트는 사진을 읽는 방법을 정교화하고, 그 의미 형성에 기여한다. 여기에 두 가지 유형의 텍스트가 있고 두 가지 문해력이 있는데, 하나는 언어적인 것이고 하나는 시각적인 것이다. 이 둘은 자신들이 말하려 하는 것(위장 개념)과 각각 관련성을 가지면서 서로를 정교화한다. 이 '개념'은 단어가 말하는 실제 지시 대상(referent)이며, 사진들 사이에 차이점으로 관찰되어야 하는 것이다. 임의적인 기호로써 이 둘은 그것이 나타내려고 하는 내용과 개방적이고 아직 정교화되지 않은 관계를 가지고 있다. "이것이 위장의 좋은 예이다."라는 진술에서 '이것'은 이전의 문장 내용에 색인(지시적 참조)을 넣은 것처럼 읽을 수 있는데, 이것은 텍스트의 내용을 합법화하는 사진을 어떻게 읽어야 하는지, 그리고 여러 사진의 내용을 어떻게 읽어야 하는지 기술하고 있다.

여기서 상호 텍스트(intertext)의 개념을 사용하는 것이 유용하다. 이것은 독자가 일차적 텍스트의 의미를 파악하기 위해 활용하는 모든 다른 텍스트이며, 독자가 일차적 텍스트를 읽는 데 배경으로 기능하는 것이다. 상호 텍스트가 없으면 우리는 이해할 수 없게 되는데, 3장에서 보여 준 바와 같이 모든 것은 다른 것을 배경으로 해서만 이해될 수 있기 때문이다. 그림이 배경과 구분되듯 텍스트는 맥락을 배경으로 한다. 즉 도해력은 그 자체로 존재하는 문해력이 결코 아니며, 다른 형태의 문해력이나 실생활 경험과 항상 묶여 있는 것이다. 현재 사례에서 캡션과 사진은 같은 것에 대한 것이며(공동 주제, co-thematic), 같은 활동 구조에 속하지만(공동 작용, co-actional), 서로 다른 장르에 해당한다(비공통 속성, non-co-generic). 텍스트와 사진은 함께 배치되는(즉, 체계적 또는 전략적으로 함께 사용되는) 기호학적 자료이며, 서로를 정교화하는 상호 텍스트가 된다.

교과서 분석을 위해 우리는 다양한 기호학적 자료와 그들 간의 관계를 기술하는 구조를 개발하였다(그림 4.4). 우리는 책을 구성하는 여러 부분(본문, 그림, 캡션, 텍스트 상자)의 관계가 이중의 움직임을 가지는 것으로, 각각의 쌍은 서로를 상호 보완하는 것으로 본다. 제목은 독자에게 앞으로 읽게 될 것을 준비해 주고, 조직해 준다. 제목은 임의적으로 선택되지 않고, 본문 내용에 의해 동기화된다. 본문은 어떤 주장을 하거나 개념을 드러내어 특정한 그림을 활용하도록 동기화한다. 그림은 본문에서 주장한 내용을 타당화한다. 마지막으로 캡션은 그림(여기에서는 사진)을 어떻게 읽어야 할지 기술해 주고 가르쳐 주며, 그림은 캡션에 적힌 내용을 실제로 보여 준다.

여기서 우리는 사진(그림)과 캡션 간의 관계와, 본문과 사진과 캡션 사이의 통합에 주된 관심을 가진다. 이 통합은 그림과 캡션이 동일한 주제를 다루는 것을 통해서뿐만 아니라, 독자들이 본문의 특정 위치에 있는 그림과 캡션을 참조하도록 하는 수단인 색인(색인적인 참조)을 통해서도

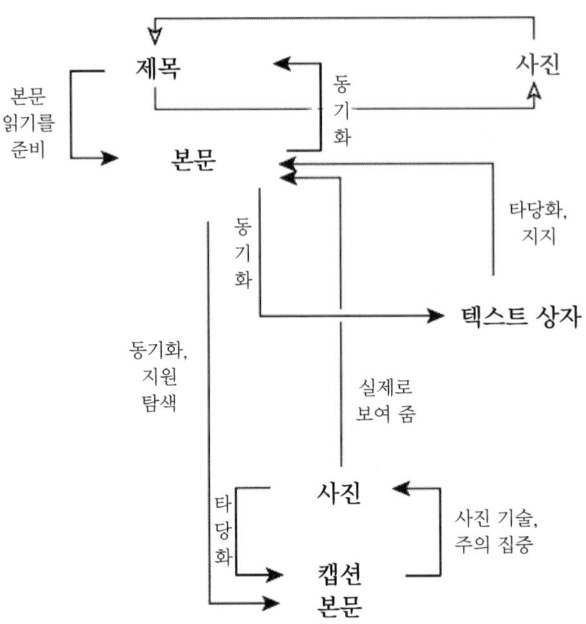

그림 4.4. 과학 텍스트와 함께 제시되는 시각자료(사진)의 분석을 위한 개념틀은 교과서를 구성하는 여러 가지 요소(큰 글자)들이 다른 것과 어떻게 관계되는지(작은 글자) 나타낸다.

달성될 수 있다. 캡션은 독자에게 사진에서 무엇을 찾아야 하는지 그래서 사진을 어떻게 읽고 이해할 수 있는지를 알려 주는 시각자료의 핵심적 부분이다. 사진은 현상을 설명하는 본문과 연결된다. 이렇게 사진과 본문은 하나의 증명을 상호 연관된 서술로 형성한다. 학생 대부분이 본문 이외에 다른 것에는 거의 관심을 기울이지 않는다는 것을 보여 준 다른 연구에서 우리가 비형식적으로 얻은 정보에도 불구하고, 사진과 본문은 교육 이론에서 특정한 유형의 교육론을 형성한다. 만약 이것이 맞는다면 주요한 개념과 정보는 본문에 넣고 독자가 제시된 현상을 꼼꼼히 살펴보고 이해하도록 돕는 시각자료를 적절히 인용해 주어야 한다.

고등학교 생물 교과서에 있는 사진의 교육적 역할 분석에서 두 개의 주제가 나타났다. 사진과 캡션의 본문에 대한 기능이 서로 다르다는 것과, 사진과 텍스트가 구조화되는 방식도 서로 다르다는 것이다. 그리고 이것은 교과서의 시각자료를 해석하는 데 영향을 준다는 것을 함의한다. 다음 절에서 우리는 두 가지 주제에 대해 증거를 제시하여 설명한다.

4. 고등학교 생물 교과서에서 사진의 기능

브라질의 생물 교과서 4권의 생태계 단원에 사용된 모든 사진은 4가지 기능(역할) 중 하나를 수행하는 것으로 분류할 수 있는데, 이들 기능은 본문에 대한 사진과 캡션의 관계에 따라 분류된다. 우리는 다른 시각자료(예를 들면, 지도)에 포함된 사진도 분석하였다. 여러 사진이 나열된 것이나 한 쌍의 사진도 이들 유형의 하나로 분류하였다.

우리는 장식적(decorative), 예시적(illustrative), 설명적(explanatory), 보충적(complementary)의 4가지 기능으로 분류하였다.5 이러한 기능 또는 분석 범주는 사진의 캡션과 함께 제시되는 본문의 해석에 의거한다. 이들 기능은 개략적으로 정보가 지닌 가치의 크기를 위계적으로 말해 주는데(개념을 단순히 보여 주는 것보다 개념을 설명하는 것이 더 높은 위계), 높은 정보 가치를 가진 것은 낮은 정보 가치를 가진 것이 하는 일을 모두 포함하고 있다. 우리는 각 역할을 예시로 보여 주며 토론하고자 한다.

(1) 장식적 기능

장식적 사진이 소수 있다. 이들 사진은 본문에 인용되지 않고, 캡션이 없으며, 일반적으로 단원이나 장, 절의 시작 부분에 나타난다. 예를 들면, [그림 4.5]는 '생물권의 에너지와 물질'에 대한 절의 첫 쪽에 나타났다. 이 사진에는 캡션이 없고 본문에 인용되지 않았다. 사진이 주위의 텍스트와 관련되는 기능(사진의 상호 텍스트성)은 분석해야 알 수 있으며, 분석 과정 없이는 '확연하게' 드러나지 않는다. 실제 교과서에는 컬러로 되어 있는 사진을 처음 보면서 적절한 그림을 바탕으로부터 분리해 내야 한다. 사진을 보기 전에 문화적 범주(예를 들면, 잎과 애벌레; 역자 주)에 노출된 적이 있는가에 따라 잎에서 애벌레를 인식할 수 있는 독자의 연령이 달라진다. 한두 살 아이는 어른들처럼 잎과 애벌레를 구별해서 지각하지 못할 수 있다. 즉 사진을 볼 때 참고할 만한 텍스트가 없으면 독자는 현재 자신이 알고 있는 것을 상호 텍스트로 사용하여 사진으로부터 어떤 그림을 보아야 할지 결정한다. 책에서 그 위치에 있는 이 사진의 역할은 무엇인가? 학생은 이 사진을 보거나 분석(공부)하면서 무엇을 배울까?

사진은 수많은 방식으로 볼 수 있다(이 책 서문의 인용구를 보라). **이** 사진이 이 **위치**에서 알려 주려고 의도한 것이 무엇인지를 이해하기 위해서 독자는 단원 제목 등 주변에 있는 텍스트에서 단서를 찾아야 할 것이다. 텍스트는 단지 사진과 함께 배치되어 제시되는 것이 아니라 사진과 같은 주제를 가진다고 가정하면, 독자는 사진과 '에너지', '물질', '생물계' 등의 개별 단어를 관련지으려 할 것이다. 어느 정도 동기화된 독자는 애벌레가 잎을 '갉아 먹는다' 또는 '먹는다'로 볼 것이다. 그러나 우리는 '갉아 먹는' 과정이 사진에 제공된 것이 아니고 텍스트 밖의 경험에 기초하여 추론되어야 하는 것이라고 주장한다. 독자는 동물의 '먹기'와 동물의 '에너지 자기 축척' 사이의 관계를 알고 나서야 비로소 단원 제목과 관련

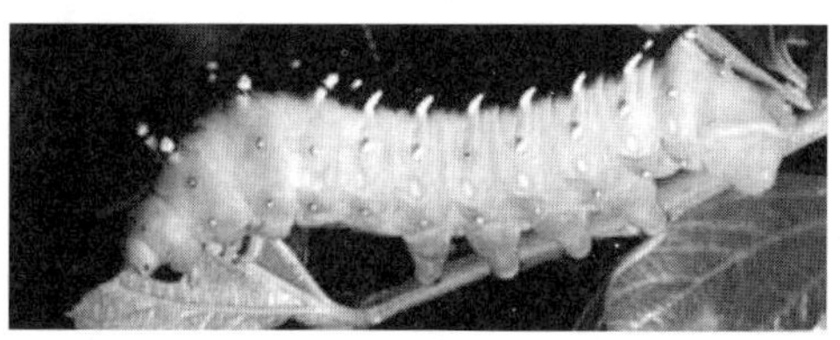

그림 4.5. 장식적 사진의 예. 사진에 동반되는 캡션이 없고, 본문에 이 사진이 인용되지 않았다. 따라서 이 사진이 그 장을 꾸미는 것 이외에 하는 다른 기능을 알려 주는 징표가 없다.

지을 수 있게 된다. 이와 동시에 사진을 단원 제목과 연결하기 전에 학생들은 잎을 생물체가 아닌 물질로 이해해야 하고, 애벌레와 잎은 모두 '생물계'의 하나로 이해해야 한다. 하지만 학생들이 단원 제목과 사진 사이의 관계를 바로 세워 잘 이해하지 못할 것으로 보인다. 사실 이 단원의 목표는 사진과 제목 사이의 관계를 해체하는 데 필요한 내용을 이해하는 것이다.

이와 같은 초기 분석은 어떻게 단원 제목과 사진이 동기화된 독자들에게 [그림 4.4]에 표현한 상호 구성적 관계로 보일 수 있는지 말해 준다. '에너지'라는 단어는 사진을 '잎을 먹는 애벌레'로 읽는 것이 합리적임을 말해 주고, 이것은 일반적으로 물리학에서 소개되는 개념인 '물질과 에너지'와 생물계 사이의 관계에 대한 구체적인 사례가 된다. 하지만 학생들은 이런 분석에 필요한 해석적 자료를 모르고 있으며 교과서에 이미지 분석을 안내하는 텍스트가 부족하기 때문에, 우리는 이 사진을 장식적인 것으로 분류한다. 이것은 컬러 사진으로 제시되고 있어 어떤 특정한 심미감을 제공할 수도 있지만, 텍스트에서 가르치려고 의도하고 있는 것을 알지 못하는 개인에게는 정보원으로서 기능이 부족한 것이다.

(2) 예시적 기능

이 범주에 속하는 사진은 독자가 사진에서 보아야 하는 것이 무엇인지 명명하거나 기술하는 캡션을 포함하고 있는데, 캡션은 본문에 없는 부가 정보를 제공하지는 않는다. 이러한 사진-캡션 조합은 구체적인 표본이나 개념을 묘사한다는 점에서 독자를 위한 시각적 자료를 구성한다. 예를 들면 아구아페 그림과 캡션(그림 4.6)을 보라. 이 사진은 독자에게 본문에서 설명한 종인 아구아페를 시각적으로 표상해 주는데, 이것은 교과서에서 다루는 교과 내용을 고려하면 독자에게 핵심적인 정보는 아니다. 이 사례에서 교과 내용은 생물군에 있는 어떤 종을 소개하는 것이며, 열대 지역의 아구아페를 예시하고 있다. 식물과 생물군이라는 일반적인 개념에 대해 '아구아페'와 '열대 지역'은 하나의 특정한 사례로 일반 개념을 구체적으로 제시해 주는 것이다.

사진은 그 특별한 식물을 예시하지만 생태계 변화를 일으키는 원인을 '소개'하지는 않는다. 식물을 '소개'하는 효과를 보이기 위해서는 이전과 다른 것을 알려 주고 어느 정도의 차이를 보여 주는 많은 사진이 필요하

그림 4.6. 예시적 사진의 예. 이 사진은 교과서 어딘가에 언급된 아구아페 종(aguapé; 수생 식물 종)을 보여 주는 특정 대상의 사례이다.

며, 그래야 '정보'로서 기능할 수 있다. 만약 차이를 보여 주는 상이함이 없다면, 우리는 전혀 정보라고 말할 수 없을 것이다. 그래서 본문에서 가르치는 바로 그 개념이 사진에는 없다는 것이다. 이것은 이미지에 정보로 존재하지 않는다. 제공된 시각적 정보는 교과 내용의 이해를 변형해 주지 않는다. 즉 사진은 본문에 언급된 현상을 보여 주지 않으며, 단지 본문에서 생태계에 도입되면 변화를 일으키는 종의 예를 들며 언급된 식물의 시각적 자료를 제공할 뿐이다. 독자는 사진과 캡션이 제공하는 정보 없이도 본문에서 다루어지는 생태계 균형 개념을 이해할 수 있다.

캡션이 없는 예시적 사진의 사례는 몇 가지로 구분할 수 있다. 어떤 사진은 캡션 없이 시각자료 중심에 있는 '지도'와 함께 나타난다(그림 4.7). 여기서 몇몇 사진이 지도 주위에 배치되지만, 캡션에 기술되거나 설명되지 않았다. 캡션이 지도에만 관계된 것이기 때문에, 사람들은 사진이 장식적이라고 생각할 수도 있다. 하지만 사진과 지도 사이에 중요한 연결이 있다. 원래의 그림에서 컬러로 제시되는 단계 구분 범례는, 각기 다른 경관과 지역의 (특징적인) 사례를 나타낸다. 만약 지도와 사진의 주제가 동일하다고 해석된다면, 같은 페이지에 제시된다는 장점으로 서로 다른 장르가 생물군의 개념을 통해 연결되어 읽힐 수 있다. '서로 다른 **생물군**의 분포'와 각 생물군의 구체적 사례를 각각 나타낸다. 여기서 하나의 생물군에는 하나의 사진만 있지만 6개의 이미지가 대조되면서 각 생물군의 특징적 사례들이 비교된다. 단 하나의 예만 제시되었다면 학생들이 각 생물군의 특징에 대해 배우기 힘들 것이고, 특히 경계선상에 있는 좀 더 까다로운 사례들을 구분하는 방법은 더더욱 알기 힘들 것이다.6 하지만 6개의 원형이 제시되고 학생들이 묘사된 경관에서 적절

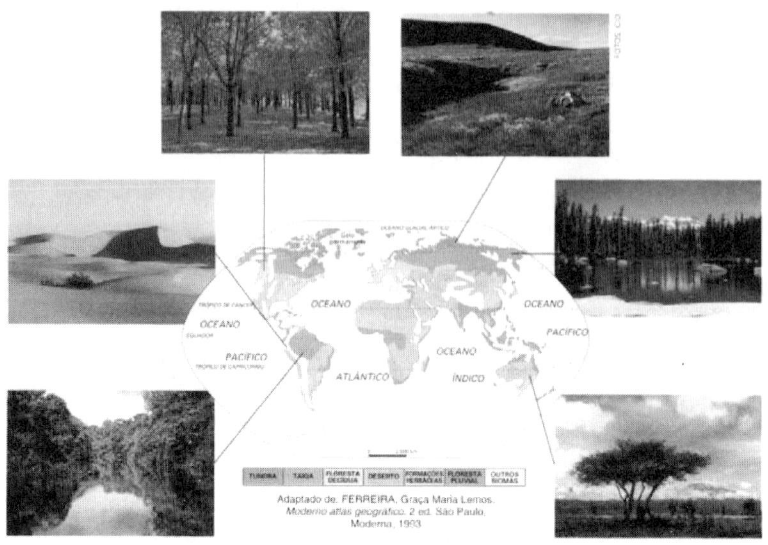

그림 4.7. 예시적 사진의 독특한 사례로, 지도에 나타난 각 범주의 예가 하나씩 제시되어 있다.

한 내용에 주목할 수 있다면, 이것은 생물군 사이에 전체적인 구별이 가능하도록 해 줄 것이다. 하지만 이들 생물군을 구별하는 특징들, 즉 사용 가능한 물의 양, 온도, 다른 물리적 생물학적 정보에 대해서는 학생들이 사진을 분석해서 알아내기는 어려울 것이다.

(3) 설명적 기능

이 범주에 속하는 사진은 캡션에 사진이 표현하는 것에 대한 설명이나 분류가 나타나 있다. 캡션은 사진에 있는 사물이나 현상의 이름을 제공할 뿐만 아니라 그에 대한 추가 정보도 제공한다. [그림 4.8]을 보라. 캡션의 첫 부분에서 우리는 '숲의 한 상태'를 읽는다. 이 정보를 통해 독자는 사진에서 무엇을 보아야 하는지, 즉 숲을 보도록 안내된다. 이 문장은

그림 84-1 숲의 한 상태: 식물의 극상 군락

그림 4.8. 설명적 사진의 예. '식물의 극상 군락'이라는 표현은 독자가 본문과 그림을 연결 지을 수 있는 틀을 제공한다.

우리가 무엇을 어떻게 보아야 하는가를 설명하는 이야기의 일부분이다. 그 이야기는 우리가 사진을 응시하는 목적이나 방향을 제공하는 것인데, 이것은 우리가 알게 될 지각적 영역을 설명한다. 즉 우리가 보는 것은 단지 강을 따라 나무들이 서 있는 것이 아니라 더 큰 전체의 일부분이다. 캡션이 제공하는 정보는 독자가 사진에서 보는 것의 의미를 알도록 도와준다는 점에서 중요하지만, 이 정보가 사진과 본문에서 다루는 교과 내용 간의 관계 형성을 충분히 안내하지는 못한다.

본문에 인용되고 캡션에 반복되어 나타나는 색인인 '그림 84-1'은 독자가 그림과 텍스트를 연결하도록 해 준다. 하지만 독자는 좀 더 많은 정보를 갖지 않고서는 사진의 '숲'을 본문의 주제인 '생태적 천이' 개념과 제대로 관련지을 수 없다. 즉 캡션에 단지 이 정보만 있었다면 사진은 숲을 예시하는 기능을 할 것인데, 그 이유는 본문의 어느 부분에서 숲이 언급되기 때문이다. 캡션의 두 번째 부분은 독자가 사진의 숲이 '어떤 특정한 것'이라고 해석하는 데 필요한 정보를 주며, 이것을 통해 독자는 그림과 텍스트를 명확하게 관련짓는다. '극상'과 '군락'의 두 단어는 독자가 이 사진의 맥락을 설정하고 본문과 연결하도록 하는 새로운 관점을 드러내 준다.

사진은 숲을 표상할 뿐만 아니라, 식물 극상 군락의 예라고 **표시**되어 있다. 텍스트로 표시해 놓은 것은 중립적이지 않으며, 어떤 것은 부각하고 그 외의 모든 것은 제외하는 기능을 한다. 즉 표시된 단어에 의해 독자는 본문에 식물 극상 군락의 특징으로 기술된 것과 사진에서 보는 것을 연결 짓게 된다. 이러한 점에서 이 캡션은 숲을 식물의 극상 군락으로 분류하는 것으로 끝나지 않고, 사진을 어떻게 해석하고 본문과 어떻게 관련지을지에 대한 설명을 제공한다.

그런데 이것은 한 장의 사진이기 때문에 천이의 개념이 독자에게 전달되지는 않는다. 그렇게 되려면 몇 장의 사진이 같은 지역을 보여 주면서 그 지역의 생태적 천이가 다양한 단계에 해당하는 모습을 보여줘야만 한다. 마찬가지로 하나의 사진은 동기화된 독자에게 극상이 아닌 숲과 극상 숲을 구분하게 하지 못하며, 서로 다른 종류의 천이에서 극상을 이루는 숲, 예를 들면 너도밤나무 숲(미국의 북부, 캐나다의 동부) 또는 침엽수림(캐나다의 순상지, 뉴펀들랜드) 등을 구분할 수 있게 하지 못한다. 이 두 형태의 숲은 모두 극상 군락의 사례이지만 눈으로 보기에는 매우 다른 숲으로 보인다.

(4) 보충적 기능

이 범주의 사진은 캡션과 함께 제시되며 본문에서 다루는 교과 내용에 새로운 정보를 추가해 준다. 이 정보는 단지 새롭기만 한 것이 아니라 본문에 언급되지 않은 것이며, 가르치고 있는 생물 개념을 좀 더 깊게 이해하도록 돕는 주요한 정보이다. 예를 들면 [그림 4.9]는 검은색을 배경으로 물고기 두 마리를 제시하고 있다. 이 그림은 제목이 '바다 환경에 미치는 빛의 영향'인 절에 삽입되어 있고, 본문에서는 빛의 유무에 따른 바다 생물의 분포를 다루고 있다. 마지막 문단에서는 심해 영역에서 살고 있는 물고기나 다른 동물의 특징을 설명하고 있다. 그 이후 본문은 이 그림을 인용하였다.

캡션은 이름을 제시하고 '심해 물고기'의 예임을 명시하며 시작한다. 본질적으로 '심해 물고기의 하나인 리노프리노'라는 진술은 물고기와 이름을 연결하는 특별한 색인이 없을지라도 그 자체로 이미지와 이름을 결합하는 문화적 역량을 요구한다. 취학 전 아동에게 책을 읽어 주는 학부모는 아마도 자신의 손으로 이미지를 가리키면서 '리노프리노'라고 말했을 것이다. 캡션의 나머지 부분은 본문에는 없는 명제를 제시하므로,

그림 86.6 심해 물고기의 하나인 리노프리노(linofrino)는 그 길이가 약 5cm이며 1400m 깊이의 바닷속에 살고 있다. 심해 물고기는 일반적으로 작고 빠르며, 매우 민감한 눈을 가지고 있다.

그림 4.9. 보충적 기능의 예. 캡션은 본문에 없는 내용을 사실적으로 진술한다.

이것은 새롭고 유용한 내용이 된다. 따라서 우리는 이 사진–캡션 조합을 보충적인 기능으로 분류한다.

이 경우 캡션은 사진에서 보이는 것에 대한 정보를 제공하는데, 그것은 심해 물고기가 가진 특징이다. 캡션이 주는 **새로운** 정보는 두 물고기와 직접적으로 관련되기보다는 본문에서 다룬 심해 물고기의 개념과 연결되는 것이다. 그러므로 이 사진은 본문을 '보충'하는 역할을 한다. 이러한 보충적인 사진과 캡션 조합은 독자가 본문과 사진을 오가며 읽는 연속 과정을 전제한다. 독자는 이들 3가지 요소에 포함된 모든 정보를 읽어야만 제시된 개념을 이해할 수 있다. **만약** 캡션에 있는 정보가 새롭고 중요한 것이라면 우리는 그 정보가 본문 대신 왜 캡션에 있는지 질문해야만 한다. 그렇게 하지 않으면 학생과 교사는 사진과 캡션을 '공부해야 할 자료'의 일부로 생각하게 된다.

5. 사진과 텍스트를 함께 배치하는 구조

우리의 분석에서 사진과 본문을 배치한 구조가 다양하게 나타났다. 구조적인 요소들과 그들 사이의 관계는 교과서에 따라 다를 뿐만 아니라 같은 교과서 내에서조차 다양했다. 이러한 다양성에는 본문에 사진이 인용된 **위치**, 교과서 페이지에서 사진의 분포와 배열, 하나의 개념을 가르치기 위해 여러 사진을 함께 배치한 것 등이 포함된다. 분명히 이러한 구조적인 요소들은 함께 제시되고 같은 주제이지만 서로 다른 종류인 텍스트를 통합해 주는 기호학적 자료를 제공한다.

(1) 색인 참조

사진은 텍스트와는 다른 장르이다. 사진은 색을 가진 부분들이 이차원으로 배열되어 있는 것인데, 우리는 삼차원의 세계를 경험하고 있기 때문에 사진은 그 깊이에 대한 부가적인 정보를 제공하여 해독(decode)되도록 해야 한다. 색깔, 다른 곳을 덮어 버리고 있는 영역, 알고 있는 대상의 상대적 크기 등 읽기를 위한 자료를 제공하는 것은 독자의 선호에 따라 이미지를 눈으로 살피는 데 도움을 준다. 한편 언어 텍스트는 선형적이다. 언어 텍스트와 이미지를 읽기 위해 요구되는 조건이 서로 달라서, 이미지는 본문 중에 직접 연결되는(공동-주제인) 곳에 배치될 수가 없다.7 텍스트(단어, 문장, 혹은 문단)와 같은 페이지나 다른 페이지의 어떤 곳에 있는 사진을 연결하는 것은 인용을 통해서 이루어지며, 이것은 "그림 4.1.2", "그림 3.4를 보시오."와 같이 숫자와 문자가 이어진 표식(string)의 형태로 본문과 캡션에 나타나 독자를 안내하도록 설계된다. 여기서 색인 참조는 캡션과 본문에 같은 표식을 사용함으로써 달성될 수 있다. 이 표식이 본문에 나타날 때마다 독자는 같은 표식을 가진 사진/캡션을 참조하여 생각하게 된다. 즉 본문에 대한 사진의 '배치'나 관계는 책의 페이지에서 서로 다른 위치에 이 표식이 두 번 나타나는 것으로 이루어진다. 이처럼 사진과 캡션을 연결해 주는 것이 없을 경우를 생각해 보면 이러한 표식의 역할은 명확하다. 그런 경우에는 이미지와 물리적으로 근접해 있는 텍스트에 무언가 관련된 것이 있다고 생각할 수 있다. 그러나 무엇이 관련되어 있는가의 문제는 현재 여전히 결정되지 못한 채로 남는다(이러한 관계의 본질과 독자의 행동에 대해서는 다음 절에서 논의한다).

두 권의 교과서는 사진과 캡션을 인용한 방식이 동일하였는데, 같은 주제의 개념이 나타나는 문단의 끝에 색인을 넣거나 아니면 인용하지 않았다. 다른 두 책은 본문에 색인을 넣는 방식이 3가지였다. 즉 색인을 문단의 끝에 넣거나, 같은 주제의 단어 바로 뒤에 적거나, 아니면 색인을 넣지 않는 것이었다.

색인이 사진이나 캡션과 같은 주제인 단어 뒤나 문장 중간에 있을 때에는 표면적으로 다른(공-발생적이지 않은) 표상들 사이에 직접적인 연결이 이루어진다(그림 4.4). 반면 색인이 여러 개념이 들어 있는 문단의 끝에 온다면 그 연결은 직접적이지 않을 것이다. 누군가는 색인이 '잘못된 자리에 있다'라고 생각할 수 있는데, 그것은 사진과 캡션이 언어 텍스트와 동시에 활성화되지 않기 때문이다. 수업을 들을 때 지시적 몸짓을 잘못하면 이해가 어려운 것처럼 책에 잘못 배치된 색인은 의미 파악 과정을 방해할 가능성이 있다. 마지막으로 색인이 없을 때에는 같은 페이지에 있는 사진/캡션과 본문 사이에 어떤 관계가 있는지 알아내는 것이 온전히 독자에게 달려 있다.

[그림 4.10]은 '잘못된' 색인을 예시한다. 여기서 색인이 문단의 끝에 위치하기 때문에, 특히 색인의 위치가 다양하게 변하는 이 교과서에서 독자는 사진을 마지막 문장이나 진술문과 연결하게 된다. 사진은 불에 탄 지역과 토양이 유실된 지역을 보여 준다. 본문이 나무를 불태우고 자르는 것이 숲을 훼손하는 것이라고 말하고 있어도, 사진은 숲의 파괴를 진술하는 문장과 물리적으로 떨어진 곳에 인용되어 있다.

본문과 사진을 관련지어 이해하기 위해서 독자는 문단의 중간으로 돌아가서 삼림 황폐화가 언급된 특정 문장을 찾아야 한다. 그리고 나서 독자는 앞뒤로 왔다 갔다 하며 텍스트를 읽어야 한다. 이러한 읽기 과정에

(a) 생태계 구조에서 생태계 불균형 변화의 요소

삼림의 훼손

현재 중요한 생태 문제 중의 하나는 브라질의 대서양 연안에서 일어나는 것과 같은 삼림의 훼손이다. 식민지 시대에 비해 현재 10% 이하의 숲만이 남았다. 해마다 세계의 숲 지역이 없어지고 있다. 숲은 잘려나가거나 불태워지는데, 이것은 심각한 토양 유실을 일으키며, 환경 오염의 원인이 된다. 더 나아가 많은 종이 사라지게 되어 결국 과학자들이 생물학적 진화에 의해서 많은 생물 유형이 만들어졌다고 말하는 '지구 생물의 다양성'이 감소하게 된다.(그림 4.1)

(b)

그림 4.1 삼림의 훼손은 지상 생태계가 파손되는 가장 일반적인 방식이다. Ⓐ 가축 농장의 목초지를 만들기 위해 불태운 아마존 밀림 지역의 사진. 불은 토양을 비옥하게 만드는 미생물을 죽이고 표층 식물을 없애 영양분이 비에 씻겨 내려가게 한다. Ⓑ 숲이 파괴되어 일어난 토양 침식 지역의 사진

그림 4.10. 색인이 '잘못된' 시각자료의 사례. (a) 본문 (b) 본문의 문단 끝에 인용된 사진과 캡션.

서 독자는 텍스트와 사진으로부터 생물학 개념을 이해하기 위해 '읽기'와 '보기' 작업을 동시에 수행해야 한다.

[그림 4.11]은 본문에 인용되지 않은 시각자료의 사례이다. 이 시각자료는 두 개의 사진을 보여 준다. 왼쪽 사진은 강의 양쪽에 많은 식물이 자라고 있는 모습을 보여 주고, 오른쪽 사진은 사막을 보여 준다. 캡션에는 "물의 양과 생명의 풍부함은 서로 의존적이다."라고 적혀 있다. 본문에 색인이 없기 때문에 우리는 본문과 사진을 관계 짓기 위해 노력해야 하며, 이러한 관계 지음은 본문 전체와 사진을 보고 난 다음에 수행된다.

사진이 다른 것과 함께 제시되어 있어서 생명체의 존재에 물이 중요함을 강조해 준다. 즉 두 사진의 비교를 통해 독자는 캡션에 의해서 암시된 대로 생명체와 물을 연결 짓도록 가정되었다. 하지만 이것은 이 시각자

그림 10 물의 양과 생명의 풍부함은 서로 의존적이다.

그림 4.11. 본문에 인용되지 않은 사진의 예.

료를 해석하는 한 가지 방식일 뿐이며, 캡션이나 본문에서 이 개념을 이해하도록 돕는 충분한 정보나 지시를 주지 않았기 때문에, 다른 많은 해석이 이루어질 수도 있다.

사진이 관련된 본문으로부터 물리적으로 멀리(몇 페이지) 떨어져 있을 때, 상황은 좀 더 어려워진다. 그럴 경우 본문과 그림 사이에 직접적인 연결점을 찾을 수 없기 때문에, 즉 색인이 없기 때문에, 독자는 '책에서 길을 잃은' 자신을 발견할 것이다. 또한 텍스트가 배치된 곳에서 몇 페이지가 지난 곳에 시각자료가 배치되어 있으면, 독자는 텍스트와 그림을 연결하기 위해 책을 앞뒤로 넘겨 보는 어려움을 겪게 된다. 이 경우 그림에 캡션이 있어도 텍스트에서 많은 기능을 하지 못하고 장식적인 기능만 하게 될 수도 있다.

(2) 한 개의 사진과 여러 개의 사진들

텍스트 안에 시각적 자료가 배열되어 있는 방식은 사진에서 현상을 알아보는 우리의 능력을 매개한다. 즉 그림이 조직된 방식이나 사진을 다른 사진과 관련짓는 방식에 따라 우리가 사진을 해석하는 것이 조금 달라진다. 한 사진이 다른 사진과 관련되는 방식에는 두 사진을 짝짓거나 여러 사진을 시리즈로 만드는 것이 있다. 시리즈로 배열된 사진들은 독자가 본문에 논의된 개념에 점진적으로 주의를 기울이도록 해 준다. [그림 4.12]를 예를 들어 보자. 처음에 얼핏 보면 두 사진이 같은 나비를 제시하는 것으로 보이는데, 이것은 두 사진 속 동물이 아주 유사하기 때문이다. 하지만 캡션은 우리에게 오른쪽에 있는 사진이 나비의 한 종류이고 처음에 같은 나비처럼 보인 왼쪽 사진은 의태 현상임을 말하며 주의하도록 한다.

사진이 쌍으로 배열되어 있어 본문에 제시된 의태 현상의 입증이 가능하며, 비교의 과정을 통해 의미 있는 차이를 발견하게 해 준다. 그러나

그림 581. 왼쪽은 바이스로이(viceroy) 나비이고, 오른쪽은 새가 끔찍이 싫어하는 맛을 가진 왕나비이다. 둘이 비슷하게 생겨서 새들이 왼쪽 나비를 먹지 않는다. 왼쪽 나비는 의태의 도움을 받는다.

그림 4.12. 쌍으로 배열된 사진의 예. 이것은 독자가 변하는 특징과 변하지 않는 특징을 찾아보도록 할 것이다.

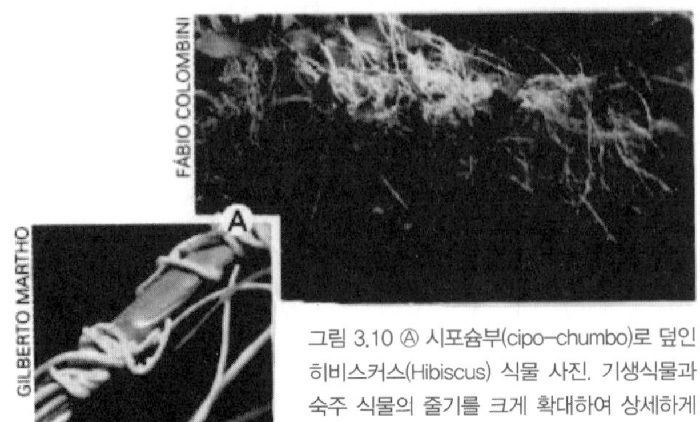

FÁBIO COLOMBINI
GILBERTO MARTHO
A
그림 3.10 Ⓐ 시포슘부(cipo-chumbo)로 덮인 히비스커스(Hibiscus) 식물 사진. 기생식물과 숙주 식물의 줄기를 크게 확대하여 상세하게 나타낸 것.

그림 4.13. 복합 사진의 예. 한 사진은 다른 사진의 일부를 자세히 제시한다고 적혀 있다.

두 사진의 비교만으로는 사진이 의도한 의미를 충분히 제공하지 못한다. 캡션이 독자가 두 사진 사이의 차이를 발견하고 의태 현상을 발견하도록 안내하는 데 필요하다(이 경우에는 차이보다 유사성이 더 분명히 드러나기는 한다). 이와 같이 [그림 4.4]의 예에서 볼 수 있듯이 사진 시리즈에서 본문에 제시된 현상의 입증 과정은 사진들 사이의 차이를 독자가 인식하는가의 여부에 달려 있다. 사진을 시리즈에 포함시킴으로써 그 의미에 대한 불확실성이 줄어들고, 독자가 연속적 그림에서 변하지 않는 것들을 제거하면서 점진적으로 강조된 것들을 보며 의미를 이해하게 된다.

사진이 다른 사진과 관련될 수 있는 다른 방식은 둘 다 같은 대상을 나타내지만 그 제시 방법이 달라서 각각 서로 다른 사진을 보충해 주는 방식이다(그림 4.13). 첫 번째 사진은 좀 더 넓은 시야로 식물을 보여 주는 반면, 두 번째 사진은 같은 식물의 특정 부분에 초점을 두고 있다. 두 사진은 독자가 식물을 자연에서 볼 수 있는 방식대로 인식하게 해 주며, 동시에 본문에 제시된 개념에 관련된 특정 부분에 주의를 집중하도록 해 준다. 즉 두 사진은 서로에게 보충적인 역할을 하며, 두 번째 사진은 첫 번째 사진의 '부분'을 좀 더 자세히 확대함으로써 독자에게 본문에서 다룬 현상을 더 잘 시각화하여 나타내 준다. 따라서 여러 장의 사진들은 독자에게 외형적 비교를 하게 하면서 본문에 제시된 현상을 시각화한다. 하지만 한 장의 사진은 내적 비교만을 제공하여 독자가 사진에서 봐야 하는 부분을 스스로 찾게 한다.

(3) 사진의 배경

한 장의 사진을 해석하는 과정에서 배경은 독자가 사진에서 중요한 대상이나 현상을 구별해 내도록 돕는 중요한 자료이다. 캡션에 있는 명확한 지시 사항이나 사진에 덧붙여 넣은 문자, 화살표 등의 다른 지표는 독자에게 '올바른' 세부 묘사에 주의를 집중하도록 안내하는 중요한 자료가 된다. 그러므로 [그림 4.14]는 캡션에서 언급한 대상을 보여 주는 데 실패하였다. 캡션에는 '착생 식물'이라고 적혀 있지만 독자가 여러 식물 중에서 착생 식물을 인식하게 하는 구분이 없다. (우리는 6장에서 학생들이 이 이미지에서 여러 가지 다른 내용을 인식한다는 사실을 보여 줄 것이다) 사진의 중심부에 있는 나무가 독자의 주의를 끌고 있어도 독자가 찾아야 할 것이 무엇인지 이미 알고 있지 않다면 착생 식물을 알아내지 못할 것이다. 즉 독자가 이 사진에서 착생 식물을 찾기 위해서는 그것이 어떻게 생겼는지 알고 있어야만 한다. 이 사례에서 독자가 겪는 어려움은 사진의 구도에 관련된 것인데, 이것은 독자가 지각 영역을 좁혀서 올바른 부분을 부각하고 관련 없는 부분을 최대한 배경으로 밀어내 버리는 과정이다. 이것은 우리가 "나는 이것을 새로운 방식으로 바라봐야만 한다."라고 말

그림 83.1 착생 식물

그림 4.14. 지나치게 많은 시각적 정보를 제공하는 사진으로, 많은 식물 중 '착생 식물'이 무엇인지 불분명하다.

할 때와 같은 게슈탈트 전환(Gestalt switches)과 관련될 수 있다.

사진의 구도를 잡을 때 목적으로 하는 것의 의미가 혼동되지 않게 최소한의 정보를 포함하도록 해야 한다. 배경의 상세한 부분은 사진을 좀 더 '사실적인' 것으로 만들어 주기는 하지만 그것은 특정한 자연의 부분을 묘사한 것으로 인식될 수도 있기 때문에, 전혀 관련이 없는 정보를 제공하는 것처럼 처리되어야 한다. 그런데 현실감 있는 사진은 세계를 완벽히 재현해서 만들어지는 것이 아니고 그것을 보는 사람이 내러티브적이고 지각적인 순서를 어떻게 인지하는가에 따라 좌우된다. 그러므로 최소한 어떤 상황에서는 실재 세계의 묘사로서 사진의 '실제성'을 손상할지라도, 아무것도 없는 중립적인 배경에 대상을 제시하는 것이 더 적절할 수 있다. 착생 식물을 보여 주는 [그림 4.14]와 [그림 4.15] 양자를 비교해 보자. [그림 4.15]에서 가장 중요한 요소인 착생 식물은 다른 식물이 옆에 있어도 배경으로부터 명확하게 구별된다. 착생 식물은 사진의 중심에 놓여 있을 뿐만 아니라 독자가 식물 전체를 볼 수 있는 유일한

그림 83.1 착생 식물

그림 4.15. 비록 배경에 여전히 다른 식물이 제시되어 있지만, 이 사진에서는 착생 식물을 찾을 가능성이 있다.

대상이다. 이 그림은 이 특정 식물을 보여 주기 위해 구도가 잡혀 있어서 다른 대상은 초점에서 벗어나 배경의 관련 없는 상세 부분으로 처리되고 있다. 즉 사진을 의도된 대로 해석하는 데 대한 책임은 독자에게 있을 뿐만 아니라 해석의 과정을 도울 다양한 수단을 가지고 있는 저자에게도 있다. 우리는 이미 학생들이 거리–시간 그래프에서 속도를 읽을 때 생기는 문제를 언급하면서 제시할 내용을 숨기거나, 드러내지 않거나, 부각하지 않는 것은 매우 좋지 않은 행위임을 주장한 바 있다.

때로는 완전히 검은 배경이 사진에서 사건이나 대상을 강조하는 데 더 나은 대안이 될 수 있다(그림 4.16). 독자는 검은 배경을 관련 없는 것이라고 쉽게 인식할 수 있으며, 그 앞에 보이는 것으로 즉각 안내된다. 즉 책에서 사진의 배열과 사진의 내재적 특징은 그림을 해석하는 과정에 영향을 주고 결과적으로 사진과 캡션과 본문을 연결 짓는 독자의 능력에 영향을 준다.

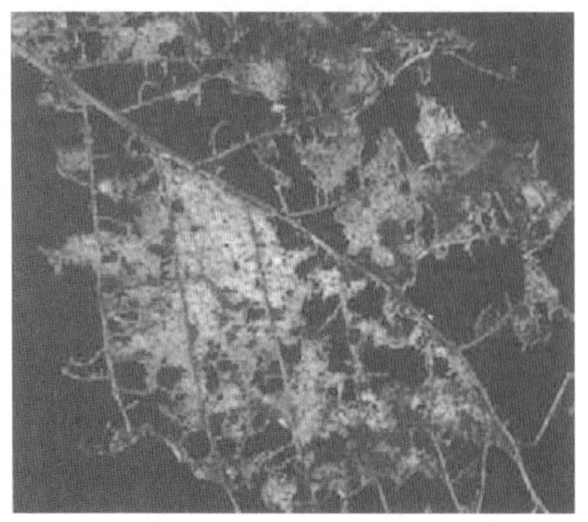

그림 78.2 죽은 생물체가 박테리아와 균에 의해서 분해된다. 몇 달간 땅에 떨어져 있던 나뭇잎이 거의 다 분해되어 있다.

그림 4.16. 사진의 검은 배경이 대상을 강조하여 표상하고 있다.

6. 사진에 관한 교육론

우리는 시각적인 문화에 살고 있으며, 시각적 표상이 우리의 일상에 널려 있다. 이것은 특히 역사적으로 표상 방법의 발달과 깊게 관련되는 과학에서 그러하다. 이 장에서 우리는 사진이 텍스트에서 독특하고 중요한 역할을 한다는 것과 사진 이미지와 캡션이 때로는 본문에서 부적절하게 인용되고 있음을 보여 주었다. 즉 사진과 캡션은 거의 독립된 형식으로 기능한다. 우리가 사진에 대한 연구를 시작한 것은 모든 학교급 학생을 대상으로 한 비형식적 연구에서 교과서에 사진이 많은데도 학생들이 사진에 거의 주의를 기울이지 않는다는 것이 나타났기 때문이다. 물론 이러한 경향은 과학 지식의 전달자로서 주로 언어(그리고 수학적 공식)에 초점을 둔 중등 과학과 대학 수업의 맥락에서 나타난 것이다. 우리는 교육적 자료로서 사진이 가진 잠재성이 아직 알려지지 않았다고 전제한 것이다. 사진에 대한 분석에서 사진의 구조적인 요소와 그것들 사이의 관계가 같은 교과서 안에서, 그리고 교과서들 간에도 다양하게 나타남을 보았다. 캡션의 주된 기능이 사진을 이해하고 해석하는 것을 돕는 것이지만, 캡션에 제공된 '정보'는 매우 다양하며 그로 인해 시각자료 자체가 변형되거나 시각자료와 교과서의 다른 구조적인 요소 간의 관계가 변형될 정도였다. 이러한 변형은 교과서에서 시각자료의 역할을 변화시킬 수 있다. 우리는 사진의 장식적, 예시적, 설명적, 보충적의 4가지 기능을 찾아냈다.

캡션에 제공되는 정보의 차이는 사진에 대한 독자의 해석에 영향을 주어 사진으로부터 배우는 것에 영향을 줄 뿐만 아니라 텍스트에서 시각자료의 역할 변화에도 영향을 준다. 예를 들면 사진에 캡션이 없는 것으로부터 텍스트와 사진이 직접 연결되지 않아서 그 책이 더 '아름답고', '천연색이고', '그림으로 가득 차' 있다고 추론할 수 있다. 사진에 표상된 것이 무엇인가만을 말해 주는 캡션은 이 사진이 예시적인 역할을 할 것이라는 생각을 하게 한다. 이들 경우에는 꼭 그림이 있어야 할 이유가 없다. 그림은 군더더기나 특이한 것, 또는 사례를 제공하여 텍스트를 보충할 뿐이다. 보충하는 것은 텍스트의 부분일 수도 있고 동시에 텍스트의 부분이 아닐 수도 있다. 이것은 그 자체로 완성된 어떤 것에 추가되는 것으로 보이며, 이러한 추가는 은연중에 내용을 수정하거나 때로는 어떤 것을 제거하기도 한다.

본문에서 색인 참조는 4종의 교과서와 같은 책 안에서도 다양하게 나타났다. 분석한 4종의 교과서 중 2종에서 색인과 관련된 유형이 나타났는데, 그중 하나는 문단의 끝에 색인을 제시하고 있으며 다른 하나는 색인을 전혀 제시하지 않았다. 다른 2종의 교과서는 본문에서 색인의 위치가 3가지 방식으로 서로 다르게 나타났다. 3가지의 서로 다른 방식은 문단의 끝, 텍스트의 중간중간에 시각자료와 관련된 특정 단어나 문장 뒤, 색인이 없는 경우이다. 색인을 표기하는 방식도 다양하게 나타났는데, 이것은 "(그림 4.1)", "(그림 1을 보라)", "… [그림 4.1]에서 볼 수 있는 것과 같이…." 등이었다. 우리의 분석을 통해 색인이 사용된 방식에 따라 시각자료의 역할이 변하거나 강화될 수 있으며, 텍스트의 구조적 요소와 사진 사이에 관계가 만들어질 수 있음을 보았다.

교과서의 저자는 단원명, 본문, 색인, 캡션과 사진을 관련짓는 많은 전략을 사용하고 있다. 어떤 개념을 나타내기 위해 한 장의 사진만 사용하는 것은 제한적일 수 있는데, 그 개념을 이해하기 위해 변화 사례가 필요한 경우 그것을 사진 한 장에 나타낼 수 없기 때문이다. 어떤 전략은 의미를 이해하는 데 방해가 되는 것처럼 보이는 반면, 다른 전략은 의미를 이해하는 데 도움을 주는 것처럼 보인다. 분명 잘못 배치된 색인은 의미를 이해하는 과정을 방해하고 '독자들에게 잘못된 방향을 지시할 수 있다'. 독자는 이 장에서 다룬 다양한 자료를 어떻게 활용할까? 6장에서 우리는 사진을 캡션과 텍스트가 있거나 혹은 없을 때 어떻게 사용하는지에 대해 브라질에서 수행한 일련의 면담을 보고하고자 한다.

5장

수업에서 이루어지는 도해력

사람들 사이의 의사소통은 교과서에 국한되는 것이 아니다. 교사, 교수, 대중 연사, TV 아나운서 등은 언어 이외에도 다양한 종류의 의미 형성 자료, 즉 운율, 몸짓, 몸의 움직임 등을 사용하여 청중의 이해를 돕는다. 그러한 대화가 시각자료를 가지고 또는 시각자료에 대해서 일어나는 것은 새로운 차원의 도해력을 형성한다. 이것은 첫째, 화자의 측면에서 시각자료의 특징을 강조하여 나타내는 기호학적(의미 형성) 자료에 대한 기술을 포함한다. 둘째, 청중의 측면에서 시각자료를 이해하기 위해 화자가 제공한 자료를 사용하는 지식능력을 포함한다. 이 장에서 우리는 화자가 사진이 투영된 슬라이드 화면 옆에 서서 발표하는 맥락을 다룬다. 여기서 비판적인 도해력이 고려해야 하는 기호학적 자료에 관심을 가진다.

앞 장에서는 브라질 고등학교 생물 교과서에 사용된 사진의 구조적 특징이 사진의 이해에 문제를 야기할 수 있음을 알았다. 사진에는 맥락적 군더더기가 많기 때문에 그 자체가 지각적으로 구조화되어 서로 다른 방식으로 해석될 수 있고, 독자는 무엇이 중요한 과학적 현상인지 구분하지 못하는 경우가 많다. 또한 캡션이나 본문도 독자가 특정 과학 텍스트를 읽으며 사진의 의미를 이해하는 방식을 제한하기보다는 사진의 여러 가지 의미를 만들어 줄 수 있음을 알았다.

수업 중에 발표자나 교사가 사진을 사용하면 우리는 그들이 독자가 텍스트를 읽을 때에는 얻을 수 없는 기호학적 자료를 제공할 것으로 기대할 수 있다. 예를 들면, 어떤 상황에서 강사가 몸짓을 사용하거나 지시봉이나 레이저 포인터를 사용해 사진의 특정 지점을 가리킬 것이다. 언어학에서 이렇게 가리키는 것을 **지시적**(deictic) 동작이라고 한다. 또한 강사는 **도상적** 몸짓을 사용할 수 있는데, 이것은 몸짓의 모양이 그것이 묘사하는 현상과 지각적으로 유사하기 때문에 이와 같은 이름을 지은 것이다. 항공 사진에 있는 호수의 경계를 따라 손을 움직이는 것이나, 두 손을 사용하여 두 강의 합류를 나타내는 것은 도상적 몸짓이다. 즉 수업 맥락에서 사진을 통해 학습하는 것은 교과서에 있는 사진을 통해 학습하는 것과 아주 다른 종류의 일이라고 생각할 수 있다.

이 장의 목적은 강사가 청중에게 사용하는 기호학적 자료를 탐색하는 것이며, 그러한 자료는 사진이 표현하려고 의도했던 것을 더 잘 이해하도록 도와줄 수 있다. 화자가 사진을 가지고 과학 내용을 이야기하는 사례를 살펴본다. 우리는 '수업'에 초점을 두는데, 그것은 많은 수의 청중에게 과학적 내용을 혼자 이야기하는 상황이다. 우리는 말과 몸짓, 화자가 청중이나 사진에 대해 가지는 상대적인 위치를 분석하여, 화자가 말하는 단어와 몸짓과 몸의 방향이 사진의 일부분에서 과학 내용에 해당하는 것을 어떻게 드러내 보이는지 관심을 가진다.

1. 수업에서 사용되는 사진의 기호학

고등학교 생물 교과서에는 사진이 많다. 어떤 사람은 이것이 많은 양의 정보를 시각적 수단을 통해 얻을 수 있음을 의미한다고 생각하기 쉽다. 그러나 우리가 앞 장에서 보았듯이, 사진은 그 하나만으로는 미분화된 정보들을 너무 많이 담고 있어서 사실상 의미하는 바가 적다. 불필요한 '군더더기'로 가득 차 있어서 다르게 보고, 다르게 해석할 수 있다. 한편으로 이러한 사진의 군더더기들은 실생활과 연속적으로 연결되는 공간을 제공하여 독자가 자신 주변의 일상 세계와 관련짓도록 한다. 다른 한편으로 이 군더더기는 문화적 코드를 거의 제공하지 않아서 사진의 의미나 저자가 의도한 의미를 제한하지 못한다. 이것은 사진의 사용자가 코드를 만들어 내야 함을 의미하며, 그 코드는 지각적 구조화의 결과로 나타난다. 하지만 구조화 방식의 가능한 범위는 제한될 수 있다. 즉 사진의 의미 범위를 통제하기 위해 저자는 캡션을 사용하거나 사진/캡션 조합을 본문에 넣음으로써, 독자가 만드는 의미를 제한한다. 즉 텍스트는 일관성 있는 순서를 명시하여 과학적 대상에 대한 논리적인 가시성(rational visibility)이 나타나도록 한다. 따라서 과학책이나 과학 학술지와 같이 사진과 텍스트만 있는 경우에, 읽기 작업은 부분적으로 캡션과 본문과 사진이 어떻게 연결되었는지 알아내는 것이 된다. 과학적 발견이나 제시된 개념에 대한 정확한 의미를 구성하고 재구성하기 위해 읽기의 작업이 필요하다. 텍스트는 독자가 사진을 보는 방법을 말해 줌으로써 제한을 가한다. 텍스트는 특정한 교육적 배열을 구성한다.

그러나 사진이 문자로 쓰인 텍스트 대신 언어와 함께 있는 경우를 고려하면 상황은 달라진다. 예를 들면, [그림 5.1]의 사진과 그것에 대해 말하고 있는 사람이 만들어 낸 텍스트를 보자. 만약 이 사진과 관련된 텍스트가 교과서의 일부라면 독자는 이 그림을 해석하는 데 어려움을 겪을 것이다. 예를 들면, 어느 산이 '이 산'인가? 텍스트에서 '다른 쪽'이라고 말한 부분은 사진의 어디인가? '여기 위'라고 한 말은 사진의 어디인가? '여기'나 '이'라는 용어는 원래 맥락에 민감한 말이기 때문에, 우리는 [그림 5.1] 아래에 있는 텍스트가 교과서의 일부가 아니라는 것을 추측할 수 있다. 만약 [그림 5.1]의 텍스트와 사진이 수업 등의 대화 상황에 이루어진 것이라고 생각하면 우리는 다르게 해석할 수 있다. 이 사례에서 청자는 해석에 필요한 주변적 단서에 의존해야 한다. 의미를 이해하기 위해 정해진 텍스트만 고려하는 것이 아니라 맥락적으로 제공된 단서도 고려해야 한다. 그러나 [그림 5.1]의 사진 아래에 있는 텍스트가 문자로 쓰여진 텍스트가 아니고 말로 행해진 텍스트임을 깨닫더라도 강사가 사진

'여기서 일어나는 일은, 만약 비가 내리면 이 산에서 떨어져 한쪽으로 흘러내리고 또 다른 쪽으로 흘러내릴 것이다. 그래서 작은 지류가 여기 위에 형성되고 더 넓은 지천으로 연결되고 계속 거쳐서 이 지역 전체로 흘러든다.'

그림 5.1. 사진과 강사가 청중이 어디를 봐야 하는지 설명하는 말의 사례. 동시에 그 기술은 청중이 보아야 할 것을 어떻게 봐야 하는지도 가르쳐 준다.

속의 어떤 대상을 의도했는지 확인하는 문제는 여전히 남는다. 이 사진과 텍스트의 의미를 청중이 이해하기 위해서는 추가적인 자료가 필요하다. 이야기하는 상황에서 이러한 자료들은 다른 것들보다도 화자가 말하는 도중에 사용하는 몸짓과 몸의 방향으로 구성된다. 따라서 텍스트와 사진의 두 조직화된 물질 자료는 몸짓과 몸의 방향에 의해 서로 연결되고 조정된다고 할 수 있다. 이 장에서 화자의 몸짓과 몸의 방향은 청중이 의미를 만들 때 생산된 (기호학적) 자료라고 생각한다.

2. 말과 몸짓 그리고 사진

수업과 같은 대화 상황에서 화자와 청자는 서로의 자료(몸의 움직임, 몸짓)를 사용하여 대화를 조정(coordination)할 수 있고, 좀 더 일반적으로 말하면 모든 상호 작용을 조정할 수 있다. 개인에게만 나타나는 아주 독특한 몸짓일지라도 청자는 그것을 적극적으로 해석하고 내용을 이해하는 데 자료로 활용한다는 증거가 있다. 사실 말과 몸짓이 서로 다른 개념을 표현할 때, 몸짓이 좀 더 믿을 만한 것이고 좀 더 개념적으로 앞선 것이다.[1] 특히 수학이나 과학의 교수-학습 환경에서 몸짓의 중요성을 고려할 때 과학적 대화나 수학적 대화에서 몸짓의 역할이 교육 연구에서 거의 탐색되지 않았다는 것은 놀랄 만한 일이다.

몸짓은 지금까지 비트[또는 배턴(baton)], 지시적, 도상적, 메타포적 성격의 몸짓 등 다양한 유형으로 분류되었다. 비트(beat)는 명제적 또는 주제적 내용은 없으나 의사소통에서 일시적인 구조나 강조적 구조를 형성하는 몸짓이다. 비트는 상호 작용적 몸짓으로 기능하여, 대화의 순서를 조정하거나, 응답을 요구하거나, 이해를 인정하는 데 사용된다. 지시적 몸짓은 구체적이거나 추상적인 지시에 사용된다. 그것은 내용의 어떤 측면을 '지시'하여 그것이 어떤 것 사이에 두드러지게 드러나도록 하고 나머지 배경은 흐려진 바탕이 되게 한다. 그 내용의 측면에 대해 말이 수반되는데, 그 말은 지시적 몸짓에 의해 두드러지게 나타난 지시 대상과의 관계에 의해 **근거화**된다. 따라서 이러한 몸짓은 맥락 의존적이다. 지시적 몸짓과 지시적 말은 상호 작용에서 함께 중요한 역할을 하는데, 그것은 그들이 그림(주제)과 배경을 구분해 주기 때문이다. 주위 환경에서 어떤 것을 가리키거나 방향을 지시하는 것 외에도 지시적 동작은 추상적인 공간을 만들고 유지하는 데 사용되며, 그 공간은 공유된 공간으로 청자가 매번 말하지 않아도 계속 사용할 수 있는 것이다.

몸짓이 나타내는 것과 그것이 전하려는 내용과 그 모양이 동형일 때 그 몸짓은 도상적이라고 말한다. 즉 도상적 몸짓은 구체적인 실체나 사건과 지각적인 관계를 유지하는 손/팔의 움직임이다. 이러한 지각적인 유사성으로 인해 의사소통에 강점을 지니는데, 도상적 몸짓은 그것이 전달하는 것과 거의 투명한 관계를 가지고, 특히 구체적인 대상이나 사건이 함께 이야기되는 경우 그렇다. 황소에 대해 말을 하면서 손가락으로 뿔 모양을 만들어 보이는 것이 도상적 몸짓이다. 메타포적 몸짓은 도상적 몸짓과 비슷하지만 구체적인 대상이 아닌 추상적인 대상을 시각적으로 표현하는 것이다. 수학자가 왼쪽 손바닥을 움직여 정지해 있는 오른손 바닥에 가까이 대면서 수학에서의 극한(예를 들면, 미적분학에서)을 얘기하는 경우가 메타포적 몸짓의 사례이다.

의사소통을 위한 만남에서 화자와 청자는 말하는 것의 의미를 제한하는 맥락을 제공하는 많은 자료를 서로 사용한다. 몸의 여러 부분에서 보이는 다양한 종류의 동작이, 사진에서 분리되어 나오는 것이 가능한 여러 내용의 범위를 제한함으로써, 지금 이야기하는 것을 어떻게 이해해야 하는지에 대한 단서를 제공한다. 몸은 대화 상황에서 이해하는 데 아주 중요하며, 만약 서로 막혀서 볼 수 없다면 의사소통이 끊기거나 보충 설명이 필요하게 될 가능성이 커진다. 시각자료를 사용하는 수업에서 몸짓은 강사가 말과 시각적 표상을 조직하고 정렬하는 중요한 자료이다. 시각자료와 몸짓과 말이 전하는 내용이 불일치하는 경우 청자의 입장에서 이해하는 데 어려움을 겪기 때문에 몸짓은 의미 형성 과정에 중요하다.

3. 사진과 몸짓 그리고 몸의 방향

의사소통은 이미지와 언어 사이의 변증법적(상호 전제적) 관계의 용어로 분석될 수 있다. 여기서는 두 가지 형태의 이미지(사진과 몸짓)가 말의 짝이 되고, 이미지와 언어가 함께 하나의 단위를 형성한다. 서로 다르면서도 동시에 분리가 불가능한 요소를 포함하는 단위는 변증법적인 단위이다. 이것은 텍스트(문어와 구어)와 사진이나 몸짓에 구현된 이미지 사이에 고유한 긴장 관계가 존재함을 의미한다. 이들 두 의사소통 도구는 언어의 유형학적 성격(단어, 분류)과 이미지와 몸짓의 위상학적 성격(연속성, 모양, 표면) 사이의 차이점으로 대조될 수 있다.2 그러나 이미지-언어 변증법에는 추가적으로 무엇인가가 있는데, 그것은 말과 몸짓은 대화의 과정에서 생산되지만 사진은 안정된 바탕을 구성하고 있다는 점이다.

말과 몸짓은 사진과 변증법적 관계에 있으며 함께 생산되고, 독자에게 사진에서 무엇을 찾을 수 있는지 말해 준다. 동시에 사진은 강사가 이야기한 현상이 존재한다는 증거로 간주될 수 있다. 몸짓은 텍스트와 함께 나타나며 사진을 향하고 있고 텍스트, 사진, 몸짓이 하나의 종합된 행위로 통합되는 기반을 제공한다.

화자가 만든 몸짓의 유형과 모양은 또한 몸의 방향에 의존한다. 실제로 몸의 방향은 해석적인 틀을 구성하는데, 몸짓의 해석에 유연성을 제한함으로써 사진의 의미를 증가시키거나 배가하기까지 한다. 따라서 우리는 수업의 장면을 몸짓과 몸의 방향에 따라 분석하였다.

사진은 일반적으로 넓은 범위의 해석을 유발한다. 강사가 사진을 참고할 때 그는 이야기 주제와 맞지 않은 다양한 해석(그것이 올바른 해석일지라도)이 나타나는 것을 제한하는 여러 전략을 사용할 수 있다. 교과서나 학술지에서 사용하는 이러한 전략에는 서술된 텍스트, 사진에 대한 인용, 캡션 등이 있고, 예외적인 경우에는 화살표나 강조점 등이 사진 위에 직접 그려지기도 한다. 이러한 전략은 사진을 다르게 해석하는 것을 제한하기는 하지만 완전히 막지는 못한다. 그러나 사진이 수업 상황에서 사용될 경우에 잘못된 해석을 제한하기 위해 강사가 사용하는 전략은 이들과 다르다. 텍스트가 청중을 사진의 '올바른 세부 사실'로 방향을 잡는데 중요한 역할을 하기는 하지만, 텍스트는 모호성이 있으므로 텍스트와 사진이 좀 더 분명히 연결될 필요성이 있다. 이러한 맥락에서 몸짓과 몸의 방향은 사진을 지시하는 것으로만 기능할 뿐 아니라, 텍스트와 사진을 서로 분명히 연결 짓는 도구가 될 수 있다. 몸짓을 통해 강사는 사진을 보는 방법의 범위를 좁힌다. 즉 언론인이나 TV 시청자가 로스앤젤

레스 경찰이 로드니 킹을 때리는 것을 볼 때, 피고인 측 경찰전문가가 경찰이 로드니 킹을 때리려는 의도가 아니고 '지능적으로 제압'하려는 의도를 가지고 있었다는 증거를 비디오에서 어떻게 볼 수 있는지 배심원과 판사에게 가르쳐 주는 것을 볼 수 있다.[3] 앞 장에서 우리는 교과서 저자가 텍스트와 구도를 사용하여 독자가 그림에서 무엇을 어떻게 보아야 하는가를 제한하는 경우를 보았다. 우리는 연구를 통해 특정한 말이 몸짓이나 몸의 방향과 직접적으로 연결되고, 그를 통해 상대방을 사진으로 안내하는 것을 보여 주고자 한다. 즉 강사는 청중을 사진으로 안내할 때 말이나 텍스트뿐만 아니라 몸짓과 몸의 방향을 사용한다.

말의 정교함과 구체성에서 부족한 부분이 말과 직접적으로 연관된 몸짓과 몸의 방향에 의해 보충된다. 즉 텍스트는 자체적인 모호성으로 인해 많은 의구심을 불러일으킬 수 있는데, 그것을 보완하는 몸짓에 의해 텍스트가 강화될 수 있다. 텍스트와 몸짓은 함께 구조화되어 렌즈가 되며, 그 렌즈를 통해 사진을 보게 된다. 비록 서로 다른 해석이 여전히 나타날 수 있지만, 수업 상황에서 사진은 그에 대한 새롭고 다양한 해석 기회가 상당히 줄어든 좁은 해석적 지평을 가질 수 있다.

몸의 방향은 몸짓 주변에서 나타나는 것의 하나로, 사진에서 부각되는 내용을 맥락화한다. 그러한 몸짓 주변의 변화를 청중이 감지하여 현재 제시된 사진으로부터 주의를 돌리고 말과 몸짓의 관계에만 초점을 두게 하는 단서가 된다. 화자가 청중과 사진을 보여 주는 스크린 사이에 있고 그 스크린에 화자가 가까이 있을 때 우리는 두 가지 몸의 방향을 구분한다. 첫째, 화자의 머리와 어깨나 상체가 사진을 향하는 경우, 이러한 방향은 몸짓과 말이 사진에 있는 어떤 것에 관련된다는 신호가 된다. 둘째,

화자가 분명히 청중을 향하는 경우, 이 방향은 일반적으로 현재의 주제가 사진에서 직접적으로 얻을 수 없는 것이라는 신호가 된다.

따라서 청중이 사진과 강사를 볼 수 있는 상황에서 몸의 방향은 청중이 말로 전하는 텍스트가 제공되는 상황에서 사진을 해석할 때 의존할 수 있는 자료가 된다. 강사의 몸이 향하는 방향은 그것이 청중에게 사진이나 강사 중 어디에 초점을 두어야 하는지 단서를 제공하는 한, 서로 다른 몸짓을 구분해 내는 것을 도우며, 언어 텍스트와 사진을 연결하는 자료를 제공한다. 강사의 위치나 방향은 이야기의 서로 다른 단계를 나타내며, 청중이 단지 강사의 위치만 보아도 그 단계를 파악할 수 있는 자료가 되는 셈이다. 강사가 사진을 향해 몸을 돌리면 그 몸의 방향은 "이제 사진을 보라."라고 말하는 것과 같다. 또한 강사가 사진에서 몸을 틀거나 청중을 향해 서서 사진을 등 뒤에 둔다면 이것은 "사진 말고 나와 내 몸짓에 주의를 기울여라."라고 말하는 것과 같다. 강사는 이것을 말로 할 필요가 없고 몸의 방향을 바꿈으로써 이러한 내용을 표현한다.

4. 몸짓과 몸의 방향의 기능

몸짓은 수업 중 청중이 사진을 해석하는 데 의존하는 기호학적 자료 중 가장 중요하다. 우리가 몸짓을 분류함으로써 사진이 교과서나 학술지에 실려 있는 상황이 아니고 수업에 사용될 때 수행하는 교육적 기능을 탐색할 수 있다. 몸짓을 분류하여 기술함으로써, 수업에서 사진을 사용하고 해석하는 일과 관련하여 사진과 텍스트와 몸짓이 상호 작용하는 것을 분석할 수 있다. 우리는 사진을 해석하고 그것을 대화의 주제, 즉 가르치는 내용과 연결하는 작업에서 몸짓의 각 기능을 강조한다. 분석한 여러 수업에서 개념을 설명하는 텍스트의 양을 제한하기 위해, 우리는 사례를 선정할 때 15분짜리 수업에서만 선택하였으며, 수업을 한 사람은 생물학자이며, 환경보호론자로 4달간 환경 단원 수업에서 7학년 교사 2명을 계속 보조해 온 사람이다.

선택한 수업에서 강사는 사진, 항공 사진, 지도 등의 슬라이드에서 '배수지' 개념을 가르치려고 하였다. 칠판 앞의 스크린에 비추어진 배수지 개념과 관련된 설명을 하는 동안 생물학자인 환경보호론자는 스크린 옆 또는 앞에 서 있었다. 다른 수업에서도 그녀는 동일한 사진을 여러 개 사용했는데 사진 중에는 인근 주립 연구 기관의 과학자에게 건넨 사진도 포함되어 있었다.

분석 과정에서 우리는 몸짓/몸의 방향이 사진과 관련하여 어떤 기능을 하는가에 따라 수업 자료를 분류하였다. 사진을 이해하는 기호학적 자료로 나타나는 몸짓/몸의 방향 기능을 표상, 강조, 주목, 지적, 외곽선, 추가, 확장, 위치(표 5.1)의 8가지로 분류하였다. 이 분류 틀에서 우리는 강사가 몸짓할 때의 위치, 몸짓과 사진의 관계(예를 들면, 사진이 몸짓의 배경으로 사용되었는지 여부), 대상/현상이 사진에서 시각적으로 확인 가능한지 여부, 몸짓이 말이나 사진과 관련하여 수행하는 기능 등을 고려하였다. 우리는 몸짓이 지시적인가, 도상적인가, 또는 둘 다인가. 몸짓이 특수적인가, 일반적인가. 몸짓이 제시하는 현상이 사진에 있는가, 없는가. 몸의 방향은 어떠한가(표 5.1) 하는 기준에 따라 구분하였다. 15분간의 수업에서 총 92개의 몸짓이 있었다.

표 5.1 사진과 수업에서 몸짓/몸의 방향에 따른 기능들

기능	특징				
	몸짓으로 표현한 현상이 사진에 있는가?	지시적/도상적	특수적/일반적	몸의 방향	사례 수
표상하기 (representing)	없다	도상적	일반적	청중을 향함	30
강조하기 (emphasizing)	있다	도상적/지시적	일반적	사진을 향함	20
주목하기 (highlighting)	있다	지시적	일반적	사진을 향함	12
손가락으로 지적하기 (pointing)	있다	지시적	특수적	사진을 향함	11
외곽선 그리기 (outlining)	있다	지시적/도상적	특수적	사진을 향함	8
추가하기 (adding)	없다	도상적	특수적	사진을 향함	6
확장하기 (extending)	없다	지시적	특수적	사진을 향함	3
위치 짓기 (positioning)	없다	도상적	일반적	사진을 향함	2

(1) 표상하기

이것으로 분류된 몸짓은 강사가 대상이나 현상을 나타내기 위해 하는 몸짓으로, 그 대상이나 현상이 사진에 없지만 사진의 어떤 특성과 연관되는 것이다. 말로는 사진에 연결되는 것을 말하지만 몸짓은 사진에서 볼 수 없는 어떤 것에 대한 것, 예를 들면 항공 사진에 있는 길의 하향 경사(그림 5.2)를 나타낸다. 이 몸짓은 도상적인 것으로 청중에게 익숙한 실제 대상의 모양이나 움직임과 유사성이 있다. 또한 그것은 일반적인 것

'트사르틀립 밴드(Tsartlip Band) 저수지를 통해서 가는데, 약간 언덕의 내리막으로 가게 된다.'

그림 5.2. 표상 항목의 몸짓 사례. 사진에 몸짓이 나타내는 것이 없다. 화자의 머리는 청중을 향해 있는데, 옆으로 서서 손/팔의 하향 움직임이 보이게 한다. 이 몸짓은 도상적이고 일반적이다.

으로, 어떤 특정한 경사를 보여 주는 것이 아니고 일반적인 경사를 나타내는 것이다. 그러한 몸짓을 사용할 때 화자는 항상(100%) 자신의 위치를 스크린과 평행한 어느 지점에 놓고 청중을 보고 있었다(이런 몸의 방향은 전체의 25%이다). 이 형태의 몸짓/몸의 방향은 분석한 배수지 수업에서 가장 빈번하게 나타났다. 전체 수업 중 30회의 표상 몸짓이 기록되었다.

[그림 5.2]는 **표상** 항목의 사례를 보여 준다. 여기서 화자는 바로 전 다른 몸짓 유형으로 지적한 길의 내리막 경사를 나타내고 있다. 그녀의 몸은 반 정도 청중을 향해 있으며, 항공 사진에 나타나지 않은 언덕의 경사를 말하기 시작하면서 몸을 움직인다. 화자는 말과 몸짓을 하면서 청중을 봄으로써, 사진으로부터 몸짓으로 주의를 돌리는 행동을 눈에 띄게 한다.

따라서 이러한 몸짓은 청중의 주의를 사진과 화자로부터 화자만 보도록 이동시키는 자료를 제공할 뿐 아니라, 사진에서 볼 수 없거나 다른 방법으로만 볼 수 있는 어떤 것을 나타내서 대화의 주제를 이해하도록 돕기도 한다. 즉 현재 상황에서 청중은 사진에서 마을 해안선을 따라 강으로 이어지면서 이리저리 휘어진 길이 배수지를 나타낸다는 것을 하늘에서 조망하는 새의 관점에서 볼 수 있다. 화자의 몸짓은 학생들이 이 길을 따라가 본 경험에 연결하는 수단을 제공한다. 즉 몸짓은 도상적이고 길을 따라 운전하는 것이 체화된 표상이며, 그 길은 항공 사진을 통해서만 청중이 볼 수 있다. 몸짓은 사진에서 제3의 차원을 열고, 그것을 대화와 연결하며 사진이 부분적으로 보여 주는 세상과 연결한다.

우리가 서로 다른 유형의 몸짓을 분석해 낸 수업의 주제는 배수지 개념이다. 이 상황에서 강사의 표상적 몸짓은 학생들이 배수지를 정의하는 것을 돕는다. 이 지역의 모든 물을 모으는 강을 향해 난 내리막을 따라 길이 나 있다. 사실 길은 강이 항구와 만나는 곳에서 단지 200m 앞에서 강을 건넌다. 몸짓은 내리막 경사를 시각적으로 표현하기 위해 사용되었으며, 이것은 사진이 그 속성상 묘사할 수 없는 것이다. 마찬가지로 강사가 유역을 언급하면서 팔을 굽혀 바닥에 평행한 원을 만들면 청중은 시각적 자료와 구두적 자료를 연관 지어 유역을 제한된 범위로 정의할 수 있다(그림 5.3). 여기서 청중을 향해 서서 두 팔로 한 몸짓(예를 들면, 그림 5.3)은 '유역을 정의하고 제한하는 땅의 높이'를 의미한다. 강과 비교되는 땅의 높이는 전사된 이미지에서는 볼 수 없고 몸의 방향을 통해 분명하게 나타나는 사실이다. 즉 이 두 번째 사례는 [그림 5.4]에 있는 몸짓과 겉으로는 비슷하지만 표상 몸짓에 해당한다. 다른 상황에서 그녀는 똑같은 몸짓을 사용하였지만 그때는 두 팔을 아래쪽으로 움직여 만나게 하고 이리저리 움직여 강이 바다로 흘러가는 것을 나타냈다.

'그래서 여기는 기본적으로 땅으로 떨어지는 물이 모이는 배수 지역이다.'

그림 5.3. 표상 항목의 몸짓의 사례. 화자는 몸을 완전히 청중을 향해 있고, 강으로 흘러가는 배수지를 구성하는 강 유역(basin)의 시각적 이미지를 제공한다. 이 현상은 항공 사진에서 바로 볼 수 없다. 몸짓은 땅의 높이를 나타내므로 도상적이고, 특정한 높이가 아니고 유형을 나타내므로 일반적이다.

(2) 강조하기

이 범주에 포함되는 몸짓은 사진에 있는 실체를 직접적으로 강조하는 도상적인 몸짓이다. 이 몸짓은 말로 언급된 대상(현상)의 모양이나 움직임, 방향을 따라 행한다. 따라서 이 몸짓은 지시적 기능도 한다. 화자가 이러한 몸짓을 할 때는 일반적으로 사진을 향해 서 있고(청중의 시선과 투영된 이미지가 평행한 어떤 지점에), 몸짓으로 표현한 현상이 사진에 있다. 여기서도 역시 화자의 몸이 향하는 방향은 청중에게 몸짓과 사진의 해당 지점 사이의 관계를 살피도록 지시하는 틀로 기능한다. 분석한 수업에서 배수지 개념을 제시하는 동안 강조하는 몸짓이 20회 나타났다.

예를 들면 [그림 5.4]에서 몸짓은 두 강(그레이엄 강, 헤이건 강)의 범람을 강조하며 어느 지점에서 합류하는지 강조한다. 화자가 구체적으로 사진의 강을 추적하지는 않았지만, 이 몸짓의 배경은 항공 사진이며, 그녀는 이 수업 방향을 사진에서 볼 수 있는 것처럼 개략적으로 표현하였다. 그녀가 몸짓을 하는 부분 어딘가에서 두 강이 만나므로 이 몸짓은 도상적

'그레이엄 강은 이쪽으로 올라가고, 헤이건 강은 이쪽으로 내려온다.'

그림 5.4. 강조 몸짓의 사례. 지시하는 실체가 사진에 있고, 몸짓은 일반적이고 도상적·지시적이며, 몸의 방향은 사진을 향한다.

이다. 왼팔이나 오른팔 중 어떤 것도 강과 평행하지 않으므로 이 몸짓은 일반적이다. 몸짓은 학생들이 지시하는 것을 찾기 위해 특정 방향을 보게 하므로 이 몸짓은 지시적이다.

유역 개념을 이해하는 데 핵심적인 것은 그 지역으로 흘러드는 모든 물은 강으로 흘러 바다의 한 지점으로 흘러든다는 생각이다. 유역은 특정 지역의 공통적인 배수 구역으로, '땅의 높이'로 정의된다. [그림 5.4]는 두 개의 강이 공통으로 향하는 방향을 강조하는 역할의 몸짓을 분명히 보여 준다. 두 개의 강을 순서대로 지적한 후 두 팔로 하는 몸짓은 두 강과 그것의 범람을 동시에 나타내며 배수 구역으로서 유역의 특성을 강조한다. 그녀가 사진으로부터 몸을 돌려 두 팔 몸짓을 수평 방향으로 돌리면, 같은 몸짓이 물이 넘치는 '땅의 높이'를 가리키고 바다로 굽이굽이 흘러가는(구불구불 흐르는 움직임은 마주 잡은 손으로 표시) 강을 가리킨다. 유역에서 물이 아래로 흘러가는 것은 사진에서 볼 수 없다. 그러나 이것은 표상적 몸짓을 통해 지각적으로 접근할 수 있게 된다. 여기에서 몸짓은 아래쪽으로 흘러가는 움직임의 개념을 추가하며, 따라서 정적인 사진과 동적인 현상을 연결한다.

(3) 주목하기

주목하는 몸짓은 일반적인 모양을 가진 지시적 몸짓이다. 대개 명확한 경계가 없는 원이나 타원 모양이다. 이 몸짓은 어떤 것이 있는 부분을 대략적으로 보도록 하는 데 사용된다. 따라서 몸의 방향은 사진을 향한다. 예를 들면, 학생들에게 학교와 마을이 나오는 유역 분지의 항공 사진을 처음 보여 주면서 화자는 계곡을 만드는 산과 같이 잘 정의되지 않는 부분을 보도록 할 때 이 몸짓을 사용하였다. 경계가 뚜렷하지 않기 때문에 대상을 정확히 찾아내기 어렵다. 원형의 몸짓(예를 들면, 그림 5.5)은 단지 보는 사람의 주의를 사진의 어떤 부분에 자리 잡게 할 뿐 어떤 특정한 부분을 보도록 돕는 세밀함은 없다. 따라서 학생들이 화자가 말하는 실체의 이름(산의 이름)을 정확히 말하는 데 시간이 걸린 것은 놀랄 만한 일이 아니다. 유역 개념에 대한 짧은 수업에서 12개의 주목 몸짓이 확인되었다(표 5.1).

우리는 이러한 몸짓이 사진에 있는 어떤 것을 가리키는 데, **구분** 몸짓(아래를 보라)처럼 뚜렷한 경계를 지정하지 않고 일반적인 방식으로 가리킨다는 측면에서 지시적 몸짓의 독특한 유형이라고 간주한다. 이러한

'그리고 이쪽 위에, 어떤 것(이것은 무엇인가)?'

그림 5.5. 주목하기의 사례. 몸짓은 도상적이며, 어떤 것을 가리키고, 사물의 경계가 분명히 정의되지 않았으므로 일반적이다. 몸의 방향은 사진을 향한다.

의미에서 이것은 사진에서 어떤 것도 꼭 집어 가리키지 않고 일반적인 방식으로 어떤 것을 보이는 지시적 몸짓이다.

사진에는 원래 중심 내용과 무관한 세부적 내용들이 가득 차 있다. 그래서 사진에서 보아야 할 것을 골라내기 어렵게 하는데, 현재 사례에서도 학생들은 화자가 부각해 보이려고 하는 산이 아닌 다른 것의 이름을 말하였다. 사실 동일한 사진이 서로 다르게 해석될 가능성은 무한히 많다. 텍스트는 이러한 가능성을 좁히고 듣는 사람이 사진에서 '올바른 부분(즉 유역 개념을 이해하는 데 필요한 부분)'을 찾도록 안내해 준다. 교과서에서 캡션과 본문은 적절한 맥락을 제시한다. 수업에서 텍스트는 구두 언어로 제공되고, 강사의 몸짓과 몸의 방향은 추가적인 기호학적 자료로 청중이 사진에서 배경과 전경을 구분하고 제시된 어떤 맥락에서 적절한 세부 사항을 찾아내는 것을 돕는다. 사진에서 산의 범위를 대략적으로 표시할 때 화자는 청중의 주의를 사진의 핵심적인 대상에 기울이도록 하였다. 유역은 땅의 높이로 인해 구역화되며, 이 특정 유역에서 사진 속의 산은 학생들의 마을과 학교가 포함된 유역 경계의 일부가 된다. 따라서 사진에서 이 대상을 확인해 내는 것은 그것이 일반적인 방식으로 진행되더라도 수업의 중요한 부분이며, 주목의 몸짓은 논란의 여지없이 분명하게는 아니더라도 유역 경계의 본래 성격이 나타나는 데 도움을 준다.

(4) 손가락으로 지적하기

손가락으로 지적하는 몸짓은 지시적 몸짓에 속한다. 수업 중에 강사는 사진에 있는 구체적인 대상을 가리키거나, 어떤 경우에는 전체 사진을 가리키기도 하였다. 지적은 아주 구체적인 것으로 사진 속에서 (적어도 강사에게는) 명확하게 구분되는 대상임을 지시한다. 이것은 종종 지시적인 용어, '이것', '저것', '여기' 등의 말과 함께 나타난다. 이 상황에서 대상은 항상 눈으로 확인 가능한 것이다. 즉 지시하는 행위는 청중이 그것을 이해하기 위해 대상이 존재할 것을 요구한다. 이러한 대상의 특성, 즉 시각적 접근 가능성은 우리의 분류에서 지적과 확장을 구분하는 데 가장 중요한 특징이 된다. 유역에 대한 수업에서 지적 몸짓은 11번 나타났다.

[그림 5.6]에서 화자가 사진을 가리키며 '여기'라고 말할 때, 그녀는 지적 이상의 것을 행하였다. 즉 학생들은 사진에서 그들의 학교를 찾기 위한 지표를 얻을 뿐 아니라, 그 대상의 경계가 확장되는 것도 볼 수 있다. 실제 학교는 그것을 전체 사진이나 [그림 5.5]의 산과 같이 확대된 대상과 비교하면 작다. 확장된 실체가 작을 때 학생들은 지금 지적되고 있는 것을 쉽게 확인할 수 있다. 이 몸짓은 학교의 정확한 위치를 사진의 전경으로 가져오며 그 이외의 모든 것을 배경에 남게 한다.

이와 같은 몸짓은 그 특수성 때문에 앞의 분류 항목(주목)과 구분된다. 즉 지적은 사진에서 아주 구체적인 대상이나 현상을 말해 주며, 주목은

'그리고 여러분의 학교는 여기쯤일 것이에요.'

그림 5.6. 지적의 예. 이 몸짓은 구체적이고 지시적이며 몸의 방향은 사진을 향한다.

좀 더 일반적인 몸짓으로 사진에서 완전히 제한되지 않은 것을 가리킨다. 이 상황에서 사진을 서로 다르게 해석할 가능성이 좁혀져서, 강사가 의도한 하나의 해석만이 가능해진다. 청중은 강사가 사진에서 가리키고 있는 것을 볼 수 있는 한, 텍스트와 사진은 즉각적으로 연결된다. 그러나 지시되는 실체가 공간적으로 확장되는 것이라면 단순한 지적 몸짓으로는 불충분하다. 그것은 실체를 말하는 것일 수도 있고 실체의 일부(비숙련자는 이것을 실체라고 해석할 수 있다)를 말하는 것일 수도 있기 때문이다. 이런 경우에 외곽선 그리기 몸짓이 학생들에게 기호학적 자료를 제공한다.

(5) 외곽선 그리기

외곽선을 그리는 몸짓은 아주 특이한 지시적 몸짓으로 사진에 있는 어떤 실체의 모양을 따라가는 움직임이다. 몸짓이 이루어지는 시간 동안 대상과 (거의) 동일한 모양을 쫓아가므로 이것 또한 도상적이다. 외곽선 그리기 몸짓에서 화자는 항상 사진을 활용하며, 청자는 몸짓의 도움을 받아 그림과 배경의 구분을 기대할 수 있다. 외곽선을 그린 것이 사진 안에 있는 어떤 것이고 화자가 시각적으로 사용할 수 있는 것이며 청자가 확인해야 하는 것인 한, 이 몸짓의 모양은 사진에서 해당 대상이 어떻게 보이는가에 의존한다. 유역 개념에 대한 이야기 중 사진 속의 실체를 구분하는 몸짓은 8번 나타났다.

[그림 5.7]은 사진에서 특정 지역의 외곽선을 그리는 사례이다. 예상할 수 있듯이 화자는 사진을 향해 있으며 조심스럽게 해안선 모양을 따라가면서 유역의 물이 빠져나가는 작은 만의 경계를 정의한다. 그녀의 몸

'그래서 여기 이 부분이 사나치 만이 된다.'

그림 5.7. 외곽선 그리기의 사례에서 화자는 자신의 검지로 항만을 형성하는 해안선을 따라 움직인다. 이 몸짓은 구체적이고, 도상적·지시적이며, 몸은 사진을 향해 있다.

짓과 지시되는 대상[사니치(Saanich) 만]을 청자의 관점에서 모두 볼 수 있다. 지시자(손가락)의 움직임이 공간적으로 가까이 이어지므로, 해안선을 잘못 나타내어 사니치 만을 다른 것으로 잘못 제시할 가능성은 크게 줄어들며 사진에서 관련된 세부 위치를 바로 찾을 수 있게 된다. 강사가 해안선을 따라가고 그렇게 하여 항공 사진에서 만을 구분함으로써, 학생들이 사진을 자신들의 일상생활과 생활 주변에서의 경험을 연결하도록 안내하는 자료를 제공한다. 그렇게 하면서 화자는 유역을 정의해 주는 전체 시스템의 구체적인 부분을 제시한다. 이 몸짓은 해석적으로 덜 특성화된 사진으로부터 전체 유역의 일부나 구체적인 사례를 분리해 낸다는 점에서 중요한 자료가 된다.

(6) 추가하기

추가하는 몸짓은 실체를 구분하는 기능도 하지만 그 대상이나 현상을 사진에서 눈으로 직접 볼 수 없고 거기에 **있을 수 있는** 어떤 것을 가리키는 특징이 있다. 이 몸짓은 사진 앞에 도상적 형태로 만들어진 특정한 지각적 대상의 층위를 제공하므로 상대방은 그것을 추가적으로 이해해야 한다. 사진에 어떤 것을 추가하는 몸짓은 유역에 대한 수업에서 6번 나타났다.

[그림 5.8]의 사례를 보자. 이 사례에서 화자는 '육지 높이로 기름이 유출된' 현상이 사진의 어떤 지역에서 나타날 수 있는지 모형화한다. 기름 유출의 가능성을 언급하면서 그녀는 이 가상 현상의 결과가 사진에서 어떻게 나타날지 추적한다. 즉 기름은 강으로 흘러가서 호수로 들어갈 것이다. 사진에서는 기름 유출의 현상이나 기름의 흐름을 볼 수 없지만, 화자는 기름이 강과 호수로 흘러가는 가상의 이미지를 추가적으로 '그려낸다.' 이 상황은 가상적이다. 하지만 몸짓은 이 사건을 구체적으로 보여준다. 화자는 무엇인가를 더하거나, 문자 그대로 사진에 층을 쌓으면서 그녀의 몸짓만이 청중에게 지각적으로 접근 가능하도록 만든다. 이것은 교과서에서는 달성할 수 없는, 사진을 이해하는 데 완전히 새로운 기호학적 자료이다. 몸짓은 구체적이고, 공적이며, 관찰 가능한 사고의 형태로 이해될 수 있다.

이 사례에서 강사는 유역의 어떤 특징을 강조한다. 즉 유역은 땅의 높이에 의해 경계가 정해진 배수 지역이며, 물의 흐름을 정의해 주는 등고

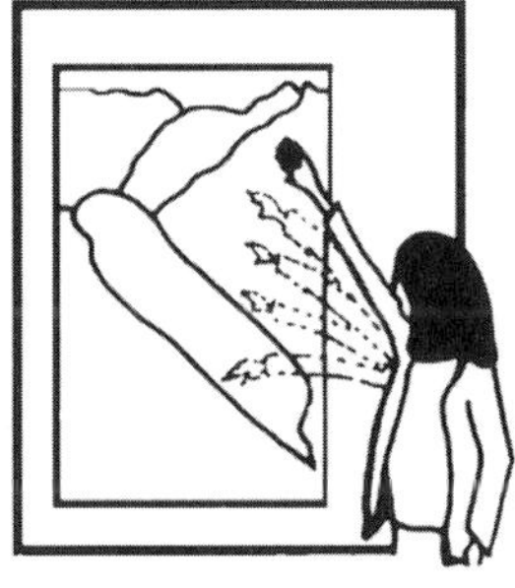

'이 지역의 물이 시작되는 높은 곳에서 기름 유출과 같은 어떤 일이 발생했다고 하자. 기름 유출의 영향을 꼭대기부터 강을 따라 여기 아래 호수까지, 영향을 추적할 수 있다.'

그림 5.8. 사진에 어떤 것을 추가하는 몸짓. 이 몸짓은 특수적/일반적이고 도상적/지시적이며, 몸은 사진을 향한다.

선을 말한다. 사진을 배경으로 해서 새로운 사건을 추가함으로써 사진과 유역 개념 사이의 직접적인 연관이 이루어졌고 유역이 오염되었을 경우의 결과도 보여 주었다. 오염은 발생한 곳에만 머무르지 않고 몸짓이 보인 대로 움직여서 전체 지역에 영향을 미친다. 강사는 사진과 말로 유역을 정의할 뿐 아니라 사진에서 사건을 보여 주고 있는 것처럼 의미를 증폭시킨다.

(7) 확장하기

확장하는 몸짓은 특수한 지시적 몸짓으로 사진의 경계를 벗어난 곳에 있는 어떤 것을 추가하는 데 사용된다. 즉 몸짓이 지시하는 실체는 사진의 가장자리를 벗어난 곳에 있으며, 만약 사진을 좀 더 먼 곳에서 찍었다면 그 실체는 사진에 포함되었을 것이다. 따라서 몸의 방향은 사진을 향한다. 이 경우 화자가 사진 밖에 어떤 것이 있다고 지시하는 한, 사진 주위에 있는 칠판이나 벽은 사진을 확장한 것이 된다. 몸짓은 사진의 경계를 넘어 어떤 것을 추가하므로 화자의 방향은 표상을 향한다(그림 5.9). 유

'시드니는 이보다 더 위쪽에 있다.'

그림 5.9. 사진을 확장하는 몸짓. 사진에서 보이지 않는 곳에 있는 어떤 것을 가리키며, 만약 사진이 좀 더 컸다면 보였을 것이다. 따라서 몸은 사진을 향한다. 이 몸짓은 특수적이고 지시적이다.

역에 대한 수업에서 이 몸짓은 3번 나타났다.

추가되는 몸짓을 따라서 청중은 사진에 보이지 않는 어떤 것을 상상하도록 초대된다. 몸짓은 어떤 실재를 표상하는 사진을 실제 세계와 연결짓고, 경계를 확장하여 다른 부분을 포함하도록 한다. 강사는 말과 몸짓을 도구로 써서 사진을 변형함으로써 청중이 사진만 보았을 때 볼 수 없는 어떤 것을 보게 만든다. 사진이 마치 다른 사진처럼 된다. 강사는 사진 경계를 조금 벗어난 곳의 대상을 가리키는데 마치 (확장된) 스크린에 전사된 사진에 그 대상이 나타난 것과 유사하다. 청중은 강사의 몸짓과 말을 따라가면서 항공 사진이 좀 더 넓은 지역을 보이는 것으로 생각하게 된다. 유역을 정의하려는 노력에서 이 몸짓이 하는 기능은 강사가 그 개념을 청중이 이해하도록 추가적인 요소를 도입하고 청중이 알고 있는 좀 더 넓은 상황에 사진을 배치시킬 수 있게 한다.

(8) 위치 짓기

이 유형의 몸짓은 특수적·일반적이며 도상적인데 몸의 방향과 깊이 연관된다. 이것은 확장의 다른 유형으로 여기서는 삼차원 공간으로 확장한다. 화자는 사진을 보면서 서 있는 그 위치에서 그 순간 사진을 찍는 것처럼 말한다. 그렇게 화자는 몸의 방향을 통해 사진이 삼차원 이미지를 만들기 위해 실제 공간으로 확장된 것처럼 청중이 이해하게 한다. 분석한 수업에서 2번 나타났는데, 모두 조감도 사진에서였다.

[그림 5.10]은 위치 짓기의 사례를 보여 준다. 결과적으로 이 표상은 다른 사진보다 한 단계 더 나아간다. 사진이 화자와 상대적으로 연결되는 곳에 놓여, 사진의 유역이 교실 안으로 확장되며, 화자의 실제 움직임이

유역에서의 움직임이 되도록 한다. 화자는 교실 안에서 유역을 예시하는 혼성 세계에 존재한다. 위치 짓기는 설명의 역할을 하며 사진 자체로 안내하고 그에 관련된 주제로 연결한다. 강사는 사진이 어떻게 어떤 각도에서 찍혔는지 보이면서 사진을 실제 세상과 직접 연결하고, 그렇게 하여 사진이 실제 세계를 묘사한 것이라고 청중에게 소개한다. 이렇게 함으로써 그녀는 사진을 만드는 사진사의 역할을 명확히 드러낸다. 이렇게 사진 제작 과정에 인간이 개입하는 것을 보여 주지 않으면 사진은 세상에 대한 극히 객관적인 표상으로 여겨질 수 있다.

청중에게 사진 그 자체를 도입함으로써 사진을 특별한 방식으로 보는 자료를 제공하며, 이것은 이후 수반되는 사진 해석 작업에 아주 중요하다. [그림 5.10]의 경우 강사는 또 다른 유역의 경계를 보여 주었는데 그것은 그 지역을 구분 짓는 땅의 높이가 사진으로는 알기 힘든 것이었다. 그래서 그녀는 사진이 어디서 어떻게 찍혔는지 흉내 낼 수 있는 곳에 위치함으로써 청중이 잘 알고 있는 곳의 사진이라는 것을 알도록 했다. 그녀는 이어서 강이 어떻게 흐르고 있는지를 보여 주었으며, 처음에는 사진과 수직 방향에서 사진 안의 지점으로 이동하고, 그다음에 방향을 틀

'자, 우리는 여기 남쪽 경계에 서 있습니다.'

그림 5.10. 위치 짓기의 몸짓. **특수적/일반적이며 도상적인 몸짓**으로, 몸의 위치와 함께 사진을 삼차원 가상 공간으로 확장한다.

어 스크린에 평행하게 흘러 (청중의) 왼쪽 바다로 향했다. 화자가 비슷한 사진에 대해 말을 하지만 전시된 이미지 근처에 서 있지 않은 경우(예를 들면, OHP를 사용하는 생물학 교수나 어두운 강당에서 레이저 포인터를 쓰는 환경보호론자의 경우)에는 위치 짓기의 사례가 나타날 수 없음은 자명하다.

5. 도해력: 의미를 제한하고 증폭하며 중첩하기

학교 과학에서는 사실이나 개념을 가르칠 때 교육적 요소로 사진과 같은 시각자료에 크게 의존한다. 사진은 중등 생물 교과서에 가장 많이 사용되는 시각자료이다. 4장에서 고등학생들이 브라질 교과서의 사진을 접할 때 얻을 수 있는 기호학적 자료가 제한되어 있음을 보였는데, 이 장에서는 손짓이나 몸의 방향이 기호학적 자료를 추가로 어떻게 제공하여 교사나 강사가 학생들이 사진을 이해하고 시각적으로 제시된 개념을 이해하도록 도울 수 있는지 보여 주었다. 이들 몸짓이나 몸의 방향은 원래 그 의미가 구체적으로 명시되지 않은 사진에서 학생들이 어디에 주목해야 하는지를 아는 데 중요한 역할을 한다. 따라서 이들은 수업 중 도해력에 필수적 요소이다. 과학 수업에서 말과 몸짓 그리고 사진 간의 관계를 이해하는 것은 크게 보면 비판적 시각 문해력에 관련된 것이고, 작게 보면 사진의 사용에 관련된 교수법 개발에서 중요하게 고려해야 하는 사항이다.

교사나 대학 강사가 스크린에 투사된 사진 옆에 서 있고 그들과 몸짓을 잘 볼 수 있는 상황에서 우리는 8가지 종류의 몸짓을 찾아냈다. 이들은 사진과의 관계에 따라 기능이 분류된다. 생물학자-환경보호론자가

7학년 학생들과 교사로 이루어진 청중에게 '유역' 개념을 제시하는 이야기의 맥락에서 이것들을 예시하였다. 몸짓의 분류 범주는 수업에서 도해력의 중요한 요소이며, 표상, 강조, 주목, 지적, 외곽선, 추가, 확장, 위치 짓기 등이다. 8가지 유형은 중요한 자료들로 사진과 사진의 내용, 배워야 할 이론적 개념의 적절성을 이해하기 위한 언어적 문해력에 덧붙여 능숙한(knowledgeable) 도해력을 특징 짓는다. 이것들은 의미를 제한하고, 확대하고, 중첩하는 다중의 의무를 가진다.

이들 8가지 몸짓과 몸의 방향 조합은 보통 교과서에는 나타나기 어려운 기호학적 자료이다. 문자로 쓰인 텍스트가 몸짓이나 몸의 방향이 주는 정보를 제공하는 것이 가능하기는 하다. 그러나 시각자료 안에 있는 특정 대상을 텍스트로 지시하기 위해서는 아주 기술적이고 상세하게 써야만 텍스트와 시각자료 사이의 관계를 명확하게 할 수 있다. 이 경우 문장이 아주 복잡하게 서술되지만, 그렇다고 해서 텍스트와 시각자료 사이의 관계를 독자가 정확히 알아볼 것이라고 보장할 수 없다. 선행 연구에서 교과서에 배치된 사진을 이해하기 어렵게 하는 여러 요인을 보고하고 있다. 현재의 복사, 스캐닝 등의 기술을 통해 교사는 교과서의 이미지를 스크린에 전사할 수 있고, 적절한 몸짓과 몸의 방향을 사용하여 학생들이 적절한 부분을 찾아내서 의미를 형성하도록 도울 수 있다. 이렇게 과학을 가르치는 것은, 지나치게 텍스트 지향적인 교수 방식에 사실과 개념을 표현하는 다른 형태인 시각자료와 몸짓을 포함하는 것이다. 학급 전체 학생들에게 시각자료를 제시하여 읽게 하면서 교사가 특정 내용을 부각하거나 추가하기 위한 추가적 자료로 몸짓과 몸의 방향을 명시적으로 사용할 때 학생들의 도해력 수준이 증가하는지 연구해 보면 재미있을 것이다.

추가되는 기호학적 자료로서 몸짓과 몸의 위치는 그것이 텍스트와 다른 종류라는 사실에서 장점을 가진다. 교과서에서 '여기'나 '저기'와 같은 말을 쓰면 이것은 화자가 몸짓을 사용하는 것에 비하여 이해하기 매우 어렵다. 이들 지시어가 가지는 특수성은 텍스트로는 달성할 수 없는 것이며, 대화 상황에서 몸짓이 수행하는 특수성 정도와도 같지 않다. 시각자료 자체에도 어떤 대상의 경계를 나타내는 추가적 기호가 필요하며, 텍스트도 사진의 대상을 지시하기 위해서는 더 상세하고 기술적이어야 한다. 몸짓과 몸의 방향은 텍스트나 그림 자료와 다른 종류이며, 바로 이것 때문에 청각 정보 통로를 방해하지 않으면서 시각자료 위에 겹쳐질 수 있다. 즉 몸짓과 몸의 방향이 다른 종류이기 때문에 추가 자료 없이도 이해될 수 있다.

수업 상황에서 텍스트의 주변, 즉 텍스트의 맥락은 몸짓과 몸의 방향에 의해 확장되므로 덜 구조화된 방식으로 말을 적게 해도 동일한 메시지를 전달할 수 있다. 서로 다른 기호학적 자료는 어떤 의미에서는 어느 정도 중복성과 다른 양식의 시너지를 포함하므로 의미를 증가시킨다. 사진과 텍스트 이외에 교사(와 학생)의 몸짓 양식을 사용하는 수업은 심리학자들이 하나의 개념에 대해 다중 시각자료를 사용할 필요가 있다고 한 제언을 따르는 것이다. 몸짓과 몸의 방향은 교실 수업을 학생들에게 필요한 도해력에 적정화시키는 것이다.

언어 텍스트가 단순할 수 있는 것은 대화에 수반되는 몸짓이 있기 때문이다. 몸짓은 또한 텍스트(대화)의 일부로, 텍스트를 단순화하는 동시에 증폭하는 자료로서 기능하여 텍스트와 시각자료 사이의 연결을 분명하게 해 준다. 말과 함께 제시되고 시각자료에 직접 연결된 몸짓과 몸의 방향은 언어 텍스트를 문자 텍스트보다 단순하게 하면서도 의미는 명확하고 한정적이게 해 준다. 그렇기 때문에, 어떤 경우에는 책에 있는 개념을 이해하기 어려워하는 학생에게 교사가(또는 다른 사람이) 책과 아주 비슷한 설명을 직접 제공했을 때 더 쉽게 이해할 수 있다고 기대할 수 있다.

6. 공간적 배치의 역할

교사와 학생이 모두 몸짓과 몸의 방향을 자료로 활용할 수 있을 때에는 화자가 사물이나 시각자료 옆에 공간적으로 위치할 수 있기 때문에 교실에서의 대화가 근본적으로 변화한다는 증거가 있다.4 화자가 대상이나 시각자료 옆에 서 있지 않으면 의사소통할 수 있는 내용이 제한되고 청중은 잘못 이해한다. 따라서 몸짓과 몸의 방향이 말을 보조할 수 없는 공간적 배치가 이루어진다면 기호학적 자료의 수는 줄어들어서 교과서에 시각자료가 사용된 경우와 비슷하게 된다. 예를 들면, 두 가지 상황을 생각해 보자. 우리는 생태학자가 유역에 대해 이야기하는 것을 녹화하였는데, 처음에는 교실에서 그녀의 몸짓과 몸의 방향을 청중이 볼 수 있는 경우였고, 그다음에는 어두운 강당에서 청중이 소리만 들으며 벽에 투사된 사진을 보는 경우였다. 이렇게 다른 두 수업 상황에서 시각자료와 대화의 역할은 극적으로 변했다. 청중이 몸짓을 볼 수 있을 때, 말은 더 단순하고 구체적으로 시각자료에 연결된다. 시각자료는 대화의 주제가 되고, 제시되는 과학 개념의 이해를 돕는 교육적 기능이 증가된다. 그러나 청중이 몸짓을 볼 수 없을 때, (생물 과정에서 환경보호론자가 어두운 강당에서 말할 때) 강사는 포인터를 사용하여 사진을 참고하도록 이야기할 수밖에 없었고 몸짓을 이용할 수 없었다. 여기서 분석한 사례처럼 환경보호론자가 시각자료에서 볼 수 없는 세부적인 내용을 설명하는 것을 이 경우에는 할 수 없었다.

강사가 OHP를 사용하는 경우 몸짓은 OHP 종이를 향해 사용된다. 따라서 몸짓이 OHP 종이 위의 시각자료에서 어떤 부분을 강조하는 기능을 하더라도, 강사의 몸의 방향이나 다른 몸짓은 화면을 배경으로 하지 않으므로 청중의 관점으로부터 벗어나 있다. 따라서 청중은 벽에 전사되는 것에만 주의를 기울여야 했고, 전사된 이미지와 말 이외에 사용할 수 있는 기호학적 자료가 없었다. 방이 어둡다는 사실과 강사의 몸짓이 벽에 전사된 이미지가 아니고 OHP 종이 위에서 이루어지는 사실은 더 나아가 강사와 청중을 멀게 하고 강사를 사진과 분리하는 데 기여한다. 이 경우 몸짓은 시각자료를 배경으로 사용하지 못하고, 다른 상황에서는 시각자료의 해석을 촉진하는 중요한 자료가 더 이상 쓸모없게 된다. 같은 유형의 몸짓이 사용되지 않으며, 만약 사용되었더라도 청중이 볼 수 없어서, 시각자료에 교육적 수단으로 기호학적 자료가 추가되었을 때 배울 수 있었던 것을 제한하게 된다. 즉 수업 상황에서 교육적 자료로서 시각자료의 중요성은 청중이 시각자료와 강사를 동시에 볼 수 있고 강사가 시각자료 앞에서 몸짓을 함으로써 시각자료의 모든 잠재력을 탐색할 수 있을 때 월등히 증가하게 된다. 수업에서 같은 단어로 다른 대상을 지정할 경우 학생들이 이런저런 말을 하면서 발생할 수 있는 가상적인 혼란 상황에서, 몸짓과 몸의 방향은 일관성을 유지하는 필수적인 자료로, 청중이 시각자료와 텍스트를 연결하여 이야기의 내용을 이해할 수 있게 해 줄 것이다. 따라서 몸짓은 과학 담화에서 중요한 역할을 하며 주의 깊게 탐구되어야 한다.

6장

해석적 도해력의 실제

그림 표상, 즉 시각자료는 천 마디 말과 같은 가치를 가질 수 있다. 그러나 도입 부분과 앞 장에서 살펴본 바와 같이 시각자료 그 자체는 거의 아무것도 의미하지 않는다. 즉 시각자료는 무수히 많은 방식으로 해석될 수 있는데, 그것은 한 공동체에서 공유되고 있는 시각자료의 의미는 저자가 대상을 보는 방식과 독자의 지각 사이에 나타나는 상호 전제적(mutually presupposing) 관계 때문이다. 이것은 이 책의 첫 부분에 존 버거가 시각자료의 한 형태인 사진에 대해 말한 것을 인용한 것과 같다. "사진사가 대상을 보는 방식에 따라 대상을 선정하는 것이 달라진다. … 하지만 모든 이미지가 보는 방식을 가지고 있다고 하더라도, 우리가 이미지를 지각하고 감상하는 것은 우리의 보는 방식에 따라 달라진다."[1] 즉 도해력에는 두 측면이 있다. 한편에는 어떤 특정 내용이나 특성을 선택하여 강조하는 저자(사진사, 디자이너)가 있다. 이렇게 선택함으로써 시각자료가 만들어지고 이것이 이후 시각자료를 읽는(읽기를 제한하지 않는) 틀이 된다. 다른 한편에는 읽기 과정에서 또는 읽기를 통해 도해력을 나타내는 독자가 있다. 독자가 도해력을 가지고 있지만 특정 시각자료에 친숙하지 않은 경우, 즉 능숙한(knowledgable) 도해력을 나타낼 경우, 그들은 해석적 도해력을 수행한다. 독자가 읽기 작업을 한다는 것은, 보는 사람으로서 시각자료와 주변의 텍스트, 그리고 의미-형성 자료를 이용하여 하나의 시각자료에 대해 특정한 해석을 내릴 수 있다는 것이다.

4장과 5장에서 (a) 교과서 저자가 사진을 사용할 때와 (b) 사진 위에서 또는 사진에 대해 강사가 기호학적(의미-형성) 자료를 만들어 낼 때의 두 상황에 포함된 도해력의 수준과 구조를 설명하였다. 이 장에서 우리는 도해력의 다른 측면에 초점을 둔다. 즉 중고생들이 서로 다른 양의 텍스트가 제시되는 사진을 접하였을 때 나타내는 도해력의 수준을 살핀다. 여기서 우리가 답하려고 하는 질문은 "고등학교 학생들이 생물 교과서에 수록된 사진 이미지를 볼 때 무엇을 지각하는가?", "사진이 말하려는 것을 이해하려 할 때, 텍스트가 제공하는 어떤 의미-형성 자료를 어떻게 사용하는가?" 등이다. 좀 더 구체적으로 우리는 아래의 질문에 대한 답을 찾는다. 1) "사진과 함께 제시된 기호학적 자료의 역할이 무엇인가?" 2) "학생들은 교과서를 공부할 때 사진을 '읽는가'?" 3) "사진에 텍스트를 추가로 제공했을 때 학생들의 사진 해석이 변하는가?" 4) "다른 의미-형성 자료가 추가되었을 때 해석이 어떻게 변하는가?" 5) "다중 사진과 단일 사진을 해석하는 방식이 서로 다른가?"

1. 배경

해석 과정에서 사진과 캡션, 그리고 사진과 본문이 갖는 관계를 조사하기 위해 (a) 고등학교에서 생태학 수업을 받지 않는 학생과 (b) 고등학교 필수 과정으로 생태학을 공부한 학생으로 이루어진 두 집단의 학생을 면담하였다. 이와 같은 선택을 통해서 사진과 그에 관련된 텍스트를 해석하고 이해하는 데 사전 지식의 역할을 알아볼 수 있다고 생각하였다. 대부분의 브라질 학교에서 기초 교육은 유치원에서 8학년까지, 고등학교는 9학년에서 11학년까지에 해당한다. 생태학의 기본 개념은 5~6학년의 일반 과학 과정에서 배운다. 심화 생태학 교육 과정은 생물 교육 과정의 일부로 학교에 따라 10~11학년에서 배운다. 우리는 집단별로 6명씩 전체 12명의 학생을 면담하였다. 학생들은 공립 또는 사립 학교에 다니고 있었다.

4가지 종류의 사진을 면담에 사용하였는데, 그것은 4장에서 분석한 의미-형성 자료의 서로 다른 기능에 기초하여 선정하였다. 사진을 선택할 때 (a) 단일 사진과 다중 사진을 모두 포함하는지, (b) 사진이 본문에 언급된 경우와 언급되지 않은 경우를 포함(즉 '그림 30.3'과 같은 표현의 유무)하는지, (c) 4장에서 확인된 4가지 유형을 모두 포함하는지를 고려하였다. 처음에 이러한 특성을 하나 이상 포함하는 사진들을 모은 후, 각각의 사진을 보면서 3가지 조건이 모두 포함되도록 골랐다.

첫 번째 사진은 '난초' 사진인데, 단일 사진이고 본문에 적절히 언급되어 있으며 예시적 사진이다(그림 6.1). 사진은 그 안에 들어 있는 많은 군더더기로 인해 캡션에 제시된 정보가 부족하다. 결국 사진을 해석하는 데 도움되는 정보를 별로 주지 못하기 때문에 잘못 해석될 가능성이 있다(4장을 보라). 이 사진은 사진 안에 일종의 기호학적 자료가 직접 놓여 있는 흔치 않은 사진 중 하나이다[이 경우, 단어 Orquídea(포르투갈어로 '난초')가 사진의 오른쪽 아래 구석에 적혀 있다].

두 번째 사진은 단일 사진이고 **장식적** 사진의 사례이다(그림 6.2). 즉 캡션이 없고 텍스트에 언급되지 않았다. 면담을 위해 사진이 있는 페이지 전체를 복사해 나눠 주고 참여자들이 텍스트가 '애벌레' 사진과 연결되

더부살이 공생

이것은 식물 종(種) 간의 조화로운 연관으로, 단 하나의 종만 이득을 얻는다. 하지만 그 이득으로 인해 다른 종이 피해를 입지는 않는다.

테넌트(tenant, 이익을 얻는 종)는 서식처(보호)를 얻고 숙주의 몸에 지지받기도 한다. 난초나 브롬엘리아드(파인애플과의 식물)와 그들이 자리 잡은 나무줄기의 관계는 이러한 상호 작용에 해당한다(그림 83.1). 난초나 브롬엘리아드는 일부 사람의 생각과는 달리 기생 종이 아니며, 숙주에 어떤 해도 입히지 않는다.

그들은 나무의 꼭대기에 살도록 적응하였고, 거기서 그들이 자라기 위한 이상적인 채광 조건을 얻는다. 따라서 그들을 착생 식물이라고 부른다(epiphyte; epi는 위라는 의미). 이러한 종류의 더부살이 공생은 **식물 기생 병학**으로도 부른다.

그림 83.1 – 착생 식물

그림 6.1. 난초의 사진. 본문, 사진, 캡션을 원래 교과서에 나온 대로 재작성하였다. 원본의 텍스트는 포르투갈어, 사진은 컬러이다.

는지 아닌지 결정해 보도록 하였다. 세 번째 사진은 연속되는 3장의 사진으로 구성된다. 본문은 이 사진을 언급하지 않는다. 이 사진은 **보충적** 사진이다(그림 6.3). 이들 사진은 위장 개념을 다루고 있다. 네 번째 마지막 사진(그림 6.4)은 단일 사진으로 본문에 적절하게 언급되어 있다. 이것

2장

생태권에서 에너지와 물질

이 장에 대해서

생태학이 현재의 사고에 크게 기여한 것은 생물체와 환경 사이에 존재하는 복잡한 관계망에 주의를 기울이도록 한 것이다. 인간은 그러한 관계망의 일부이면서 그것에 큰 영향을 미쳤다. 의식 있고 책임감 있는 시민이 되기 원하는 사람이라면 생태학의 기본 개념을 아는 것이 반드시 필요하다.

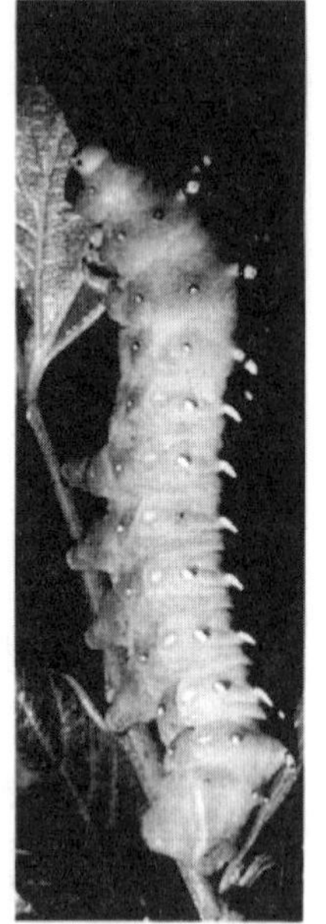

주요 내용

- 생태권을 구성하는 조직 수준: 생태계, 군집, 개체군
- 자가 영양과 종속 영양 생물 사이의 관계와 생명 변동의 중요성
- 먹이 사슬과 먹이 그물의 구조, 생태계에서 생산자, 소비자, 분해자의 역할
- 생태권에서 물질과 에너지의 움직임을 보여 주는 에너지와 바이오매스 피라미드
- 생명체에 필수적인 중요 화학 원소의 순환: 탄소, 산소, 질소의 순환

그림 6.2. 애벌레 사진. 사진이 나온 교과서 전체 페이지를 재작성하였다. 원본 텍스트는 포르투갈어, 사진은 컬러이다.

은 **설명적** 사진이다. 텍스트의 주제는 공생이며, 사진은 **공생**을 표현하는 연관의 예를 들면서 이끼를 제시한다.

이 장에서 우리의 주된 관심은 사진, 캡션, 텍스트가 실제 교과서 읽기 과정에서 어떤 역할을 하는가이다. 이 역할을 좀 더 잘 살펴보기 위해 두

위장과 의태

다양한 적응 종류 중에서 특히 강조할 만한 것은 하나의 개체가 환경의 어떤 것과 비슷하게 섞여 눈에 띄지 않게 되거나 다른 종처럼 보이게 되는 것이다. 이러한 능력이 있어 이들 개체는 먹잇감을 쉽게 공격하거나, 천적의 공격을 피할 수 있다. 이러한 적응을 위장과 의태라고 말한다.

많은 곤충, 파충류, 양서류, 새들은 녹색을 띠고 그들이 숨어 있는 잎 사이에서 완벽한 위장을 한다. 곤충 중에는 진화하면서 가시(장미의 가짜 가시)의 색과 모양을 획득한 것이 있다. 이 곤충들은 가시를 가진 식물 사이에 살면서 이 적응의 혜택을 얻으려 한다.

그림 577. 유럽 뇌조는 겨울에 깃털이 흰색으로 변하여 눈에 섞여 들어간다. 겨울이 끝날 무렵 깃털이 변하기 시작하고, 그들이 사는 곳의 건조한 식생과 어울리는 색조로 돌아온다. 이것은 위장의 좋은 사례이다.

그림 6.3. 위장 사진. 본문, 사진, 캡션을 원래 교과서에 나온 대로 재작성하였다. 원본 텍스트는 포르투갈어, 사진은 컬러이다.

가지 전략을 사용하기로 하였다. 사진을 다음의 순서로 제공하였다. 우선 피면담자에게 난초 사진의 컬러 복사본을 주었다. 이때 캡션이나 텍스트는 주지 않았다. 그리고 면담자는 피면담자에게 사진에 대해 말해보라는 요구를 하였다. 두 번째 면담자는 피면담자에게 난초 사진에 원래 있었던 캡션을 제공하였다. 피면담자에게 캡션을 소리 내어 읽으라고 하였다. 새로운 질문을 제시하였다. 마지막으로 피면담자에게 이 그

상리 공생

상리 공생은 종들이 서로 이익을 얻는 관계를 말하며, 원시 협동과는 다르게 공존은 그 종들의 생존을 위해 꼭 필요하다.

이끼(그림 4)는 조류나 균류 사이에 (또는 시아노박테리아와 균류 사이에) 상리 공생 관계를 구성한다. 균류는 조류를 보호하면서 지탱해 주고 물과 무기 양분을 제공하여 조류가 광합성할 수 있는 조건을 만들어 준다. 조류가 생산한 영양분(유기 양분)은 균류와 공유한다. 균류와 조류는 분리되어서는 살 수 없다.

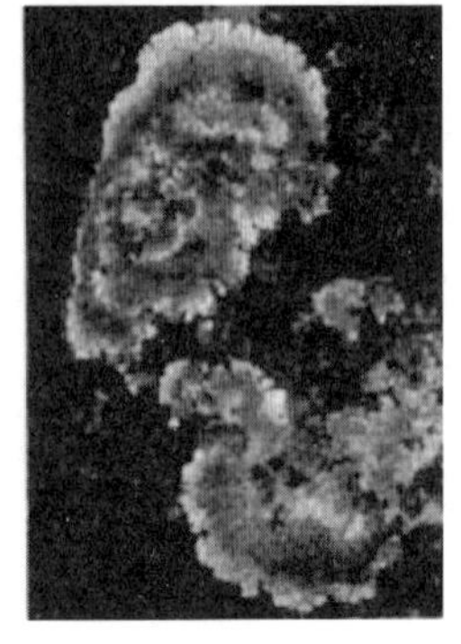

그림 4. 이끼의 외부 형태

현재 공생이라는 표현은 친밀한 관계(조화적 또는 비조화적)를 정의하며, 상리 공생, 편리 공생, 기생 등을 포함한다.

그림 6.4. 이끼 사진. 사진이 나온 교과서 전체 페이지를 재작성하였다. 원본 텍스트는 포르투갈어, 사진은 컬러이다.

림에 관련된 텍스트를 제공하고 소리 내어 읽게 한 다음 질문을 하였다.

학생들에게 다음으로 애벌레 사진을 제공하였다. 이 경우에는 교과서에 원래 사진이 있었던 쪽 전체를 컬러 복사해서 나눠 주었다. 학생들은 텍스트를 읽거나 사진에 대해 말하기 시작하였다. 학생들의 말이 끝나면 면담자가 면담 프로토콜에 있는 추가 질문을 하였다. 다음으로 위장 사진을 제공하였다. 이 3장의 사진을 제시하는 방식은 난초 사진의 경우와 동일한 전략을 사용하였다. 마지막으로 이끼 사진을 제공하였다. 이 경우 사진을 발췌한 교과서의 페이지 전체를 복사해 주었다. 마찬가지로, 학생들은 사진과 함께 제시된 텍스트를 읽거나 사진에 대해 말하였다.

난초 사진과 위장에 대한 다중 사진을 우리가 기술한 전략에 따라 제시함으로써, 우리는 학생들이 서로 다른 종류의 정보, 서로를 보조하는 기능의 텍스트(이 경우, 사진, 캡션, 본문)에 접했을 때 수행하는 추리를 따라갈 수 있을 것으로 기대하였다. 몇몇 학생들은 중간에 멈추지 않고 본문 전체를 읽는 반면, 어떤 학생들은 텍스트를 읽는 도중에 말을 하기도 하였다. 우리의 두 번째 전략(애벌레와 이끼 사진)의 의도는 사진을 교과서에 제시된 형태로 제공하여, 학생들이 어떤 의미-형성 자료를 '자연적으로' 찾아내고 자신들의 해석에 그것을 어떻게 사용하는지 알아내는 것이다.

비록 우리가 면담 안내문을 마련하고 피면담자에게 사진의 어떤 특징을 직접 언급하는 질문을 하지 않으려고 조심했지만, 면담의 성격이나 면담자가 하는 어떠한 말도 참여자에게 잠정적인 의미-형성 자료가 될 수 있음을 고려해야 한다.2 만약 학생들이 그들의 추리에 그러한 내용을 사용한다면, 우리는 그것이 학생들의 응답에 직간접적으로 영향을 주었다고 생각할 수 있다. 이 문제는 나중에 언급하기로 하고, 이 장의 중간에도 그러한 사례를 제시하고자 한다.

2. 추가로 본문 자료를 주었을 때 의미의 과잉

텍스트가 그림을 이해하도록 도와주는 것처럼 그림은 텍스트의 이해를 돕는다(페이스, 10학년).

우리의 분석을 통해 사진과 그에 관련된 텍스트의 관계가 상호 전제적 성격임을 분명히 알 수 있었다. 학생들의 면담 결과를 분석하여 사진이 사용된 교과서를 읽을 때 독자가 사용할 수 있는 여러 가지 기호학적 자료가 무엇인지 확인하고 주의 깊게 평가하였다. 우리의 분석에서 찾아낸 가장 중요한 내용은 (a) 추가적인 텍스트가 제공되었을 때 학생들의 사진 인식에서의 변화, (b) 텍스트와 사진이 동시에 제시되었을 때 읽기 작업, (c) 면담의 맥락, 사전 지식, 경험이 학생들의 도해력에 미치는 영향 등이다. 이 절과 다음 두 개의 절에서 우리는 이것에 대해 언급하고 자료를 제시한다. 이 절에서는 캡션과 본문이 순차적으로 추가되었을 때 학생들의 해석적 도해력 수준이 어떻게 매개되는지 설명한다.

(1) 사진

사진에 대한 학생들의 첫 반응은 그들에게 질문한 것과 일치하였다. 학생들은 '이 사진에서 무엇을 보고 있는지 말해 주세요'라는 질문에 사진의 초점을 찾아가며 적절하게 대답하기 위해 노력했다. 학생들의 반응은 면담자가 말하는 방식에 영향을 받는데, "사진에서 무엇을 보고 있는가?"라는 질문은 "이것이 무엇인가?"라는 질문과는 조금 다른 맥락이다.

비어 있는 흰 바탕을 사용하는 도표나 그래프와 비교하였을 때, 사진은 상당한 양의 군더더기를 가지고 있다. 이러한 많은 군더더기로 인해 학생들이 서로 다른 해석을 내릴 뿐 아니라, 한 학생이 여러 해석을 내릴 수도 있다. 즉 사진을 보는 동안 학생들은 여러 다른 내용을 지적했다. 난초 사진에서 대부분의 학생들(10명)이 나무가 많이 있다는 점을 지적했다. 학생들은 이것을 초목, 삼림, 정원, 공원 등 다양한 용어로 표현했다. 그다음으로 많이 언급된 대상은 사진 가운데 있는 나무이다(9명). 학생 5명이 중심의 나무줄기에 있는 이끼를 찾았다. 학생 4명은 사진 오른쪽의 노란색 꽃을 찾았다. 두 학생이 사진 아래의 풀을 지적했고 한 학생이 사진 위쪽의 햇빛을 찾았다. 학생 6명이 우리가 그림에서 난초라고 추리한 식물을 언급했다(한 학생은 '기생식물'이라 했고, 다른 학생들은 '양치식물'이라고 했다). 학생 6명이 실제로 사진 속 난초의 존재를 언급했다. 사진의 주제가 무엇이 될 수 있는지 물었을 때, 학생 3명은 '많은 나무'를 표현한 사진이라고 말했다. 학생 4명은 중심의 나무가 사진의 주제라 하고, 학생 5명이 난초가 주제라고 말했다. 즉 사진을 교과서에 표현된 대로 공생의 구체적 예로서 보기보다, 학생들은 주로 나무의 특징에 대해 인지하였고 중심 나무와 난초 사이의 관계가 아니었다.

이와 비슷하게 학생들은 위장 사진에서도 다른 것을 많이 찾았다. 학생 5명은 사진의 동물 주위에 있는 환경을 말했고, 학생 4명은 사진 3장에서 새의 깃털 차이를 알아차렸다(다른 깃털과 다른 색). 학생 3명은 사진에 나타난 계절 차이를 언급했다(기온의 차이나 날씨의 차이를 언급하기도 했다). 거의 대부분의 학생들이 사진 3장에 있는 환경이나 계절, 새들 사이의 차이를 강조하면서 각 사진을 분리해서 기술하려고 시도했다. 즉 일련의 사진을 위장의 사례로 보기보다 다양한 특징을 찾는 것에 그쳤다.

연속되는 사진에서 위장을 보기 위해 사진을 보는 사람은 눈에 띄는 차이를 보기 전에 3장의 이미지에서 변하지 않는 것을 인식해야 한다. 즉 사진을 보는 사람은 분명히 다른 새 3마리가 같은 개체로 비슷한 지역 안에서 계절 변화에 적응한 것으로 봐야 한다. 즉 새나 환경이 겉으로 보기에 서로 다르지만 그것이 동일한 것을 나타내는 것으로 보여야 한다. 차이에 앞서 같음을 보는 것은 당연하다고 생각할 수 없다. 사실 사진을 보는 사람은 이런 식으로 사진을 보도록 지시되어야 한다. 이런 관점에서 보면 환경과 새의 차이 자체가 사진 3장에서 가장 부각되는 내용이라는 점은 놀랄 만한 일이 아니다. 이것은 사진사의 작업이 개입되는 **생산적** 도해력의 측면이다. 사진의 다른 내용, 예를 들면, 흰 새가 하얀색 환경 안에 있거나 흑백 새가 그와 비슷한 환경에 있는 것, 즉 위장 현상을 나타내는 것은 독자 대부분의 주의를 끌지 못하였다. 그 대신 학생들은 환경의 차이와 새 깃털의 차이 등 사진에서 나타나는 변화를 인식하였다. 학생들 중 절반은 이 사진의 주제가 환경이라고 말하기까지 했다. 학생 2명은 새가 사진의 주제라고 말했고, 다른 2명은 새와 환경의 관계라고 말했다. 단지 학생 2명만이 사진의 주제가 위장이라 말했고 첫 번째와 세 번째 사진에서 새가 환경과 비슷하여 포식자가 이 새들을 찾기 어려울 것이라고 지적하였다.

왼쪽 첫 번째 사진(그림 6.3)에서 학생들은 흰 새를 찾아내고 환경에 대해서는 눈과 얼음을 말하거나 단지 "차갑다"라는 말을 했다. 세 번째 가장 오른쪽 사진에 대해서는 들이나 산('풀'이나 '바위', '더운 날씨'를 언급하기도 했다)에 있는 갈색 새라고 말했다. 가운데 사진에 대해서는 다양한 답이 나왔다. 사진 속의 새에 대해 한 학생은 흑백 새라고 하고, 다른 학생은 다소 흰색이라고 하고, 또 다른 학생은 호랑이 같은 새라고 하였다. 그러나 대부분의 학생들은 이 사진에서 환경만 언급하고 새는 언급하지 않았다. 환경은 강이나 흐르는 물, 중간 기온이라고 이야기하였다. 한 학생만이 녹은 얼음이라고 말했다. 한 학생이 두 번째 사진에 대해 열에 의

해 변하고 있다고 말했지만, 그 학생이 새를 말한 것인지 환경을 말한 것인지 아니면 둘 다를 말한 것인지 확실하지 않다. 학생 3명은 사진 3장 중 두 번째 사진을 이해할 수 없다고 말했다.

브라질에서는 눈을 직접 보기 어려운데 교과서에서 '위장'이나 '적응' 개념의 중요한 요소로 눈을 사용했다는 점도 물론 재미있다. 우리가 이미 해석적 도해력에 맥락이 중요한 요소라고 기술한 것을 고려하면(3장을 보라), 브라질 학생들이 나타낸 도해력 수준이 현상에 대한 경험 부족에 의해 매개될 것이라는 점은 놀랄 만한 일이 아니다. 학생들이 사진에 나타난 환경이 겨울에서 여름으로 바뀌는 것임을 알아차리기 어려운 것은 브라질의 겨울이 아주 온난하여 면담에 참여한 학생들 누구도 눈이나 얼어 있는 호수나 강을 TV나 책과 잡지 이외에서는 본 적이 없다는 점에 기인한다. 따라서 학생들의 실생활 경험이 사진에 대한 해석에 영향을 주었다. 브라질 학생들은 이 사진에서 캐나다 학생들이 쉽게 알 수 있는 것을 잘 알지 못하였다고 할 수 있다.

원래 일련의 사진은 독자가 비교를 통해 각 사진의 차이점에 주의를 기울이도록 안내한다. 연속되는 사진에서 각각의 사진은 다른 것과 비교를 통해서만 의미를 가진다. 일련의 사진들이 담고 있는 대상과 배경 사이의 내적 비교가 정보를 주는 경우는 거의 없다. 비교 작업을 통해서 독자는 사진들 사이에 서로 다른 내용과 변하지 않는 내용을 구별할 수 있다. 세 사진 사이(또는 최소한 두 사진 사이)의 변화에 주의를 집중함으로써 실제로 학생들은 위장 개념을 아는 데 필요한 변하지 않는 측면을 놓치고 만다.

난초 사진에서는 학생들이 내적 비교에만 의존해야 한다. 따라서 대

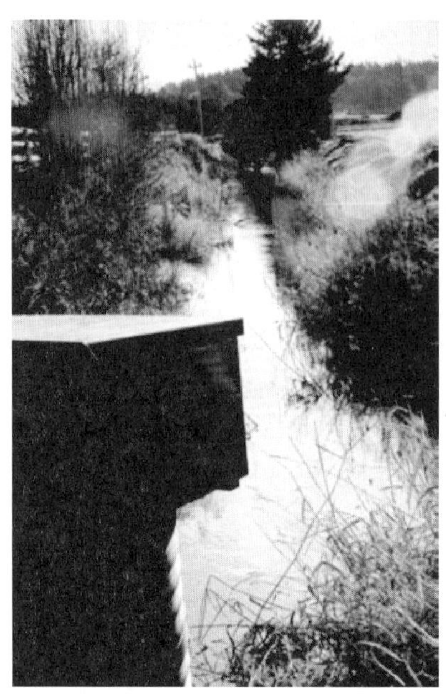

그림 6.5. 이와 유사한 사진이 환경보호론자에 의해 다른 상황에서 서로 다른 두 가지 주장을 하기 위해 찍혔다. 한 연구비 신청 제안서에서 그들은 직선화된 하천의 황폐함을 지적하고 이것을 개선하기 위한 기금을 요청하였다. 다른 연구비 신청 제안서에서는 앞쪽에 있는 수질 모니터링 기기를 가리키며 환경보호론자들이 이 하천을 건강하게 만들기 위해 지역 사회에서 활동적으로 일하고 있다는 것을 보여 주었다.

부분의 학생들은 사진에서 중요한 대상을 찾는 적절한 방법으로 '초점'이라는 기준을 선택하였는데 이는 사진에서 '배경'과 '전경'을 구분하는 것이다. 주제와 관련된 내용이 배경에 있는지 없는지는 이 상황에서 순전히 독자가 결정해야 하는 것이다. 상식적으로 어떤 것을 묘사하는 사진은 그 대상을 초점에 놓고 있지만, 동일한 사진이라도 아주 다르거나 정 반대의 목적으로 사용될 수 있고, 사진의 주된 내용이나 다른 어떤 내용도 모두 주의를 끌 수 있는 것이 된다.[3] 환경보호론자들은 [그림 6.5]와 유사한 사진을 같은 위치에서 매우 다른 주장을 위해 찍었다. 한 연구비 신청 제안서에서 이 사진은 직선화된 강의 메마름을 지적하고 이것을 개선하기 위한 기금을 요청하는 데 사용되었다. 다른 연구비 신청 제안서에서 이 사진은 앞쪽에 있는 수질 모니터링 기기를 가리키며 환경보호론자들이 이 강을 건강하게 만들기 위해 지역 사회에서 활동적으로 일하고 있다는 것을 보여 주는 데 사용되었다. 즉 어떤 이야기를 선정하는가에 따라 독자가 사진에서 무엇을 보아야 하고 사진사가 의도한 것을 어떻게 봐야 하는지 결정하는 틀이 바뀐다. 그러나 난초 사진의 경우에서는 사진 오른쪽 아래 구석에 '난초'라는 단어가 있다는 사실을 고려해야 한다. 이것은 사진에서 보아야 할 것을 확인하게 하는 기호학적 자료로 간주되어야 한다. 하지만 이것은 학생들이 난초와 숙주 식물 간의 관련성에 대해 이야기한 것들을 모두 정당화하지는 못한다는 것도 분명하다.

(2) 캡션

사진의 몇 가지 내용을 지적한 후 학생들은 더 이상 이야기할 게 없다고 말하였다. 이때 면담자는 사진의 캡션을 제시하였다. 이것은 추가되는 기호학적 자료로 학생들이 사진을 인식하고 해석하는 것을 바꿀 수 있다(독자가 사진과 캡션의 관계를 인식했다고 가정했을 때 그러하다. 하지만 이것은 실제적인 문제이다. 면담자가 캡션을 도입했다는 사실에서 독자가 사진과 캡션의 관계를 인식하였을 가능성이 높기는 하다.).

"그림 83.1–착생 식물(그림 6.1)"이라고만 적힌 난초 사진의 캡션을 읽은 후, 학생 12명은 모두 사진에서 착생 식물을 찾는 일을 하였다. 대부분의 학생들은(9명) 사진에서 착생 식물을 잠정적으로라도 바르게 찾아냈다. 학생 3명은 난초가 착생 식물이라고 말하였고, 학생 6명은 그 식물이 난초임을 말하지는 않았지만 지시적 몸짓(손가락으로 지적하기)을 사용해서 사진에서 착생 식물을 찾아냈다. 야생 난초를 알고 있었던 학생 2

명 외에, 다른 학생 7명은 사진에서 난초가 착생 식물인데 왜냐하면 그것이 사진의 가장 중심에 놓여 있기 때문이라고 하였다. "그것이 가장 눈에 띄고, 가운데쯤 있어서"(로스, 11학년), "그것이 나무와 같이 초점이 잡혀 있어서"(앤디, 9학년), "잘 모르겠지만 그것을 제일 많이 보여 주어서"(프란, 9학년), "왜냐하면 그것에 초점이 놓이고 가장 잘 보이고, 좀 더 분명해서"(애덤, 11학년)라고 답하였다.

캡션을 읽으면서 학생들은 사진의 특정 내용, 이 경우 식물에 관심을 모았다. 사진에서 착생 식물을 찾도록 돕는 다른 자료가 캡션에 없었기 때문에, 학생들은 사진 자체에서 직접 얻을 수 있는 다른 기호학적 자료들, 예를 들면 사진의 초점이나 대상의 배열 등에 의존하였다.

4장에서 우리는 캡션이 사진의 대상이나 현상의 이름만 제공하기 때문에 이 사진을 예시적인 것으로 분류하였다. 캡션에는 학생들이 대상이나 현상을 확인하도록 돕는 다른 것이 거의 없다. 따라서 몇몇 학생이 사진에서 착생 식물이 무엇인지 혼동하는 것에 놀랄 것 없다. 학생 2명에게 착생 식물은 중앙의 나무가 될 수도 있었고 난초가 될 수도 있었으며, 다른 학생은 가운데 나무줄기에 있는 균류가 착생 식물이라고 생각했다. 이러한 혼란은 사진이 착생 식물을 예시하는 것만큼 이끼나 다른 식물을 예시하는 것이 되기 쉬운 한 얼마든지 일어날 수 있다. '착생 식물'을 언급하는 캡션의 존재는 이 사진의 주제가 난초 이외의 다른 식물이 될 가능성을 배제해 준다. 그러나 학생들이 착생 식물이 무엇인지 모르는 것을 고려하면 사진에서 볼 수 있는 이끼를 포함한 어떤 식물도 캡션이 언급하는 대상이 될 수 있다.

캡션이 착생 식물을 확인하는 데 효율적인 자료를 더 많이 제공하지는 않았지만, 대부분의 학생들은 사진에서 '착생 식물'의 대상(지시 대상)을 올바르게 지적했다. 캡션은 학생들이 사진에서 적절하지 않은 정보를 가진 잉여 세부 사항을 분리하고 평가하여 그것을 배경으로 만들고 부적절한 것으로 무시하도록 해 주었다. 이렇게 함으로써 적절한 내용이 전경으로 부각되고 사진의 실제 주제가 되었다.

앤디(9학년)는 이 과정이 수행되는 것을 잘 보여 주었다. 그는 사진이 농장을 나타내는 것이라고 보았다. 사진의 주제가 무엇이냐고 물었을 때 그는 중앙의 나무를 가리키면서 "나무줄기의 일부"라고 말했다. 그는 사진의 가운데 나무줄기를 손으로 아우르면서 "여기에 집중이 되어 있어서"라고 말하며 자신의 말을 정당화했다. 그는 이어서 만약 사진이 농장을 찍은 것이라면 배경에 있는 다른 나무에도 초점을 두었어야 했다고 설명했다. 캡션을 읽은 후 앤디는 중심 나무의 줄기 옆에 있는 잎들(난초)이 착생 식물이라고 하였고, 그 후 사진을 분석하기 시작했고 "분석해 보니 정말 나무의 꼭대기가 없는 것처럼 줄기만 있고, 여기 이것에 초점이 맞춰져 있다."라고 하였다. 이 사례에서 이 학생은 배경과 전경(그림)을 분리하고 불필요한 내용과 사진이 의도하고 있는 주제를 구분하기 위해 사진을 분석하는 과정에 능동적으로 참여하였다. 앤디는 이미지 가운데에 있는 대상, 즉 중앙의 나무와 거기에 붙어 있는 잎들에 초점이 또렷하게 잡힌 것에 집중하였다. 그는 더 자세히 분석해서 나무의 위쪽이 나타나지 않았음을 지적하고, 이를 통해 나무는 사진의 주된 대상이 아니고 부차적인 것으로 인식할 수 있었다. 줄기에 붙어 있는 잎이 사진의 주제로 될 가능성이 좀 더 있었다. 학생이 난초를 '나무의 잎'이 아니라 나무와 다른 어떤 것으로 간주한 것은 사진을 적절하게 해석한 작업이었다. 그는 '나무'와 '잎'을 분리하고 사진에 나와 있는 다른 시각적 정보를 사용하여 사진의 주제로 무엇이 더 그럴듯한지 결정했다.

그러나 다중 사진(위장)의 경우 캡션을 읽고 난 뒤 학생들의 반응은 조금 달랐다. 캡션을 읽기 전에 학생 2명만이 사진 3장이 순서를 묘사한다고 기술했다. 학생 5명은 새들을 각기 다른 종류로 인식했다. 캡션을 읽은 후 학생 12명은 모두 사진 3장이 계절이나 기후의 순서를 나타내며 각각의 사진에 제시된 새가 같은 동물이라고 보았다. 하지만 캡션을 읽고 난 후 가장 많이 달라진 학생들의 답은 위장 현상 자체에 관련된 것이다. 캡션을 한 번 읽고 난 후에 학생들은 첫 번째 사진에서 흰 새가 위장을 하여 사진에서 부리와 눈 이외에는 새를 보기가 거의 불가능하다는 사실을 지적했다. 세 번째 사진의 경우에도 마찬가지였고 학생들은 이것이 위장 현상임을 알아차렸다. 학생 12명이 모두 일련의 사진들에서 이러한 내용에 동의하였다는 점은 다음과 같은 생각을 강화해 준다. 즉 보충적인 캡션이 표상을 의도된 방식대로 이해하는 데 필요한 요소를 찾도록 돕는다는 점에서, 보충적인 캡션이 예시적이거나 설명적인 캡션보다 더 바람직하다. 캡션은 단지 사진에 있는 것을 기술하는 것이 아니고, 사실은 보는 사람에게 적절한 내용이 무엇인지 찾도록 가르쳐준다. 캡션은 학생들이 사진에서 적절한 내용, 즉 흰 새가 겨울의 비슷한 환경에 섞여 들어가고 깃털을 바꾸어서 여름에 건조한 식생에도 섞여 들어감을 알아차릴 수 있도록 해 주었다.

하지만 이 특정한 사진 3장과 캡션에도 문제점은 있다. 사진과 캡션은 환경에 대한 새의 위장 사례를 보여 줄 뿐 아니라, 새가 계절에 따라 환경이 바뀌면 깃털을 변화시키는 시간적 순서를 제시한다. 캡션을 읽은 후 학생 3명은 사진들이 위장을 나타낸다고 기술했고, 학생 6명은 새와 환경이 겪는 변화를 언급했으며, 학생 3명은 일련의 사진이 두 사건을 모두 나타낸다고 말했다. 해석의 중요한 부분이 두 번째 사진에 집중되어 있다. 학생 3명은 이 두 번째 사진의 새가 위장을 잘못했다고 말하기까지 했다. 사실 학생 5명은 두 번째 사진이 첫 번째 사진의 동물이 세 번째 사진처럼 변하는 것을 보여 준다고 지적하였는데, 이것을 통해 이들 학생이 이 일련의 사진이 가지는 시간적-순서적 성격을 알아차렸음을 추론할 수 있다.

학생들은 두 번째 사진을 캡션에 제시된 위장 개념의 상황으로 이해하지 않았다. 학생들은 그들이 위장 현상을 알고 있음을 보였고(학생 2명은 전쟁 중 군인의 위장 작전이 위장의 사례라고 말하기도 했다), 새가 환경에 잘 위장한 첫 번째와 세 번째 사진에서 위장 현상을 찾았다. 이들은 이 두 사진에서 위장 현상이 잘 예시되었다고 강조하였다. 그러나 가운데 사진은 전혀 필요하지 않다는 점도 지적했다. 두 번째 사진은 반대되는 사례이기 때문에 실제로는 위장 개념의 형성을 방해한다. 캡션은 "이것은 위장의 좋은 사례이다"라고 진술하고 있으면서도 사진의 묘사에서 계절과 깃털의 변화를 강조하고 있어 위장과 계절 변화의 혼동에 기여하고 있다. 캡션은 위장과 계절 변화라는 두 사건을 동시에 언급하고 있는데, 이 서로 다른 두 사건을 사진에서 찾을 수 있도록 돕지 않고 있다.

(3) 본문

학생들이 사진과 캡션에 대한 해석을 마친 후, 각 사진의 본문을 제공하였다. 각 텍스트는 학생들이 사진을 이해하는 데 사용할 수 있는 또 다른 기호학적 자료를 구성한다. 실제로 그러한가는 실험적인 문제이다. 현재 상황에서 본문의 도입은 학생들의 해석에 또 다른 변화를 가져왔다. 예를 들면, 난초 사진에 대한 본문을 모두 읽은 후 12명 학생 전원은 그림의 주제가 난초에 관련된 것임을 알게 되었다. 그 후 학생들은 중앙의 나무에 있는 잎들이 난초 것이라는 것을 알 수 있었고, 한 학생만은 여전히 그에 대한 의심을 보이며, "무엇이 난초고 무엇이 브롬엘리아드(bromeliads; 파인애플과 식물의 총칭으로 열대 아메리카산의 관상식물)인지 모르겠어요. 하지만 나무줄기에 식물이 있기는 하네요. 여기요, 맞죠?"(프란, 9학년)라고 했다.

위장 사진에 대한 본문은 위장의 개념을 설명하고 몇 가지 사례를 제시한다. 그러나 본문에서 새가 겪는 계절 변화는 언급하지 않는다. 본문을 읽은 후 학생 10명은 사진의 주제를 위장이라고 생각했지만 학생 2명은 "[이 사진들은] 유럽 뇌조에 대한 것인데 다른 계절에 깃털이 변하는 것을 보여 줘요"(프란, 9학년), "각각의 종이 사는 지역에 대한 것인가? … 계절이 바뀌면, 어떤 새들은 날개 색이 변하기 시작해요"(루스, 9학년)라며 계절 변화에 따른 새의 깃털 변화라고 말했다.

본문과 캡션은 학생들이 실제로 사진을 의도된 대로 해석하는 것을 보장해 주지 않는다. 텍스트에 대한 대안적 읽기가 이루어질 수 있는데, 예를 들면 난초를 착생 식물로 확인하고 숙주 나무를 브롬엘리아드라고 한 학생(길, 9학년)의 경우가 그렇다. "난초나 브롬엘리아드와 그들이 자리 잡은 나무줄기의 상호 작용이 이에 해당한다"라는 문장에서 "난초나 브롬엘리아드"를 "난초와 브롬엘리아드"로 읽은 경우 텍스트에 대한 대안적 읽기가 분명히 나타난다. 이렇게 다르게 읽으면, 학생이 브롬엘리아드를 난초와 같은 종류의 식물이 아니라 숙주 나무라고 인식하는 한, 사진에 대한 해석과 텍스트에 제시된 전체 개념에 대한 해석이 "난초는 브롬엘리아드 위에 있으면서 아무런 해를 입히지 않는다"로 달라진다.

이 경우 교과서 저자는 사진을 사용하여 난초나 브롬엘리아드와 숙주 나무 사이의 **상호 작용**을 보여 주려고 하였다(그림 6.1). 그러나 이러한 상호 작용은 사진에 나타낼 수 없다. 그보다 사진은 자연에서 숙주 나무줄기에 있는 난초가 어떤 모습인지를 보여 준다. 이러한 정보가 본문에 제시된 방식은 사진에 대한 서로 다른 해석의 가능성을 설명한다. 텍스트는 사진이 난초를 보여 주는지 브롬엘리아드를 보여 주는지 분명히 언급하지 않고 있다. 단지 이것이 착생 식물의 예라는 것만 진술할 뿐이다. 이 경우 학생들이 텍스트를 다른 방식으로 읽기는 하였지만, 만약 텍스트(캡션)에서 독자에게 사진에서 볼 수 있는 것이 난초이고 그 난초와 브롬엘리아드가 착생 식물이라는 것을 분명히 지시하였다면, 완전한 혼동을 피할 수 있거나 최소화할 수 있었을 것이다.

3. 텍스트와 사진을 동시에 읽는 작업

그림에 관심이 있다면 그 옆이나 위아래에 있는 것을 읽으려 할 거예요.
(캐머런, 8학년)

학생들에게 사진과 텍스트를 모두 제시함으로써, 우리는 실행에서의 도해력, 즉 학생들이 사진이 있는 교과서를 읽을 때 참여하는 실제 읽기 작업을 조사할 수 있었다. 각 사례에 대해 교과서에서 사진이 있는 페이지를 복사하여 학생들에게 나누어 주었다. 그리고 학생들에게 그것을 읽어가면서 말하도록 했다.

(1) 사진의 공통 기능

우리의 분석에서 부각되어 나타난 것 중 하나는 모든 사진이 독자의 주의를 끄는 일차적 역할을 한다는 것이었다. 애벌레 사진의 경우 이러한 기능은 일차적 기능이라기보다는 원래 교과서의 페이지에서 단지 이 기능만 하는 것이다. 이 사진은 장식적인 것으로 분류되었고, 캡션도 없으며 텍스트와 관련된 사항이 언급되지도 않았다.

교과서를 복사한 페이지를 받았을 때 학생 10명은 바로 사진을 보고 있다고 말했다. 2명만이 텍스트의 제목을 읽고 있거나 "텍스트를 보고 있다"라고 말했다. 이끼 사진의 경우 비디오테이프에서 학생 12명 모두가 말을 하거나 텍스트를 읽기 전에 사진을 보고 있는 것을 쉽게 알 수 있었다. 그림은 학생들의 주의를 바로 사로잡았다(실제로는 학생 5명만 사진을 보고 있다고 말했다). 캐머런(8학년)은 "그림을 보면, 그것이 무엇인지 알기 원할 것이고, 만약 그림에 관심이 있다면 그 옆이나 위아래에 있는 것을 읽으려 할 거예요."라고 말한 것과 같이 텍스트가 학생들이 그림이 무엇인지 아는 것을 돕는다면, 사진의 교육적 역할은 증가할 것이다.

(2) 해석적 도해력 작업에서 맥락화

우리의 분석에서 나타난 또 다른 내용은 학생의 해석 작업에서 사진의 맥락이 가지는 중요성과 관련된 것이다. 애벌레 사진에 대해 학생 5명은 사진이 '애벌레'를 보여 준다고 말했다. 학생 3명은 '지네'라고 했고, 2

명은 단지 동물인 '벌레'라고 말했다. 한 학생은 '구더기'라고 했고, 다른 한 명은 '곤충'이라고 말했다. 용어는 서로 달랐지만 모든 학생들은 사진에 동물이 있는 것을 알았다. 그러나 이 사진에서 다른 측면도 확인되었다. 학생 2명은 사진의 배경이 검기 때문에 사진을 찍은 장소와 시간을 "막힌 공간에서"(앤디, 9학년) 또는 "밤에"(캐머런, 8학년)라고 언급했다. 이 학생들은 사진의 다른 내용도 추론했다. 캐머런은 "이것은 작은 벌레예요."라고 말했고, 앤디는 "이것은 이제 먹는 것을 멈출 거예요."라고 말했다. 우리는 사진을 해석하는 데 사전 지식이나 관습이 미치는 영향을 알 수 있다.

하지만 이끼 사진의 경우 학생들의 반응은 다르게 나타났다. 학생 3명만이 사진에서 무엇을 보았는지 언급하였고, 다른 학생 2명은 그림을 보고 있다고만 말하고 더 이상 말하지 않았다. 다른 학생 7명은 분명 사진을 보고 있었지만(비디오테이프에서 볼 수 있듯이), 아무 말도 하지 않고 텍스트를 읽기 시작했다. 이러한 점은 학생들이 (사진을 기술하려고 했던 3명을 제외하고) 사진에서 어떤 것도 알아보지 못하고 텍스트로 주의를 돌려서 사진이 무엇에 대한 것인지 알 수 있는 정보를 찾으려 했음을 말해 준다. 소수의 학생들이 사진의 배경이 나무나 바위라는 것을 알아차렸다. 이에 대한 정보가 텍스트에 없으므로 학생들은 사진의 배경을 알기 위해 사전 지식에 의존해야 한다. 배경에 대한 확인은 그것이 독자가 사진에서 적절한 내용을 구별해 내도록 돕기 때문에 중요하다. 이것을 확인하지 못하면 사진에 대한 (저자에 의해) 의도된 해석은 일어나기 어렵고, 생산적 도해력과 해석적 도해력 사이에 큰 틈이 생긴다.

이 상황과 애벌레 사진에 대한 상황을 비교하면, 후자의 경우는 학생들이 바로 사진으로 이끌린 것을 알 수 있다. 학생들이 모두 텍스트를 읽었지만, 그들은 애벌레 사진에 대해 언급한 후에 읽었다. 이것을 통해 이끼 사진의 경우 학생들은 그것이 무엇을 말하는지 알지 못했다고 가정하는 것이 가능하다. 제공된 시각적 정보는 학생들이 사진을 해석하도록 돕는 데 불충분했고, 사진에 관련된 텍스트는 독자가 구체적으로 해석하도록 안내하는 데 중요할 뿐 아니라 이 사진의 이해를 구성하는 데 필수적이다.

학생들의 반응을 분석한 결과 상식과 일상생활 경험이 사진을 해석하는 데 미치는 영향이 나타났다. 예를 들면 애벌레 사진에 대한 이야기에서 거의 대부분의 학생들은 사진의 동물이 식물이나 잎을 먹거나 갉고 있다고 말했다. 사진은 정지된 것이므로, '먹고 있다'는 추론되어야 한다. '먹고 있음' 자체는 볼 수 없지만, 그에 대한 가능한 증거는 감지될 수 있다. 그러한 증거는 사진에서 본 것과 독자가 생각하고 듣고 믿는 것 사이의 차이에 기초하여 세워진다. 여기서 잎의 모양은 학생들이 경험으로부터 알고 있는 것과 다르다. 이 차이는 물어뜯긴 자국이라고 가정되고, 애벌레 때문에 잇자국이 생긴 것으로 추측될 수 있다. 이 사진을 이렇게 해석하는 작업에는 많은 사전 지식과 상식 그리고 관점에 대한 규칙이 포함된다. 예를 들면 우리는 애벌레가 식물이나 최소한 잎을 먹는다고 가정한다. 따라서 이 동물은 입이 있어야 하며, 이 입을 통해 잎에 특정한 종류의 자국을 낼 수 있다. 이러한 세부 사항들은 사진에서 볼 수 없지만, 해석 작업에 중요한 측면이 된다.

(3) 색인과 사진

고등학교 생물 교과서는 텍스트의 특정 부분(문장, 단락)과 사진을 연결하는 색인(예를 들면, '그림 30.2')을 일관되게 사용하지 않는다. 어떤 사진은 텍스트에 전혀 연결되지 않기도 한다. 난초나 이끼 사진은 텍스트에 인용되어 있지만, 애벌레나 위장 사진은 본문에 언급되지 않았다.

색인의 존재와 부재에 관련된 명확한 효과는 없다. 위장 사진의 경우 색인의 부재는 전혀 문제되지 않는 것처럼 보이는데, 이것은 아마도 교과서 페이지에 텍스트와 그림이 놓인 배치 때문에 그런 것 같다. 텍스트는 2단으로 편집되어 있고 그림은 그 아래에 바로 놓여 있다. 이러한 배치는 독자가 텍스트에서 사진으로 연속적으로 움직여 가도록 해 준다. 이 경우 근접을 통해 색인이 할 수 있는 일을 달성했다. 그러나 애벌레 사진과 같은 장식적 그림에 대해서는 효과가 다르다. 이 경우 캡션도 없는 상태에서 색인의 부재는 사진과 텍스트를 연결하는 어려움을 악화하고 있다. 예를 들면, 애벌레 사진 근처의 텍스트는 그 장의 주제를 안내한다. 이것은 교과서에서 볼 수 있는 전형적인 유형이다. 각 장의 첫 페이지는 장식적 사진과 도입 텍스트, 그 장의 주요 주제에 대해서 강조할 내용을 제시한다. 이 텍스트를 읽으면서 학생 4명은 텍스트가 그 장에 나올 내용의 요약이나 도입이라는 것을 알았고, 그림이 다른 것으로 대체될 수 있다고 말했다.

> [이 그림이] 동물의 환경에 대한 것이라면 다른 것을 써도 된다고 생각해요. 말을 바다에 넣을 수 없으니 그렇게 하면 틀려요. 하지만 들에 있는 말은 될 수 있어요. (애덤, 11학년)

만약 여기 사람이 있으면 그보다 큰 동물과 작은 동물, 더 작은 동물을 넣고, 더 강한 것이 무엇인지 보일 수도 있고 … [이 사진]이것도 좋지만 다른 것을 쓸 수도 있고, 그것을 더 잘 보여 주는 게 있을 거예요. (캐럴, 11학년)

대부분의 학생들은 텍스트의 특징을 확인하는 데 실패하였고, 이 특정 텍스트에서 사진의 기능을 결정하는 데 큰 어려움을 겪었다. "[이 그림이]무엇을 보여 주려 하는지, 무슨 뜻인지 모르겠어요"(브라이언, 11학년), "사진이 텍스트와 거의 관계가 없다고 생각해요"(페이스, 10학년).

이러한 어려움과 캡션이나 색인의 부족함에도 불구하고, 모든 학생들은 사진과 텍스트가 어떤 방식으로든 연결되어 생물이나 환경(생태계나 생물권을 언급하기도 했다)과 연관될 것이라고 제안했다. 그러나 이러한 연관은 매우 일반적인 것이어서 생물 교과서에 있는 어떤 그림이나 텍스트에 대해서도 말할 수 있는 것이다. 관계를 구체적으로 질문했을 때 면담한 학생 수만큼 다양한 답이 나왔다. 즉 학생들은 사진이 텍스트에 언급된 어떤 것을 보여 주거나 예시한다고 말했으며 그 내용은 학생마다 달랐다. 자연 순환, 독립 영양 생물과 이질 영양 생물 사이의 구분, 먹이 사슬, 애벌레가 사는 특정 환경(또는 생태계), 식물과 애벌레 사이의 관계, 생존을 위한 먹이의 중요성, 사람과 동물의 관계(우리가 동물을 존중해야 하는 사실), 변태 등은 사진과 텍스트를 연결하려는 시도로 학생들이 사진의 주제가 될 수 있다고 언급한 것이다.

이 상황에서 일어난 것을 인증 과정으로 이해할 수 있다. 이 과정에서 사진은 그것이 가진 생물적 성질 때문에 텍스트에 단어로 기술된 것의 이미지를 제공하면서 텍스트를 지지하는 증거가 된다. 텍스트와 사진을 연결하면서 학생들은 사진의 특정 기능, 텍스트에 언급된 어떤 것을 보여 주는 기능을 찾으려고 노력했다. 그들은 사진이 텍스트를 이해하는 데 어떤 식으로든 도움이 된다고 가정하고, 이 가정을 정당화하기 위해 사진과 텍스트의 연결이 분명히 드러나지 않을 때에도 그것들을 직접 연결하려고 노력했다. 사진과 본문을 분명하게 직접적으로 연결하는 자료의 부족으로 인해 불확정성 수준이 높아졌고, 학생들이 사진의 내용으로 제안한 주제가 다양하게 나타났다.

분명하고 직접적인 연결이 제공되면 불확정성 수준이 낮아질 것이다. 즉 이끼에 관련된 텍스트를 읽을 때 학생 6명은 실제로 텍스트에 그림이 인용된 그 위치에서 그림을 언급했다. 이들 학생들 모두 색인을 소리 내서 읽지는 않았지만, 그들은 인용이 된 곳에서 사진을 보거나 가리키거나 또는 사진에 대해 무엇인가를 말했다. 학생들은 사진이 이끼를 나타낸다는 것을 알고 있었다. 캡션과 텍스트는 사진이 이끼에 대한 것이라고 말하고 있고, 텍스트의 적절한 위치에 놓인 색인은 학생들이 사진에서 정확한 내용, 즉 사진의 주제를 찾아내는 것을 돕는 데 기여했다.

몇몇 학생은 이끼가 어떻게 생겼는지 이미 알고 있었고, 캡션이나 텍스트를 읽기 전에 사진에서 이끼를 찾을 수 있었다고 말하기도 하였다(비록 텍스트를 읽기 전에 사진에서 본 것의 이름을 실제로 말한 것은 2명뿐이었지만). 사진에서 이끼를 가리켜 보라고 하였을 때, 학생 8명이 배경으로부터 이끼를 올바르게 찾아냈다. 그러나 배경이 무엇으로 구성되어 있는지에 대해서는 확실히 알지 못했다.

난초 사진의 경우 본문에 있는 색인은 학생들을 사진을 해석하도록 안내하는 데 중요한 역할을 했으며, 이것은 사진을 캡션, 텍스트와 관련짓는 것에서 나타났다. 색인은 학생들이 사진에서 본문과 관련된 특정 주제를 찾도록 도왔다. 이러한 예를 들면, "이것은 난초나 브롬엘리아드와 그것이 자리 잡은 나무줄기 사이의 상호 작용이다."라는 문장 바로 뒤에 있는 색인은 독자가 사진이 이 문장에서 언급하는 상호 작용의 사례를 제공한다고 간주하도록 이끌었다. 독자는 난초나 브롬엘리아드와 그것이 자리 잡은 나무줄기처럼 생긴 식물을 볼 수 있다.

모든 학생들이 본문에 있는 색인을 소리 내서 읽지는 않았지만, 대부분의 학생들은 그림과 텍스트를 연결하는 색인의 존재를 인식했다. 몇 학생은 색인을 언급하지 않거나 본문에 사진에 대한 색인이 없다고 말하기도 했다(한 학생은 본문을 소리 내어 읽을 때 색인을 읽었지만, 면담자가 질문했을 때 그것의 존재를 기억해 내지 못했다).

난초 사진을 색인에 인용하는 것이 중요하지만 —특히 이 사진은 캡션에 많은 정보를 제시하지 않는 예시적 사진이기 때문에— 색인이 전체 문단의 끝에 놓였다는 사실은 사진과 텍스트를 연결하는 데 나타난 예상치 못한 어려움을 설명해 준다. 예를 들면, 프란(11학년)은 사진에서 난초와 브롬엘리아드를 둘 **다** 찾으려고 노력했다. 그녀는 사진의 중심에 있는 나무줄기 옆에 보이는 잎들이 난초인지 브롬엘리아드인지 결정하지 못했다. 그녀는 또한 두 번째 착생 식물을 찾으려고 할 때 사진에 있는 다른 나무나 꽃들을 지적하면서 혼동하였다.

이와 같은 사례에서 볼 수 있듯이, 색인이 사용된 방식은 사진에 대한 서로 다른 해석의 가능성을 설명해 준다. 난초**와** 브롬엘리아드를 모두 언급한 텍스트의 맨 끝에 놓인 색인은 독자를 그림과 텍스트를 연결하도록 이끌었다. 이 사례에 대해서 캡션은 문제를 명확하게 하는 데 도움을 주지 못하고, 학생들은 사진에서 착생 식물이 난초인지 브롬엘리아드인지 결정할 수 없었다.

(4) 본문, 캡션, 색인을 넘어서

색, 화살표, 문자, 기하학적 형태 등의 시각적 정보는 캡션이나 텍스트 외에도 사진에서 어떤 것을 직접 강조하는 데 사용될 수 있다. 그러나 4장에서 보았듯이 고등학교 생물 교과서의 저자는 이러한 기호학적 자료를 사진에 거의 사용하지 않는다. 사진 위에 한 층을 더하여 추가적인 기호학 자료를 사용한 사례가 난초 사진이다. 이 경우 독자가 사진의 주제(난초 또는 브롬엘리아드)를 재구성하는 데 필요한 정보를 사진 자체에서, 오른쪽 아래 '난초'로 기입된 것에서 얻을 수 있다. 이 정보는 사진에서 특정한 것에 독자의 관심을 기울이도록 하기는 하지만, 이것만 따로 분리해 놓으면 학생들이 사진에서 특정 대상을 실제로 확인하도록 돕지 않는다. 대신 사진, 캡션, 색인을 포함한 본문의 전체를 보는 상황에서 이 정보는 독자가 사진을 텍스트와 연결하여 이해하는 데 필수적인 것이 된다. 사진만 보았을 때 학생들은 가운데에 있는 대상이 사진의 주제일 가능성이 크다고 생각한다. 캡션을 읽고 그들은 사진에서 식물에 주의를 기울이고, 그 뒤에 텍스트를 읽고 그림과 텍스트를 연결 지으며, 사진이 착생 식물과 그 숙주를 보여 준다는 것을 알아차리게 된다. 그러나 학생들은 텍스트에 제시된 착생 식물 —난초와 브롬엘리아드— 중 어느 것이 사진에 예시되었는지에 대해 확신하지 못한다. 사진에 적힌 '난초'라는 단어는 사진을 텍스트와 연결하여 올바르게 이해하는 데 꼭 필요한 정보이다. 그러므로 사진, 캡션, 텍스트, 색인, 그리고 다양한 다른 자료는 교과서를 읽을 때 사진을 이해하기 위해 사용되어야 한다. 사진과 텍스트를 해석하는 작업은 본질적으로 변증법적이다. 이 절의 처음에 인용한 학생의 말처럼 사진이 텍스트를 이해하도록 돕는 만큼, 본문은 사진을 이해하도록 도우며 텍스트와 사진은 올바로 해석되기 위해 서로를 필요로 한다.

4. 면담, 사전 지식, 경험의 역할

난 '이것은 연구니까, 무엇인가 트릭이 있을 거다'라고 생각해요. (애덤, 11학년)

문헌에 거의 언급되지 않은 내용이지만, 면담에 참여한 사람에게는 면담 맥락 그 자체뿐 아니라 면담자가 말하는 모든 단어와 문장, 그리고 멈춤까지도 중요한 기호학적 자료로 작용한다.4 즉 해석적 도해력은 개인이 가지고 있는 선행 경험으로 시각자료를 다루는 것에 의해 매개될 뿐 아니라 면담 상황 자체, 즉 현재의 과제를 완성하기 위해 해석적 자료를 주고받는 것에 의해서도 매개된다. 우리는 그러한 영향을 현재의 면담에서도 관찰하였다. 예를 들면, 난초 사진을 보고 있는 애덤(11학년)에게 사진의 주제를 말하도록 요구하였다. 그는 즉시 그것을 난초라고 말하면서 사진의 난초를 가리켰다. 또한 그는 사진 오른쪽 아래에 있는 단어 '난초'를 가리켰다. 그러나 캡션을 읽고 나서 애덤은 자신의 생각을 갑자기 바꾸었다. 그는 처음에 난초라고 했던 식물이 이제는 난초처럼 보이지 않는다고 하면서, 난초에는 여러 종류가 있는데 그가 아는 것이 사진에 있는 식물과 다르다고 말했다. 그는 혼동되고, 캡션이 더 어렵게 만들었다고 말했다. 본문을 읽은 후에야 애덤은 그것이 난초이고 착생 식물이라고 이야기하는 것으로 되돌아왔다. 그는 두 가지 명명이 사진에 있는 식물을 이야기하는 데 모두 사용될 수 있음을 깨달았다.

면담 후 정리하는 동안에, 애덤은 그 식물이 난초라는 것을 처음부터 알았고 난초에 매우 친숙했기 때문에 사진에서 그것을 알아보았다고 인정했다. 그의 어머니가 집에서 난초를 키우시고 할머니의 정원에는 나무 위에 사는 난초가 많이 있다고 하였다. 하지만 캡션을 읽었을 때, 착생 식물이 무엇인지 몰랐지만, 그는 사진의 오른쪽 아래에 있는 '난초'라는 문자가 속임수이고 사진 자체와 아무런 관계가 없을 것이라고 믿었다. 그는 난초라고 말했던 식물이 캡션에 언급된 착생 식물일 것으로 간주했다. 그는 면담이 연구의 일부이기 때문에 일종의 트릭이 자신을 잘못 이끌었을 수도 있었다고 설명했다.

이 경우 학생의 대답에 맥락이 미치는 영향이 분명히 드러난다. 학생은 면담자의 질문에 대답하지만, 면담이 연구 프로젝트의 일부라는 사실도 알고 있으며, 연구의 성격에 대한 자신의 생각은 자신의 응답에 영향을 미쳐서 자신이 이전에 잘 알고 있는 난초에 대한 지식을 무시하게 만들었다.

이 장은 학생들이 사진과 텍스트를 읽을 때 사전 지식의 차이를 조사하도록 설계되었다. 즉 절반의 학생들은 고등학교에서 고급 생태학을 배웠고, 나머지는 배우지 않았다. 우리는 두 학생 집단의 응답에서 차이를 구별할 수 있기를 기대했다. 분석 과정에서 이 연구의 주장을 뒷받침할 수 있을 만큼 학생들의 차이가 뚜렷이 구분되지 않았다. 그러나 학교를 좀 더 다닌 11학년의 학생이 나이 어린 8학년이나 9학년 학생들보다 어떤 장점이 있다는 전체적인 '느낌'은 받을 수 있었다. 이러한 가정은 대개 11학년 학생들이 캡션이나 본문에 제시된 정보와 사진을 관련짓는 데 더 빠르다는 사실에 기초한다. 예를 들면, 두 집단의 학생들 대부분이 처음에 사진을 해석할 때 어려움을 겪었지만, 11학년 학생들은 사진에 수반된 캡션이나 텍스트를 읽은 다음에 그들의 해석을 더 쉽게 바꾸었다. 높은 학년 학생들은 면담자의 질문에 좀 더 사실감 있게 대답을 하지만, 8~9학년 학생들은 같은 질문에도 대답할 때 머뭇거리고 확신하지 못했다. 우리는 학년이 높은 학생들이 학교에 더 오래 다니면서, 교육과정에서 명시적으로 배우지는 않았지만, 그림이 포함된 교과서를 읽는 일종의 문해력이 발달했다고 생각한다.

5. 자율적으로 발달된 도해력

여기에 제시한 연구를 통해 우리는 도해력과 관련한 지식능력을 개발하는 특별한 수업을 받지 못한 학생들에게 나타나는 도해력 수준을 찾아내려고 했다. 즉 우리는 면담을 통해 (브라질) 학생들이 일상적 삶과 학교 안팎에서 개발한 도해력의 수준을 이끌어냈다. 이런 점에서 이 연구는 교사나 교육 과정 개발자, 연구자가 학생들이 도해력과 그 재귀적 요소인 비판적 도해력을 개발할 수 있도록 하는 학습 환경을 설계하도록 돕는 기초가 된다.

우리는 교수-학습 전략이 교과서에 크게 의존한다는 것을 알고 이 프로젝트를 시작하였다. 따라서 (a) 사진의 교육적 잠재력과 (b) 학생들이 시각자료를 사용하여 이해하게 하거나 다른 사람의 이해를 도울 수 있는 방법을 주의 깊게 조사하는 데 관심이 있었다. 우리의 분석은 단일 사진과 다중 사진 사이에 차이가 있음을 나타낸다. 일련의 사진을 사용함으로써 제공되는 외적 비교는 독자가 사진들 사이의 유사점과 차이점을 쉽게 구별하도록 해 주었다. 즉 위장 사진을 해석할 때, 학생들은 새의 깃털 차이와 환경의 차이를 쉽게 확인할 수 있었다. 그러나 첫 번째 사진과 세 번째 사진이 위장의 사례가 된다는 것은 분명하지 않았다. 각각의 사진에서 내적 비교를 하는 것은 두 번째 해석 활동이 되었다. 이 상황에서 다른 자료(캡션, 본문)가 관찰해야 할 중요한 측면을 강조하는 데 사용되었고, 독자가 해석 작업하는 것을 안내하였다. 따라서 일련의 사진 그 자체는 올바른 해석을 보장하는 데 충분하지 않다. 독자가 자신에서 읽은 것을 해석하고, 이해하는 것을 가능케 하는 것은, 사진과 함께 교과서에 제시된 모든 기호학적 자료들의 상호 작용이다. 단일 사진의 경우, 내적 비교가 즉각적으로 이루어지더라도, 학생들이 사진을 읽는 활동을 하는 동안 여전히 외적 자료가 사진과 연관될 필요가 있었다.

교과서에서 사진을 교육적 목표로 사용할 때 캡션은 주요한 요소이다. 캡션은 사진에서 좀 더 주의 깊게 고려해야 할 것을 명명한다. 장식적 사진은 캡션이 없어서 사진과 텍스트를 연결하는 것을 어렵게 만드는데, 이러한 명시적 연결(예를 들면, 캡션이나 색인 참조)이 없을 때 사진과 텍스트의 연결은 주관적이 된다. 따라서 모든 사진이 교육적으로 사용될 때에는 각각 고유의 캡션을 가지는 것이 중요하다.

캡션이 사진에서 독자가 '올바른 내용'을 실수 없이 확인하는 것을 돕지 못한다면, 그것의 존재는 독자의 해석 작업에 더 이상 필수적이지 않으며, 사진의 주제를 확인하기 위해 캡션 이외의 자료에 의존해야 할 경우는 특히 그렇다. 예를 들면, 대부분의 학생들은 사진에 고유한 특성, 즉 구도나 초점 설정 등에 의존하여 사진에서 난초를 성공적으로 확인하였다. 이러한 특성은 학생들이 사진을 이해할 때, 캡션이 해석을 돕지 못하는 경우, 학생들을 돕는 기호학적 자료가 된다.

우리의 연구는 본문이 학생들의 사진 해석을 돕는 중요한 자료라는 것을 확실히 드러내 주었다. 사진에 묘사된 대상이나 현상에 대한 완전한 설명, 그리고 사진에서 보이는 것과 제시된 개념 사이의 적절한 연관 등은 독자가 교과서와 사진을 교과서 저자가 기대한 바와 같이 연결하고 해석할 기회를 최대화하는 데 필요하다.

우리의 분석에서 사진의 중요한 기능 중 하나가 독자의 시선을 끄는 것이라는 사실이 분명해졌다. 면담을 한 학생들은 텍스트에 대해 말하기 전에 사진을 보거나 사진에 대해 말했다. 면담 맥락과 면담자가 학생들의 반응에 미친 영향 등을 주의 깊게 고려하였을 때, 비록 학생들이 사후에 사진을 계속 탐구하지는 않았지만, 학생들이 사진에 흥미를 보였다고 믿는다.

사진 고유의 특성, 예를 들면, 배경과 구도 등에 주의를 기울이는 것이 중요하다. 밋밋한 배경을 가진 사진이 관심 대상을 강조하는 데 유용한 것은 불필요한 군더더기가 거의 존재하지 않기 때문이다. 그럼에도 불구하고 이러한 불필요한 군더더기가 없다는 것은 사진에 묘사된 대상이 탈맥락화 되었음을 의미한다. 예를 들면, 이끼 사진에서 학생들이 대상을 쉽게 확인할 수 없었기 때문에 텍스트를 읽기 전에는 사진에 대해 말하지 못했던 것을 볼 수 있었다. 사진은 이끼에만 초점을 두어 촬영되었고, 이것이 사진에 많이 표현되었지만 맥락에서 벗어나 있었기 때문에 학생들이 사진을 이해하는 데 어려움을 겪었다. 게다가 이 사진 주위의 텍스트에 있는 정보는 독자가 배경에서 봐야 할 것을 구분하도록 돕는 데 충분하지 못했다.

반면에 우리는 어떤 사진(난초 사진)에서 보아야 할 중요하거나 적절한 내용을 확인하는 데 학생들이 어려움을 겪는 것을 보았다. 즉 우리의 연구는 사진사나 교과서 저자의 생산적 도해력과 학생들의 해석적 도해력 간의 간격을 드러내 준다. 저자가 의도한 사진의 의미를 찾아내기 위해서는 그에 상응하는 도해력 수준이 필요하다. 사진이 담고 있는 의미와 대상을 분해하기 위해 추가적인 재귀적 움직임과 비판적 도해력이 필요하다. 많은 학생들이 그러한 수준에 도달하지 못했다. 그들이 자율적으로 개발한 지식능력 도해력은 그들이 의도한 의미나 대상에 도달하게 하지 못하였다. 사진에 있는 수많은 세부 내용들은 현실감을 제공한다. 불행하게도 그로 인해 혼동도 많아지게 된다. 학생들은 사진에 묘사된 다른 많은 식물들 사이에서 착생 식물을 실수 없이 확인해 내지 못했다. 어떤 학생들은 캡션이나 본문을 읽은 이후에도 어떤 식물이 착생 식물인지 결정하지 못했다. 우리는 좀 더 구체적인 지시, 즉 화살표나 부분 색칠 등을 사용하여 독자가 사진에서 보아야 할 세부적인 부분을 확인할 수 있도록 해야 한다는 것을 다시 한 번 제안한다.

우리의 분석에서 학생들은 교과서를 읽을 때 그림이 인용된 것에 확실히 주의를 기울인다는 것을 알았다. 이끼 사진이 색인에 언급된 것은 좋은 사례이다. 텍스트를 읽을 때, 학생들은 '이끼'를 사진과 즉각적으로 연결하였는데, 그것은 이 사진의 색인이 텍스트에서 '이끼'라는 단어의 바로 뒤에 놓였기 때문이다. 그러나 난초 사진의 경우에는 색인이 대상이 아니라 현상을 말하는 전체 문단 뒤에 놓였기 때문에 독자가 혼동했다. 색인은 독자들이 사진과 텍스트를 연결시키도록 하는 것이다. 따라서 이것은 독자가 과학의 개념 학습 상황에서 사진과 텍스트를 해석하도록 돕는 필수 자료가 될 수 있다.

7장

겹쳐진 시각자료를 이해하는 데 무엇이 필요한가?

앞 장까지 시각자료를 자세히 분석한 결과, 그래프나 사진 등의 시각자료를 읽고 그것을 언어적 정보와 연결하는 데에는 엄청난 양, 아마도 정복 불가능한 양의 일이 필요하다는 것을 알 수 있었다. 한편으로 학생들은 그러한 일을 하는 데 필요한 자료를 가지고 있지 않았을 수 있고, 다른 한편으로는 교과서 저자들이 그러한 일을 충분히 도와주지 않았을 수 있다. 교과서 저자는 학생들이 시각자료를 읽는 노력, 특히 여러 개가 서로 겹쳐져 있는 시각자료를 읽는 것을 어떻게 도와줄 수 있는가? 이에 대한 답은 컴퓨터 안의 시각자료 사용에 대한 연구에서 힌트를 얻을 수 있다.[1] 그 연구에서는 서로 다른 유형의 시각자료, 즉 조작된 대상과 힘이나 속도를 표현하는 벡터를 계속 겹쳐 제시함으로써 운동 역학 학습을 조력하였다.

교과서에서 어떤 특정한 개념을 가르칠 목적으로 시각자료를 사용했다고 가정하면, 다음과 같은 질문을 제기할 수 있다. "시각자료를 겹침으로써 어떻게 학생들에게 교과서로부터 과학을 배우는 데 필요한 자료를 제공할 수 있는가?" 그리고 "어떻게 그러한 매개 작용이 일어날 수 있는가?" 예를 들면, "보일 법칙을 나타내는 그래프, 피스톤에 대한 사실적 그림, 힘 화살표 등이 겹쳐 있는 [그림 7.1]과 같은 시각자료를 해석하는 데 어떤 일(work)이 필요한가?" 그리고 "시각자료를 겹쳐 놓은 것은

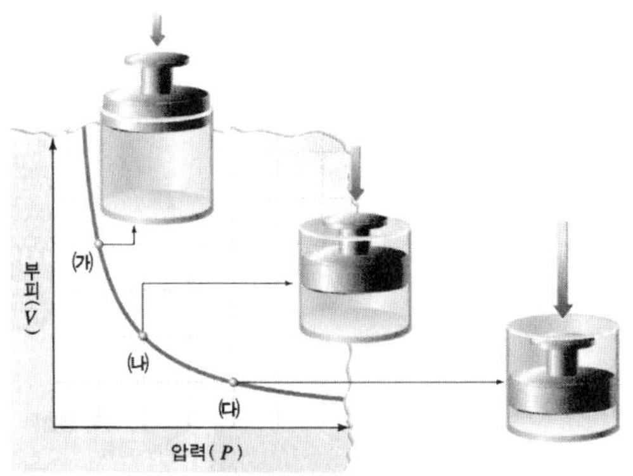

그림 7.1. 이것은 한국의 7학년 과학 교과서에서 보일 법칙 관련 단원에 실려 있는 겹쳐진 시각자료의 사례이다.

다른 형태의 시각자료가 하지 못하는 어떤 일을 하는가?" 등의 질문을 할 수 있다. 우리는 다음 질문에 대한 대답으로 시작한다. "이 시각자료를 이해하기 위해 필요한 일이 무엇인가, 즉 이 시각자료가 가르칠 것으로 의도된 특정 개념을 배우기 위해 무엇을 해야 하는가?" 이 모든 질문에 대한 답을 통해 우리는 여러 겹으로 구성된 시각자료와 관련하여 능숙한 도해력이 어떤 것인지 이해하게 될 것이다.

[그림 7.1] 주변에 있는 텍스트는 이 그림이 기체의 부피와 압력 사이의 관계인 보일 법칙을 표현한다고 말하고 있다. 보일 법칙은 "같은 온도에서 일정한 양의 기체 부피는 압력에 반비례한다."라는 진술과 "P×V=k"의 수식으로 진술되어 있다. 그림은 교과서에서 찢어낸 것처럼 보이는 그래프가 다른 두 가지 종류의 시각자료와 겹쳐져 있다. 첫째 회색 추(또는 피스톤)가 투명하게 보이는 비커(또는 통)에 들어 있는 사실적인 그림이 있다. 둘째 각 비커-피스톤 조합 위에 수직 방향으로 서로 다른 길이의 화살표 3개가 있다. (가), (나), (다) 지점의 화살표가 그래프의 서로

다른 위치에서 출발하여 각각의 세 비커로 향하고 있다. 이 시각자료의 목적은 학생들이 그래프에 구현된 보일 법칙(수학적 시각자료로는 P×V=상수)을 배우게 하는 것이라고 적혀 있다. 진술되지 않은 목적은 자연 세계가 작동하는 방식에 대해 학생들이 실생활에서 경험하거나 이해한 것에 이 시각자료를 위치시킬 필요가 있다는 것이다. 겹쳐진 시각자료를 개인의 실생활 경험과 연결했을 때 그것을 읽거나 해석하여 배우는 데 어떤 일이 필요한가? 그러한 일은 보일 법칙이 수학적 형태로만 제시되거나, 수학적 형태와 그래프 형태 두 가지로만 제시된 경우와 어떻게 다른가?

전체적으로 보았을 때 이 시각자료는 학생들이 보통 "P×V=k"의 형태로 기술되고 그래프로 표현되는 보일 법칙을 학습하는 것을 매개하도록 디자인되었다. 비커-피스톤 조합과 수직 방향의 화살표는 일상 경험과는 거리가 먼 방정식이나 그래프와 일상 경험에 가까운 비커-피스톤 조합을 매개하는 추가적인 자료이다. 이 시각자료가 보일 법칙과 그러한 시각자료를 이미 알고 있는 (과학) 교육자(교사)들에게는 쉽게 보일지 모르지만, 그 안에는 실로 복잡한 일이 숨겨져 있다.

우리가 지금까지 시각자료를 텍스트로 제시한 것은 첫 번째 유형의 일을 나타낸 것이다. 즉 독자**2**는 전체적으로 볼 때 3가지 유형의 시각자료가 각각 **분리**되어 있으면서 서로 연결된 것으로 인식해야 한다. 자세히 확대해서 보면 이 시각자료는 실제 교과서에서 지면 위에 찍힌 컬러의 점들로 구성되는데, 그것을 각각 옅은 파란색 격자가 그어진 종이 위의 빨간색 그래프, 녹색 비커 안의 회색 피스톤, 수직 방향의 화살표로 분리해야 한다. 좀 더 자세한 수준으로 보면 독자는 예를 들어, 비커로 보아야 할 부분, 피스톤이나 추로 보아야 할 부분을 구분해야 한다. 이와 같은 진술 과정에서 이미 더 많은 일과 부딪치게 된다. 피스톤으로 보았던 부분은 피스톤이 맞는 것인가 아니면 질량을 가진 추인가? 이렇게 같은 유형의 시각자료인 3개의 비커-피스톤 조합을 비교하는 일에서도 더 많은 일들이 요구된다. 3개의 피스톤을 비교하면 모두 같은 크기이지만 비커에 들어가 있는 깊이는 서로 다르다. 사실 시각자료를 읽는 일이 보일 법칙으로 연결되려면, 우리는 피스톤이 비커 아래로 얼마나 내려가 있는지보다는 비커 안에 남아 있는 공간의 크기를 **볼** 필요가 있다. 즉 지각적인 일을 해야 한다. 회색 부분이 무게를 나타낸다면 우리가 경험한 것은 세 추의 무게가 같다는 것이다. 물론 서로 다른 물질로 만들어졌다면 무게가 다르겠지만, 이렇게 생각하기 위해서는 밀도에 대한 경험과 이해 또한 필요하다. 지각적인 구조화를 통해 세 피스톤이 비커 안에 다른 높이로 밀려 들어갔음을 알게 된다. 피스톤이나 추로 보이는 부분을 같은 것으로 보고 높이가 서로 다른 것을 비교함(일)으로써 이 부분은 특별한 주의를 요구하는(즉 밀도가 서로 다른) 추가 아니라 (같은 무게의) 피스톤임을 암시하고 있다는 것을 알 수 있다.

이것은 단순히 비커와 피스톤을 그린 것이다. 그런데 여기서 회색 부분을 **피스톤**으로, 투명하게 표현된 부분을 **비커**로 보는 데에는 일이 필요하다. 즉 그림을 우리가 잘 알고 있는 세상의 사물들과 연결 짓는 일이 필요하다. 어떤 대상에 대한 그림과 그것이 표현하는 대상 사이에 존재하는 명백하고 간단한 관계와 문화적 특이성도(기호학 용어로 말하면 도상적 관계) 학습해야 한다. 이런 관계를 지으려면 비커와 피스톤(또는 추)과 같은 대상을 이미 경험했어야 하고, 그림과 그것이 묘사하는 대상 사이의 관계를 매개하는 문화적 관습에 익숙해야 한다.

더 해야 할 일이 있다. **지각적인 구조화**로 수직 방향의 화살표를 보면 색이 위에서부터 아래로 갈수록 변해가는 것을 볼 수 있다. 시각자료 내에서 **비교**하면 세 화살표의 너비는 같고 길이가 다르다. 한편에서는 화살표의 길이, 다른 한편에서는 비커 바닥으로부터 피스톤이 놓인 거리 간의 반대 관계를 알기 위해서 시각자료들을 비교해야 한다.

1장에서 기호는 해석되기 전에 지각되어야 함을 알았다. 셜록 홈스에게는 방 안에 있는 몇 개의 대상만 살인자와 연결되고 다른 것은 우연한 것이었다. 그래프를 해석할 때에도 보이는 것 중 일부분이 해석에 사용되고 다른 것은 우연적이다. 예를 들면, 1장의 출생률과 사망률 그래프에서는 두 선을 비교해야 하는데 경험이 많은 과학자도 선 대신 기울기를 비교하였다. 이 장에서 시각자료는 지각적 구조화를 통해 종이와 그 위의 모눈을 그래프 구성물(여기서는 검은색 축과 곡선)과 구분해야 한다. 검은색 선은 단순한 축이 아니고 화살표로 표시된 것에서 알 수 있듯이 그래프 눈금 체계(교점에서부터의 거리가 크기에 해당하는)의 가로축(x축)과 세로축(y축)이다. 즉 이 시각자료에 명시되지는 않았지만 이들은 수학이나 숫자와 연결되어야 한다. 곡선은 전체 시각자료에서 다른 것이 아닌 이 눈금 체계를 따르는 것이라고 진술되어야(일) 한다. 그 곡선은 왼쪽 위에서부터 오른쪽 아래로 부드럽게 이어진다. 곡선을 이루고 있는 점들은 특정 부피 값과 압력 값의 쌍에 해당하는 것으로 구성되어야(일) 한다. (물론 이렇게 하기 위해서는 먼저 압력과 부피를 각각 가로축과 세로축에 연관 짓는 일이 수행되어야 한다)

그래프 곡선 위에는 3개의 작은 원이 있다. 이것은 곡선 위의 점을 나타낸다고 지각적으로 구조화되어야 한다. 검은색 화살표가 각각의 점에서 출발하여 비커-피스톤 조합으로 연결되는데, 두 화살표는 비커의 옆을 향하고, 한 화살표는 비커의 바닥을 향한다. 이 그림이 학습에 도움이 되기 위해서는 학생들이 관련짓는 작업을 여러 번 해야 한다. (a) 각각의 점에 대해, 수직 방향의 화살표 길이와 그래프상의 점이 세로축에서부터 떨어진 거리를 연결 짓고, 피스톤이 비커의 바닥에서부터 떨어진 높이를 그래프상의 점이 가로축에서부터 떨어진 거리와 연결 짓는다. (b) 이들 관계를 서로 연관 짓는다.

검은색 화살표는 각 (P, V) 좌표값과 그에 상응하는 비커 바닥에서의 높이와 수직 방향의 화살표 길이를 연결하는 것이 아니고, 단지 비커를 가리킬 뿐이다. 이것은 독자에게 연결하는 일의 양을 증가시킬 수 있다. 즉 독자는 각 점이 고유의 압력과 부피 값을 가지고 있음을 지각해야 하고, 이것을 비커-피스톤 조합과 수직 방향 화살표의 어떤 특징과 연결해야 한다. P값(그래프 점과 세로축 사이의 거리)과 화살표의 길이를 연결하고, V값(그래프 점과 가로축 사이의 거리)과 비커 바닥에서부터 피스톤의 거리와 연결하는 비교를 주의 깊게 해야 한다. 이러한 연결들을 비교하면서 독자는 P값과 V값의 관계가 반비례라는 것을 그래프의 점에서도 알 수 있고 화살표와 비커-피스톤 그림에서도 알 수 있다.

이러한 역의 관계(보일 법칙)는 독자의 실제 경험과 연결되어야 한다. 독자는 주사기(비커) 안에 삽입된 피스톤을 밀고 당기고 놓아 보거나, 또는 자전거펌프의 끝을 손가락으로 막고 사용해 본 경험이 있을 수도 있고 없을 수도 있다. 피스톤을 세게 밀면 피스톤과 주사기 바닥 사이의 거리가 줄어든다. 피스톤에 가해지는 압력이 주사기 안쪽에 갇힌 공기의 부피를 변화시킬 것이기 때문이다. 이러한 경험은 피스톤-비커 조합과 그 옆에 표시된 3개의 화살표, 보일 법칙을 표현하는 그래프에 연결될 수 있다. 이렇게 하여 그림(화살표)은 그래프(시각자료)와 실재 세계 사이의 간격에 다리를 놓을 수 있다. 그러나 만약 독자가 이러한 사전 경험이 없다면 겹쳐진 시각자료를 어디에 연관시킬 것인가의 문제가 발생한다.

이 장에서 일반적으로 시각자료를 이해하는 데 필요한 일, 특히 겹쳐진 시각자료를 이해하는 데 필요한 일을 기술한다. 우리는 의미론적 모형을 사용하여 일을 기술하는데, 그 모형은 시각자료의 해석에 필요한 서로 다른 종류와 양의 일을 부각시켜 드러내 준다. 우리는 몇 개의 겹쳐진 시각자료를 분석함으로써, 과학 교육자나 교과서 저자가 제시한 겹쳐진 시각자료를 학생들이 이해하고 의도된 특정 내용을 학습하도록 할 때 고려해야 할 것들을 예시하고자 한다.

1. 다중으로 겹쳐진 시각자료의 의미론적 모형

시각자료 해석에 관련된 선행 연구를 기초로 의미론적 모형[3]을 만들었다. 한 가지 유형의 시각자료에서 다른 유형의 시각자료로 이동하는 일은 번역(translation)이라 하고, 같은 유형의 시각자료들 사이를 이동하는 것을 변환(transposition)이라 한다. 번역의 사례는 표에서 그래프 그리기, 또는 그래프 해석하기(그래프를 말로 기술하는 번역이 필요하다) 등이다. 즉 번역은 [그림 4.2]에 있는 연속적인 시각자료를 따라 이동해 가는 것에 대응된다. 어떠한 두 개의 인접한 시각자료 간에도 존재론적인 간격이 있으므로, 이러한 이동에는 일이 요구된다. 변환의 사례는 하나의 그래프를 다른 그래프로 만들기, 또는 표를 규칙성 있게 재구성하기 등이다. 대부분의 교육자가 놓치고 있는 것은 번역이나 변환이 균형 있는 구조를 요구한다는 것이다. 그래프를 해석하는 사람에게 두드러지게 부각되어 보이는 것이 그래프의 기울기인지 높이인지에 따라 서로 다른 자연 현상이 기술된다. 따라서 해석을 이해하기 위해 연구자들은 처음의 가공되지 않은 물질 자료, 즉 종이 위에 찍힌 색색의 점들이나 컴퓨터 모니터상의 컬러 점들로부터 시각자료(그리고 자연 현상)를 **지각적으로 구조화**하는 일에 주의를 기울여야 한다. 이러한 3가지 유형의 일, 즉 구조화, 변형, 번역은 우리의 의미론적 모형의 기본 요소(일의 유형)가 된다(그림 7.2). 처음에 제시한 보일 법칙 관련 시각자료(그림 7.1)를 사례로 모형을 설명한다.

시각자료(그래프, 화살표, 그림)와 독자의 실생활 경험이 아래쪽 두 개의 타원으로 표현되었다(그림 7.2). 아래쪽에 있는 타원(길게 늘인 회색 원)은 (a) 시각자료의 물질적인 바탕, 즉 [그림 7.1]을 구성하는 컬러로 된 점들과 (b) 아직 매개되지 않은 실생활 경험을 가리킨다. 위쪽에 있는 타원들

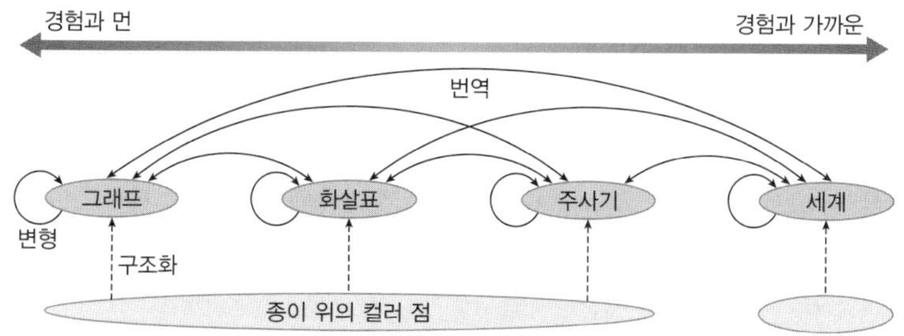

그림 7.2. [그림 7.1]의 시각자료를 읽는 과정에 대한 의미론적 모형. 각각의 화살표는 이 시각자료를 읽는 데 이루어져야 할 일을 나타낸다. 구조화(점선 화살표), 변형(원형 화살표), 번역(곡선 화살표). 왼쪽에서 오른쪽으로 갈수록 경험에서 먼 것으로부터 경험에 가까운 시각자료, 그리고 경험(세계) 그 자체가 된다.

은 해석자의 지각에 나타나는 구조를 가리킨다. 한편으로 그 구조는 해석되는 기호에 대응하고, 다른 한편으로 그 구조는 독자가 그들의 경험을 **설명**하는 방식(예를 들면, 일상의 대화에서)에 대응한다. 시각자료를 정해진 대로 연결하기 전에, 이들 물질적 바탕은 독자에 의해 일련의 시각자료, 내적으로 균형 있는 시각자료로 구조화되어야 한다. 학생들이 이렇게 교육 자료를 구조화하는 것은 당연하다고 생각할 수 없으며, 종종 그런 구조화를 하지 못한다.**4** 이 컬러로 된 점들이 독자에게 어떻게 보일 것인지는 그것이 어떻게 구조화되는가에 따라 달라진다. 처음의 사례에서 전체적으로 시각자료를 구분하는 구조화는 각 시각자료에 사용된 색들(실제 교과서에 표현된 종이의 파란색, 그래프의 빨간색, 화살표의 주황색, 실린더의 녹색, 피스톤의 회색)에 의해 촉진된다. 우리의 모형에서(그림 7.2) 각각 구조화된 부분들(위쪽 타원들)의 배열은 일련의 지시 대상을 구성한다. 오른쪽에 가장 경험과 가까운 것, 국지적이고 특정적이며 연속적인 성격을 가지는 실생활 경험이 놓이고, 왼쪽에는 경험과 동떨어진 것으로 여기서는 그래프가 놓이는데 그것은 비국지적, 표준적, 일반적 성격을 가진다(이 점에 대해서는 또한 3장과 4장을 참고하라).

동일한 물질적 바탕을 분리하고 일련의 시각자료를 만들어 냈다고 해서 학생들이 각 시각자료를 의도한 바와 같이 내적으로 구조화했다는 것을 의미하지는 않는다. 예를 들면, [그림 7.1]에서 어떤 사람이 피스톤이나 추를 지각한 뒤, 피스톤이 비커 안으로 어느 정도 들어갔다고 지각할 수 있고 또는 비커 바닥에서부터 어느 정도 떨어져 있다고 지각할 수 있다. 이렇게 하나의 물질적 조합을 서로 다르게 지각할 수 있다. 각각의 경우 독자가 지각하는 것은 구조화 작업의 결과로 나타난다. 대부분의 경우 구조화는 자동적으로 이루어져 우리는 거기에 주의를 기울이지 않는다. 그러나 시각자료를 읽는 독자가 문제에 봉착하면 그들은 자신에게 "이걸 다른 식으로 봐야겠다." 등의 말을 할 것이다. 이 말은 명백히 그들이 자기 앞에 놓인 가공되지 않은 물질을 구조화하는 일을 하겠다는 말이다. 과학자에 대한 우리의 연구에서 과학자가 자연 현상을 바라보는 방식과 자신의 연구에서 나타나는 일부 수학적 구조는 서로 결합되어 나타난다는 증거가 있다.

서로 다른 비커-피스톤 조합을 하나의 비커-피스톤 쌍이 서로 다른 상태에 있는 것이라고 인식하는 것은 변환의 일(그림 7.2의 모형에서 원형 화살표)을 필요로 한다. 이 일이 여기에서 촉진될 수 있는 것은, 독자가 그러한 변화를 혼자 상상해야 하는 경우에 비해, 서로 다른 조합이 그림으로 제공되어 직접적인 비교가 가능하기 때문이다. 특정 점의 압력값에서 수직 방향 화살표의 길이로 이동해 갈 때에는 번역이 필요하다. 독자가 비커 바닥에서부터 피스톤이 놓인 높이 변화와 그래프에서의 부피 변화 사이를 연결할 때에도 번역이 일어난다. 또 다른 번역은 독자가 피스톤 그림과 자신의 피스톤에 대한 실생활 경험을 연결할 때 발생한다. 일련의 번역 작업을 통해 시각자료 사이의 관계를 이해할 수 있고, 궁극적으로 모든 시각자료가 함께 표현하고 있는 과학적 내용을 이해하게 된다. 예를 들면 [그림 7.1]에서 어떤 사람은 압력과 부피 사이의 관계인 보일 법칙을 하나의 시각자료(예를 들면, 그래프) 안에서 이해하거나, 시각자료(예를 들면, 화살표와 그림)와 그것이 나타내는 실생활(예를 들면, 주사기와 피스톤에 대한 경험) 사이의 관계에서 이해할 수 있다.

우리의 의미론적 모형은 겹쳐진 효과를 두 가지 방식으로 기술한다.

첫째, 모든 시각자료를 하나의 물질적 바탕 위에서 동일한 평면에 나타낸다는 것이다. 둘째, [그림 7.2]를 오른쪽에서부터 보면 모든 구조화된 시각자료가 실재 세계에서 경험과의 관계에서 배치되었고, 그래프는 그림과 화살표라는 서로 다른 시각자료를 나타내고 있다. 실생활 경험과 그래프 사이에 다른 두 개의 시각자료인 그림과 화살표가 나타나도록 정렬되었다. 여기서 우리는 중간에 배치된 시각자료의 역할에 초점을 둔다. 그것은 실생활 경험과 그래프 사이의 간격에 다리를 놓아 줌으로써 독자가 시각자료를 이해하는 데 중개적인 역할을 할 가능성이 있다.

2. 겹쳐진 시각자료를 읽는 일

이 장에서 우리는 독자의 경험과 동떨어진 시각자료를 자신의 실생활 경험과 연결 짓기 위해 해야 할 일을 설명한다. 즉 실생활 경험이 어떻게 도해력의 일부분이 되는지 설명하고자 한다. 우리는 목표 시각자료들 위에 겹쳐진 추가적 시각자료의 역할에 초점을 둔다. 앞에서 한 우리의 분석은 겹쳐진 시각자료들 간에는 차이점이 있다는 것을 분명히 보여준다. 이러한 차이가 서로 다른 종류와 양의 읽기, 해석하는 일의 차이로 이어질 가능성이 있기 때문에, 한국 7학년 과학 교과서 두 권에서 찾아낸 전체 447개의 시각자료를 모두 총괄하는 분류 틀을 개발하였다. 겹쳐진 시각자료의 기능을 11개로 정리하고, 단순(분명한 기능이 없음), 활동지, 배경, 비유, 자료 제시, 확대, 순서, 체계적 관계, 비교, 여과, 설명과 같은 범주로 명명하였다. 각각의 기능적 관계는 겹쳐진 시각자료를 이해하는 데 필요한 일의 종류와 양이 서로 다름을 나타낸다. 이 11가지 기능에 대한 정의는 다음과 같다. 1) 단순: 두 개 이상의 시각자료가 단지 겹쳐져 있다. 시각자료 사이에 중요한 관계는 없는 것으로 보인다. 2) 활동지: 두 개 혹은 그 이상의 시각자료에 글이나 그림을 채워 넣은 활동이 이루어지고, 그에 따라 겹쳐진 시각자료가 된다. 3) 배경: 다른 시각자료의 배경이나 특정한 상황을 제공하는 시각자료가 겹쳐져 있다. 4) 비유: 두 개 이상의 시각자료 사이의 관계가 비유적이다. 5) 자료 제시: 사진이나 그림 등이 표 안에 현상의 예시 등으로 삽입이 되어 있다. 6) 확대: 다른 시각자료의 특정 부분을 확대하여 자세히 보여 주는 시각자료가 겹쳐져 있다. 특히 생물에서 확대된 부분은 독자에게 좀 더 자세한 정보를 제공한다. 7) 순서: 각각의 시각자료가 실험이나 활동의 단계나 결과를 나타낸다. 종종 시간-계열적 제시 형태를 띤다. 8) 체계적 관계: 운동이나 인과관계 등을 나타내는 화살표를 가진 도표나 시스템이다. 도표는 다른 시각자료 위에 겹쳐진 화살표가 메커니즘이나 흐름을 묘사한다. 시스템은 인과 모형으로, 실체(자연 대상이나 현상)와 그들 사이의 관계가 화살표나 선, 단어들로 표현된 것이다. 9) 비교: 두 개 이상의 시각자료를 서로 비교하는 것이다. 10) 여과: 사진이나 그림이 여과의 과정을 거친 것이다. 11) 설명: 두 개 이상의 시각자료가 함께 주제(내용, 원리, 모형, 자연 현상 등)를 설명하는 경우이다. 그러나 이 분류는 상호 배타적이지는 않다. 왜냐하면 몇몇의 겹쳐진 시각자료 사례에서 두 개 이상의 기능적 관계를 찾을 수 있기 때문이다. 예를 들면, 아래 논의된 시각자료 중에서 [그림 7.5]는 비유적으로 겹쳐진 것과 설명적으로 겹쳐진 것 모두를 포함하고 있다.

이 장에서 선택한 4개의 사례는 하나 이상의 겹쳐진 시각자료의 기능을 나타낸다. 우리가 이 4개의 사례를 선택한 이유는 그들이 모든 분류 항목에 걸쳐 있기 때문이다. 즉 다중으로 겹쳐진 시각자료를 통해 최소한의 사례가 최대한 많은 수의 기능을 예시할 수 있다. **배경**이 겹쳐진 시각자료의 사례에는 **확대**나 **비교** 차원이 포함되어 있고, **비유적으로** 겹쳐진 시각자료에는 **설명**적 차원이, **자료 제시**가 겹쳐진 시각자료에는 **여과**와 **비교**의 사례가 포함되어 있다. 분석으로 넘어가기 전에, 특수한 시각자료에 대해 몇 가지 짚고 넘어가도록 한다. 예를 들어, 단순하게 겹쳐진 시각자료는 두 이미지를 겹쳐 놓을 수 있는 컴퓨터 프로그램 등의 작업을 통해 하나로 겹쳐진 이미지이다. 겹쳐진 시각자료들 간에 뚜렷하게 다른 관계는 나타나지 않지만, 각각의 시각자료는 본문과 어떻게든 연결되어 있다(최소한 그 영역에 친숙한 독자에게는). 여기서 시각자료를 겹쳐지게 함으로써 나타날 수 있는 추가적 의미의 증폭은 없다. 따라서 이러한 종류의 겹쳐진 시각자료는 우리의 분류 틀에서 약간 예외적인 것이다. 이것을 해석하기 위해 겹쳐진 시각자료를 번역(관계 짓는 일)하는 일은 필요 없기 때문이다.

교과서의 생물 관련 부분에는 많은 설명적 도표나 도식이 여러 인체 기관을 흐르는 물질을 나타내는 화살표와 함께 표현되어 있다(체계적 관계). 인체 기관은 관습적으로 단면으로 표시되고, 그 위에 영양소의 움직임을 나타내는 화살표가 놓여 있다. 화살표는 그림의 정적인 특성을 완화시켜 준다. 이 종류의 겹쳐진 시각자료는 다른 시각자료 **내부**에 겹쳐진 것이라고 생각할 수 있고, 분류 틀의 다른 시각자료는 다른 시각자료 **외부**에 겹쳐진 것이라고 생각할 수 있다.

3. 배경이 겹쳐진 시각자료

배경이 겹쳐진 시각자료는 한 시각자료가 다른 것의 배경으로 작용하여 그것을 읽는 데 필요한 특정 상황을 제공하는 경우를 말한다. 배경 시각자료의 내용은 주요 시각자료(예를 들면, 표, 원도표, 그래프, 그림 등)의 주제와 관련된다. 배경이 겹쳐진 시각자료의 사례는 [그림 7.3]이다. 독자는 이 시각자료를 통해 두 천체에서 무게가 서로 다르다는 것, 지구와 달의 중력이 다르기 때문에 무게가 다르지만 질량은 같다는 것을 학습하게 된다. 이러한 내용을 학습하기 위해 학습자는 특정한 유형과 양의 일을 해야 하며, 그 일은 다음과 같다.

[그림 7.3]을 읽는 작업은 [그림 7.4]에 모형화되었다. [그림 7.3]의 시각자료에는 실제로 서로 다른 4가지가 겹쳐진 층이 있다. 두 개의 원 그림을 볼 수 있는데, 그중 하나는 아래쪽이 수평으로 잘려 있다. '지구'와 '달'이라는 문자를 각각 포함하고 있는 원들은 양팔 저울과 용수철저울의 사실적 그림의 배경으로 작용한다. 화살표가 양팔 저울의 양쪽 팔에 겹쳐져 있는데, 양팔 저울 접시의 바로 아래에서 시작되고 있다. 이 시각자료에 대한 캡션에는 "지구와 달에서 측정한 무게와 질량"이라고 적혀 있다. 이 화살표와 이름을 가지고 있는 두 개의 원 그림은 실재 세계(그림 7.4의 오른쪽 끝)와 학습자의 경험과는 거리가 먼 텍스트(캡션: 그림 7.4의 왼쪽 끝) 간의 간극에 다리가 되도록 설계되었다. 모델에는 분리된 물질적 자료로서 표를 포함하고 있는데, 이 표는 교과서 해당 페이지 다른 곳에 위치하며, 이 시각자료(그림 7.3)에는 나타나지 않고 있다.

이 시각자료를 풀어내서 교육적으로 의도된 내용에 도달하기 위해,

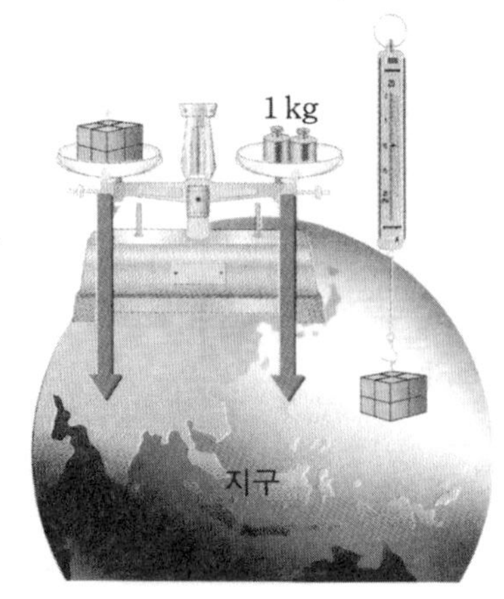

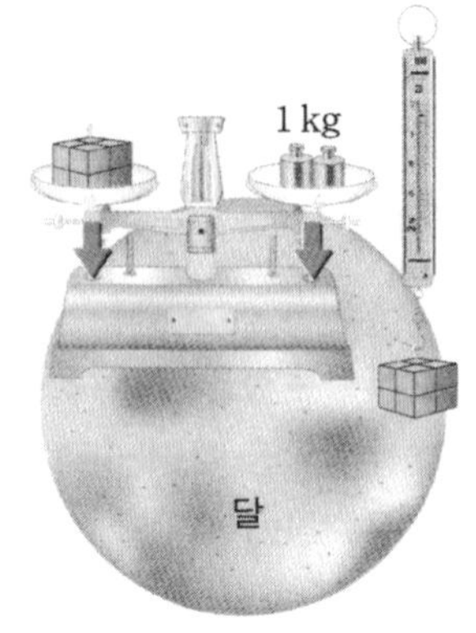

그림 7.3. 배경이 겹쳐진 시각자료의 예.

[그림 7.3]을 구성하는 물질적 바탕(그림 7.4의 긴 타원)으로부터 3가지 서로 다른 층을 구분해 내는 지각적 작업이 필요하며, 그 이후에 구조화, 변형, 번역 작업이 층 내에서 그리고 층 사이에서 일어나야 한다. 분리되어야 할 서로 다른 유형의 시각자료는 두 개의 원(실제 교과서에 실린 그림의 왼쪽 원에는 대륙이 주황색-흰색-파랑색-검정색으로 이루어져 있고, 오른쪽 원은 회색이다), 사실적으로 그린 저울, 화살표(실제 양팔 저울에서는 볼 수 없는 것)이다. 두 개의 양팔 저울과 용수철저울은 각각 원 위에 놓인 것으로 인지되어야 한다(즉 그림 7.4에서 번역 tl8). 양팔 저울은 양쪽의 접시에 놓인 저울 추와 '저울에 놓인 상자'를 비교하여 재는 것으로 묘사되어야 한다(그림 7.4에서 구조화 st4). 동일한 '상자'가 용수철저울에 매달려 있다(st5). 각각의 양팔 저울 오른쪽 접시에 놓인 두 개의 추는 각각 0.5kg으로 둘을 합치면 1kg이 되는 것으로 이해해야 한다(st4). 모든 저울은 최종 평형상태에 도달해 있는 것으로 가정해야 한다(st4, st5). 예를 들면, 이것은 양

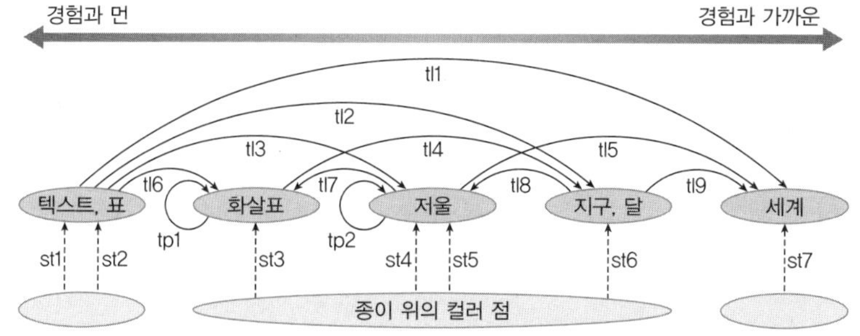

그림 7.4. [그림 7.3]의 겹쳐진 시각자료를 읽는 데 필요한 일을 나타내는 모형. 각각의 화살표는 구조화([st], 점선 화살표), 변형([tr], 원형 화살표), 번역([tl], 곡선 화살표)을 나타낸다.

팔 저울에서 빔에 수직으로 붙어 있는 바늘이 어느 한쪽으로 기울어져 있지 않다는 사실과, 또한 저울이 수평의 단단한 판 위에 놓여 있다는 전제에 근거하여 가정할 수 있다. 이러한 가정을 하기 위해서 독자는 저울로 측정하는 이전 경험을 회상할 필요가 있다(tl5).

지각적인 구조화는 '저울 위 또는 저울에 매달린 상자'들이 단지 질량을 가진 물체가 아니고, 모든 양팔 저울과 용수철저울에서 **같은** 질량을 가진 것이어서 무게와 질량을 비교하는 기초가 된다는 것을 추가로 파악하는 것이다. [그림 7.3]에서 왼쪽과 오른쪽의 저울을 비교해 보면(그림 7.4의 변형 tp2), 양팔 저울은 모두 균형을 유지하고 있지만, 왼쪽 용수철저울은 오른쪽의 것보다 물건(상자)과 용수철저울 몸체 사이의 끈의 길이가 길다. 화살표를 지각적으로 구조화하면(시각자료 안에서의 비교 tp1), 모든 화살표가 평행을 이루며 아래쪽을 향하고 있고, 하나의 양팔 저울에서 두 접시에 있는 화살표의 길이는 같지만, 두 양팔 저울에 있는 화살표 길이는 서로 다르다(st3). 그러나 텍스트는 왜 화살표의 길이가 두 양팔 저울에서 서로 다른지에 대해서 설명하지 않는데, 이것은 지구와 달에서 무게가 서로 다른 것을 학습하는 데 단서가 될 수 있다. 화살표가 무엇을 가리키는가에 대한 설명도 없어서, 화살표가 왜 양팔 저울의 접시 바로 아래 그 위치에 겹쳐져 있는지는 분명하지 않다. 화살표가 모두 동일한 색이기 때문에, 그것들이 동일하거나 유사한 대상이나 현상을 대표하는 것이라고 지각하게 한다(st3). 화살표의 기능은 다른 (배경) 시각자료, 텍스트, 이들 사이의 관계를 읽으면서 찾아내야 한다.

원형의 배경 그림은 서로 다른 것을 묘사하는 것으로 보아야 한다(st6). 왼쪽에 있는 원은 아래가 수평으로 잘려 있고 실제 교과서에는 여러 가지 색과 선으로 구성되어 있다. 서로 다른 색 사이의 뚜렷한 경계선들은 서로 다른 사물을 구분하는 것, 즉 남아시아 대륙과 바다를 구분하는 것으로 지각되어야 한다(tl9와 st7). 독자는 지구본이나 지도에 대한 경험에 기대어 생각해야 하고, 주황색, 흰색, 파란색, 검은색의 변화(사전 지식을 가진 사람이라면 해양 지역을 가리키는 것이라고 알 수 있는)는 이 시각자료의 교육적 의미와는 무관한 구조를 나타내는 것으로 무시해야 한다(st6). 왼쪽 원의 중앙에 있는 '지구'라는 글씨는 그 원이 대륙과 바다로 이루어진 지구를 나타낸다고 지각하는 것과 일치한다. 오른쪽의 원은 달로 지각되어야 하는데 이상한 회색이나 원의 표면 질감은 무시하고 안쪽에 있는 '달'이라는 문자를 고려해야 한다(st6).

겹쳐진 시각자료의 캡션이 제공하는 정보는 시각자료들 간의 관계를 설명하는 데 불충분하다. 대신 본문은 "지구의 중력은 물체를 지구 표면에 수직인 방향으로 당긴다. … 달에서 중력의 크기는 지구와 다르다. … 무게는 측정하는 위치에 따라 다르지만, 질량은 항상 같다."라고 기술하고 있다. 함께 제시된 표는 지구의 상대적 중력(1.00), 달의 중력(0.17), 화성의 중력(0.38) 등을 제공한다. 본문과 표는 [그림 7.3]의 내용에 연관된다고 지각해야 하고, 시각자료에 연결되기 전에, 무게와 질량의 차이를 말해 주는 것으로 해석해야 한다(st1, st2).

시각자료를 의도된 대로 읽기 위해서(즉 이해하기 위해서), 3개의 시각자료 모두와 텍스트는 서로 연결되어야 한다. 지구와 달의 그림(배경) 위에 겹쳐진 저울의 그림은 마치 저울이 지구(왼쪽 그림의 경우)와 달(오른쪽 그림의 경우) 위에 놓여 있는 것 같다고 인식되어야 한다(tl8, tl9). 지구와 달(배경 그림)은 서로 다른 중력(텍스트, 표)을 가지고 대상을 표면으로 끌어당기고 있는 것으로 서술되어야 한다(tl2). 화살표는 서로 다른 중력과 관련되고, 그 길이는 지구와 달에서의 서로 다른 중력의 크기(표)와 연결되어야 한다(tl4, tl6). 또한 양팔 저울은 양쪽이 동일하고 용수철저울은 서로 다른 것은 텍스트로 번역이 되어, 용수철저울은 무게와 연결되어야 하고 양팔 저울은 질량과 연결되어야 한다(tl3).

이러한 관계는 순차적 번역의 형태로 서로 연결되어야 한다. 즉 양팔 저울과 용수철저울(사실적 그림)은 중력이 다른(텍스트와 표) 지구와 달(배경 그림) 위에 놓여 있고 서로 다른 길이의 화살표(그림)를 가지고 있는데(tl7), 그 화살표는 중력의 차이를 나타낸다(텍스트와 표). 또한 무게의 차이는 서로 다른 곳(배경 그림과 텍스트)에 놓인 용수철저울(사실적 그림)에서만 나타나므로, 무게(용수철저울로 측정된 것)는 중력에 연관되고, 질량(양팔 저울로 측정된 것)은 그렇지 않다. 비록 대부분의 독자가 달에서 무게를 측정해 본 경험이 없지만 배경 그림과 화살표는 달에서의 상황을 상상하는 데 사용되어야 한다(tl5, tl9).

[그림 7.3]을 읽는 과정에서 독자는 시각자료와 그것이 묘사하는 것 사

이의 관계를 조절하는 문화적 관습에 대한 자신의 이전 경험에 의존해야 한다. 예를 들면, 저울의 축소율과 지구나 달의 축소율은 줌(zoom) 과정의 결과로 해석되어야 한다(이 번역 일은 확대 차원에 해당한다). 지구와 달의 상대적 크기(지름)는 실제 비율(달은 지구의 1/4의 크기)과 다르다. 게다가 어떤 화살표도 지구와 달의 표면에 수직으로 그려지지 않았다. 이러한 지각은 이미 그것에 대해 알고 있는 사람의 관점에서 시각자료의 사소한 한계일 뿐이라고 무시할 수 있거나(tl8) 교사라면 이와 같이 시각자료를 읽을 때 혼동을 일으킬 만한 문제들을 알고 있어야 한다. 또한 화살표는 양팔 저울에만 그려져 있고 용수철저울에는 화살표가 없는데, 만약 그려졌다면 독자가 두 용수철저울 사이의 차이를 화살표 길이(중력)가 서로 다른 것을 통해 더 잘 알아볼 수 있도록 도왔을 것이다. 그림에도 만약 이러한 배경 그림과 화살표가 사용되지 않았다면, 독자는 똑같은 용수철저울이 동일한 물체를 다르게 측정하는 것을 보고 당황했을 것이다. 배경 그림과 화살표는 각각의 저울에 서로 다른 상황을 제공하는 자료이며, 그렇게 하여 독자가 측정 상황이 서로 다르다는 것을 이해하는 데 도움을 줄 것이다(tl1).

4. 비유적으로 겹쳐진 시각자료

말 그대로 비유적으로 겹쳐진 시각자료는, 시각자료 읽기를 돕고 가르치기 위해 설계된 시각자료를 통해 학습을 돕는 것이 목적이다. [그림 7.5]에서 우박과 자동차의 깨진 유리 사진은 공기 분자들이 풍선의 안쪽에 충돌하는 것에 대한 비유가 된다. 이 시각자료의 목적은 학생들이 공기의 압력을 공기 분자들이 용기의 벽에 부딪쳐 나타난 결과라고 이해하도록 하는 것이다. [그림 7.6]은 [그림 7.5]를 읽어 의도된 교육 목표를 달성하는 데 필요한 일을 나타낸다. 거시적 현상인 풍선(그림 7.6의 가장 오른쪽)은 보이지 않는 분자들이 풍선의 벽에 충돌하는 것으로 설명된, 가운데 분자 그림으로 재현되었다. 미시적 세계(그림 7.6의 가장 왼쪽)는 분자 그림과 그의 비유적 사진을 통해 구성되고 있다.

의도된 내용을 학습하기 위해 [그림 7.5]에서 3가지 종류의 시각자료를 사실적으로 그려진 풍선 그림(오른쪽), 분자 그림(중간), 사진(왼쪽)으로 초기 구조화하여 분리하는 일부터 시작해야 한다. 두 풍선 그림 사이의 희미한 선과 그림자는 풍선 그림에서 왼쪽의 작은 부분(오른쪽 풍선의 표면 일부)이 확대되는 과정으로 인식되어야 한다(그림 7.6에서 tl11). 꼬리와 검은색 화살표가 붙어 있는 8개의 작은 원들은 풍선 한쪽 면의 일부로, 사각형의 왼쪽 사진과 분리되어 풍선의 확대된 부분을 표현하는 것으로 보아야 한다(st4).

세밀한 수준에서 보았을 때 농도가 다르게 표현된 풍선 그림은 공기로 가득 찬 풍선으로 기술되어야 한다. 이차원의 타원형 모양과 분홍색-흰색의 점진적인 색의 변화는 공기를 불어 넣고 입구를 막은 풍선으로 지각되어야 한다(st5). 이러한 색의 변화는 독자가 실생활에서의 경험과 연결하는 관점이나 사고를 포함하며 그림을 구조화하는 것을 돕는다. 즉 풍선의 왼쪽 앞에서 비춰진 흰색 빛이 삼차원 풍선 표면에서 나타나는 색의 변화를 설명해 준다(tl8).

가운데 그림을 지각적으로 구조화하면 풍선 단면과 작은 (혜성 같은) 원들은 각각 '풍선 안쪽 면'과 '풍선 안쪽 분자'라는 것을 알 수 있다(st4).

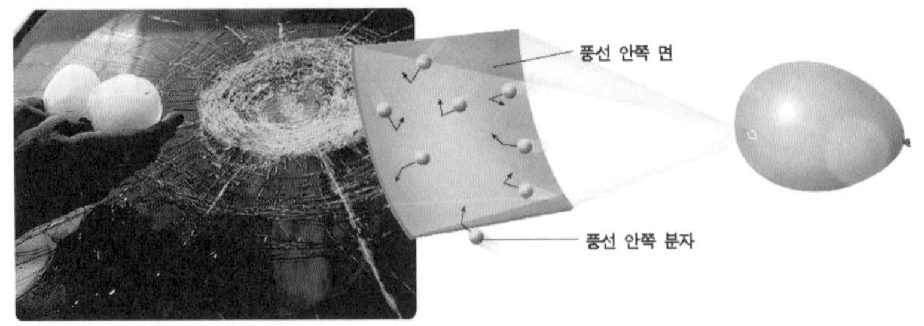

그림 11. 분자의 충돌. 우박이 자동차 유리에 충돌하여 힘을 가하는 것과 같이, 풍선 안쪽의 공기 분자는 풍선의 벽에 충돌한다.

그림 7.5. 비유적으로 겹쳐진 시각자료의 사례. 위쪽의 문자는 '풍선 안쪽 면'이고, 아래의 문자는 '풍선 안쪽 분자'이다.

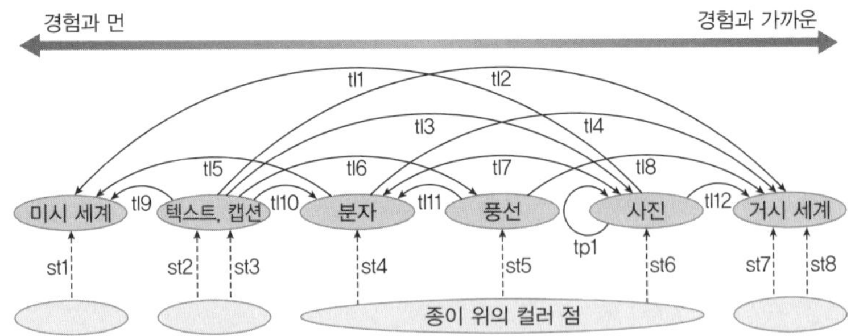

그림 7.6. [그림 7.5]의 겹쳐진 시각자료를 읽는 데 필요한 일. 각각의 화살표는 구조화([st], 점선 화살표), 변형([tp], 원형 화살표), 번역([tl], 곡선 화살표)을 나타낸다.

"풍선 안쪽 면"이라는 문자가 검은 선을 통해 풍선 단면의 일부 어두운 삼각형 부분에 연결되어 있지만, 전체 네모 모양의 판은 **하나의** 연속적 표면으로 보아야 한다(st4). 풍선 단면의 곡선과 색 변화는 오목한 표면을 묘사하는 것으로 보아야 한다(st4). 이와 유사하게 "풍선 안쪽 분자"라는 문자가 풍선 단면 바깥쪽에 있는 작은 원에 연결되어 있기는 하지만, 풍선 단면 안쪽에 있는 일곱 개의 혜성과 같이 생긴 원들과 같이 풍선 안쪽의 분자라고 보아야 한다(st4). 작은 원에 딸린 꼬리는 삼차원 공의 움직임에 따라 생긴 꼬리를 나타내는 것으로 봐야 한다(st4). 그렇게 하여 각각의 공에 붙어 있는 꼬리는 풍선 안쪽에서 공(분자)의 자취를 묘사하는 것으로 지각되어야 한다. 즉 공은 그 꼬리 방향의 반대쪽으로 움직이는 것으로 보아야 한다(st4). 이와 유사하게 꺾인 화살표는 각 공이 이동할 자취로 보아야 한다. 비록 몇몇 경우에서는 이전 자취와 미래의 자취가 서로 평행하지는 않다. 즉 공들은 검은 화살표가 꺾인 지점에서 풍선의 벽에 부딪치고 화살표 끝이 가리키는 방향으로 방향을 틀어 움직이는 것으로 지각되어야 한다(st4). 이렇게 지각해야만 의도된 학습으로 이끌리게 된다. 중간 그림의 지각적 구조화는 "풍선 안쪽의 공기 분자는 풍선의 벽에 충돌한다"라고 적힌 캡션과 일치한다(st3, tl10).

사진은 독특한 현상을 보여 주기 때문에 그것을 지각적으로 구조화하는 것은 그리 쉬워 보이지 않는다. 제시된 현상을 경험하지 못한 대부분의 독자들은 "우박이 자동차 유리에 충돌하여 힘을 가한다"라는 캡션에 의존해야 한다. 이 캡션을 통해 독자는 이것이 떨어지는 우박에 의해 부서진 자동차의 유리를 찍은 사진이라고 말하거나 상상해야 한다(st3, tl3). 시각자료 내의 비교(tp1)를 통해, 두 우박의 크기가 어른의 손으로 보이는 것의 반절 정도 되는 크기이고, 떨어지는 우박에 의해 생긴 것 같은 차창 왼쪽 부분의 충돌 지점과 모양과 크기가 비슷하다는 것을 파악할 수 있다(st6). 차창의 색은 하늘이 반사된 색으로 보아야 한다(st6). 독자에게 경험이 있다면 자동차 유리의 독특한 성질로 인해 우박에 맞아 날카로운 형태로 유리가 깨지지 않고 하얀색의 원형 모양을 만들어 낸 것을 알아차릴 수 있을 것이다(tl12).

세 종류의 시각자료는 서로 연결(번역 일)되어야 하고, 텍스트와 실제

(거시 및 미시) 세계가 연결되어야 한다. 풍선의 안쪽 부분이 확대된 것(그리고 뒤집어진 것)을 나타내는 중간의 풍선 단면 그림은 풍선 그림과 연결되어야 한다(tl11). 독자는 이러한 확대나 줌 과정이 망원경이나 현미경과 같은 보통 광학 기기에서의 과정과는 다른 상상의 과정이라는 것을 인식해야 한다(tl5). 우리는 풍선 안쪽의 분자를 볼 수 없으며, 풍선의 벽을 그림에 묘사된 것처럼 잘라낼 수도 없다. 독자는 풍선 안쪽의 공기 분자를 미시적 관점에서 보도록 요구된다(tl5). 즉 분자 그림과 풍선 그림 사이의 관계는 일종의 설명적 겹침이다.

사진과 가운데의 그림은 비유적 관계로 연결되어야 한다. 이 비유적 번역은 많은 일을 요구한다. 사진과 그림 사이에는 유사점이 거의 없다(우박과 분자의 작고 둥근 모양을 제외하고는). 캡션에 있는 "… 것과 같이"라는 말은 사진을 그림으로, 그림을 사진으로 비유적으로 번역하는 단서로 활용되어야 한다. 즉 이 번역은 쌍방향적이다(tl7의 화살표를 보라). 우박은 공기 분자에 대응되어야 하고, 자동차 유리창(의 외부)은 풍선의 벽(내부)에 대응되어야 한다(tl7). 이 대응은 두 시각자료의 표면적 특징 요소에 관련하여 대응되어야 한다는 점에서 다소 외현적이고 직접적이다. 내현적이고 숨겨진 다른 형태의 대응 또한 만들어져야 한다. 즉 각 시각자료에서 충돌의 순간을 서로 대응시키거나, 그 충돌로 인한 충격을 대응시키는 것(tl7)도 해야 한다. 마지막의 대응이 '압력'을 미시적인 의미에서 이해하기 위해 수행되어야 하는 가장 중요한 것이다. 즉 공기 분자의 움직임은 풍선 안쪽의 벽에 분자가 충돌하는 것으로 이끌어지고, 결과적으로 풍선의 안쪽 벽에 힘을 가하는 것으로 기술되어야 한다(tl7).

이러한 번역(대응)은 텍스트를 읽으면서 확증될 수 있다. 그림 아래의 본문은 "풍선 안쪽의 분자들은 자유롭게 움직이면서 서로 충돌하거나 풍선의 벽에 충돌한다. 풍선은 공기가 벽에 충돌하면서 가하는 힘에 의해 부풀어 오른다."라고 쓰여 있다. 본문의 일부분은 겹쳐진 시각자료에 연결되기 전에 구조화되어야 한다(st2). 예를 들면, 독자는 두 분자들이 서로 충돌하는 상황을 상상해야 한다. 이러한 분자 간의 충돌은 시각자료에 묘사되지 않았기 때문이다(tl5). 본문을 통해 풍선의 벽에 분자가 충돌하는 힘은 우박이 차창에 부딪치는 것과 유사하고(tl9, tl1), 그러한 힘이 풍선을 부풀게 한다(tl2, tl6)고 결론 내려야 한다.

[그림 7.5]에서 겹쳐진 시각자료와 실생활 사이의 번역은 이중적(two-fold) 과정이다. 실재 세계는 매개 도구를 통해서만 접근 가능한 미시적 측면을 포함한 거시 세계로 존재하는 것으로 보아야 한다(st1, st7, st8). 또한 독자의 두 가지 거시 세계 경험, 즉 공기로 가득 찬 풍선에 대한 경험과 우박에 대한 경험(st7, st8)이 활성화되어야 한다. 풍선 그림은 공기가 가득 찬 풍선에 대한 경험에 연결되어야 하고(tl8), 우박 사진은 우박에 대한 경험과 연결되거나 우박이 떨어지는 것을 상상하는 데 사용되어야 한다(tl12). 미시 세계는 중간 그림과 관련하여 독자에 의해 구성되어야 한다(st1, tl5). 미시 세계(관)는 비유적인 사진의 도움으로 우박에 대한 일상생활 경험과 관련지어서 구성될 수 있다. 이와 동시에 독자는 사진과 그림 사이에 존재할 수 있는 다른 비유적 관계를 무시해야 한다. 제시된 과학적 개념과는 무관한 두 시각자료의 구조적 특성 사이에 대응이 일어날 수 있다. 예를 들면 우박은 항상 아래로 떨어지지만 분자는 모든 방향으로 움직인다. 따라서 이러한 부적절한 대응은 적절한 개념과 구별되고 무시되어야 한다(tl7).

요약하면 풍선 그림(거시적 현상)은 비유적인 사진과 본문의 도움을 받아 중간 그림(미시 세계)에 연결되어야 한다. 사진과 중간 그림 사이의 비유적 겹침, 중간 그림과 오른쪽 그림 사이의 설명적 겹침은 독자가 거시적 현상을 미시적 관점과 연관 짓는 것(t14, t15)을 도울 가능성이 있으며, 이러한 연관은 화학 개념 학습에서 매우 중요하다.

5. 자료 제시가 겹쳐진 시각자료

자료 제시의 겹침은 어떤 현상의 예시로 제시되는 사진이나 그림으로 표의 칸을 채울 때 종종 나타난다. [그림 7.7]은 6개의 주요 조암 광물에 대한 표를 나타낸다. 이 표는 '광물의 확인과 성질'이라는 주제의 단원 맨 끝에 위치한 보충 자료이다. 이 표의 내용에 대해서 다른 추가적 설명은 없다. 6가지 종류의 광물이 모양, 색, 쪼개짐, 경도, 결정형 등에 따라 표로 제시되었다. 모양 행은 각 광물의 사진으로, 그리고 결정 모양 행은 각 광물을 구성하는 결정의 모양을 나타내는 그림으로 채워져 있다. 표 자체는 교과서 저자가 구성한 것이기 때문에 우리가 4~6장에서 제시했던 것과 같이 사진이 가지는 권위는 없다. 따라서 표에 삽입된 사진은 '모양'의 중요한 특징인 색깔과 광물의 모양 등 시각적 정보를 제공해 주면서 표에 권위를 부여한다. 그러나 사진은 구체성을 가지기 때문에 실제 광물 표본이 표의 사진과 다를 때에는 이들 광물을 확인하는 데 방해가 될 수도 있다(4장과 6장을 보라).

표를 읽는 방법은 과학 수업 시간에 거의 가르친 적이 없고 교사는 학생들이 표를 읽는 데 문제가 없다고 가정한다. [그림 7.7]에서 사진과 그

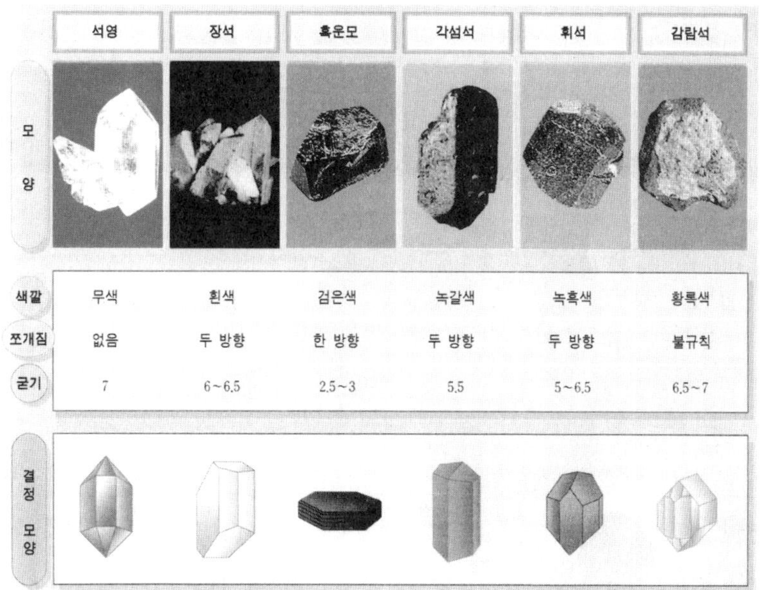

석영
장석
흑운모
각섬석
휘석
감람석
모양
색깔
무색
흰색
검은색
녹갈색
녹흑색
황록색
쪼개짐
없음
두 방향
한 방향
두 방향
두 방향
불규칙
굳기
7
6~6.5
2.5~3
5.5
5~6.5
6.5~7
결정 모양

그림 7.7. 비유적으로 겹쳐진 시각자료의 사례. 표에서는 6가지 조암 광물의 특성을 요약해 준다.

림은 그것이 없었다면 단어나 숫자의 집합체에 불과했을 표에 활력을 불어넣어 주는 것으로 볼 수 있다. 이 겹쳐진 시각자료는 학생들이 6가지 종류의 광물을 확인하고 그 성질을 비교하도록 의도되었다. 제시된 사진은 일상 세계의 경험에 가깝고(그림 7.8의 오른쪽), 그림과 단어나 숫자는 경험과 멀다(그림 7.8의 왼쪽). 이러한 내용들이 어떻게 읽기 활동을 매개하는가? 이 시각자료를 읽는 일은 [그림 7.8]에서 모형화하였다.

일반적인 수준에서 보았을 때 [그림 7.7]은 3개의 표로 구성되어 있다. 맨 위의 행은 6개의 사각형 안에 텍스트가 들어 있다. 두 번째 행은 6개의 사각형 사진과 하나의 끝이 둥근 사각형(텍스트 정보가 들어 있는)을 보여 준다. 이들 행 아래에 검은 테두리가 있는 사각형 안에는 6개의 열과

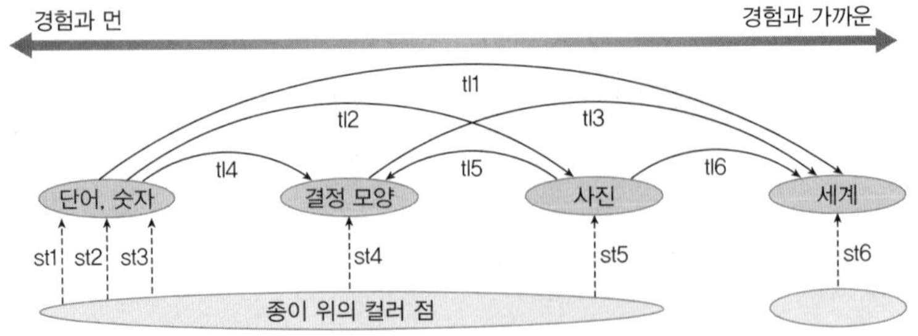

그림 7.8. [그림 7.7]의 겹쳐진 시각자료를 읽는 데 필요한 일. 각각의 화살표는 구조화([st], 점선 화살표)하는 일이나, 번역([tl], 곡선 화살표)하는 일을 나타낸다.

3개의 행이 있고 문자와 숫자로 채워져 있다. 이 사각형 바깥쪽에 다른 문자 정보를 포함하는 서로 다른 모양의 원 3개를 볼 수 있다. 가장 아래의 행에는 검은 테두리가 있는 사각형 안쪽에 6개의 그림이 놓여 있고, 그 왼쪽 바깥에 끝이 둥근 사각형이 있다. 두 개의 검은 테두리가 있는 사각형 안쪽에는 하얀색 선이 있어서, 위의 사각형을 6개의 열과 3개의 행으로 나누고 아래의 사각형을 6개의 열로 나누고 있지만, 위쪽의 두 개 행과는 좁은 공간을 경계로 분리되어 있다. [그림 7.7]은 3개의 표로 분리되어 있지만, 행과 열의 이차원으로 이루어진 **하나의 표**로 인식되어야 한다. 맨 위쪽 6개의 사각형은 각 열의 이름이고, 첫 번째 열의 맨 위와 아래 두 개의 끝이 둥근 사각형 모양 그리고 중간의 3개의 원형은 각 행의 이름이다. 독자가 한 열의 행을 읽을 때, 한 차원의 열이 일정하다고 가정해야 한다(그림 7.8의 st1부터 st5까지). 예를 들면, 맨 위의 행 첫 번째 사각형 아래에 있는 열은 사진, '무색', '없음', '7', 그림으로 (위에서 아래로 가면서 각각) 이루어져 있는데, 이 표에서 본 것들은 '석영'의 특성으로 인식해야 한다.

두 번째 행의 6개 사진은 배경색이 서로 다르다. 배경색은 각 광물의 색에 따라 다르게 선정되었다. 시각자료가 그림과 배경으로 적절히 구조화되면 배경은 전면에 있는 대상을 강조해 준다(4장을 보라). 이 표를 통해 광물을 확인할 수 있으려면 전경(광물)은 배경과 구분되어야 하고, 일련의 사진들을 서로 비교할 수 있어야 한다(st5). 6개의 사진을 비교하면 이 표가 연속적인 성질의 변이를 보여 주기보다 광물 6개의 독립적 특성(예를 들면, 모양)을 제시하는 것을 알 수 있다(st5). 아래쪽 6개의 그림은 같은 배경색을 가진다. 이들 6개의 그림을 지각적으로 구조화하는 일은 6개의 그림(예를 들면, 결정형)을 서로 비교하는 것에 초점을 두어야 한다. 이러한 비교는 6개의 그림이 서로 다른(독립적인) 모양과 색을 가지고 있음을 나타낸다(st4). 또한 각각의 그림은 전경에 흰색으로 점진적 변화를 보이는데, 이것은 삼차원 결정 표면에 비친 빛이 반사된 것으로 인식해야 한다(st4). 이와 유사한 열과 열의 비교가 다른 행에서도 이루어져야 한다(st1~st3). '색깔' 행에서 우리는 '무색', '흰색', '검은색', '녹갈색', '녹흑색', '황록색'의 문자가 6개 열 각각에 써 있는 것을 읽을 수 있다. '쪼개짐' 행에는 '없음', '두 방향', '한 방향', '두 방향', '두 방향', '불규칙'이라는 글자가 적혀 있다. '색', '쪼개짐', '굳기'라고 이름 붙여진 행들에서 뚜렷한 선형성이나 규칙성이 없다고 결론지어져야 한다.

6개의 광물을 확인하기 위해 열 사이의 비교, 시각자료 유형 사이의 비교가 필요하다. 6개의 사진과 6개의 그림을 비교함으로써 6개의 사진을 지각적으로 구조화하는 데 도움을 얻을 수 있다. 6개의 그림은 사진이 환원되거나 단순화된 것으로 보아야 한다(tl5). 각각의 열에서 사진-그림 쌍을 비교하면 여과 과정(장석에서 사진에 있는 여러 개의 결정들 중 하나의 결정이 추출되었다), 균일화 과정(각섬석에서 사진의 표면 재질이 균일하게 통일되었다), 세련화(upgrading) 과정(휘석에서 결정의 경계선이 그림에서는 분명하게 나타나 있다) 등의 변환 과정이 드러난다. 이러한 일은 시각자료를 만들 때 행해진 일로 지금은 그 역과정의 일이 요구된다.

또한 사진과 그림, '색깔' 행 사이의 번역(비교)이 이루어져야 한다. '색깔'은 조암 광물(결정)의 색을 말하는 것이지, 배경의 색을 말하는 것이 아님을 알아야 한다(tl2). 그림의 색과 그것을 기술하는 말(색)을 비교하는 것은 자동적인 과정인 것처럼 보이지만, 몇몇 경우에는 이것이 혼동을 불러일으킬 수 있다. 석영이 무색인가? 장석이 검은색인가? 장석의 경우 컬러로 된 교과서에 실린 그림에서 결정의 색은 균일한 검정색이지만 사진에 있는 장석의 색은 검정색, 노란색, 흰색이 섞여 있다. '무색'이라는 말이 투명한 것을 의미한다면, 석영 결정은 사진에서나 그림에서나 배경색과 동일한 색을 가져야 한다. 그러나 사진에 있는 석영은 배경색과 동일한 색으로 나타나지 않는다. 이 퍼즐을 풀기 위해 독자는 사진이 어떻게 찍혔는지 이해해야 한다. 독자는 석영 사진을 찍을 때, 예를 들면, 보라색 배경과 흰색 불빛에서 찍은 후 나중에 결정이 파란색 배경으로 옮겨졌다고 가정해야 한다. 장석의 경우 노란색-흰색은 빛이 굴절된 것으로 보아야 한다(st6). 마지막으로 쪼개짐 유형과 굳기, 광물(결정) 모양 사이의 체계적인 비교가 필요하다. 이들 사이에 어떤 규칙성이 있는가? 지각적인 구조화와 번역은 쪼개짐 유형과 광물의 모양 사이에 뚜렷한 의존성이 없으며, 굳기의 숫자와 다른 특성들 사이에 어떤 가능한 수학적 논리적 관계가 없음을 드러내 준다(tl2, tl4, tl5).

요약하면 [그림 7.7]의 표는 전체 행과 열로 구조화되어야 하고, 사진과 그림, 단어와 숫자 사이에, 행과 열 사이 또는 행과 열 내에서 비교되어야 한다. 각각의 행과 열은 독자의 실생활 경험, 조암 광물의 성질을 실제로 관찰한 것과 연결되어야 한다(tl1, tl3, tl6).

6. 설명이 겹쳐진 시각자료

한국과 북미 교과서에 있는 시각자료에서 가장 빈번하게 나타나는 유형은 설명이 겹쳐진 것으로 [그림 7.9]가 그 사례이다. [그림 7.9]의 왼쪽 사진은 엔진(추진 칸)이 두 개인 기차, 그 위에 색이 다른 화살표 두 개와 각 화살표 위에 있는 문자와 숫자를 보여 준다. 오른쪽 그림에는 여러 개의 평행한 화살표 위에 문자와 숫자, 방정식 '$F=F_1+F_2$'가 적혀 있다. [그림 7.10]은 [그림 7.9]를 읽어서 목표하는 내용에 도달하는 데 필요한 일을 보여 준다. 여러 개의 겹쳐진 층은 독자에게 기차 사진으로 쉽게 연결될 수 있는 실생활 경험(그림 7.10의 오른쪽)과 실생활 경험과 멀리 떨어진 수학 방정식(그림 7.10의 왼쪽 끝) 간의 간격에 다리를 놓아 주는 자료를 제공하도록 디자인되었다.

가장 먼저 지각적으로 서로 다른 유형의 시각자료를 분리하는 일이 필요하다. 즉 사진, 사진 위의 화살표, 화살표로 이루어진 도표, 도표에 있는 수학 방정식으로 분리하는 것이다. 그리고 나서 구조화, 변형, 번역의 일을 해야 한다. (정지된) 사진은 두 개의 엔진을 가지고 왼쪽에서 오른쪽 앞으로 움직이는 기차를 묘사한다고 지각되어야 한다(그림 7.10에서 st8). 비록 어떤 경우에는 기차가 뒤로 움직이기도 하지만 이런 경우는 무시되어야 한다(tl11, st9).

또한 두 개의 엔진은 전체 기차를 움직이기 위해 같은 방향으로 힘을

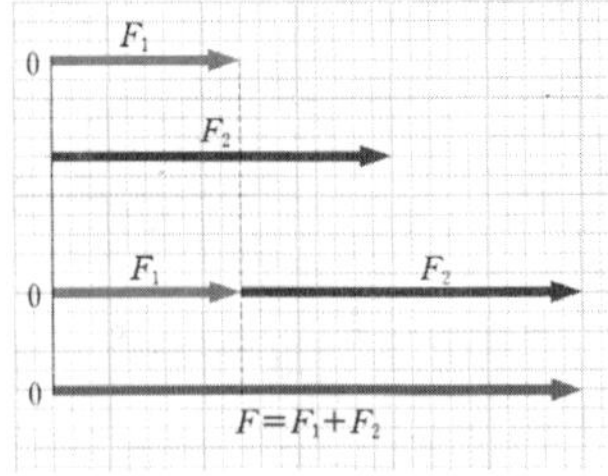

▲그림21 같은 방향으로 작용하는 두 힘의 합성 합력 F는 F_1과 F_2를 합한 것과 같다.

그림 7.9. 설명이 겹쳐진 시각자료의 예.

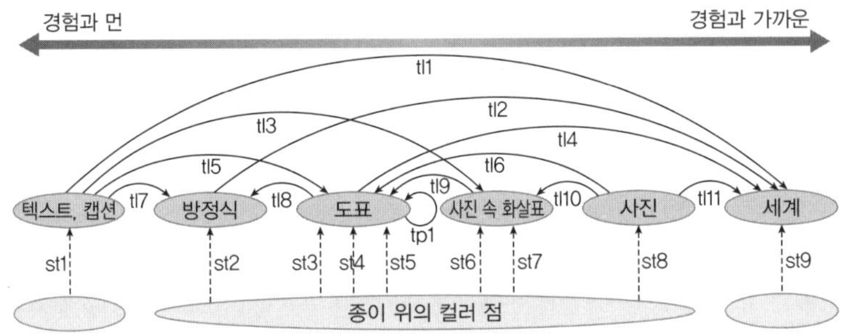

그림 7.10. [그림 7.9]의 겹쳐진 시각자료를 읽는 데 필요한 일. 각각의 화살표는 구조화([st], 점선 화살표), 변형([tp], 원형 화살표), 번역([tl], 곡선 화살표)을 나타낸다.

추진하는 것이어야 한다(st8). 사진에는 인화된 다음에 다른 요소(다른 시각자료)가 추가되었다. 문자와 숫자가 위에 적힌 두 개의 화살표인데 두 화살표는 기차와 평행하고 같은 방향(왼쪽에서 오른쪽)을 향하는 것으로 지각되어야 한다(st6, st7). 짧고 옅은 화살표(파란색)는 두 번째의(왼쪽의) 엔진에 대응하고 'F_1'이라는 문자와 숫자의 조합에 대응하는 것으로 구조화되어야 한다(tl10, st6). 길고 진한 화살표(녹색)는 앞쪽의(오른쪽의) 엔진과 'F_2'에 대응한다(tl10, st7). 그러나 캡션은 이런 표식이 무엇을 의미하는 지(st9) 말해 주지 않는다. 대신 본문에 "즉 같은 방향의 힘이 있을 때,

합력(F)은 하나의 힘(F_1)과 다른 힘(F_2)의 합과 같다. 합력의 방향은 합쳐진 두 힘의 방향과 같다."라고 적혀 있다. 이 본문을 통해 문자-숫자 조합은 힘으로 번역되고, 각 화살표는 각각 추진 칸의 힘에 연결될 수 있다(tl3). 또한 두 화살표는 각 힘(엔진)의 방향을 표현하는 것으로 기술되어야 하고, 화살표의 서로 다른 길이는 어디에도 언급되어 있지 않지만, 서로 다른 힘의 크기를 표현하는 것으로 유추되어야 한다(tl10, st6, st7).

여러 개의 화살표를 포함하는 오른쪽 도표는 복잡한 구조화와 변형을 필요로 한다. 도표의 배경은 그래프용지로 봐야 한다(st3에서 st5). 도표의 선과 화살표는 그래프용지의 선을 따라 그려졌고 서로 다른 화살표를 비교하는 기준을 제공한다. 화살표의 길이는 서로 다르지만 모두 같은 방향이다(st3에서 st5). 세 개의 영(0)이 적힌 검은 수직선은 그래프의 세로축으로 인식해야 한다(st3에서 st5). 마치 달리기 선수들이 출발선에 앉아 있는 것처럼 화살표의 시작점이 이 선을 따라 정렬되어 있다. 또한 각각의 화살표는 그 위에 문자와 숫자를 가지고 있고, 맨 아래의 화살표만 아래쪽에 방정식 '$F=F_1+F_2$'를 가지고 있다. 도표의 세 번째 행에서 화살표(녹색)는 왼쪽 짧은 화살표(파란색)의 끝점에서 출발하고 있다. 맨 위의 화살표 끝점에서부터 맨 아래쪽의 화살표 중간까지 새로운 점선이 수직의 검은색 선과 평행하게 그려져 있다(st3에서 st5). 길거나 짧은 화살표의 색과 길이를 비교하면 첫 번째 줄과 세 번째 줄의 짧은 화살표가 같은 실체(같은 길이와 방향)를 표현하지만 서로 다른 위치에 있음을 드러내 준다(tp1). 즉 첫 번째 줄의 화살표는 실제로 세 번째 줄의 (짧은) 화살표이고, 도표의 서로 다른 위치에 놓여 있을 뿐이다. 이와 유사하게, 두 개의 긴 화살표도 같은 실체를 말한다고 기술되어야 한다(tp1). 맨 아래 화살표의 길이와 세 번째 줄에 있는 두 화살표의 길이를 비교하면 맨 아래 화살표가 짧은 화살표나 긴 화살표와 같은 방향이고, 맨 아래 화살표의 길이는 두 개 화살표 길이의 합과 같다는 것, 도표의 세 번째 줄에 그림의 형태로 더해진 것과 같음을 나타낸다(tp1).

마지막으로, 방정식은 일련의 시각자료 중 가장 일반화된 형태의 종착점인데, 그것은 'F'와 'F_1+F_2'가 같음을 말해 준다(st2). 이 방정식은 맨 아래 화살표에 해당되고 짧은 화살표와 긴 화살표의 합이라고 기술되어야 한다(tl8). 그런데 그래프용지는 임의적 공간으로 그 자체로는 전혀 현실성이 없다. 따라서 도표의 모든 화살표(그리고 방정식)는 사진(실생활에 가까운)과 캡션, 본문으로 번역되어야 [그림 7.9]가 목표 학습에 도달될 수 있다.

도표와 사진에 있는 짧거나 긴 화살표는 비록 문자와 화살표의 색이 조금 다르기는 하지만, 같은 실체를 나타내는 것이어야 한다(tl5). 사진의 화살표는 도표의 화살표와 같은 것이어서 길이와 방향이 같으며, 가장 중요한 것은 두 엔진의 추진력을 나타내는 것으로 인식되어야 한다(tl6, tl9, tl10). 화살표의 색과 상대적인 길이는 사진과 도표를 상호 연관 짓는 단서가 된다. 그러나 사진에 있는 기차가 움직이는 방향과 도표에 있는 화살표의 방향은 정확히 똑같지 않다. 기차는 사각형 사진의 공간에 왼쪽 위에서 오른쪽 아래로 놓여 있다. 그림의 고전적 관습에 따르면 '고저'는 '원근'과 대응되며, 이것은 사진에서도 마찬가지이다. 즉 기차는 왼쪽에서 오른쪽으로 움직일 뿐 아니라 먼 곳에서 가까운 곳으로 움직이는 것으로 보일 수 있다(사진의 바깥쪽에 있는 독자의 위치에서 보았을 때). 독자는 사진과 도표 사이에 방향이 조금 다른 것을 무시해야 한다(tl10). 그럼에도 사진은 독자에게 같은 방향의 힘에 대한 일상의(실제적인) 예시를 제공한다. 힘의 합을 나타내는 도표는 같은 종류의 화살표를 가진 사진을 통해 독자의 실생활 경험으로 번역되어야 한다(tl4). 이렇게 하여, 독자는 같은 방향의 힘들(본문과 캡션)은 시각적으로(도표 또는 사진) 합쳐질 수 있을 뿐 아니라(tl5), 수학적 형태(공식)로도(tl7), 또한 일상적인 경험의 상황에서도 더해질 수 있다는 것(tl1)을 도출해야 한다. 또한 이 시각자료를 공부함으로써 사진의 기차를 따라 수평으로 배열된 힘을 나타내는 화살표가 도표에서 수직적으로 평행하게 재배열될 수 있고, 하나의 선으로 다시 배열될 수 있다는 것도 알아야 한다(st3에서 st5).

7. 겹쳐진 시각자료의 도해력과 교육

과거 여러 학문(철학, 인지 과학, 인공 지능 등을 포함하여)의 연구자들은 언어와 세계 사이의 관계를 임의적으로 연결된 서로 다른 두 영역이라는 관점에서 생각하였다. 그러나 최근에 과학자를 대상으로 한 연구에서 과학 연구는 세상을 언어로 번역할 때 두 존재론적 간격으로 분리된 시각자료를 연결하여 구조화함으로써 세상을 언어로 번역할 수 있다는 것을 보여 주었다(4장, 특히 그림 4.2를 보라). 시각자료가 포함된 과학 텍스트를 읽으면서 독자는 그 반대 방향으로 이동하게 되는데, 자신들의 언어나 경험과 거리가 먼 시각자료에서 출발하여 실재 세계로 나아감으로써 목적지에 도착하게 된다. 겹쳐진 시각자료는 그 긴 간격을 여러 개의 작은 간격으로 쪼개 주는 읽기 자료를 제공한다. 우리의 의미 모형은 시각자료의 배열을 통해 독자가 서로 다른 층을 구분하고 서로 연결하며 실생활과 연결하는 데 필요한 서로 다른 종류와 양의 일을 보여 준다. 이 장은 시각자료, 특히 여러 종류의 시각자료가 서로 겹쳐 있는 복잡한 시각자료를 공부하는 데 필요한 일을 기술한다. 즉 여기서는 저자가 개념적으로 다른 층을 합쳐 놓은 시각자료를 읽는 데 필요한 특별한 차원의 **해석적** 도해력을 기술한다. 단순히 겹쳐진 시각자료를 제외하고, 겹쳐진 시각자료는 시각자료 내에서 또는 시각자료 사이에서 새로운 의미나 관계가 나타날 수 있는 기반을 제공한다. 어떻게 각기 다른 겹쳐진 시각자료의 읽기를 매개하고, 그렇게 하여 일반화 가능한 문화적 지식과 개인의 경험 사이에 다리를 놓아서 학생들을 도울 수 (방해하기보다) 있을까?

우리는 분석을 통해 의도된 학습 결과를 얻는 데 필요한 3가지 종류의 일을 예시하였다. 도해력은 하나의 층 안에서 구조화와 변환, 층 사이의 번역과 시각자료와 독자의 실생활 사이의 번역 등을 포함한다. 시각자료에 추가적인 층이 있으면 경험과 먼 시각자료와 실생활 경험 사이의 전체적인 간격을 작은 간격으로 쪼개 준다. 그러나 간격은 사라지는 것이 아니고 계속 일을 요구한다. 우리의 모형에서 화살표가 많이 늘어나는 것은 추가된 층이 더 많은 구조화, 변환, 번역의 일을 요구한다는 것을 보여 준다. 따라서 비록 시각자료가 학습을 조력하는 것으로 디자인되었더라도 학생들이 이러한 겹쳐진 시각자료를 읽고 해석하는 데는 어려움이 있다.

즉 우리의 분석은 시각자료의 의도된 교육적 목적이 달성되기 위해서는 얼마나 많은 그리고 서로 다른 해석 작업(구조화, 변환, 번역)이 수행되어야 하는 가를 보여 준다. 기호나 상징은 하나의 구체적 의미만을 가지는 것이 아니다. 기호(상징, 시각자료, 단어)가 어떤 다른 것을 대표한다는 생각은 다중적인 의미를 암시한다.5 우리가 찾아낸 결과는 학생들이 서로 다른 시각자료를 해석하기 위해 그들 사이의 수많은 관계를 알아야 한다는 것을 생각하면, 겹쳐진 시각자료가 읽기를 더 어렵게 할 수 있다는 것이다. 시각자료가 그 지시 대상과 도상적 관계를 가지는 경우(예를 들면, 기차 사진과 실제 기차)에도 그 관계는 주어지는 것이라기보다는 관습적이어서 학습되어야 한다는 점을 생각해 보아야 한다. 따라서 학생들은 추가된 시각자료를 해석하기 위하여 능숙한 도해력을 개발해야 한다. 이것이 사실인지 아닌지 알기 위해 학생들이 교과서에 있는 겹쳐진 시각자료를 읽는 과정에 대한 실험적 연구가 필요하다. 이 장에서는 정량적 또는 정성적 연구를 수행할 수 있는 틀을 제공한다.

우리는 분석에서 구조화와 번역이 항상 필요함을 보았다. 이것이 실제적인 도해력의 종합적 측면이다. 변형하는 일은 두 개 이상 같은 종류의 시각자료가 서로 비교되어야 할 때(예를 들면, 그림 7.3, 7.9) 필요하다. 겹쳐진 시각자료는 하나의 간단한 시각자료가 아니므로 우리는 번역하는 일에 초점을 둔다. 번역하는 일은 시각자료 사이의 기능적 관계에 의존한다. 여기서 분석된 4가지 사례는 차이점을 보여 준다. 배경 시각자료가 사용되었을 때 번역하는 일은 확대 또는 축소하거나 다른 시각자료를 특정 상황에 위치시키는(또는 상상하는) 형태를 가진다. 비유적으로 겹쳐진 것에서 그 일은 비유를 적극적으로 구성하는 것이다. 시각자료가 또 다른 층으로 제시되었을 때에는 비교하고 여과하는 일이 요구된다. 설명이 겹쳐진 시각자료에서는 일상의 사례나 경험에 대한 그림 형태가 사용된다. 즉 서로 다른 종류의 겹쳐진 시각자료는 서로 다른 종류와 양의 일을 요구한다. 또한 번역의 일은 새로운 의미를 추가하며(예를 들면,

배경이 겹쳐진 시각자료의 상황을 제시함), 이것은 그 겹쳐진 시각자료가 없었다면 불가능했을 것이다.

겹쳐진 시각자료는 학생들이 새로운 주제를 학습하는 것을 도울 잠재력을 가지고 있다. 특히 서로 다른 시각자료의 겹쳐진 층은 학생들의 경험과는 거리가 먼 시각자료에서 독자의 일상생활 세계로 건너야 하는 단계의 거리를 줄여 준다. 또한 독자에게 시각자료의 상황, 비유적 자료, 일상적 사례, 과학적 현상 등의 추가 자료를 제공한다. 그러나 이와 동시에 겹쳐진 시각자료는 더 많은 일을 요구하며 학습을 복잡하게 할 수 있다. 우리의 분석에서 시각자료를 해체하기 위해서는 엄청난 양의 일이 필요함을 보았다. 겹쳐진 시각자료에 대한 우리의 도해력 모형은 그러한 시각자료를 읽어서 새로운 이해에 도달하는 데 포함된 일의 서로 다른 종류와 양을 말해 준다.

우리의 작업은 새로운 질문을 제기한다. 예를 들면, 읽기를 도와주거나 또는 방해하는 시각자료 유형은 무엇인가? 우리의 사례에서 사용한 겹쳐진 층보다 더 좋은 것이 무엇이 있을까? 예를 들면, [그림 7.1]에서 비커와 피스톤 그림 대신에 주사기와 피스톤의 사진을 사용한다면 일이 줄어들거나 늘어나는가? 사진은 그림과 마찬가지로 구조화와 번역을 요구하겠지만, 그것은 일상생활 경험에 더 가깝기 때문에 학생들이 첫 번째 간격에 다리를 놓는 것을 더 쉽게 할 수 있다. 학생들이 겹쳐진 시각자료를 읽게 하는 새로운 연구가 필요하며, 이를 통해 각 유형의 일이 얼마나 어려운지, (일의) 어려움 정도에 따라 우리 모형의 화살표를 서로 다른 유형으로 분류하는 일을 결정할 수 있다. 우리의 모형은 서로 다른 유형의 일을 체계적으로 변화시킬 수 있는 실험 연구를 준비하는 데 도움이 된다.

우리의 모형은 교과서 저자들이 시각자료에 들어 있는 학습 내용을 해체하여 시각자료를 읽는 데 필요한 서로 다른 유형의 일을 확인하는 데 도움을 준다. 저자는 겹쳐진 시각자료를 만들 때 이러한 일들을 고려해야 하고, 또한 사회적인 관습이나 필요한 사전 경험을 고려해야 한다. 저자는 시각자료의 단순한 측면도 그 자체로 자명한 것으로 여기지 말아야 하고, 그것이 포함하는 내용을 풀어내기 위해 일이 요구됨을 알아야 한다. 모든 겹쳐진 시각자료에 대해 안내(연결)선, 화살표, 특정 색, 캡션과 본문에 상세한 설명 등의 충분한 자료를 제공해야 한다. 어떤 종류의 일은 다른 것보다 어려울 수 있기 때문이다.

우리의 모형은 교사들이 겹쳐진 시각자료를 읽는 데 포함되는 다양한 종류의 일을 확인하도록 안내한다. 특정한 겹쳐진 시각자료를 읽는 데 필요한 일을 분석하고, 교사가 그러한 일들을 수업 시간에 배치함으로써 학생들의 학습을 도울 수 있다. 예를 들면, 교사는 3가지 종류의 일을 나열하고 학생들이 그 일을 수행하도록 하면서 몇몇 중요한 것을 강조해 줄 수 있다. 또는 일련의 일들은 학생들이 겹쳐진 시각자료를 가지고 나누는 대화를 조력할 수 있고, 시각자료를 읽는 활동에 적극적으로 참여하도록 할 수 있다. 나아가 교사가 시각자료를 읽는 데 필요한 실재 세계의 경험(예를 들면, 그림 7.7에서 실제 조암 광물 표본)을 제공할 수도 있다.

8장

화학 시각자료의 기호학

거시적 현상을 미시적 입자 모형을 통해 생각하는 것(즉 물질의 입자론)은 화학을 배우는 학생의 중요한 목표 중 하나이다. 이러한 입자적 관점은 학생들의 화학 학습을 도와주지만 선행 연구는 학생들이 현상을 입자의 관점에서 쉽게 이해하지 못한다고 지적한다. 다른 나라의 교과서에 비해 한국의 화학 교과서에는 컬러 시각자료가 많다. 그러나 그러한 시각자료가 어떻게 학습자의 화학 학습을 도울까? 라는 질문을 할 수 있다. 이 장에서는 기호학적 틀에 따라 중학교 과학 교과서에 수록된 화학 시각자료의 기능과 구조를 조사하고자 한다. 우리는 화학 시각자료를 저자가 의도한 대로 이해하는 데 필요한 일을 알기 위해 **화학기호학**(chemisemiotics)이라는 개념을 사용한다. 우리는 서로 다른 종류와 기능(구조)의 시각자료가 학습 과정에서 서로 다른 기호를 구성한다고 가정한다. 학습자의 어려움을 학생들의 정신적 결함에 두는 헤게모니적 접근법과 달리, 우리는 화학 이해의 어려움이 거시 세계를 묘사하는 시각자료와 미시적 입자에 기초한 모형 사이의 서로 다른 기호 과정(해석과 의미 형성)에 기인할 수 있음을 보여 준다. 따라서 이 장에서는 비판적인 도해력의 형태를 구현하며, 이를 통해 화학 표상을 읽는 데 필요한 일을 확인함으로써 그 안에 있는 정치학을 들추어 보고자 한다. 좀 더 세부적으로 화학의 중심 이론인 물질의 입자성에 관련된 표상을 다루고자 한다.

1. 화학 시각자료에 포함된 모순과 시각자료의 모순

과학 교과서에는 서로 다른 종류의 많은 시각자료가 기호와 기호 복합체를 구성하고 있으며, 이를 통해 우리는 학생들이 비판적 도해력을 기르기를 원한다. 화학에서는 우리를 둘러싼 세계에서 관찰될 수 있는 현상을 나타내는 시각자료와 보이지 않는 미시 입자의 개념에 기초한 모형을 기술하는 시각자료의 두 가지 형태가 전형적으로 나타난다. 우리는 미시적 입자가 학생들에게 모형이 아니라 현상적 사실처럼 제시되는 것이 문제라고 생각한다. 만약 이것이 사실이라면 학생들이 어려움을 겪는 것은 놀랄 만한 일이 아니다. 우리가 여기서 개발한 화학기호학은 그 자체로 비판적 도해력의 형태로서 화학과 화학 교육의 학문에 내재하는 이러한 모순을 발견하도록 해 준다.

현상적인 미시 입자라는 생각과 모형으로서의 미시 입자라는 생각이 합쳐지는 것은 다음의 사례에서 분명하게 나타난다. 고체, 액체, 기체 사이의 차이를 가르치기 위해 한국의 한 교과서는 여러 상황에 있는 사람들 사진과 원형 물체 그림을 사용하고 있다(그림 8.1). 우리는 '이 시각자료를 읽고 이해하여 그것을 통해 학습하는 데 필요한 일이 무엇인가?'라고 질문한다. 이 그림에 있는 복잡한 시각자료의 분석은 다음과 같이 시작될 수 있다. [그림 8.1]의 시각자료는 질문의 일부분이며 독자에게 두 개의 서로 다른 표상을 제공하여 '비유'를 통해 연결하도록 한다. 왼쪽의 '분자 모형'은 3개의 비커 안에 3가지 서로 다른 방식으로 배열된 공이 들어 있는 형태이다. 오른쪽의 사진들은 올림픽 경기 동안에 서로 다른 상황에서 사람들이 서 있거나 걷고 있는 모습을 담고 있다. 질문의 목적은 물질의 3가지 상태에서 분자 배열의 차이를 설명하도록 하는 것이다.

우리의 질문에 대한 대답은 단지 학생들이 왼쪽과 오른쪽 이미지 사이에 존재하는 비유를 볼 필요가 있다는 것처럼 보인다. 학생들은 친숙한 시각자료(말하자면, 사진)를 이용하여 친숙하지 않은 시각자료(분자 모형)를 이해할 것이다. 사람들이 보통 왼쪽을 먼저 보는 것을 고려하면, 분자 모형을 좀 더 중요한 것으로 가정할 수 있고, 사진에 대응될 구조적 자료인 비유의 목표 구조로 생각할 수 있다. 이 경우 학습이 좀 더 친숙한 것에서부터 덜 친숙한 것으로 향해간다는 원칙을 따른다면 오른쪽 사진이 학생들에게 좀 더 친숙한 것처럼 보이기 때문에 왼쪽과 오른쪽을 바꾸는 것이 실제로 더 좋았을 수 있다. 그러나 양쪽을 바꾸어 바로 결론에 도달하기 전에 묘사된 것들의 상대적 중요성과 친숙성을 고려해 보자.

어떤 이는 왼쪽의 시각자료가 이미 비유를 포함하고 있다고 말할 수 있다. 분자 모형은 물질의 입자 이론에 근거한다. 이 모형은 어떤 논리나 널리 수용된 관점에 의한 것이 아니다. 사실 물리학자의 관점에 따르면 공은 물질에 대한 완전히 잘못된 그림을 나타낸다. 공이 무엇을 표현하는가? 공은 우리가 직접 경험할 수 있는 세계에 존재하는 대상이다. 모형(또는 도표)은 우리가 접근할 수 없는 미시 수준의 세계에서 일어나는 것을 생각하기 위해 거시적인 현상이나 대상(공)을 이용하는 것이라고 말할 수 있다. 우리는 공이 거시 세계에서 기능하는 것과 유사한 방식으로 미시 수준에서 분자들로 기능한다고 가정한다. 이렇게 생각하는 것은 이미 그 자체로 비유적이다. 그렇지 않다면 미시와 거시 세계는 구분되지 않는다.

반면에 많은 사람들은 미시 세계가 거시 세계에서 대상(공)의 축소판

토의 3. 왼쪽의 분자 모형을 오른쪽 올림픽 장면에 비유하여 물질의 세 가지 상태에 따른 분자 배열의 차이를 이야기해 보자

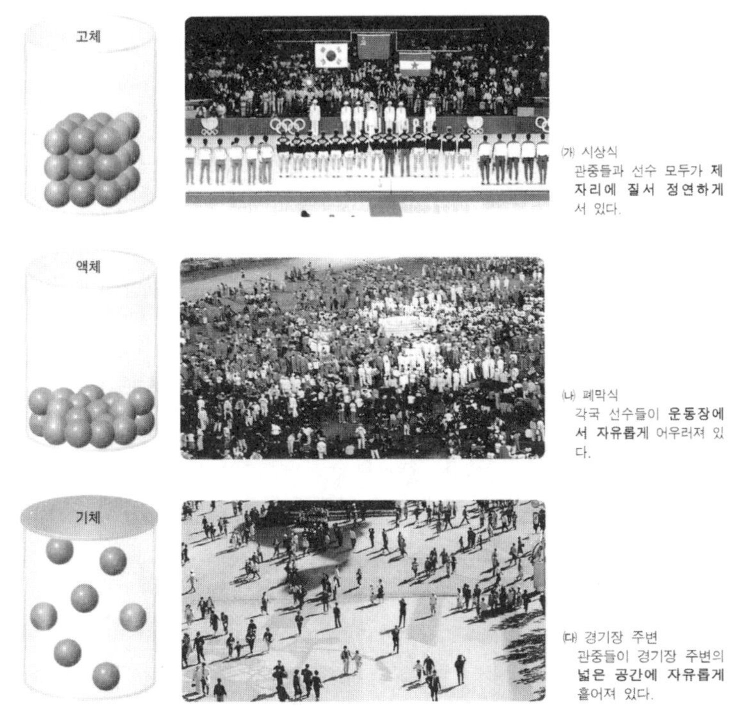

그림 8.1. 한국 교과서의 한 페이지

이라고 생각할 뿐, 모형을 **모형**의 일부분이라고 생각하지 않는다. 거시 세계는 오직 사진에서만 나타난다. 비유적인 추리를 통해 우리는 분자 모형이 묘사하는 것을 명확히 하거나 기술할 수 있다. 그러나 우리는 '오른쪽 사진이 왼쪽 모형의 비유가 될 수 있는가? 또는 모형과 사진이 각각 다른 어떤 것의 비유인가?'라고 질문할 수 있다.

모형은 어떤 목적을 달성하기 위해 설명에 사용하는 도구이다. 예를 들면, 공 형태의 모형은 결정 형성 현상을 설명하는 데 적합하다. 물리학

자에게 원자는 자연 현상을 기술하는 일련의 방정식이나 함수이다. 어떤 것은 하나의 모형으로 설명할 수 있지만 다른 것은 그 모형으로 설명할 수 없다. 그러나 대부분의 경우 학생들은 이러한 모형의 기능을 배우지 않는다. [그림 8.1]에서 이러한 점은 어느 곳에도 명확히 기술되어 있지 않다. 즉 모형과 실제가 명확히 구분되지 않았다. 좀 더 안 좋은 점은 왼쪽의 시각자료가 오른쪽 사진에 나타난, 우리가 알고 경험한 측면을 모형화하지 않는다는 것이다. 그 결과 학생들은 무엇이 실재이고 무엇을 실재로 지각해야 하는지 혼동할 수 있다.

시각자료를 읽고 학습을 하기 위해서는 각 시각자료뿐만 아니라 텍스트도 해석해야 한다. 또한 독자는 그 둘을 서로 연결해야 한다. 텍스트(질문), 왼쪽 모형에 있는 문자, 사진의 캡션, 사진은 모두 합쳐져 이해될 자료를 구성한다. 오른쪽 사진의 캡션에서 강조된 굵은 문자들은 독자가 캡션과 사진에서 무엇을 주목해 보아야 하는지 나타내 준다. 텍스트(단어)의 기능은 그것과 같은 페이지에 놓인 시각자료와의 관계에서 분석되어야 한다.

한국의 과학 교과서에는 이와 같은 시각자료가 많이 들어 있다. 앞 장에서 설명한 것과 같은 컬러 시각자료들은 독자의 주의를 끌 가능성이 있기 때문에 학생들의 학습 동기를 높이도록 의도된다. 비록 과학 교과서에 있는 다른 형태의 시각자료(그래프 2장, 사진 4장)가 연구되기는 하였지만, [그림 8.1]과 같은 시각자료들에 대한 체계적인 연구는 한국이나 다른 곳에서 거의 수행되지 않았다. 앞의 연구에서는 북미와 브라질의 고등학교 과학 교과서에서 주로 생물 단원에 초점을 두어 분석하였다. 우리는 서로 다른 문화나 교과 내용에서 과학 교과서에 있는 시각자료의 기능을 이해할 필요가 있다. 여기서 초점은 화학 시각자료에 있다. 물질의 입자성을 나타내는 시각자료 중 학생들이 처음 접하는 것은 그들이 그 이후에 화학 개념을 이해하는 데 기초가 되는 첫인상이 될 것이다.

이 장에서 우리는 한국 교과서에 있는 시각자료에 묘사된 현상적 세계와 미시 모형 사이의 관계를 연구하는 데 기호학적 틀의 잠재성을 탐색할 것이다. 우리의 목적은 중학교 과학 교과서에 있는 화학 시각자료의 기능과 구조를 기술하는 것이다. 우리는 물질의 입자성을 나타내는 화학 현상에 대한 그림을 분석한다. 분석 과정에서 화학기호학의 개념을 개발하여 화학 시각자료를 저자나 학교 교육 과정이 의도한 대로 이해하는 데 필요한 일을 밝혀낼 것이다. 화학에서의 시각자료에 대해, 그리고 이 학문 영역에서 중심 원리인 물질의 입자성에 대해 살펴보는 것부터 시작한다.

2. 화학에서의 시각자료

화학은 우리가 맨눈으로 볼 수 있는 물질과 그 사이의 상호 작용에 대한 학문이다. 화학은 그것을 입자(원자, 분자)의 용어로 설명하는데, 그 입자는 현상적으로 접근 가능한 형태로 존재한다고 가정해도 너무 작아 볼 수 없다. 따라서 화학 시각자료는 거시적(예를 들면, 실험이나 경험), 미시적(예를 들면, 분자와 원자), 상징적(예를 들면, 화학식이나 방정식) 시각자료로 분류될 수 있다. 세 번째 형태의 시각자료는 다른 두 시각자료를 매개하는데, 예를 들면, Mg는 마그네슘의 원자(미시적 모형)를 말할 수도 있고, 마그네슘 물질(은색 금속)을 말할 수도 있다. 물질에 대한 3가지 수준의 시각자료와 그들 사이의 관계는 화학 개념을 학습하는 데 중요하다. 그러나 3가지 종류의 시각자료(즉 다중 표상)가 실제로 화학 학습을 돕는지 여부에 대해서는 논쟁이 있다. 많은 연구자가 학생들은 한 종류의 시각자료에서 다른 것으로 전이하는 데 어려움을 느끼고, 시각자료의 근저에 깔려 있는 개념보다는 시각자료의 피상적인 특징에 초점을 두는 것을 알아냈다.[1] 일반적으로 교과서나 수업에서는 이러한 전이나 이동이 어떻게 일어날 수 있는지 설명하지 않는다. 따라서 우리의 질문은 '두 시각자료 사이의 번역(전이)에서 해야 하는 일은 어떤 것인가?', '번역에 실제로 무엇이 필요하고, 번역 과정을 돕거나 방해하는 것은 무엇인가?' 등이다. 예를 들면, [그림 8.1]에서 독자는 사진과 분자 모형을 해석하기 위해 자신이 관중석에 있었던 경험이나 공을 가지고 놀았던 경험에 기대어 생각할 수 있다. 그들은 사회문화적 관습에 의존하여 그림의 원에서 색이 다르게 나타나는 모양을 보고 그것을 공이라고 인식할 수 있으며 이차원의 시각자료를 삼차원이라고 가정할 수 있다.

3. 물질의 입자성

물질의 입자성에 대한 교수–학습 연구는 두 관점에서 진행되었다. (a) 학생들의 오개념과 그 원인을 탐색하기, (b) 그림 그리기, 비유, 탐구 활동이나 시범 실험, 다중 형식(multimodal) 그림을 제시하는 컴퓨터 등을 이용한 교수–학습 방법 개발의 관점이다. 이러한 서로 다른 접근은 화학 교육 현장에 각각 특징적인 시사점을 주었다. 그러나 아직 학생들은 물질의 입자성에 대해 '이해가 부족'하며 수업 이후에도 여전히 비과학적인 이해가 없어지지 않는다는 증거가 많다.[2] 비판적인 도해력을 지향하는 우리는 학생들이 무엇인가 결점을 가지고 있다고 결론짓는 연구를 비판하는 바탕을 마련하는 데 부분적으로 기여하고자 한다. 실행은 실행을 낳으므로, 학생들의 어려움은 그들이 비판적 도해력을 구성하는 실행에 참여할 기회가 부족했기 때문에 나타날 가능성이 크다. '이해 부족'은 학생들의 실수나 인지적 결함의 결과가 아니고 현재 과학 교육 실행의 결과이다.

학생들이 화학에서 입자적 관점을 학습하기 어려운 것은 그러한 물질의 입자적 또는 미시적 본성이 학생들의 물질에 대한 직관적이고 일상적인 연속적 관점과 반대된다는 사실에서 비롯된 것이다. 일상생활에서는 나무에 못질을 할 때처럼 미시적 관점에서 생각할 필요가 거의 없다. 학생들이 받아들이기 어려운 진공 개념과 함께 물질의 불연속성은 화학에서 가장 중요한 가정이다. 학생들은 입자 사이에는 공기가 있다고 생각하거나(빈 공간이 없다), 입자의 고유한 운동이나 입자 사이의 상호 작용(힘)을 고려하지 않는 것으로 알려져 있다.[3] 몇몇 학생들은 같은 물질이라도 다른 상태에서는 서로 다른 크기와 모양을 가지고, 원자들이 '살아 있다'고 생각한다. 어떤 경우에 학생들은 하나의 원자에 거시적 특성(예를 들면, 색)을 부여하기도 한다. 학생들의 개인적 경험, 또래 문화, 언어와 수업 자료 등이 이러한 생각과 신념, 특성 부여의 원인이 될 수 있다.

입자는 눈에 보이지 않기 때문에 사람들이 미시 세계를 시각화하는 것을 돕기 위해 모형(상징)을 사용할 수밖에 없다. 그러나 이러한 모형은 그 자체가 일련의 문제를 야기한다. 모형은 화학 개념의 존재론적이고 인식론적 본성의 문제를 해결해 주지 않으며, 고정된 정의도 없다. 예를 들면, 많은 학생들이 입자와 같이 보이지 않는 실체가 물질적 특성(예를 들면, 질량과 부피)을 가지고 있다고 생각하기는 매우 어렵다. 모형은 이러한 전제 개념을 설명하지 않는다. 또한 많은 종류의 모형과 상징은 그들 사이의 번역 과정을 야기한다. 이러한 문제는 한국의 한 교과서에 실린 물의 순환을 설명하는 만화에서 발췌한 서로 다른 시각자료(그림 8.2)에서 분명하게 드러난다. 그림에서 어떤 것이 기체 상태이고 어떤 것이 액체 상태인지 구별할 수 있는가? 중간과 오른쪽에 있는 그림은 둘 다 물의 액체 상태를 나타내는 것으로 생각할 수 있다. 오른쪽의 것이 중간보다 온도가 높은 경우이다. 물리학자인 슈뢰딩거에 따르면 기체 분자 사이의 평균 거리는 실온 대기압에서 분자 지름의 10배 정도라고 한다. 그러나 한국의 7학년 과학 교과서에서는 이 비율을 지켜서 기체 상태를 분자 수준으로 묘사한 시각자료가 거의 없다. 또한 이 시각자료에서 원이나 원 근처의 짧은 선들이 무엇을 말하는지, 주위에 큰 원은 왜 다르게 그려졌는지 설명하지 않는다. 즉 이 모형의 본성이나 기능은 교과서 어디에도 기술되지 않았다. 이 모형은 설명을 위해서 사용되는가 또는 어떤 것을 **묘사**하는 것인가? 또는 독자가 이 모형을 이해하는 것이 아니고 외워야 할 것으로 공부하지는 않을까?

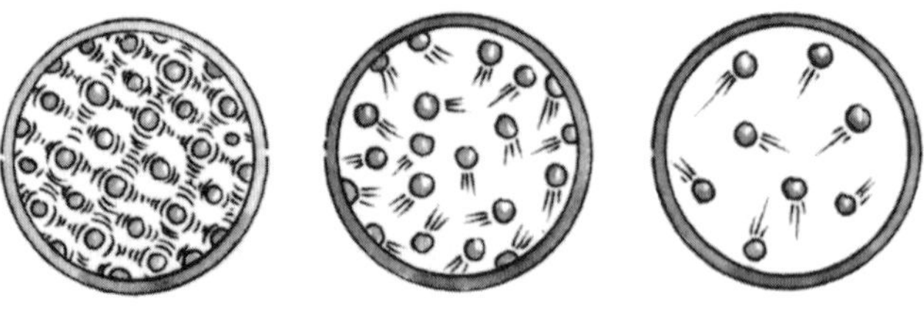

그림 8.2. 한국의 중학교 교과서에 제시된 고체, 액체, 기체 상태에서 물 분자를 나타낸 분자 그림.

모형에 대한 학교 과학에서의 관점과 학생들의 일상적 관점은 서로 다르다. 과학에서 모형은 관찰할 수 없는 대상을 대신한다. 모형의 기능은 목표물의 개념화를 돕는 것이다. 따라서 모형은 평가되거나 변형되거나, 적합 또는 부적합하다고 여겨질 수 있는 것이다. 그러나 교사는 모형을 하나의 고정된 사실로 학습하도록 제시한다. 학생들은 모형을 구체적인 대상과 연관 짓고 일상적인 물체를 구체적으로 재현한 것(이미지)이라고 생각하는 경향이 있다.

4. 화학기호학을 지향하며

전문화된 기호학(기호에 대한 학문)이 생물체를 다루는 여러 영역에서 제안되었다. 예를 들면, 생물기호학(생물체 사이의 의사소통과 의미화), 동물기호학(동물과 환경 사이의 의사소통), 식물기호학(식물과 환경 사이의 의사소통) 등이 있다. 여기서 우리는 화학 시각자료의 기호학에 도달하게 되는데 다른 학문에서의 노력에 비견하여 **화학기호학**이라 명명한다. 퍼스의 기호 개념(1장을 보라)으로 화학기호학을 만들었다. 기호는 다른 어떤 것, **지시 대상**(예를 들면, 일반적인 의미에서 기체 분자)을 대신하는 어떤 것(예를 들면, 분자 그림)이다. 기호와 대상의 관계는 절대 직접적이지 않다. 일반적인 기체 분자는 모든 개별적 기체 분자를 포함하는 것이며, 어떠한 개별 기체 분자도 구체적으로 구현된 것이 아니기 때문이다. 대신 기호와 대상 사이의 관계는 **해석체**(예를 들면, 기호를 번역하거나 정교화하는 과학적 언어)에 의해 매개된다. 예를 들면, 우리의 기호가 '이산화탄소 분자'라면, 산소를 나타내는 두 원과 탄소를 나타내는 하나의 원을 포함하는 그림은 해석체가 된다. 다른 해석체는 화학식 CO_2 또는 구조적 표상인 O=C=O(두개의 평행선은 인접한 원자들이 공유하는 전자쌍을 가리킨다)이다.

기호학 문헌에 제시된 것을 부연하면, 우리는 교과서에 있는 기호를 해석하는 독자(또는 학생)는 저자나 교육 과정이 의도한 방식으로 기호를 해석하는 과정에 최대한으로 필요한, 가능한 해석체를 찾아낼 수 있다고 가정한다. 예를 들면, [그림 8.1]의 시각자료는 '비유적 추리'를 사용하여 해석되어야 하는 기호로 기능한다. 우리는 모든 해석적 과정(semiosis; 기호 과정)의 단위를 **읽기 작업**이라고 부른다.

일반적으로 기호학은 의사소통이 기반하고 있는 코드에 관심을 가진다. 여기서 우리는 화학 시각자료의 코드를 발견하는 데 관심이 있다. 우리는 과학자(또는 과학 교사)들이 교과서에서 의미를 찾는 데 쓰는 코드를 사용할 수 없는 학생들은 화학 시각자료를 읽기 위해 일상생활에서 다양한 해석체를 가지고 오지만, 그 해석체는 시각자료를 사용하는 집단 내부의 좀 더 경험이 많은 사람이 사용하는 해석체와 다를 것이라고 생각한다. 우리는 연구자 또는 과학 교육자로서 시각자료를 읽는 데 필요한 특정 관습이나 가정에서부터 벗어나도록 노력했고, 이렇게 하여 화학 학문 분야에서 특징적으로 나타나는 **특정한**(the) 해석체가 아니라 가능한 해석체를 찾아낼 수 있었다. 이것은 교과서 저자의 의도를 최대한으로 읽어 내는 데 근접하는 것이다.

화학 시각자료를 읽는 기호학 모형(그림 8.3)을 만들기 위해 교과서에서 요소들(시각자료들)을 추출하였다. 두 가지 종류의 시각자료가 확인되었다. 하나는 일상 경험에서 우리에게 주어진 세계를 표현하는 시각자료로, 예를 들면 자연 현상이나 실험에 대한 사진과 맨눈으로 볼 수 없는 대상이나 가설적 실체를 나타내는 시각자료로, 예를 들면 분자이다. 여기서 두 번째 유형의 시각자료가 미시적 세계를 나타낸다고 말할 수 없다. 우리는 분자를 볼 수 있는 그런 미시 세계에 직접 접근할 수 없기 때문이다. 하지만 우리는 물질의 입자론 습득을 돕는 데 목적이 있는 화학 시각자료를 구분할 수 있기 때문에, 그러한 시각자료가 거시 현상이 아니라 **입자**를 나타낸다고 말할 수 있다. 다른 요소는 시각자료가 포함된 본문(텍스트)으로, 여기에는 질문, 활동에 대한 설명, 캡션, 문자 등이 포함된다(그림 8.3). 이들 3가지 요소(시각자료 두 개와 텍스트)가 텍스트(교과서)의 세계를 구성한다.

세계는 하나의 연속체로, 교과서와 그 안에 문자와 이미지를 형성하는 잉크도 연속체에 포함된다. 시각자료는 연속체의 한쪽 측면을 차지하며 연속체의 다른 쪽 측면을 나타내는 데 사용된다. 그렇다면 기호는 그것이 연속체의 다른 부분과 가지는 관계 안에서 전달 매체(vehicle)로서 기능하는 것이고, 기호를 해석하는 것은 전달 매체로서 연속체의 부분을 정의하는 것을 의미한다. 따라서 연속체(세계)에서 목표가 되는 부분

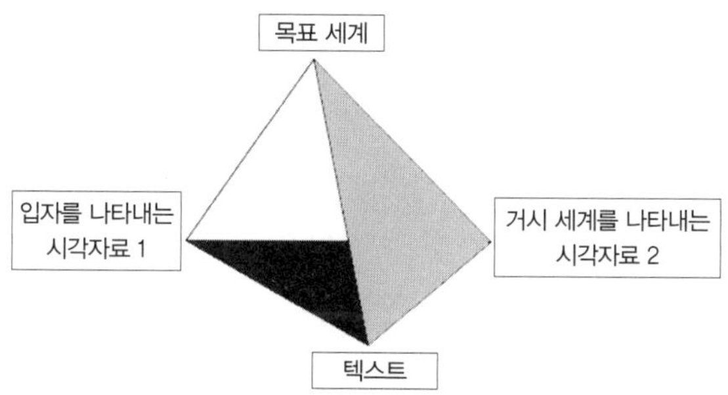

그림 8.3. 화학 시각자료 읽기에 대한 기호학 모형. 정사면체를 구성하는 각각의 삼각면은 삼각 기호 관계를 구성한다.

이 있으며, [그림 8.3]에서 목표 세계가 우리의 모형에서 한쪽을 차지한다. 서로 다른 시각자료와 텍스트(기호 전달 매체로 기능하는 연속체의 부분), 그리고 그것이 나타내는 현상(지시된 연속체 부분)은 삼각 피라미드와 같은 관계에 놓이며, 두 시각자료와 텍스트는 하나의 평면(교과서의 세계)을 구성하고, 지시된 연속체 부분은 다른 위치(교과서 밖의 세계)를 구성한다. 피라미드의 바닥면은 텍스트와 시각자료가 만드는 교과서의 유사 세계(quasi world)와 대응되고, 목표 세계는 주변 세계(circumstantial world)에 해당한다. 즉 읽기 작업은 교과서 물질(유사-세계)을 주변 세계에 연결하는 것을 의미한다.

피라미드를 구성하는 4개의 면은 각각 삼각관계(triadic relation)로 읽을 수 있다. 예를 들면 [그림 8.3]에서 검은 바닥면은 (외부) 세계와는 무관하게 구조적으로 분석될 수 있다. 텍스트는 시각자료를 동기화하고 시각자료는 텍스트의 내용을 타당화한다. 예를 들면, [그림 8.1]의 텍스트는 질문의 형태이다. 그것은 독자가 문제를 풀기 위해 두 시각자료를 사용하도록 초대(동기화)한다. 왼쪽에 있는 시각자료는 텍스트가 "분자 모형"이라고 기술한 것을 나타낸다. 오른쪽의 시각자료는 텍스트가 "올림픽 장면"이라고 설명하는 것을 보여 주는 사진으로 구성된다. [그림 8.1]의 왼쪽에 있는 시각자료는 기체, 고체, 액체 입자(그림 8.3)를 나타내도록 의도된, 즉 물질의 입자성을 표현하는 것이다. [그림 8.1]의 다른 시각자료는 (대부분의) 학생들이 알고 있을 것 같은 거시적 세계(그림 8.3)를 표현한다. 텍스트와 시각자료는 교과서 페이지의 물질적 기호이고, 모두 일반적으로 물질의 입자성을 나타낸다. 어떠한 일차적 기호나 해석체도 입자성을 일반적으로 나타낼 수 없다. 그것들(기호 또는 해석체)은 지시 대상을 구현한 하나의 구체적 사례이기 때문이며, 반면에 지시 대상은 일반적인 것으로 모든 가능한 구체적 실현체를 포함하는 것이기 때문이다.

[그림 8.3]의 텍스트와 두 시각자료는 교과서에 실제로 존재하는 기호의 해석체이다(그림 8.4). [그림 8.4]의 아래쪽 타원은 교과서 지면에 있는 모든 기호(시각자료와 텍스트)의 물질적 바탕을 말한다. 기호학 모형의 4요소 사이의 관계를 풀기 위해, 우리는 3개 기호(그림 8.3에서 텍스트, 시각자료 1, 시각자료 2)의 해석체를 생각해야 한다. 기호들 사이의 관계는 기호 그 자체에 고유하게 존재하는 것이 아니다. 우리는 연구자나 교과서 저자의 관점에서 기호의 해석체를 생각한다. 점선은 시각자료와 텍스트의 내적 구조를 분석하는 구조화 과정(구조화 작업에 대해서는 앞 장을 보라)에 해당한다. 검은 직선은 두 세계 사이의 번역 과정에 해당한다. 교과서(텍스트와 시각자료)를 읽는 것은 두 가지 형태의 일을 요구한다.

텍스트는 목표 세계(target world)에 대한 설명이나 기술을 제공한다. [그림 8.3]에서 시각자료 1과 목표 세계의 관계는 비유적이거나 가설적

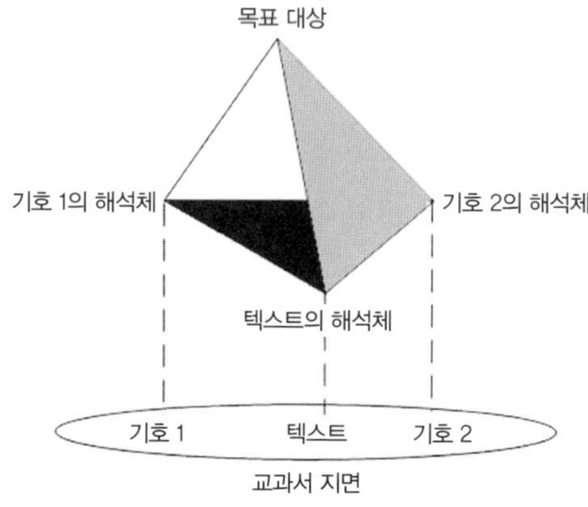

그림 8.4. 교과서 지면을 포함하는 좀 더 종합적인 기호학 모형. 교과서 지면은 기호로 구조화된 후 다음 단계에서 해석된다.

인 것이다. 독자는 입자라고 할 수 있는 것이나 미시적 세계에 접근할 수 없고, 단지 물질의 입자성이라는 이론을 가지고 있다. 미시적 세계를 눈으로 볼 수 없기 때문에 [그림 8.1]에 사용된 공이나 구형과 같이 거시 세계에 있는 대상을 이용하여 미시적 세계를 표현해야 한다. 즉 시각자료 1은 거시적 수준에서의 감각적 경험에 대한 현상학적 비유가 될 수 있다. 시각자료 2와 목표 세계와의 관계는 도상적인데, 예를 들면, [그림 8.1]의 사진은 (학생) 독자가 직접적으로 접근할 수 있는 세계와의 유사성(닮음, 동일함)을 보인다는 점에서 그렇다. (사진이나 그림과 사건 사이의 어떤 도상적 관계도 학습되어야 하는 것임을 잊지 말아야 한다) 시각자료 1과 시각자료 2의 관계는 고정되어 있지 않다. 경우에 따라 다르다. 예를 들면, [그림 8.1]에서 두 시각자료 사이의 관계는 비유이다. [그림 8.5]와 [그림 8.6]의 관계는 배경과 전경이 된다.

목표물의 표상은 사회적 관습을 따른다. 또한 목표물은 내적 모순을 가지고 있다. 세계는 거시적 방식(시각자료 2의 사진)으로 해석될 수 있을 뿐 아니라 미시적 방식(시각자료 1의 분자 모형)으로도 해석될 수 있다. 미시적 세계와 거시적 세계 사이의 관계는 그 두 세계가 서로를 전제한다는 의미에서 변증법적이다. 텍스트와 시각자료의 관계에서 우리는 다른 모순을 찾을 수 있는데, 텍스트와 그림에서 어떤 특징은 일관되지 않는다. 예를 들면 본문은 분자의 운동을 기술하는 반면 그와 관련된 교과서 지면에 있는 시각자료는 항상 **정적**인 이미지이므로 움직임을 보여 줄 수 없다.

우리의 기호학 모형에 암시된 대로, 화학 시각자료를 읽는 것에는 시각자료나 텍스트 **내부**의 일(예를 들면, 구조화)과 시각자료와 텍스트 **사이**

의 일(예를 들면, 번역이나 변형)이 포함된다. 교과서 페이지의 모든 요소들을 이해하기 위해 그 요소들은 함께 조직되어야 한다. 독자는 기호를 읽을 때 다양한 가정을 해야 하고 특정한 전제(관습)를 가지고 있어야 한다. 한 기호의 표면적 특징은 읽기 과정을 제한할 수 있다. 그러나 다른 기호는 하나의 기호와 목표 세계 사이에 다리를 놓는 데 사용되거나, 기호 안에 존재하거나 기호 사이에 존재하는 잠재적 모순을 해결하는 데 사용될 수 있다. 다음의 4개 절에서 구체적인 분석을 제시하면서 우리는 화학 시각자료를 읽는 데 필요한 일이 무엇인지, 우리의 기호학 모형이 화학자 집단이 공유하고 있는 화학적 코드를 찾아내는 데 어떻게 사용될 수 있는지 설명하고자 한다.

5. 겹쳐진 공간에 있는 분자들

하나의 시각자료를 읽는 것은 그 시각자료를 조직하는 것은 물론이고 그것과 주위의 텍스트를 함께 조직하는 것을 필요로 한다. 친숙하지 않은 기호를 이해하기 위해 우리는 다른 모든 기호를 사용해야 한다[이것은 텍스트 이해에서 공동-텍스트(co-text)를 사용하는 것이라고 말할 수 있다]. 예를 들면, 화학 시각자료를 해석하기 위해 언어나 문자 언어가 필요하다. 7장에서 보았듯이 각각의 기호는 서로 연결되기 전에 적어도 부분적으로라도 조직되거나 구조화되어야 한다. 시각자료를 구조화하고 다른 기호로 번역하는 과정에서 모순이 발생할 수도 있고, 해결될 수도 있다. 즉 우리의 기호학적 모형(그림 8.3)의 바닥면에 있는 3개 요소는 서로 도와서 독자가 그것을 이해하도록 해 준다. 아래에서 우리는 이러한 논점들을

추 리 뜨거운 물에 의한 고무 풍선과 플라스틱 병의 변화

과 정 1. 뜨거운 물을 빈 플라스틱 병 안에 조금 붓고 흔든 후 물을 버리자. 그리고 즉시 고무 풍선을 병 입구에 씌우자.

2. 플라스틱 병을 식히면서 고무 풍선이 변화되는 모습을 관찰하자.

3. 이번에는 뜨거운 물을 넣은 수조에 고무 풍선을 씌운 빈 플라스틱 병을 담근 후 고무 풍선이 변화되는 모습을 관찰하자.

유의점 뜨거운 물에 손을 데지 않도록 실험할 때에는 반드시 장갑을 끼도록 한다.

정 리 실험 결과로부터 어떠한 사실을 추리할 수 있는가?

그림 8.5. 기체의 온도와 부피 사이의 관계에 대한 실험. 학생들이 직접 경험할 수 있는 (거시적) 세계의 경험을 제공하며, 여기서 물질의 입자성 이론을 이끌어 내 이해하도록 한다.

분자적 관점을 나타내는 설명적 그리고 겹쳐진 시각자료(그림 8.6)의 경우를 통해 기술한다.

이 사례에서 시각자료(그림 8.6 안의 그림 5-12)는 위쪽에 있는 본문과 연결되고 "병 밖의 온도가 병 안의 온도보다 높을 때와 병 안의 온도가 병 밖의 온도보다 높을 때 고무풍선은 어떻게 변하는가?"와 같은 질문을 해결하기 위한 자료가 된다. 본문은 해당 교과서의 앞 페이지에서 제시된 이전의 실험 활동(그림 8.5) 상황을 기술하고, 그 거시적 현상(플라스틱 병 입구에 풍선을 끼우고 아래쪽을 뜨거운 물에 담갔을 때 풍선의 변화를 관찰하는 실

온도와 분자 운동 뜨거운 물에 플라스틱 병을 넣으면 플라스틱 병 안에 있던 기체 분자의 움직임이 활발해지면서 기체 분자 사이의 거리가 멀어져 기체의 부피가 늘어난다.

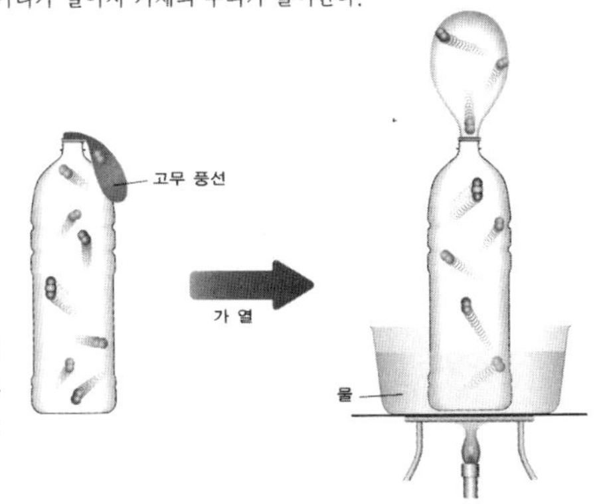

그림 5-12 플라스틱 병 안의 분자의 움직임이 온도가 높아짐에 따라 점점 빨라진다.

물음 5 그림 5-12에서 플라스틱 병 밖의 온도가 병 안의 온도보다 높을 때와 병 안의 온도가 병 밖의 온도보다 높을 때 플라스틱 병 입구의 고무 풍선이 어떻게 변하는가?

그림 8.6. [그림 8.5] 다음에 제시된 본문, 분자 시각자료와 질문. 시각자료는 본문 내에 놓아서 그 일부를 구성하고 있는 것이며, 추가적으로 제시된 것이 아니다. '물음 5'도 본문의 일부로 학생들이 답할 때 그림을 사용하도록 지시하고 있다.

험 결과)을 미시적 관점으로 설명한다. 캡션도 이 현상을 비슷하게 설명하고 있다(그림 8.6). 그러나 캡션에는 본문에 없는 '온도'라는 단어를 사용하고 있으며, 이 때문에 이 그림은 설명적 기능(4장을 보라)을 하는 것으로 분류될 수 있다. 질문은 본문과는 다르면서 유사한 장르라고 할 수 있는데, 같은 현상에 대해 질문하지만 병 안쪽과 바깥쪽의 온도 차이(캡션에서는 온도 변화라고 말함)라는 서로 다른 용어나 개념을 이용하고 있다. 전체적으로 보았을 때 모든 자료(즉 텍스트, 그림, 캡션, 질문)는 같은 현상에 근거하고 있으나 서로 다른 형태(modality) 또는 기호를 가지고 있다. 독자는 이 자료들을 모두 이용하여 현상에 대한 자신만의 해석을 구성해

나가야 한다. (경험 있는 교사는 알고 있는) 실험의 교육적 의도는 본문과 시각자료를 통해 학생들이 기체의 온도와 부피 사이의 관계를 입자의 관점에서 이해하도록 하는 것이다.

[그림 8.5]에 있는 2장의 사진들은 실험 과정의 서로 다른 순간이라고 생각할 수 있다. 의도된 의미를 찾아내기 위해, 왼쪽 사진은 위쪽에 기술된 과정 1과 2를 수행한 다음, 풍선이 빈 플라스틱 병 입구에 매달려 있는 것으로 보아야 한다. 오른쪽 사진은 과정 3의 결과를 보여 주는 것으로 보아야 한다. 우리가 "사진은 … 보아야 한다"라고 기술한 것은 교과서 지면 상에 인쇄된 점들을 특정한 방식으로 구조화하는 일을 나타내는 것이다. 이 일은 [그림 8.7]에서 구조화(st3)로 표시된다. 실험 과정을 말해 주는 텍스트에 어떠한 지시자(인용)도 없기 때문에, 독자는 교과서 저자가 의도한 것을 이해하기 위해서 텍스트와 그에 대응하는 사진 사이의 연결을 만들어야 한다. 이러한 일은 누가 도와 주지 않는 추가적인 읽기 작업이다. 독자가 실험하기 전이라면 그들은 단지 풍선이 (바람이 빠진 채 또는 부풀려져서) 플라스틱 병에 붙어 있는 것으로 볼 뿐이다(st3).

[그림 8.6]의 시각자료는 세 부분으로 이루어진다. 왼쪽의 병, 가열이라는 문자가 적혀 있는 화살표, 버너의 불꽃 위에 놓인 물에 담겨진 오른쪽 병이다. 두 병은 이어진 사건의 일부로 보아야 한다. 즉 동일한 병이 처음에 제시되고 그다음에 물에 담겨진 것이라고 보아야 한다(st1). 독자는 당연히 풍선의 변화를 보아야 하고 그것을 다른 변화(처음의 병이 수조의 병으로 옮겨진 것)와 인과적으로 연결 지어야 한다. 병과 그 입구에 매달린 풍선은 단면도의 시점에서 묘사되었고, 그 위에 꼬리를 가진 작은 모형들이 그려져 있다(st1). 병의 가장자리를 나타내는 선은 검은색에서부

터 회색-흰색으로 변해가며, 독자가 이것이 삼차원의 병을 나타낸다고 볼 수 있도록 돕는다(st1). 오른쪽 병 위에 있는 풍선은 투명하게 색이 변해서 독자가 풍선이라고 보도록 돕는다(st1). 이러한 구조화 작업이 진행된 후에야 [그림 8.5]의 사진과 연결 지을 수 있다. 이렇게 연결하는 것을 번역 작업 'tl4'(그림 8.7)라고 지칭한다.

컬러로 된 실제 교재의 그림에서 각 병에는 서로 다른 3가지 분자 모형이 들어 있다. 2개의 오렌지색 원이 붙어 있는 분자 5개, 2개의 보라색 원으로 된 분자 2개, 2개의 보라색 원 사이에 녹색 원이 있는 분자 1개이다. 분자를 구성하는 모든 원은 안쪽의 색이 흰색으로 변해 가는데, 이것은 미술에서 이차원 그림에 삼차원의 효과를 나타내는 관습적인 방식이다. 그러나 이러한 관습은 자연스러운 것이 아니다. 관습은 시각자료에서 추론될 수 있는 것이 아니고 사용자 집단 안에서 습득되어야 하는 것이다. 분자의 움직임은 각각의 원형을 뒤따르는 일련의 반원들로 빗대어 표현되었으며, 이것도 사용자 집단에서 학습되어야 하는 관습이

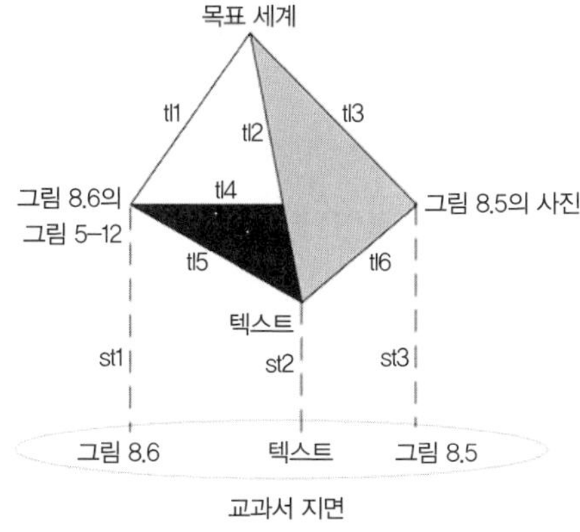

그림 8.7. [그림 8.5]와 [그림 8.6]의 시각자료와 텍스트를 읽는 데 필요한 서로 다른 종류의 일. 각각의 선은 구조화([st], 점선)나 번역([tl], 실선)을 나타낸다.

다. 반원들 사이의 거리는 점점 변해 가며 끝에 가서는 사라진다. 반원들이 만드는 선은 그것이 붙어 있는 물체(분자)의 궤적을 보여 주는 것이라고 기술되어야 한다(st1). 동기화된 독자, 즉 물질의 입자 모형을 알고 있는 독자는 왼쪽 병과 오른쪽 병에 있는 반원들의 차이에 주목할 것이다. 오른쪽 병의 분자에서 반원들 사이의 거리가 더 멀고 반원들이 이루는 선의 전체 길이가 더 길다(st1). 왜 이렇게 다르게 그려졌으며, 이 차이는 무엇을 말하는가? 독자는 이러한 지각적 '발견'을 이해하기 위해 교과서 지면의 다른 부분, 즉 캡션이나 본문 등 다른 기호 복합체에 의존해야 한다.

본문은 분자의 운동이 활발해진다는 것을 말해 주고, 캡션은 분자의 운동이 빨라진다는 것을 말해 주는 것으로 이해되어야 한다. 여기서 "이해되어야 한다"라는 것은 우리가 'st2'로 지정한 특정한 구조화 작업을 의미한다. 그림을 의도된 대로 해석하기 위해, 이 진술은 왼쪽과 오른쪽 병 사이의 분자 궤적 그림에서의 차이와 연결되어야 한다(tl5). 그러나 반원들 사이의 간격이나 전체 길이는 그 자체가 운동을 **보여 주지**는 않는다. 그림 자체는 정적인 것이다. 독자는 정적인 이미지에서 동적인 것을 재구성해야 한다(tl1). 즉 본문은 '운동'에 **대하여** 무엇인가를 우리에게 말해 주지만, 그림은 '운동'을 **보여 주지** 않는다. 이 점에서 본문과 그림 사이에 모순이 있다. 동기화되지 않은 독자는 tl5의 번역 작업을 하는 과정에서 모순에 직면할 것이다.

입자를 나타내려는 의도를 가진 시각자료를 읽는다는 것은, 그 시각자료가 말하려고 하는 것이 바로 학습 내용과 관련되어 있다는 특별한 전제를 포함하고 있다. 화학 교과서나 과학 관련 잡지가 아니라면 미시적 세계(입자)를 나타내는 시각자료를 볼 기회는 거의 없다. 따라서 그러한 시각자료는 과학자들이 공유하는 특별한 특징이나 관습, 가정에 기초하고 있다. 예를 들면, 원자나 분자를 보기 위해서는 매우 성능이 뛰어난 확대경(장치)을 사용해야 하는데, 이것은 바로 그 시각자료의 기저에 깔린 중요한 가정이다. 시각자료 안에서 나타나는 다른 모순은 두 병의 그림(그림 8.6)에서 볼 수 있다. 입자 모델의 측면을 나타내는 분자의 표상이 학생들이 접근 가능한 거시 세계의 측면을 나타내는 플라스틱 병 그림 안에 묘사되었다. 따라서 거시적 현상(병)에 대한 도상적 표상과 모형의 표상이 하나로 합쳐 있는데, 이것은 인식론적인 수준에서 한쪽은 지각이고 다른 것은 모형이라는 서로 다른 현상을 나타낸다(tl4에서의 모순). 그 차이를 이해하기 위해 독자는 하나의 그림이 서로 다른 두 층으로 구성되어, 한 층은 (거시의) 단면적인 층이고 그 위에 미시적인 모형 층이 겹쳐진 것으로 인식해야 한다. 독자는 병 안에서 모형에 해당하는 실체(분자)가 움직이는 것을 보고 있는 듯이 상상해야 한다.

이렇게 이미지화하는 작업에는 몇몇 전제 조건이 필요하다. 각각의 병(거시적 세계)에 그려진 8개의 분자(모형)들은 전형적인 공기 분자를 예시하는 것으로 생각해야 한다(st1). 이 경우 저자는 질소 기체(5개), 산소 기체(5개), 수증기(1개)를 그린 듯하다. 그 개수에 해당하는 분자 모형 종류에 대한 설명은 없다. 하지만 이 8개의 실체들은 단지 분자들이라고 여겨야 하고, 서로 다른 종류라는 것을 구분하거나 그 차이를 운동 속도 등의 다른 성질과 연관시킬 필요는 없다. 독자는 차이점(분자의 종류)에 주의를 기울일 필요도 없고 그렇게 해서도 안 된다. 반면 독자는 분자 사이의 거리나 궤적의 길이 등 다른 특징들에 주의를 집중해야 한다(st1). 즉 동기화되지 않은 독자는 어떤 차이에는 주의를 기울이고 다른 어떤 차이에는 주의를 기울이지 않도록 요구된다. 그러나 어떤 차이점에 주의를 기울이고 어떤 것을 무시해야 하는지 결정하기 위해, 독자는 교과서에서 가르치려고 하는 내용을 알 필요가 있다. 본문과 캡션에 모두 있는 '운동은 … 증가한다'라는 표현(그림 8.6)은 분자들이 가열되기 전에도 고유한 운동을 하고 있었다는 것을 의미한다(st2). 이 고유한 운동은 학생들에게 쉽지 않은 개념으로, 만약 독자들이 꼬리를 통해 운동을 표현하는 관습을 알고 있다면 왼쪽의 병 그림(그림 8.6)에서 재구성될 수 있다(st1과 tl4). 또한 분자들은 병의 안쪽에 고르게 분포하여 어떤 두 분자 사이의 거리를 말하더라도 같은 거리가 되어야 한다. 이 그림에서 분자 사이의 거리가 모두 같지는 않지만, 그 거리는 '같은 거리'로 가정되거나 그림에서는 평균적으로 동일한 값을 가진다고 생각해야 한다[반드시 거리가 같은 수치로 표현될 필요는 없다(st1)].

독자가 이러한 가정의 일부라도 받아들인 후에야 '두 병에서 분자의 서로 다른 움직임'을 '각 꼬리의 길이 또는 반원의 간격'이나 '두 병에서 분자 사이의 서로 다른 거리'와 연결 지을 수 있다. 이렇게 **연결 짓는** 일은 [그림 8.7]에서 tl5로 지정되었다. 만약 독자가 분자들이 닫힌 공간에서 고르게 분포한다고 가정하지 않는다면, 모든 분자들은 병이 가열되었을 때 위쪽의 풍선으로 **올라갈 수 있고**, 그렇게 되면 이 현상에 관련되어 보고된 학생들의 오개념이 재생산될 수 있다(그때에는 분자 사이의 거리가 감소할 것이다).

교과서에 기호학적 자료가 부족할 경우에는 원인과 결과가 뒤집어질 수 있다. 또 다른 혼동 요인은 인과관계 역전의 형태로 나타난다. 여기에서 본문은 부피의 증가가 분자의 속도 증가와 분자 사이의 거리 증가의 결과라고 기술하고 있다. 그러나 [그림 8.6]에는 이러한 과학적인 (논리적인) 순서 메커니즘이 간단히 정당화되지 않는다. 오히려 반대의 순서를 구성하기 쉽다. 즉 기체의 **부피**가 증가하기 때문에 분자 사이의 **거리**가 멀어진다고 할 수 있다. [그림 8.6]은 가열을 시작할 때와 끝났을 때만을 보여 준다(물론 이것도 그렇게 상상해야 하는 것이다). 분자들의 움직임이 어떻게 부피를 증가시키는지 메커니즘을 보여 주는 중간 단계 없이는(예를 들면, 컴퓨터 애니메이션으로 중간 단계 제공) 인과관계가 본문과 시각자료 사이의 모순으로 나타날 수 있다(tl5에서의 모순).

그림에 연결되는 '물음 5'(그림 8.6)도 모순을 가져올 잠재성이 있다. 질문은 내부의 온도와 외부의 온도를 언급하고 있다. 그러나 그림에서는 뜨거운 물에 병을 담그는 실험 상황을 묘사할 뿐 병 바깥쪽의 온도에 대해서는 언급하지 않고 있으며, 외부의 온도는 물 안과 물 위에서 서로 다르다. 독자는 병을 물에 넣기 전과 후의 병 안쪽 온도만 비교할 수 있다(st1). 질문에 대답하기 위해서는 어떤 병의 안쪽 온도가 바깥쪽보다 높거나 낮은 상태인지 알아내야 한다(tl5). 오른쪽 병이 낮거나 높은 온도를 가진다고 가정하더라도, 그림에는 왼쪽 병이 실제로 그런 상태라는 것을 표현하는 기호가 전혀 없다. 그림은 정적인 상황을 묘사하지만 질문은 동적인 상황에 대해 묻고 있다. 병 내부의 온도가 바깥쪽보다 낮다면(또는 높다면), 부피는 감소할 것이고(증가할 것이고), 이것은 그림만으로 정당화될 수 없다(tl5에서의 모순).

6. 거시적 활동

역할놀이(시각자료에서)와 그것이 모형으로 나타내려는 미시 세계 사이에는 엄청난 간극이 잠재되어 있다. 역할놀이는 실제로 활동하는 것으로 새로운 관점에서 상황을 경험하는 기회를 제공할 수 있다. 그러나 과학에서 대부분의 역할놀이는 사람들의 사회적(환경적) 또는 역사적 상황에 주로 적용된다. 학생들이 미시 세계 역할놀이를 할 수 있을까? 학생들이 분자처럼 행동하는 새로운 형태의 역할놀이는 장점보다는 단점이 더 많다. [그림 8.8] 안에 있는 시각자료는 학생들이 특별한 활동을 수행하는 방식을 보여 준다. 그 활동에서 학생들은 스스로 분자가 된다. 역할놀이의 목적은 공기가 바퀴에 바람이 빠져 기울어진 자동차를 어떻게 들어 올리는지 설명하기 위해, 학생들이 분자가 움직이는 방식을 경험하도록 하는 것이다. 저자는 학생들이 부딪치면서 분자가 작용하는 힘을 느끼도록 의도했을 수 있다. 하지만 기호학적 관점에서 이 활동(시각자료)이 역할놀이를 수행하는 학생들에게 무엇을 의미하는가?

이 시각자료는 보통의 다른 분자 모형이 하듯이 미시 세계 모형을 기술하지 않는다. 또한 (분자의) 운동을 보여 주는 것도 아니다. 그것은 정적인 그림이다. 서로 다른 역할을 맡은 학생들은 다른 것을 경험할 것이다. '분자' 학생들만 분자의 운동을 경험할 수 있다. 벽의 역할을 하는 학생들은 분자 학생들이 자신에게 와서 충돌한 후에도 가만히 서 있어야 한다. 이 활동이 미시적 관점으로 연결되기 위해서는 많은 가정이나 비유가 먼저 풀어헤쳐져야 한다. 이차원의 정사각형은 삼차원에 해당된다고 생각해야 한다(그림 8.9에서 tl3). 나노 화학을 제외하고는 분자 수준에

1 기체의 압력은 왜 생길까?

공기가 빠져 있는 자동차 바퀴에 공기를 넣으면 기울어져 있던 차가 서서히 올라간다. 공기가 어떻게 자동차를 들어 올릴 수 있는지 기체 분자의 운동으로 알아보자.

탐구 분자의 충돌 놀이

탐구 목표

역할 놀이를 통해 분자가 움직이는 과정을 체험하고, 기체의 압력을 설명해 보자.

6명의 학생은 분자 역할을, 12~24명의 학생은 벽 역할을 맡는다. 분자 역할을 맡은 학생은 기체 분자가 되어 움직이고, 벽 역할을 맡은 학생은 그 주위에서 움직이는 공간을 만들어 준다.

▲그림10 분자 역할 놀이

어떻게 할까?

1 분자 학생 주위를 벽 학생이 둘러서서 한 변이 약 3m인 정사각형을 만들자.

역할 놀이

2 6명의 분자 학생은 종이 상자를 앞에 들자.

3 분자 학생은 똑바로 걸어다니다가 다른 분자 학생이나 벽 학생에 부딪치면 방향을 바꾸어 걸어가자.

4 분자 학생이 벽 학생에 부딪치는 횟수를 세어 표에 기록하자(분자 학생끼리 부딪치는 것은 포함하지 않는다).

- 1분간 부딪친 횟수는 얼마인가?

5 공간을 넓게 또는 작게 바꾸어 가며 반복하자.

주의

부딪칠 때 넘어지거나 다치지 않도록 주의하자.

▼ 공간의 넓이와 부딪친 횟수

공간의 넓이	1분간 부딪친 횟수

결과 토의

1. 공간의 넓이가 증가할수록 벽에 부딪치는 횟수는 어떻게 되는가?
2. 분자 학생이 벽 학생에 부딪치는 것을 이용하여 공기가 자동차를 들어올리는 원리를 설명해 보자.
3. 분자 학생끼리 부딪치는 것은 왜 횟수에 포함하지 않을까?

그림 8.8. 역할놀이를 하는 거시적 활동.

서 그러한 이차원 평면은 실제로 얻기 힘든 상황이기 때문이다. 또한 정사각형은 안쪽의 분자 수가 고정된 닫힌 시스템을 표현하는 것이어야

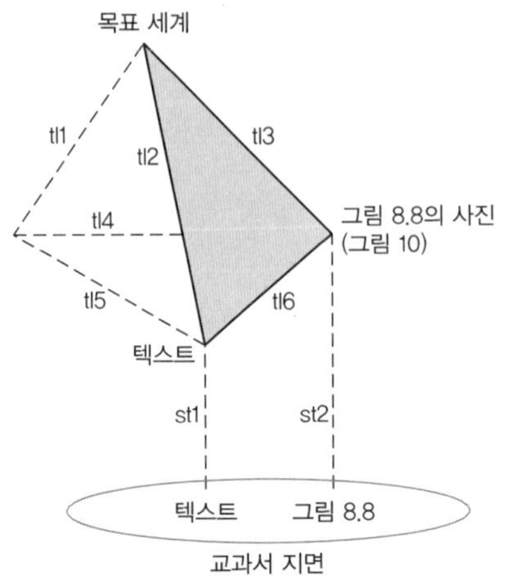

그림 8.9. [그림 8.8]의 시각자료와 텍스트를 읽는 데 필요한 일. 각각의 선은 구조화([st], 점선)나 번역([tl], 실선)을 나타낸다. 일점쇄선은 [그림 8.4]의 기호학적 모형에서 빠진 선을 나타낸다.

한다. 분자 학생들은 그 닫힌 시스템 안에 있는 가상의 (대표적인) 분자들이다. 학생들 사이의 차이(예를 들면, 남자와 여자, 키가 크거나 작은 것 등)는 무시되어야 한다(tl3). 학생들은 의인화의 오류를 피해야 한다. 분자들은 살아 있는 사람처럼 행동하지 않는다. 예를 들면, 분자는 절대로 멈추지 않는다.

게다가 이 역할놀이 상황은 학생들이 활동 후에 해결해야 하는 문제인 바람 빠진 타이어의 상황과는 다르다. 역할놀이를 하는 공간이 닫힌 시스템인 반면에, 바람 빠진 타이어에는 공기를 넣어 주므로 엄밀히 말하면 닫힌 시스템이 아니다(tl6에서의 모순). [그림 8.8]에 있는 탐구의 목적을 고려하면 사각형의 면적을 변화시키는 것보다 분자 학생들의 수를 증가시키는 것이 더 그럴듯할 수 있다. 사각형의 면적과 충돌 수 사이의 관계는 보일 법칙에 해당하는데, 이것은 이 활동에 적절한 개념이 아니기 때문이다.

일반적으로 텍스트는 왜 역할놀이가 필요한지, 왜 학생들이 '분자'와

'벽' 역할을 맡아야 하는지에 대한 이유를 명료하게 밝히지 않는다. 학생들은 이전에 분자가 되어 본 경험이 없는데, 그렇다면 분자를 경험하도록 함으로써 의도하는 것은 무엇인가? 모든 동작(걷기, 충돌하기)은 새로운 유형의 경험이며, 미시적 현상에서 또 전혀 새로운 것으로 번역되어야 한다. 예를 들면, 분자 학생이 걷고 있는 동안 자신들이 어떤 방향으로 움직이고 있는 공기 분자이며 벽인 학생과 충돌했을 때에만 힘을 가하는 것이라고 생각해야 한다(tl6). 충돌하는 경험은 벽에 충돌하는 경우나 다른 분자에 충돌하는 경우나 모두 같을 것이다. 여기에서 심각한 모순이 발생한다. 왜 동일하게 느껴지는 충돌 중 어떤 충돌은 압력에 기여하지 못하는가? 세 번째 토의 문항은 학생들에게 이러한 모순적인 경험을 해결하도록 요구하고 있다(st1과 st2에서의 모순). 그러나 역할놀이 활동을 한다고 해서 학생들이 이 토론 문항을 이해할 것으로 장담할 수 없다. 이러한 요리책식 역할놀이에서는 학습에 동기 부여가 되지 않는다.

분자 학생들이 충돌을 경험하고 그 경험을 분자의 충돌에 비유적으로 연결한 후라고 하더라도 그들은 압력을 이해할 수 없다. **개별적** 분자로는 기체 현상을 설명하지 못하기 때문이다. 압력은 용기의 벽에 충돌하는 모든 분자들의 **총괄적** 효과이다. 역할놀이에 참여하는 학생들이 적절한 의미를 구성하기 위해서는 개별적이 아니라 종합적으로 생각해야 한다. 즉 역할놀이를 마치고 표(그림 8.8)를 숫자로 채우고 난 후에 모든 학생들이 그 수가 압력을 나타내는 것이라고 추측할 수 있다(tl2). 하지만 역할놀이에서 학생들의 충돌은 용기 안에서 분자들이 미시적으로 충돌하는 것과는 전혀 다른 현상이다. 어떤 분자 학생은 '내가 다른 분자 학생과 충돌하고 방향이 틀어지면 벽 학생에게 좀 더 빨리 또는 느리게 가게 된다. 그렇다면 다른 분자 학생들이 압력에 전체적으로 미치는 효과를 어떻게 생각할 수 있을까?' 하고 생각할 수도 있다. 이러한 점에서 이 역할놀이는 교육적 관점에서 봤을 때 위험한 것이다.

이 역할놀이는 비유되기 어려운 점이 많다. 이것이 비유가 되기 위해서는 학생들이 이미 비유되는 것이 무엇인지 알고 있어야 한다. 행동(걷거나 충돌하기)이나 그 행동의 의미(미시적 관점에서)는 학생들에게 전혀 새로운 것이거나 친숙하지 않은 것이어서, 역할놀이는 그 참여자를 목표 개념(압력)의 학습으로부터 멀어지게 하는 어떤 것이 될 잠재성이 있다. 분자의 움직임(또는 그 경험)을 의인화시켜 설명할 때 잘못된 해석이 유도될 수 있다. (역할을 수행한) 학생들은 일종의 정신 분열적 과정을 밟아야 하기 때문이다. 이 역할놀이로 인해 생길 수 있는 이러한 모든 문제점은 모형(그림 8.9)에서 나타나고 있다. 즉 피라미드의 한 요소가 빠져 있다. 즉 학생들은 역할놀이에서 경험한 것과 미시 세계 사이의 간격에 다리를 놓기 위해 큰 걸음을 성큼 건너야 한다.

7. 임의의 공간에 있는 의인화된 모양

시각자료의 표면적 특성(예를 들면, 색깔, 모양, 배경)이 읽기 과정을 제한할 수 있다. 한국의 교과서에는 대부분의 그림이 컬러로 제시되어 있다. 컬러 그림은 처음에는 학생들의 눈길을 끌겠지만 읽기 과정에서 혼동을 일으킬 수 있다. 내용을 잘 알지 못하는 학생들은 시각자료의 표면적 특성(예를 들면, 색)에 초점을 둘 뿐, 화학을 이해하기 위해 그 아래에 깔려 있는 개념에 집중하지 않는다. 학생들은 이전에 세상을 구경한 경험(예를 들면, 현미경 관찰)에 기초하여 원자도 여러 가지 모양이나 색, 냄새 등의 거시적 성질을 가지고 있다고 생각한다. 과학 학습에서는 교수 매체가 학생들이 개념적 이해의 어려움이나 (오)개념의 잠재원이 될 수 있다. 교과서에서 접한 화학 시각자료는 교사가 의도하지 않은 나쁜 방향으로 화학 개념의 이해에 영향을 줄 수도 있다.

[그림 8.10]의 시각자료는 예시적 시각자료의 사례로, 임의의 공간(배경)에 의인화 된 분자 모형을 사용하고 있다. 각 모형(가, 나, 다)에는 사람과 유사한(완전히 같은 것은 아닌) 캐릭터가 있다. 각 캐릭터는 만화에 나오는 것처럼 삼각형의 얼굴(또는 몸)에 눈, 입, 팔, 다리를 가지고 있다(st1). 왼쪽 원에는 9개의 캐릭터가 서로 손을 잡고 있다. 중간의 원에는 8개의 캐릭터가 손을 잡고 있기도 하고, 혼자 걷거나 뒤돌아서 있다. 오른쪽 원에는 3개의 캐릭터가 각각 혼자서 달리거나 뛰어오르고 있다(그림 8.11에서 st1). 독자가 어떻게 이들 모형이 각각 3가지 상태에 해당하는지 결정하여 이 탐구의 목적을 달성할 수 있을까? 이 시각자료를 읽고 이해하는데 필요한 일이 무엇일까?

몇 가지 고유한 모순 때문에 이 시각자료를 읽는 것이 어려워질 수 있다. 첫 번째 모순은 캡션과 본문이 운동이라는 단어로 상황을 기술하고 있지만 (정적) 그림이 운동을 보여 주지 못한다는 것에서 발생한다(tl5에서의 모순). 우리는 3개의 원에서 운동을 읽기 위해 관습적인 기호를 이미 사용하였다. 특히 만화에서 저자는 두 겹의 괄호(중간과 오른쪽 원에서)나 하얀 구름같은 꼬리(오른쪽 원에서) 등을 사용하여 캐릭터의 운동을 표현한다. 대부분의 독자가 이러한 관습적 기호에 익숙하다고 생각하더라도, 독자가 충분히 각 원이 어떤 물리적 상태를 묘사한다고 해석할 수 있

1 세 가지 상태에서의 분자 운동

분자들은 끊임없이 움직이고 있다. 그러면 고체, 액체, 기체 상태에서 분자의 움직임은 어떻게 다를까?

탐구 4 토의 세 가지 상태에서의 분자 운동 추리·예상

□ 분자 모형을 통하여 고체, 액체, 기체 상태에서의 분자 운동의 차이점을 알아보자.

과 정

1 그림 7-7은 물질의 세 가지 상태에서의 분자 운동을 모형으로 나타낸 것이다.

(가)

(나)

(다)

그림 7-7 고체, 액체, 기체 상태에서의 분자 운동 모형

2 각 모형들을 고체, 액체, 기체 상태로 구분해 보자.

3 각 상태에서 분자들의 움직임 정도를 비교해 보자.

➜ 분자 사이에 결합하는 힘이 가장 강한 상태는 어느 것인가?

➜ 분자들의 움직임이 어느 정도 자유로운 상태는 어느 것인가?

➜ 분자들이 매우 자유롭고 활발하게 움직이는 상태는 어느 것인가?

정리 및 토의

- 고체, 액체, 기체 분자들의 운동에 대하여 토의해 보자.

그림 8.10. 임의의 공간에 사람을 분자 모형으로 사용하는 예.

는 것은 아니다. '그림 7-7'의 캡션(그림 8.10)에는 분자 운동 모형이라는 말이 쓰여 있는데, 이것이 물질의 상태와 바로 연결될 수는 없다(추가적인 일이 필요하다. 다음 단락을 보라). 게다가 본문에 "분자들은 끊임없이 움직인다"라고 적혀 있지만 왼쪽 원의 캐릭터에는 얼굴의 표정이나 머리

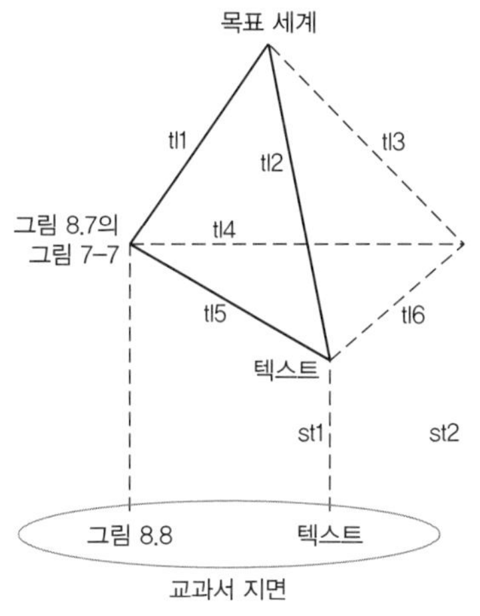

그림 8.11. [그림 8.10]의 시각자료와 텍스트를 읽는 데 필요한 서로 다른 일. 각각의 선은 구조화([st], 점선)나 번역([tl], 실선)을 나타낸다. 일점쇄선은 [그림 8.4]의 기호학적 모형에서 빠진 부분을 나타낸다.

카락 끝이 조금 구부러져 있는 것을 제외하고는 운동을 표현하는 관습적인 기호가 하나도 없다(tl5). 왼쪽의 시각자료는 운동을 명확히 보여 주지 않기 때문에 운동을 해석하는 것을 방해할 가능성이 있다.

모형들이 놓인 임의의 공간(배경)에서 또 다른 모순이 발생한다. 여기서 (가), (나), (다)의 원이 임의적인 공간인 것은 그 공간이 묘사하는 것에 대해 아무런 설명이 없다는 것을 말한다. 원은 공기의 단면을 나타내는가, 아니면 캐릭터들이 움직일 수 있는 가상의 운동장을 말하는가? 이러한 가정 없이는 각 원들을 비교할 수 없다. 동기화된 독자는 원이 지칭하는 물리적 실체를 알아내기 위해 다른 관습적 도구를 사용할 수 있다. 즉 그림 (가)의 위쪽에 있는 4개의 캐릭터는 다른 것들보다 작기 때문에, 그림의 원은 운동장을 묘사하는 것일 수 있다(st1). 그림이나 사진의 고전적 관습에 따르면 고저는 원근에 해당한다. 하지만 동기화되지 않은 독자에게는 세 원에서 일어나는 일이 무엇인지에 대해 '무엇이 움직이는 것인가?', '왜 캐릭터의 수가 서로 다른가?', '원 안의 공간은 캐릭터들이 하늘에서 떨어지는 도중의 공중인가? 아니면 운동장인가?', '분자의 운동은 각 캐릭터의 움직임과 유사한가?'와 같이 추론할 수 있는 기호학적 자료가 없다.

[그림 8.10]에서 내적 비교의 과정에서도 모순이 발생한다. 세 번째 과정 다음에 오는 질문 중 첫 번째 것은 분자 간 힘에 대하여 묻고 있다. 하지만 세 번째 과정은 독자에게 운동을 하는 정도만 비교하도록 요구하고 있다. 독자가 이 질문을 보기 전까지 힘이나 결합이라는 단어는 아무 곳에도 없다. 시각자료는 분자 간 결합력을 직접 나타내지 않는다. 동기화된 독자만이 잡고 있는 손이 분자 간 결합에 해당하는 것으로 짐작할 수 있다(tl5). 그러나 그림에서는 어떤 것이 세게(또는 약하게) 잡고 있는 것인지 구분해 놓지 않았다. 또한 손을 잡고 있는 캐릭터의 수가 다르다. 그림 (가)에서는 9개(또는 그 이상) 캐릭터 모두가 손을 잡고 있다. 그림 (나)에서는 6개의 캐릭터가 손을 잡고 있다. 그림 (다)에서는 손을 잡고 있지 않다. 이렇게 손을 잡고 있는 수가 분자 간 결합의 힘을 나타내는 것이라고 번역되어야 한다(tl5). 캐릭터들이 손을 잡고 있지 않은 오른쪽 원에는 분자 간 힘이 없는 것으로 생각해야 하는가? 이 시각자료는 내용을 정확히 표현하지 않아서 학생들이 입자 사이의 상호 작용을 고려하기 힘들다.

비록 본문과 캡션에서 '모형'이라는 단어를 사용하고는 있지만, 이 모형의 성격에 대해서는 어디에도 기술되어 있지 않다. 만약 독자가 모형을 구체적인 대상의 복사물이라고 생각한다면, 분자의 이미지를 시각자료에 묘사된 것처럼 사람의 형태로 구성할 것이다. 이 시각자료를 통해 3가지 상태에서 분자의 움직임 차이를 보여 줄 것이었다면, 저자는 분자를 좀 더 간단한 모양(예를 들면, 원)으로 나타낼 수도 있었다. [그림 8.10]의 분자 모형을 해석하기 위해서 독자는 시각자료의 어떤 특성, 즉 색, 입이나 눈의 모양, 캐릭터의 크기 등을 모형의 불필요한 측면으로 간주하고 무시해야 한다. 그렇지 않으면 이 시각자료는 읽기 과정을 제한하며 대안 개념(오개념)을 낳을 수 있다.

8. 확대된 공간에서의 원과 활동지

시각자료를 만드는 것은 가정을 세우고 화학 개념을 학습하는 변증법적인 과정이다. 과학자들은 세상(물질)을 다른 형태의 기호나 언어로 번역하면서 일련의 시각자료를 만들어 간다. 그렇게 하면서 과학자들은 많은 사회적 관습을 적용한다. 앞 절에서 시각자료 사이의 번역에는 그 밑에 깔려 있는 개념에 대한 지식(또는 텍스트)이 필요함을 보았다. 이와 유사하게 시각자료를 변형하기 위해서 깔려 있는 개념을 이해해야 하고 화학자 커뮤니티에서 공유하고 있는 관습이나 가정을 해독해야 한다.

[그림 8.12]는 예시적이고 활동지 기능을 하는 시각자료로 확대된 공간에 원을 사용해서 분자 모형을 나타내고 있다. 이 활동에서 우선 학생들은 닫힌 시스템(비닐장갑) 안의 아세톤을 가열할 때 일어나는 부피 변화를 거시적으로 관찰한다. 그리고 액체 상태의 아세톤을 나타내는 분자 모형을 제시한 후, 빈 공간을 주어 학생들이 그 안에 기체 상태의 아세톤을 나타내는 분자 모형을 직접 그려 넣게 하고 있다. 제시된 학습 목표는 학생들이 액체에서 기체로의 상태 변화를 이해하고, 그때의 부피 변화를 분자의 서로 다른 배열 차이로 이해하는 것이다. '탐구 10' 아래

2 물질의 상태에 따른 분자 배열의 차이는?

물질의 상태가 변하면 분자 배열이 어떻게 달라지는지 다음 활동을 통해 알아보자.

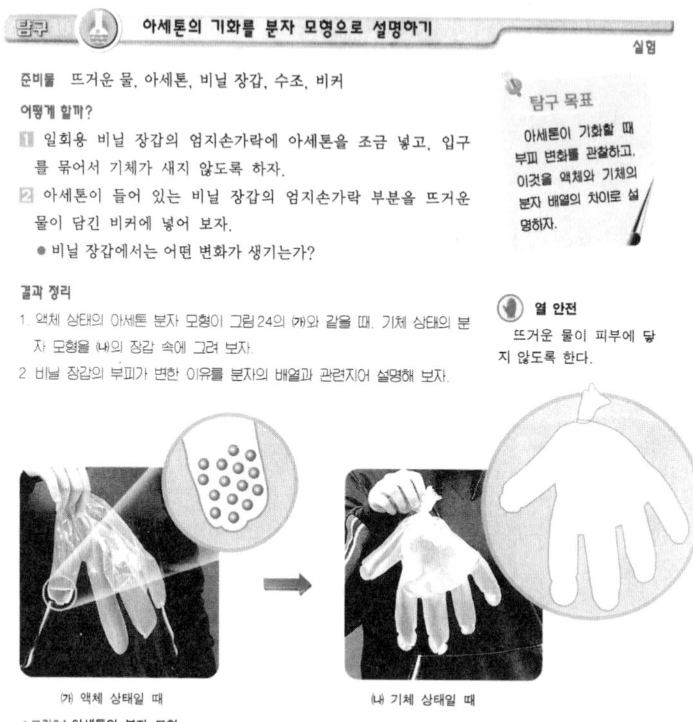

탐구 **아세톤의 기화를 분자 모형으로 설명하기**

실험

준비물 뜨거운 물, 아세톤, 비닐 장갑, 수조, 비커

어떻게 할까?

1 일회용 비닐 장갑의 엄지손가락에 아세톤을 조금 넣고, 입구를 묶어서 기체가 새지 않도록 하자.

2 아세톤이 들어 있는 비닐 장갑의 엄지손가락 부분을 뜨거운 물이 담긴 비커에 넣어 보자.

● 비닐 장갑에서는 어떤 변화가 생기는가?

탐구 목표

아세톤이 기화할 때 부피 변화를 관찰하고, 이것을 액체와 기체의 분자 배열의 차이로 설명하자.

결과 정리

1. 액체 상태의 아세톤 분자 모형이 그림24의 ㈎와 같을 때, 기체 상태의 분자 모형을 ㈏의 장갑 속에 그려 보자.
2. 비닐 장갑의 부피가 변한 이유를 분자의 배열과 관련지어 설명해 보자.

열 안전

뜨거운 물이 피부에 닿지 않도록 한다.

㈎ 액체 상태일 때

㈏ 기체 상태일 때

▲그림24 아세톤의 분자 모형

물질의 상태에 따라 분자 배열은 달라진다. 이 때문에 상태가 변할 때는 부피도 달라진다. 기체는 액체나 고체에 비해 분자 사이의 거리가 매우 멀기 때문에 부피가 크게 늘어난다.

그림 8.12. 독자가 분자를 그려 넣어야 하는 빈 공간이 제시된 시각자료의 예.

의 본문에서는 상태와 부피 변화에 대해 설명하고 있다.

시각자료는 사진과 분자 그림(왼쪽), 그리고 도식적인 그림(오른쪽)으로 두 종류 이상의 시각자료로 구성되어 있다. 사진 안쪽의 작은 원과 분자

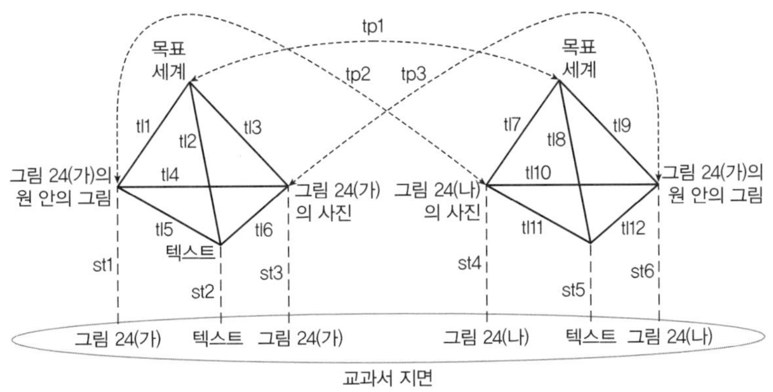

그림 8.13. [그림 8.12]의 시각자료와 텍스트를 읽는 데 필요한 서로 다른 일. 각각의 선은 구조화([st], 점선)나 변형([tp], 이점쇄선)이나 번역([tl], 실선)을 나타낸다.

그림 사이의 선과 그림자는 비닐장갑의 엄지손가락 부분에 있는 아세톤 액체를 확대하는 과정으로 보아야 한다(그림 8.13에서 tl4). 첫 번째 과정(아세톤을 … 넣어라)은 시각자료의 왼쪽 부분에 연결되어야 한다(tl5). '그림 24'의 (가) 그림에서 캡션(그림 8.12)은 텍스트(결과 정리 1)에 다음과 같이 인용되었다. "액체 상태의 아세톤 분자 모형이 그림 24의 (가)와 같다" 텍스트와 캡션에 있는 액체나 아세톤이라는 문자는 이러한 번역의 작업(tl5)을 도울 것이다. 본문이나 시각자료에 설명이 있는 것은 아니지만, 두 사진 사이의 화살표는 실험에서 가열 과정을 지칭하는 것으로 인식되어야 한다. 오른쪽에는 장갑의 단면도처럼 보이는 비닐장갑의 도식적 그림이 부풀어진 장갑[이것도 또한 그렇게 부풀어져 있다고 인식되어야 한다(st4)]의 사진 일부에 겹쳐져 있다. 제공된 분자 그림을 참고하여 학생들은 기체 상태에서 아세톤 분자를 그리도록 요구된다(tp2). 즉 시각자료의 오른쪽 부분은 과정 2번의 최종 결과를 묘사하는 것으로 생각해야 한다(tl12).

그림을 그리기 전이나 그림을 그리는 동안, 학생들은 해석하고 생각하는 과정에서 가정을 세워야 한다. 15개의 원(또는 공; 여기서 이것이 원인지 공인지 구분하는 것은 불필요하다)이 자신들이 실험에서 사용한 액체 아세톤 전부를 대신하는 것이며(tl1), 상태가 변화할 때 이 원의 크기나 모양이나 수는 변하지 않는다(tp1)고 가정해야 한다. 사진과 학생들의 실험(또는 아마도 교사의 시범)에서 보면 아세톤은 무색인데 분자 모형은 색이 있다. 즉 기체 상태에서도 학생들이 투명한 장갑 안에서 아무것도 볼 수는 없지만 분자는 동일한 색을 나타낼 것이다. 그렇다면 분자 모형의 색은 모순의 원인이 되거나(st1에서의 모순), 이 활동에서 모형의 부적절한(관련이 없는) 특징으로 무시되어야 한다.

분자 그림에서 도출된 도식적 그림의 서로 다른 축소비(율)는, 만약에 그것이 st1과 st4에서 지각된다면, 그리기 활동에서 혼동(모순)을 일으킬 수 있다. 학생들은 그림 (가)에서 엄지손가락 부분만 확대된 모습에서 아세톤 분자가 그려진 것을 본다. 그림 (나)에서는 오른쪽의 장갑 그림은 전체가 확대되었으므로 기체 분자를 **좀 더 작게** 그려야 하는가? 만약 학생들이 양쪽 그림에서 장갑의 크기 차이를 인지하고 분자를 서로 다른 크기로 그린다면, 분자의 크기가 바뀌게 되어 분자가 상태에 무관하게 동일하다(변하지 않는다)는 과학적 개념이나 가정에 모순된다(tp2에서의 모순). 또는 학생들이 상태 변화에 따라 입자의 크기가 증가한다는 생각을 가지고 있다면 분자를 더 크게 그릴 수도 있다. 이와 같은 두 가지 모순된 상황(모형의 색과 크기에 대하여)을 해결하기 위해서 학생들은 이미 화학 개념을 이해하고 있어야 한다.

그림을 그리는 과정과 그 결과는 비닐장갑이 부풀어 오른 이유를 찾아내는 것을 보장해 주지 못한다. 현상의 원인과 결과 사이에 간극이 존재한다. 학생들은 제시된 공간에 분자들이 **균일하게 분포**하는 방식으로 그림을 그리도록 기대되며(st4), 이것은 과학자 커뮤니티에서 공유되는 또 다른 중요한 가정이다. 이 활동의 순서에서 가정하는 것은, 학생들이 팽창된 장갑에 분자를 균일하게 그리면 거시적인 현상을 미시적 관점에서 이해하여 아세톤 기체 분자가 균일하게 분포되어야 하므로 **그에 따라** 부피가 변한다고 생각할 것이라는 점이다. 거시적 현상을 이렇게 해석하기 위해서 학생들은 **이미** 과학적 지식이나 이전 경험을 가지고 있어야 한다. 예를 들면, 어떤 것의 모양을 바꾸기 위해서는 거기에 힘을 가해야 한다. 기체 분자(공)는 모든 방향으로 흩어지려는 경향이 있다(엔트로피의 증가). 공(분자 모형)은 다른 것에 충돌하면 힘을 가한다. 이러한 전제 조건을 이해하거나 토론하지 않는다면 학생들은 단지 요리책과 같은 활동 과정에서 교과서에 무엇인가를 그려 넣도록 강요될 뿐이다. 학생들은 부피가 증가했기 때문에 기체 상태에서의 아세톤 분자가 균일하게 분포**할 수 있다**고 결론내릴 수 있다. 그림 그리기(활동) 자체에는 이러한 결론을 반박할 어떠한 방법도 없다. 인과관계를 이해하기 위해 학생들은 미리 관련된 지식을 알아야 한다. 학생들이 이 활동을 마친 후에야 본문에서 부피 변화에 대한 설명을 하고 있다. 즉 시각자료를 구성하고(변형하고) 의도된 학습 내용을 이해하는 것은 의도된 또 다른 전제이다. 학생들은 시각자료를 변형하기 위해 근본 개념이나 가정(관습)을 알아야 한다. 그들은 학습 내용을 이해하기 위해 시각자료를 구성해야 한다.

9. 모순의 해결

많은 선행 연구들에서 학생들이 물질의 입자성을 이해하고 학습하는 데 어려움이 있다고 보고한다. 이러한 어려움을 극복하고자 한국의 교과서 저자들은 많은 수의 다양한 시각자료를 사용하여 학생들이 거시적 현상에 대한 이해와 입자에 기반을 둔 모형으로 설명하는 대상과의 간극에 다리 놓는 것을 도우려고 하였다. 우리의 화학기호학적 분석은 시각자료를 통해 학습하는 과정에 엄청난 양의 일이 포함되고, 그 일은 화학을 처음 배우는 사람이나 7학년 학생들이 이들 시각자료를 가지고 수행하기에 매우 어려운 것임을 말해 준다.

우리는 분석을 통해 시각자료와 텍스트를 읽는 것에는 몇 가지 종류의 일이 있다는 것을 보였다. 각각의 시각자료와 텍스트(캡션)를 구조화하기, 시각자료를 변형하기, 시각자료를 본문과 연결하기(번역하기), 모든 것의 의미를 해석하기(교과서와 목표 세계를 연결하기)이다. 즉 우리는 분석의 단위에 시각자료나 캡션, 텍스트를 모두 포함해야 한다고 제안한다. 교과서에 있는 이들 요소는 하나의 세계를 이루는 연속체의 부분을 구성한다. 이들 요소들을 읽어 해석하는 과정에서 우리는 연속체가 분절된 방식에 의문을 제기할 수 있다. 우리의 모형은 서로 다른 종류의 시각자료를 분명하게 구분하여 보여 준다. 이것은 함께 결합되어 목표 세계를 표상해야 한다. [그림 8.3]의 바닥면에 있는 3가지 요소들은 서로의 배경이 되며, 각각의 의미 형성에 공헌한다.

우리는 의도된 화학적 의미를 올바로 풀어헤치는 데 필요한 읽기 작업에서 많은 모순들을 확인하였다. 어떤 경우에는 모순이 기호 자체에 고유하게 나타난다. 분자 모형이 놓이는 공간은 모순의 한 원천으로, [그림 8.6]의 겹쳐진 공간이나 [그림 8.10]의 임의의 공간이 그러하다. 모형이 표현된 방식도 모순의 다른 원천인데, 모형은 색이나 두 개 이상의 원(그림 8.6), 캐릭터 모양(그림 8.10) 등 관련이 없는 특징들을 가지고 있다. 서로 다른 기호들을 서로 번역할 때 더 많은 모순이 나타난다. 텍스트는 분자 모형의 운동을 말하지만 시각자료는 그것을 보여 줄 수 없다. [그림 8.12]에서처럼 변형하는 일도 모순을 포함할 수 있다. [그림 8.6]에서는 인과관계의 모순도 문제이다.

이러한 모순을 어떻게 해결할 수 있는가? 구조화의 작업에서 모순이 발생하는 경우에는 독자가 이 문제를 해결하기 위해 다른 기호에 의존할 수 없다. 예를 들면, 임의의 공간이 무엇을 의미하는지 설명이 없다면 독자는 그 의미를 억측하거나 그림의 사회적 관습 등에 의존해야 한다. 따라서 충분한 기호학적 자료가 제공되어야 학생들이 시각자료의 의미를 파악할 수 있고 시각자료를 비판적으로 만들거나 사용하는 데 필요한 도해력을 개발할 수 있을 것이다 .

어떤 모순은 번역 작업이 이루어지는 방식에 따라 일부분 해결될 수 있다. 동일한 의미를 가지는 서로 다른 요소는 모순되기도 하지만 서로 보완적이기도 하다. 교과서의 그림은 운동을 보여 주지는 못하지만, 그에 부속된 캡션이나 텍스트는 운동이라는 단어를 제시한다. 그러면 학생들은 어떤 특징(꼬리나 이중 괄호 등)이 분자 모형의 운동을 묘사하는 것이라고 인식할 수 있다. 즉 텍스트는 시각자료의 읽기를 지지하거나 매개한다. 이러한 방식으로 시각자료와 텍스트는 제3의 요소인 목표 세계와 함께 삼각관계(우리의 기호학 모형에서 피라미드의 한 면)로 읽힐 수 있다.

우리의 분석 이후에도 화학 모형의 본성에 대한 존재론적, 인식론적 문제는 여전히 남는다. 학생들은 특히 입자 모형을 처음 배울 때 입자를 표현하도록 의도된 시각자료에서 다른 것을 볼 수 있다. 그림에는 단지 공(그림 8.1)이나 삼각형 모양의 캐릭터(그림 8.10)가 있을 뿐이다. 공이나 캐릭터는 현상을 설명하는 도구로 주어지지 않았다. 학생들이 입자 개념을 학습하는 데 겪는 어려움은 시각자료에 고유하게 내재되어 있거나, 입자 모형에 대한 경험 부족에서 비롯된 것으로, 인지적 결함에 기인하는 것은 아닐 것이다. (비판적) 도해력을 개발하기 위해, 학생들은 관찰 현상을 예측하고 설명하는 데 모형을 사용하는 구체적인 활동이 필요할 것이다. 의미 있는 활동에서 모형의 이름을 짓거나 사용해 보면 학생들이 모형의 존재론적 특성을 알게 될 수 있다.

화학의 기초 중 하나(물질의 입자론)는 화학 교육에서 악명 높은 문제로 알려져 있다. 학생들이 거시 세계에서 경험한 것과 입자 모형으로 설명하는 것 사이에는 간극이 존재하는 것 같다. 과거에는 연구자들이 학생들의 어려움을 지식의 부족이나 오개념, 또는 정신적 결함 등에서 비롯된 것으로 생각했다. 그러나 과학 교육이나 언어학에서 최근의 연구는 그러한 결함적 접근은 언어나 시각자료의 사용에 대한 **실행**을 설명하는 데 제한적이라고 주장한다. 유능한 읽기 활동과 비판적 도해력은 독자가 언어와 시각자료, 그리고 그것이 가리키는 것(대상체)에 친숙할 때에만 가능하다. 읽기 자료에 대한 화학기호학적 분석을 통해 독자(학생)의 어려움이 어디에서 생겨날 수 있는지 이해할 수 있다.

9장

겹쳐진 그리고 역동적인 시각자료 읽기

우리는 지금까지 교과서에 수록된 시각자료를 저자의 의도에 따라 읽는 데 필요한 일의 관점에서 분석하였다. 이것은 간단한 시각자료와 겹쳐진 시각자료, 양자의 관점에서 살펴보게 하였다. 그리고 학생들의 연령(8~11학년)에 따라 그들이 시각자료를 읽고 해석하고 변형할 때 나타나는 도해력도 분석하였다. 하지만 컴퓨터가 사용자에게 도해력을 사용하게 해 주는 경우는 고려하지 않았다. 즉 컴퓨터에서는 일련의 조작을 거쳐 시각자료를 조직한 결과를 애니메이션으로 나타내 준다. 이 장에서 우리는 앞서 기술한 시각자료(겹쳐진 시각자료, 7~8장)와 면대면 대화 중 움직임이나 몸짓 기호(5장)의 기호학적 분석과 인류학적 분석을 좀 더 발전시킬 것이다. 우리는 (a) 물리의 운동 현상을 모형으로 나타내는 프로그램에서 나타나는 시각자료, (b) 학생-학생 그리고 학생-교사 간 컴퓨터 스크린에 있는 시각자료와 사건을 대상으로 이루어지는 상호 작용을 분석하고자 한다.

1. 겹쳐진 그리고 역동적인 매개체

겹쳐진 시각자료를 읽는 일에 대한 분석을 통해 겹쳐진 시각자료가 아주 구체적인 사진(학생들이 보았을 때 친숙한 물건임을 알 수 있는 사진)과 아주 추상적인 시각자료(대상과 유사성이 없어 무엇을 나타내고 있는지 모르는 기호들, 즉 그래프나 식) 사이에 전이 단계를 제공하므로 그것을 읽는 것이 쉬울 것처럼 보였다. 그러나 겹쳐진다는 것은 여러 개의 시각자료가 교과서의 같은 페이지에 나타난다는 뜻이기 때문에 이 일은 복잡할 수 있다. 한 부분을 서로 다른 시각자료로 구조화하는 지각적 일과 그 결과 나타나는 시각자료나 부분들을 의도된 방식대로 연결하는 일(예를 들면, [그림 7.1]에서 그래프상에서 점의 높이와 공기 압축 피스톤이 바닥에서 떨어진 높이를 도상적으로 연결하는 일)이 필요하기 때문이다. 우리가 이 책의 여러 부분에서 분석한 시각자료의 공통점은 그것이 정적인 것이어서 동적인 관계는 그 안에서 읽어 내야 한다는 것이다. 컴퓨터는 이미지를 동적으로 만들 수 있게 해 주고 예전에는 생각하지 못했던 현상을 보여 준다. 그렇다면 학생들은 역동적으로 만들어진 겹쳐진 시각자료를 어떻게 읽고 해석할까? 즉 비교적 새로운 형태의 시각자료에서 나타나는 도해력 수준은 어떠한가? 컴퓨터 혁명, 좀 더 구체적으로 인터넷이 교육자들 사이에서 뜨거운 관심거리가 되어 왔는데도 어떻게 이러한 미디어를 통해 학생들이 일반적인 시각자료와 상호 작용하는 방식, 좀 더 구체적으로는 애니메이션 시각자료와 상호 작용하는 방식에 대한 좋은 연구와 완전한 분석이 없다. 여기서 우리는 사용이 편리하여 1990년대부터 물리 선생님들 사이에 널리 사용된 한 프로그램에 대하여 살펴본다.

(1) 매개체

저자 중의 한명인 로스는 고등학교에서 물리를 가르칠 때 학생들에게 움직이는 현상에 대하여 모의실험을 하는 프로그램으로 실제 현상과 개념적 내용을 동시에 보여 주는 시뮬레이션 프로그램(Interactive Physics™)을 사용했다(그림 9.1). 이 프로그램(매킨토시 컴퓨터에서 실행)은 사용자가 운동에 관련된 실험을 하게 해 주는 뉴턴 역학의 미니 세계 컴퓨터 프로그램이다. 힘, 속도, 가속도와 같은 관찰값(측정 가능한 물리량)은 벡터나 기기(종이 운동 기록기, 디지털이나 아날로그 측정기)로 표현될 수 있다. 이 프로그램에서 이루어지는 학생들의 모든 활동은 최소한 하나의 원형 물체를 사용한다(그림 9.1). 마우스로 힘(그림 9.1에서 색이 있는 큰 화살표)을 원형 물체에 붙여 움직임을 타나낼 수 있다. 물체의 속도는 항상 벡터로 표기되며 학생들이 길이(즉, 속도)와 방향의 초기 값을 정할 수 있다. 처음에는 학생들에게 화살표가 무엇을 뜻하는지 알려 주지 않았다. 그리고 학생들에게 미니 세계를 탐색하면서 모니터에서 일어나는 사건과 관련하여 화살표가 어떤 역할을 하는지 알아보라고 하였다. 교사가 설계한 실험 활동에서는 원형 물체, 속도, 힘만 나타나게 하였다. 다른 활동에서는 학생들이 '화살표'(힘과 속도)를 조절하여 작은 사각형을 맞추거나 물체를 받침대에서 떨어뜨리거나 했다. 힘과 속도의 초기 값을 설정한 후 '작동' 버튼(윈도우 창의 좌측 상단)을 누르면 실험을 실행할 수 있었다. 궤적 기능은 마치 플래시 사진으로 기록한 것처럼 물체의 움직임을 '정지시켜' 보여 주었다(그림 9.1). 시뮬레이션 도중에 마우스 커서는 '멈춤' 모양으로 바뀌며 클릭하면 시뮬레이션을 멈출 수 있었다. 재생 기능(그림 9.1 좌측 하단에 있는 버튼)은 물체가 움직이는 동안의 각 상태를 보여 주었다. 학생들이 각자의 학습 속도로 정해진 활동을 하기 전에 20분간 데모 프로그램을 통하여 프로그램의 중요한 기능들을 알려 주었고 추가 사용법은 활동 설명서와 함께 알려 주었다.

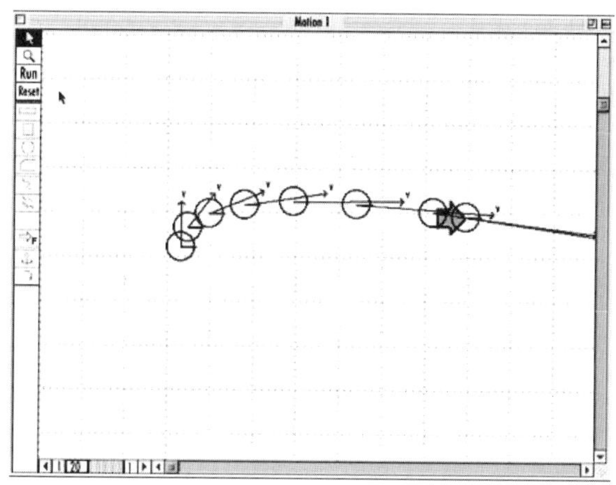

그림 9.1. 학생들이 보는 이 인터페이스에는 조작할 수 있는 원형 물체와 두 화살표, 중앙의 화면 가장자리에 시작(작동)과 '리셋' 버튼 같은 도구들이 있다. 시뮬레이션 도중에 마우스 커서는 '멈춤' 모양으로 바뀌며 클릭하면 시뮬레이션을 멈출 수 있다. 원형 물체와 두 화살표가 실제 서로 다른 것을 묘사한다는 암시는 없다.

(2) 기호학적 분석

컴퓨터 디스플레이는 사건이 일어나는 화면과 그것을 둘러싸고 있는 도구 구역으로 나눌 수 있다. 화면의 중심은 다음 몇 가지를 통해 나머지 부분과 확연히 다르게 구분된다. 우선 가운데 흰 바탕에 점선으로 된 격자 부분은 상단, 우측, 하단의 회색 가장자리와 구분된다. 왼쪽 도구 모음 부분은 흰 바탕이지만 수평의 점선을 가로막는 실선이 있어 중앙과 구분이 된다. 아이콘은 작은 상자로 구분되어 있다.

중앙에는 학생들이 지각적으로 구별하여(즉 구조화하여) 배워야 하는 다양한 것들이 있다. 이것은 화살표와 동그랗거나 네모난 여러 가지 물체들이다. 용수철이나 연결자([그림 9.1] 화면의 왼쪽 바를 보라) 같은 것도 있지만 간단하게 하기 위하여 우리는 원형 물체와 두 종류의 화살표에 중

점을 둔다. 이 두 가지는 서로 다른 영역을 가리키는 시각자료이다. 원형 물체와 그것의 움직임은 학생들이 일상생활에서 접할 수 있는 물체와 움직임을 나타내는 '현상적 영역'에 속한다. 전문가는 구분할 줄 아는 속도(선 화살표)와 힘(윤곽 있는 화살표)은 '인식적 영역'에 속하는 것이다. 우리는 '외부의 대상'에 대한 현상학적이고 전체적이며 미분화된 인간의 경험과, 고도로 전문화된 과학계의 대화와 관련된 시각자료 실행을 구별하기 위하여 '현상적 영역'과 '인식적 영역'이라는 개념을 사용한다. 물리학자들은 벡터 그림을 사용하여 실험 사건을 분석하고 대화한다. 그들은 물리학적 개념인 벡터에 숫자나 그래프를 첨가한다. 하지만 물리학자들이 아닌 사람들은 그들이 본 사건을 이런 방식으로 연결해서 이야기하지 않는다. 인터랙티브 피직스는 우리의 일상 경험 세계에서 불가능한 것들을 가능하게 하여 두 영역을 연결시키도록 고안되었다. 즉 현상(움직이는 물체)과 개념(속도와 힘을 나타냄)을 겹쳐 놓는다. 이 두 가지가 공존할 수 있는 것은 삼차원의 실재-세계 대상을 이차원으로 변형함으로써 가능한데, 이것은 7장에서 기차를 재현한 사진 위에 벡터를 겹쳐 놓은 것과 유사하다. 또한 힘과 속도는 이차원의 컴퓨터 화면 위에 그림(벡터)으로 변형되었다. 결과적으로 개념적 특성과 그에 관련된 미시 세계 대상이 공존하여, 각각은 인간 경험의 다른(개념적, 현상적) 측면을 재현한다.

7장과 8장에서 제시된 기호학적 틀을 사용하면 화면에 있는 것들이 어떻게 연결되고 그것이 무엇을 의미하는지 해석하는 데 필요한 일을 분석할 수 있다. 우선 독자는 원형 물체, 이것의 움직임, 화살표, 이들의 변화를 확인해야 한다. 독자가 이것들을 구별할 수 있는가는 실험적 문

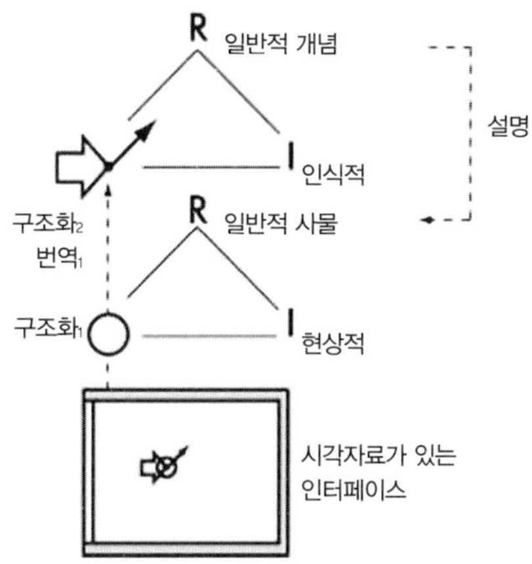

그림 9.2. 화면의 사건을 이해하기 위해 사용자는 원형 물체, 대상의 움직임, 두 가지 화살표를 바탕과 구분되는 전경으로 보아야 한다. 그리고 나서 화면을 다시 구조화하여 물체와 화살표를 다른 영역으로 분류하여야 하며, 후자로 전자를 기술하고 설명해야 한다.

제이다. 즉 독자는 화면을 지각적으로 **구조화**하여 특정 내용을 부각시킴으로써 그것이 기호로 작용하도록 해야 한다. 우리는 이 일을 **구조화$_1$**(그림 9.2)로 명시하였고, 이것은 대상과 사건(원형 물체와 그것의 운동 특성)을 바탕이나 화살표(벡터)로부터 분리해 내는 것을 말한다. 이제 벡터와 원형 물체는 화면의 배경과 구분되는 전경이 되었고, 이것은 서로 종류가 다른 것으로 전자(벡터)가 후자(원형 물체)를 기술하고 설명하는 이론적 틀이 되는 것으로 보아야 한다. 즉 인식적인 것과 현상적인 것을 서로 다른 층이나 판으로 분리해 내는 번역이 이루어져야 하며(그림 9.2), 이것이 두 번째 구조화(structuring$_2$)이다.

서로 다른 두 개 층들은 서로 다른 영역의 해석체와 지시 대상을 가지고 있다. 물체는 현상적 세계의 해석체와 관련되며, 벡터(화살표)는 인식적 세계의 해석체를 요구한다. 현상적 세계의 기호와 해석체의 지시 대상은 일반적으로 물체이며, 인식적 영역의 벡터와 해석체의 지시 대상은 일반적으로 개념 또는 생각이다. 개념이나 생각의 기능은 우리가 경험하는 대상과 관련된 사건을 설명하는 것이다. 표면적으로 물체가 현상적 영역과 인식적 영역 모두에서 나타나는 것처럼 보일 수도 있다. 사실 뉴턴 역학은 크게 확장된 물체가 아니라 점질량, 즉 물체와 똑같은 질량(예를 들면, kg으로 측정)을 가지고 있지만 크기는 없고 무한히 작은 한 점에 집중된 점질량에 관한 것이다. 이것을 알고 있으면 이 내용은 화면에서 부각되어 드러나게 된다. 우리의 기호학 모형에서 인식적 수준에 점으로 나타낸 것이 있는데, 이것은 단순히 현상적 수준에서 물체의 '중심'을 나타내는 것이 아니라, 인식적 수준에서 속도 벡터의 출발과 힘 벡터의 목적지를 나타내는 것이다. 이러한 구조화는 우리가 설명하고 있기 때문에 지금은 당연하게 들릴 수도 있지만, 그다지 명확하게 나타나는 것은 아니다. 이 책의 제1 저자인 로스는 물리학 학위를 가지고 있고, 고등학교 학생들과 이 프로그램을 많이 사용하였으며, 학생들의 학습에 관한 많은 논문을 썼는데도, 수년 동안 이 점이 인식적 영역의 원형 물체를 나타내는 점질량을 표현한다고 생각하기보다는 원형 물체의 중심이라고 생각했다. 우리가 화면에 있는 모든 내용들을 기호학적으로 자세히 분석하는 동안에 비로소 그는 점을 현상적 세계보다는 개념적 영역으로 보아야 한다는 것을 깨달았다.

물리학자에게 화살표는 벡터의 해석체(시각자료)이며, 이것은 꼭 이렇게 표현할 필요는 없다. 오히려 물리학에서는 아래와 같은 형태의 다른 해석체가 많이 쓰이고 있다. V와 F 문자 위에 그어진 줄이나 수평 성분(v_x, F_x)과 수직 성분(v_y, F_y)을 수직으로 배열한 것은 속도와 힘의 벡터가 같다는 것을 나타내는 서로 다른 방식이다. 물리학의 관점에서 속도와 힘은 이상적이고 초월적인 것이며, 따라서 실제 그림으로 나타내면 부정확하게 표현되는 것이다.

$$\bar{v}=\begin{pmatrix} v_x \\ v_y \end{pmatrix} or\ (v_x,v_y);\ \bar{F}=\begin{pmatrix} F_x \\ F_y \end{pmatrix} or\ (F_x,F_y)$$

지금까지 물리학 측면에서 많은 분석을 했지만 학생들이 일반적으로 물리를 배울 때, 특히 인터랙티브 피직스를 이용할 때 많은 어려움을 겪는 이유가 무엇인지 알아보는 기호학적 분석이 좀 더 필요하다. 물리학자는 위치, 속도, 힘을 가지고 운동을 모델링할 때 겹쳐진 층이 나타나는 것을 알아차리지 못한다. 이 3가지는 서로 다른 개념이며 수학적 관점에서 볼 때 서로 다른 벡터 공간이나 격자를 요구한다. 여기서 [그림 9.1]처럼 포물선 곡선을 따라 움직이는 물체를 살펴보기로 하자. 물체가 운동을 시작할 때 그 위치는 (1, 1)로 표시할 수 있는 곳(점) 또는 수평 방향 1단위, 수직 방향 1단위에 있다고 표현할 수 있다(그림 9.3). 관습적으로 과학자와 수학자는 이차원을 표현하기 위하여 'x'와 'y'를 사용하고, 세 번째 차원은 'z'로 표기한다. 1초 후에 물체는 2단위 오른쪽, 2단위 위쪽 또는 (2, 2)인 위치에 있으며, 3초 후에는 (5, 3)에 위치한다.

여기서 물체는 일정한 힘이 1초에 2단위 크기로 오른쪽으로 일정하게 가해질 때와 같이 움직인다. 이 힘은 힘 공간에 (2, 0) 또는 오른쪽 2단위 위쪽 0단위의 화살표로 표현될 수 있다(그림 9.3). 힘이 일정하다고 했기 때문에 힘은 1초나 2초 등 언제나 (2, 0)이다. 즉 물체는 계속 가속된다. 만약 물체가 시작점에서 1초에 오른쪽으로 0단위, 위쪽으로 1단위 갔다

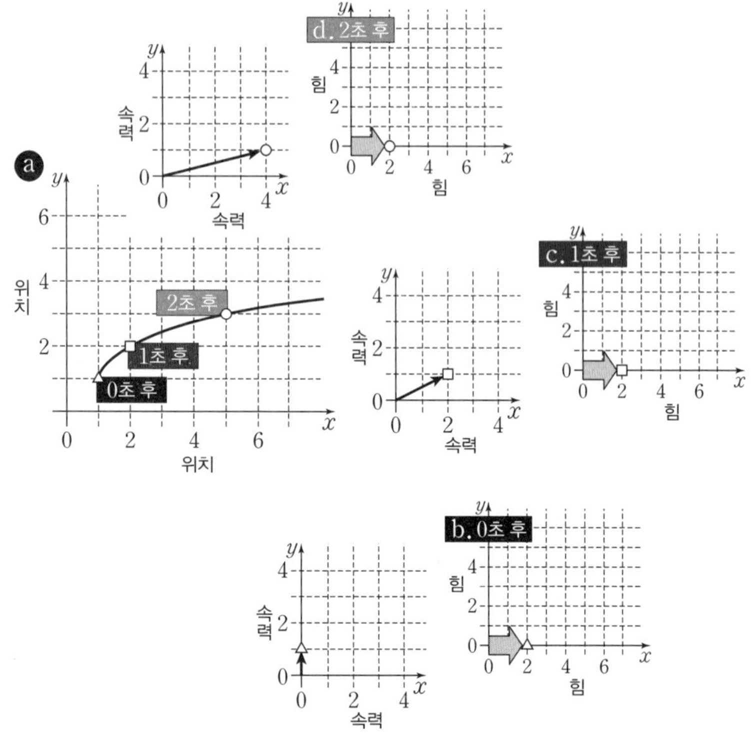

그림 9.3. [그림 9.1]의 물체가 포물선을 따라 움직인다. 이것은 (a) 위치 그래프에 나타나 있다. 3개의 그래프가 (b) 0초 후, (c) 1초 후, (d) 2초 후 물체의 속력과 가해진 힘을 보여 준다. 3개 그래프에 보이는 것처럼 힘은 항상 일정하게 2단위 오른쪽으로 가해지지만(b, c, d), 속력은 바뀐다(b, c, d). 하지만 속력 변화는 오른쪽 방향의 속력에서만 나타나며, 위쪽 방향의 속력은 1단위로 일정하다.

면 이것은 속도 공간에 (0, 1) 또는 원점 (0, 0)에서 점 (0, 1)로 가는 화살표로 표시될 수 있다. 1초 후 물체는 1단위 위쪽, 2단위 오른쪽의 속력인 (2, 1)을 가지며, 화살표로 원점 (0, 0)에서 점 (2, 1)을 가리키는 것으로 표현할 수 있다(그림 9.3). 2초 후 물체는 (4, 1) 또는 4단위 오른쪽, 1단위 위쪽 속력을 가진다(그림 9.3).

3개의 그래프를 보면서 독자들은 속력이 인터랙티브 피직스(그림 9.1)

에서와 같이 점점 오른쪽으로 빨라지는 것을 알 수 있을 것이다. 속력은 (0초, 1초, 2초에서) 위쪽으로는 항상 1단위이며 오른쪽으로만 늘어난다. 힘이 오른쪽으로만 가해지기 때문에 물체가 위쪽이 아니라 오른쪽으로 속력이 늘어나는 것은 당연하다.

그림에는 위치, 속력, 힘 각각에 대한 3가지 격자가 있다. 뉴턴 역학의 미니 세계인 인터랙티브 피직스에는 이 3가지 격자(3가지 개념)가 한 평면에 표현되어 있다. 이는 개념적으로 이미 3가지 다른 공간이 겹쳐져 있다는 뜻이다. 첫 번째 공간인 위치는 물체의 현상적 공간과 겹친다. 즉 수학적 격자를 현상적 공간 위에 놓음으로써 우리는 그것을 수학화한다. 우리는 현상적 물체의 서로 다른 위치를 수학적 물체로 만들기 위해 무엇인가를 해야 한다. 인식론적으로 이 두 공간은 서로 다른 것이다.[1] 현상 세계와 그에 대한 이론적 개념을 통한 기술과 설명은 인식론적 관점에서 서로 다른 영역에 속하지만 과학에서는 이 두 가지를 같은 것으로 취급하는 경우가 많다. 즉 과학에서는 실재 세계와 그에 대한 수학적 기술이 구조적으로 동일하다고 본다. 이것은 동형(isomorphism) 또는 {기본적 구조 ↔ 수학적 구조}의 대응 형태로 표현된다. 실험 현상에 깔려 있는 구조나 과학자의 수학 공식에 깔려 있는 구조는 똑같다고 본다. 우리가 설명한 두 가지 영역을 하나로 융합하는 컴퓨터 프로그램은 과학에서 측정값과 객관적 지시물을 동일시하는 것과 같은 것이다.

다음 단계에서 첫 번째 공간에 두 가지 수학적 공간을 더 겹쳐놓을 수 있다. 한 공간은 물체가 운동하는 동안의 속력을 표현하며 나머지 한 공간은 힘을 표현한다(그림 9.3). 과학자가 물체의 운동을 표현할 때 3가지 공간은 겹쳐 있다. 이 3가지를 같이 본다면 개념상 4가지 다른 층이 인터랙티브 피직스에 시각자료로 제시된 것을 알 수 있다(그림 9.1). 하지만 초보자에게는 하나의 컴퓨터 화면밖에 보이지 않는다. 초보자는 서로 다른 기호 사이의 관계를 직접 사용해 보면서 찾아야 한다. 학생들이 뉴턴 물리학을 개념적으로 이해하기 어려운 것은 어쩌면 물리 수업에서 인식론적으로 서로 다른 층을 하나로 합쳐 현상적 공간과 구분하지 않았기 때문일 수도 있다.

2. 기호를 지각하는 것

인터랙티브 피직스의 목적은 학생들이 운동의 물리학을 배우게 하는 것이다. 텍스트와 방정식 그리고 다양한 형태의 시각자료[예를 들면, x(t)=x(o)+vt와 같은 방정식] 등 모두 정적인 것들로 이루어진 물리 교과서를 읽는 것과는 달리, 이 프로그램은 학생들이 물체를 조작할 수 있고 움직이는 결과를 시뮬레이션 해 보는 기회를 제공한다. 무엇인가를 배우기 위해서 학생들은 어떤 내용을 부각시켜 기호로 확인하고 거기에서 해석체를 만들어 내야 한다. 해석체를 만들면서 학생들은 이전에 이해하지 못했던 것들을 분명하게 말할 수 있게 되었고, 새로 이해한 것을 정교화한다. 이 두 과정은 학습의 요소이다. 기호-해석체의 관계가 접목되고, 접근이 어려운 기호-지시 대상 관계가 정교화된다.2 해석체-기호의 관계는 열려 있는데, 이것은 기호와 대상을 매개하는 해석체뿐만 아니라 기호와 제1 해석체를 매개하는 다른 어떤 해석체도 얼마든지 생성될 수 있다는 점에서 그러하다. 그러므로 해석체는 그전의 모든 해석체를 정교화하는 설명, 정의 또는 주석과 같은 것이다.

해석 과정을 시작하기 위해 학생들은 장(field)을 그림으로 구조화하여 지각적으로 기호와 바탕을 구분해야 한다. 올바른 해석은 적절한 기호가 한 가지 또는 여러 개의 해석체를 통해 지시 대상과의 관계를 상세하게 설명할 수 있는 형상이 되었을 때에만 가능하게 된다. 우리의 연구에서 과학자들도 그래프를 정확히 해석하게 하는 특징을 지각적으로 분리해 내지 못한다는 것을 보았다. 즉 그래프 혹은 다른 어떤 시각자료도 우리가 익숙하지 않은 상황이 되면, 우리는 그것을 어떤 방법으로 보아야 성공적이고 유용한 해석을 할 수 있는지 모르게 된다. 여기서 어떤 독자들은 이 장에서 지금까지 나온 물체와 사건이 너무 간단하여 다른 방법으로는 도저히 인식될 수 없다고 생각할 수 있다. 12학년 학생들이 프로그램을 처음 사용한 한 시간이 끝나갈 무렵에 이루어진 그들의 상호 작용을 보도록 하자. 학생들은 미니 세계를 탐구했다. 화살표를 여러 방향, 다양한 길이로 만들고 시뮬레이션을 작동시켰다. 교사(로스)는 한 그룹에서 화살표 방향을 바꾸어 놓았지만 무슨 일이 일어나는지 모르는 것 같은 느낌을 받아 그들에게 다가갔다. 이런 느낌은 교사로 하여금 학생들의 학습에 개입하여 무엇을 어디까지 이해했는지 파악하고 실험을 다시 안내함으로써 학생들이 '배울 것을 다 배우도록' 해 준다.

현재 상황에서 교사는 속도 화살표를 위쪽으로, 힘 화살표를 아래쪽으로 향하도록 지시한 뒤 학생들에게 무엇을 보았는지 물었다(대화 01). 이 상황을 교사(훈련된 물리학자)의 관점으로 보면 공을 위로 던져서(속도 화살표가 위쪽을 향함) 조금 올라갔다가 지구의 중력에 의해 공이 땅으로 떨어지는 것이다. 이것은 속도와 힘이 모두 상하 방향으로만 있고 좌우 요소는 없어서(즉, $v_x=0$; $F_x=0$) 교육적으로 과제의 복잡성을 줄여 준 것이다.

다시 말하면 [그림 9.3]에서 위로 향하는 속도 차원을 없앤 것과 같다. 주차장에서 운전 연습을 하는 것과 같이 복잡성을 줄이는 것은 물리에서 의미 있는 경향을 배우기 쉽게 하는 방법으로 생각된다. (아래에서 *은 학생과 교사가 오른쪽 그림을 보는 때를 표시한다)

01 교사: 만약 그것을 위쪽으로 향하게 하면?

02 (3.5) (속도 화살표를 위쪽으로 똑바로 올린다)

03 그리고 이걸 이렇게 하면? (힘 화살표를 물체 가운데로 옮기고 아래쪽을 향하게 한다)*

04 (교사가 시뮬레이션을 시작하고, 다음과 같은 결과가 나온다)*

05 칼: 똑바로 내려가요.

06 톰: 맞아요, 내려가고 있어요.

교사가 초기 조건을 설정한 후에(03~04) 시뮬레이션을 시작했다. 칼과 톰은 물체가 "똑바로 내려간다", "아래로 내려간다"라고 말했다. 시뮬레이션을 구성하고 무엇을 봐야할지(물체가 올라가고 속도 화살표가 점점 짧아진 후 없어졌다가 아래 방향으로 점점 길어지는 것) 아는 교사와 달리 두 학생들은 물체가 내려가는 것만 보았다. 지금 이 시점에서 학생들이 속도 벡터를 보고 있는지 아닌지는 확실하지 않다. 교사가 처음 설정한 속도 벡터에 학생들이 주의를 기울이는지 아닌지도 알 수 없지만, 기울이고 있다고 가정해 보자. 이 경우 학생들은 '아래로 똑바로 내려간' 물체를 위쪽 방향 벡터(속도)와 아래 방향 벡터(힘)들과 관련지어야 한다. 그들은 아래쪽을 향하는 마지막 속도 벡터의 상태도 볼 수 있다. 이 경우에 학생들의 해석은 아래쪽으로 향하는 운동에 대한 것이며 처음에 올라가는 운동은 그들에게 별 의미가 없을 것이다. 즉 초기 조건의 내용에는 위쪽 방향 벡터가 포함되어 있지만 학생들은 그것을 관찰한 운동과 연결하여 설명하거나 해석하지 않을 것이다.

우리의 기호학적 틀(그림 9.2)에 의하면 학생들은 물리학적으로 올바른 해석체에 도달하기 위해 기호를 분리하여 구조화하는 것을 제대로 수행하지 못하였다. 학생들이 잘못된 추리를 한 것이 아니다. 그보다 처음에 위쪽으로 향하는 운동을 지각하지 못하였거나 운동 궤도 자취에서 시작점 위에 몇 개의 동그라미가 있는 것도 보지 못한 것이다. 교사의 질문에 답해야 하기 때문에 학생들은 지각한 궤도($sign_1$)의 해석체와 벡터 화살표($sign_2$)의 해석체를 연결해야 할 것이다. 학생들이 그와 같은 연결을 하고 그것이 자신들이 본 기호와 논리적으로 맞는다고 하더라도 물리학의 관점으로 보았을 때 정확한 해석이 될 수 없다. 여기서의 문제는 학생들의 해석 과정이 자신의 경험에 의존하는 것이 아니라는 점이다. 오히려 학생들은 배워야 할 내용에 맞는 기호를 지각하지 못했던 것이다. 즉 자연 그 자체는 문제가 없지만 그것을 가르칠 때 자연의 존재가 문제가 되는 것이다.

3. 좀 더 드러내 나타내기

학생들이 기호의 본성에 대하여 질문할 가능성을 높일 수 있는 여러 방법과 조건이 있다. 예를 들면, 이 에피소드에서 같이 있었던 다른 학생이 "하지만 처음엔 뒤로 간 것 같은데"라고 다음 대화에서 말했다. 그녀는 사건을 다르게 관찰했고 이 차이에 대해 비슷하게 말하면서 다르게 진술했다. 첫째 그녀는 "**똑바로** 내려갔다"라는 칼의 말과는 달리 "**뒤로** 갔다"라는 말을 하였다. 두 번째로 '처음엔'이라는 말로 사건에 대한 설명에 일부분이 빠져 있다고 한 점에서 칼의 말과 다르다. 세 번째로 '하지만'이라는 대조적 부사를 사용하였다. 앞 사람들의 말을 받으면서 사건을 똑같이 기술한 두 명과는 달리, 이 학생은 자취(기호)를 보는 다른 방법의 가능성을 열었고 해석해야 할 것을 보는 대안적 방법에 대해 논의할 기회를 제기하였다. 여기서 다른 사람이 참여하여 지각한 것을 기술하는 과정에서 기호의 다른 본성이 명백하게 나타났다.

여러 사람이 있다고 해서 기호의 다른 점이 부각되는 일이 일어날 조건이 충분한 것은 아니다. 예를 들면, 한 연구에서 학생 4명이 경사면에서 물체가 구르는 것을 관찰하였다. 처음 운동을 관찰한 후에 그중 1명은 자신이 본 것을 '등속 운동(해석체)'으로 기술하였다. 학생 4명은 똑같은 물체와 다른 물체를 계속 굴리며 처음의 사건과 유사한 것을 보았다. 그러자 한 학생이 경사면에서 물체가 구를 때 일정한 속도로 내려온다는 가설을 세웠다(이전의 모든 해석체에 대한 해석체). 동료들은 모두 동의하였다. 10분 정도 여러 가지 물체로 실험을 하다가 그는 갑자기 "더 빨리 가네"라고 말하며 바로 "왜 그런 거지? 내 가설에 뭐가 잘못 된 거지?"라고 물었다. 그가 이렇게 말하자 동료 3명이 물체가 경사면에서는 실제로 가속된다는 점에 동의하였다. 즉 다른 개인들이 여럿 있었지만 처음에는 모두 똑같은 지각적인 자취(기호)를 보았고 나중에서야 다르다고 판정하였다.

사건이 일어나는 빠르기를 바꾸는 것은 다른 것들이 더 드러나게 만들어 다른 기호와 해석체에 이르게 한다. 다음은 앞의 에피소드에서 교사가 시뮬레이션을 더 천천히 재생하였을 경우(대화 01~03), 실제로 기록된 자취를 단계별로 하나씩 보았을 경우에 대한 것이다.

01 교사: 이제 이걸 더 천천히 슬로우 모션으로. 이렇게, 그래, 여기가 하나, 둘, 셋, 시작했을 때야, 보이니?
(시뮬레이션을 출발점으로 가져온 다음 단계별로 하나씩 재생한다)

02 어떻게 됐는지 봤니? 여기(맨 밑의 그림을 가리킨다)가 처음 시작한 곳이야. 작은 화살표가 어떻게 되는지 봐. (시뮬레이션을 한 단계 더 재생한다)

03 어떻게 되니? 네가 이것을 어떤 사람이나 대상에 비유하지 않았니? 공을 위로 던지면 어떻게 되지?

04 칼: 다시 내려와요. 결국엔 느려져요.

교사는 계속 바뀌는 화면(대화 01)과 특히 작은 화살표(대화 02)를 보라고 하며 전개된 사건을 출발점과 비교하라고 한다[여기가 처음 시작한 곳이야(대화 02)]. 그리고 교사는 학생들에게 지금 공이 다시 내려온다고 말한 것과 이전 에피소드에서 무엇을 말했는지 회상하라고 말한다. 이에 처음으로 대답한 칼이 물체의 운동이 "느려져요"라고 답한다. 그리고 '결국엔'이라는 멈춤의 의미가 있는 부사도 덧붙인다. 여기서 학생들은 단계별로 나타나는 자취를 다른 방식으로 본다. '느려진' 해석체로 인해 변화하는 기호는 정교화되었다.

(a) '아니, 이 까만 점.' (b) '이 화살표…'

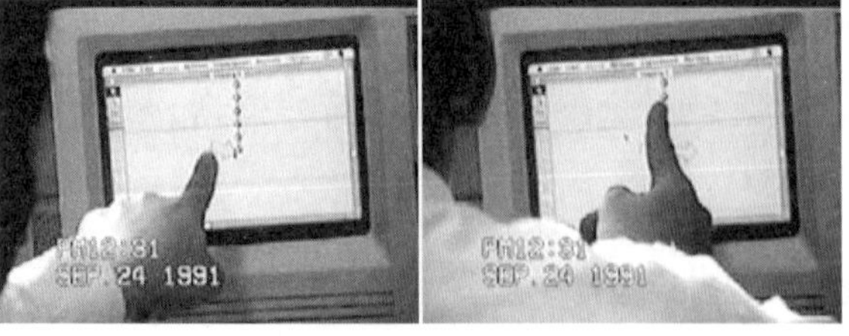

그림 9.4. 전사본과 비디오는 (a) 지시적 몸짓과 (b) 도상적(손가락이 화면의 화살표와 닮음) 몸짓이 특정 기호를 부각하는 데에 어떻게 사용되고, 해석체와 연결되어 어떻게 기호-지시 대상 관계를 정교화하는지 보여 준다.

이것은 학생들이 실제로 교사가 전달하려는 정보를 받아들인다는 것을 당연한 사실로 여겨서는 안 됨을 명백히 해 주는 증거이다. 만약 우리가 관찰한 바가 옳다면 우리가 풀어야 할 중요한 문제 중 하나는 학생들이 어떻게 이 절망적으로 보이는 상황에서 벗어나는가이다. 올바른 답에 도달하기 위해 우리는 가리킴(지시적인 몸짓)과 모사적 몸짓(도상적 몸짓)이 물체와 사건에 대한 인식을 한데 모을 수 있다고 제안한다. 5장에서 우리는 이러한 몸짓을 다양하게 사용해 교사와 강연자가 사진의 어떤 특정한 내용을 부각하고, 몸짓이 다양한 기능을 수행함을 보았다. 학생들끼리 얼굴을 마주보며 나누는 대화에서도 지시적 몸짓과 도상적 몸짓이 의미를 통합하는 데 중요한 역할을 한다. 지시적 몸짓은 이야기의 내용과 목표 대상을 이어주는 묘사적 선으로 생각할 수 있다. [그림 9.4]의 에피소드 앞에 어떤 학생이 '끝에 있는 까만 점'을 잡으면 '힘'을 바꿀 수 있다고 말했다. 그러자 마이크가 반대하며 화살표의 끝에 검지를 가져간다(그림 9.4.a). (보통 인터랙티브 피직스에는 검은 점의 '손잡이'가 보이는데 여기 비디오 화면에는 보이지 않는다) 그렇다면 여기서 가리키는 몸짓은 "'끝에 있는' 까만 점"의 위치를 명확하게 하기 위해 쓰인 것이다.

도상적 몸짓은 지시 대상과 어떤 식으로든 닮았다. 즉 이 몸짓은 어떤 물체나 생각에 대한 시각적인 이미지를 개방적으로 제공한다. [그림 9.4.b]에서 마이크는 오른손 검지를 들어올리며 "이 화살표"라고 말한다. 이때 화면에는 두 개의 화살표가 있다. 힘 화살표(열린)는 오른쪽 약간 밑을 가리키는 반면 속도 화살표(작은)는 위를 가리킨다. 마이크가 '이 화살표' 라고 말하는 것을 들은 학생 2명은(비디오를 분석하는 사람도) 아무래도 몸짓의 모양을 닮은 화살표를 찾아낼 확률이 높다. [그림 9.4.b]에서 이것은 (손가락 뒤에 놓인 카메라의 시점에서 볼 때) 속도 벡터이다. 물체의 운동을 묘사하는 몸짓은 손의 궤적과 물체의 궤적이 시각적으로 닮았기 때문에 도상적이라고 한다. 그래서 도상적 몸짓은 물체와 그것이 모니터에서 움직이는 것을 표시할 때 사용된다. 도상적 몸짓은 보이는 사건을 설명하는 개념들(속도, 힘)을 나타내기도 한다. 여기서 물체에 가해진 행위(가리킴, 마우스 조작)와 몸짓, 그리고 지각된 물체의 성질은 서로 밀접한 관계에 있다.

기호에 손을 대거나 눈으로 보이는 모양을 골라내는 지시적 몸짓과 도상적 몸짓은 학생들이 각각 경험한 것을 서로 조율하는 데 도움을 준다. 물체와 사건들을 찾아내고 서술적 기호와 설명적인 언어 기호를 교섭하는 것은 학생들이 물체의 운동에 관한 새로운 언어를 발전시키고 배우는 과정의 출발점이다.

다음의 에피소드는 지시적 몸짓과 도상적 몸짓의 부각성과 중요성을 깨닫게 한다(그림 9.5). 여기서 우리는 학생 에드워드, 제이, 닉의 손을 볼 수 있다. 처음에 서로 이해하고 서로의 말을 알아듣는 데 어려움이 있어

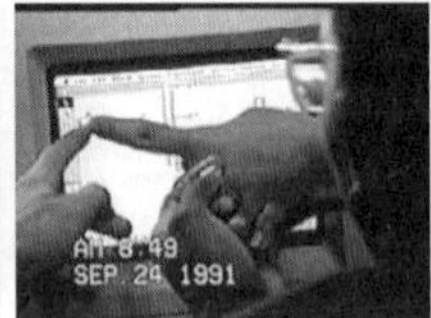

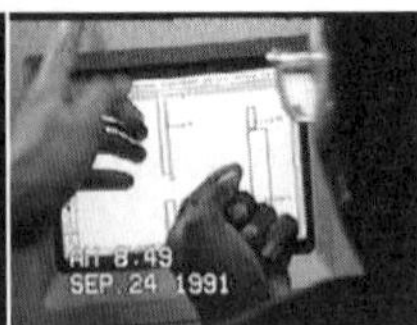

제이: 중력을 똑바로 위로 놓자.

닉: 중력이 지금 올라가고 있다.

그림 9.5. 전사본과 비디오는 (a) 지시적 몸짓과 (b) 도상적 몸짓이 어떻게 특정한 기호를 부각하는 데 사용되는지 보여 준다. 몸짓은 학생들이 물체와 사건을 기술하고 설명하는 공통 언어를 아직 개발하지 않았을 때 특히 유용하다.

서 3명은 여러 몸짓을 사용하기 시작했다. 이것은 언급하려는 물체와 특정한 단어를 사용하는 방법에 대해 서로를 조율하게 한다.

가장 오른쪽에 앉은 제이는 새로운 실험을 제안하려 한다. 물체를 나타내는 방법이 바뀌어 헷갈렸기 때문에 그는 손가락을 물체에서 똑바로 들어올린다. 제이가 말을 마치기도 전에 말하기 시작한 닉은 그의 검지와 손을 힘에서 위쪽으로 들어올린다. 이 두 상황은 모두 도상적 몸짓을 수반한다. 두 번째 경우에는 두 가지 도상적 측면이 있다. 손은(마지막 그림 참고) 화살표 배치와 같은 모양을 하고 있으며, 또한 위를 향한다. 이 중 후자의 측면에는 제안대로 했을 때 나올 연구 결과에 대한 가설이 이미 부호화되어 있다. 하지만 더욱 중요한 것은 손이 화살표의 모양대로 가리키는 모습을 하고 있어서 이것이 화면 속의 화살표에 대한 해석체를 만든다는 것이다. 이러한 기호-해석체 관계에서 도상성과 기호에 근거한, 유사성과 해석체는 각각 위쪽 방향을 부각하여 드러내는 데 공헌한다. 즉 위를 가리키는 손 모양이 화면에 있는 기호의 중요한 면을 지시하는 것을 돕고, 그렇게 기호가 지각되고 기호의 측면이 지각되는 것을 돕는다.

이것을 이렇게 할 때처럼. 그렇게 똑바로 간다.

그림 9.6. 전사본과 비디오는 손과 연필의 배치와 움직임이 어떻게 화살표와 물체의 자취와 도상적으로 연관된 기호 해석체를 구성하는지 보여 준다.

어떤 사건을 묘사하는 능력, 즉 어떠한 대상과 동사를 연결하는 명제적 발언은 주변에서 간단한 물체를 찾아내고 그것을 임의의 기호로 표현하는 능력으로부터 비롯된다. 우리의 분석은 몸짓이 중요 사건을 나타낸 후에야 언어적 묘사가 나온다는 것을 몇 번이고 증명한다. [그림 9.6]의 에피소드에서 마이크는 [힘]과 [속도]가 수평으로 늘어선 실험을 할 때 어떤 일이 일어나고 있는지 기술하려 하였다. 비디오는 물체(이것)가 '직선 방향'으로 운동한다는 언어적 묘사가 학생이 몸짓으로 궤적을 나타낸 후에 일어났음을 보여 준다. 말을 한 것은 오른손이 (물체가 위치한) 왼쪽부터 오른쪽으로 화면에 보이지 않는 곳까지 움직이는 몸짓의 반복과 일치한다. 결과적으로는 두 가지 형태의 지체가 나타난다. 우리는 이 지체에 대해 아래에 기술한다.

현재의 에피소드 또한 우리에게 서로 다른 층 간의 관계에 대한 몇 가지 증거를 제시한다. [그림 9.5]에서 제이와 닉은 중력에 대해서 이야기하며 힘을 나타내는 화살표를 가리킨다. 그들은 이것이 '똑바로 위'를 향해 '올라가고 있다'라고 생각한다. 이 시점에서 우리는 그들의 대화가 [그림 9.3]에 기술된 힘 공간에 대해 이야기하는 것이라고 생각할 수 있다. 우리는 이 두 이야기만으로는 겹침이 일어났다고 추측할 수 없다. 하

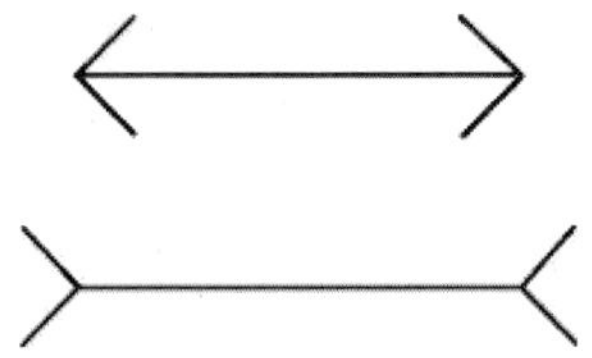

그림 9.7. 잘 알려진 이 착시 현상에서 길이는 같아도 위의 직선보다 밑의 직선이 더 길어 보인다. 이러한 효과를 아는 것은 명백한 착시 현상을 보완하도록 해 준다.

지만 그들이 시뮬레이션이 시작되자마자 움직이는 물체와 속도와 힘에 대해 동시에 이야기하기 시작하였고, 이것은 그들이 현상적 영역과 그것을 모형화하는 데 사용하는 개념적 영역을 분리하지 않는 것을 보여 준다. 이것은 [그림 9.6]에서 마이크가 손에 속도 화살표의 방향으로 연필을 들고 도상적으로 물체의 운동을 묘사할 때 명백히 나타난다. 여기서 그의 손 자체가 겹침의 형태로 현상적 물체, 그것의 수학적 위치 공간, 그리고 연필로 나타낸 속도 공간을 만들어 낸다. 손과 연필은 컴퓨터 모니터에서 제시되는 시각자료의 해석체 역할을 하는 도상적 기호를 만들어 낸다.

이러한 상황에서 일어나는 겹쳐짐에서 위치, 속도, 힘 공간의 개념적 세계는 우리의 경험 세계와 융합된다. 이 세계는 항상 그것의 사실적 성질로 우리에게 지각된다. 우리는 보통 그것을 문제 삼지 않는다. 이미 알면서도 그렇게 보이는 착시 현상(그림 9.7)처럼, 어떤 이유에서든지 우리의 지각이 속고 있다는 것을 알지 못하는 이상 그러하다. 따라서 칼과 톰이 '밑으로 똑바로 내려간다'라고 말했다면 우리는 세상이 그들에게 그렇게 비추어져 그런 표현을 한 것이라고 간주할 수 있다. 그 2명은 이렇게 지각한 것에 기초하여 추론할 것이다. 개념적 세계가 현상적 세계와 융합되어 있으면 우리는 그것을 모두 사실적인 것으로 생각하게 되는 문제점에 부딪히게 된다. 즉 개념적 세계를 현상적 세계와 융합시킴으로써 우리는 인식론적인 책임을 지며, 개념을 우리가 향해하고 경험하는 세계를 설명해 주는 구조물로 보지 않고 사실로 보게 된다. 이 경우 (개념적) 지도는 그것이 표상하는 영역이 된다.3 하지만 이 둘은 다르며, 둘을 헷갈리는 것은 연극과 그것이 표현하는 척하는 상황을 혼동하는 것과 같은 위험을 동반한다. 비디오 게임에서 적을 쏘는 것과 어떤 이유에서든지 당신의 선생님과 친구들이 싫다고 해서 총으로 쏘는 것은 전혀 다른 일이다. 요즘 세상에는 그 둘의 경계가 더 이상 우리가 원하는 만큼 명확하지 않다. 컬럼바인 고등학교에서 있었던 총기 난사 사건이나 불만을 가진 (과거의) 고용인들이 고용주를 살해하는 빈번한 사건들은 비디오 게임의 세계와 경험적 세계의 사이가 얼마나 가까워졌는지 보여준다.

우리가 이야기하고자 하는 요점은 비판적 도해력이 개념적 세계가 무엇인지에 대해 문제를 제기하는 능력을 포함한다는 것이다. 이렇게 하는 것은 학생들이 현상적 세계와 개념적 세계를 섞지 않는다면 훨씬 쉬워진다. 이 책의 도입글에서 장(field)이 현상적 실체인지 개념적 실체인지 논의하던 물리 전공 학생들은 이러한 구분을 하고 있는 셈이며, 따라서 그들은 일반적으로 개념에 대해 또는 구체적으로 시각자료에 대해 비판적으로 문제를 제기하는 태도를 함양하고 있는 것이다. 즉 그 학생들의 **비판적** 도해력이 발달하고 있는 것이며, 이를 통해 그들이 수행하는 활동에서 시각자료가 사용되는 방식에 포함된 정치학에 의문을 던질 수 있다.

4. 실행에서 서로 다른 층들

현재의 프로그램에는 서로 다른 종류가 겹쳐져서 융합되는 위험이 존재한다. 그보다 더 중요한 것은 학생들이 동그란 물체로 구현된 실세계 물체와 사건을 벡터(화살표)로 표시된 수학적 구조와 동형 관계를 가진다고 믿게 되는 위험에 빠진다는 것이다. 뉴턴 역학을 모델링하는 모든 프로그램이 이런 식으로 만들어지지는 않았다. 제러미 로셸(Jeremy Roschelle)은 학생들이 한 쪽에서는 물체와 그것의 운동을 볼 수 있고 다른 한 쪽에서는 힘과 속도 벡터가 달린 점의 질량을 볼 수 있도록 화면을 둘로 나누어 보여 주는 프로그램(Envisioning Machine)을 개발했다.4 이 프로그램은 존재론적으로 서로 다른 영역을 확실히 구분해서 한 쪽에는 현상적 세계의 경험적 물체와 사건을 나타내는 기호를 포함하고, 다른 한 쪽에는 인식적 실체를 표시하는 기호를 포함하고 있다.

현재 상황으로 돌아가서 인터랙티브 피직스는 두 영역을 겹쳐서 학생들의 학습에서는 그것을 분리하는 추가적인 일을 요구한다. 이것은 우리가 1장에서 보았듯이 학생들이 관찰에서 자석 주위의 철가루 배열로 만들어진 무늬와 이 무늬를 설명하는 자기장을 서로 구분하는 방식과 유사하다. 한낱 특정한 도해력을 주입하기보다 비판적 도해력의 발달을 위한 자료를 제공하는 데 관심이 있는 비판적 교육자인 우리는 두 가지 영역을 분리하는 데 도움을 주는 것이 중요하다고 믿는다. 학생들은 오직 그 순간에만 지식과 개념이 다를 수 있음을 깨닫기 때문이다. 학생들은 그 당시에만 대안적인 기호를 찾을 가능성과 대안적 세계를 협상하고 만들 가능성을 인식할 수 있다. 12학년 학생들이 두 개의 층을 가지고 작업한 증거가 있는가? 다시 되돌아가서 그들 중 한 명이 미니 세계에서 일어나는 일을 설명하려고 시도하는 것을 살펴보자.

이 에피소드 당시 학생 3명은 서로 다른 이름으로 화살표를 지칭하고 그것을 일관성 없게 사용하였다. 학생들은 그것을 '시간', '에너지', '시간 단계' 등의 다른 단어들과 관련지었다. [그림 9.8]에서 글렌이 사건을 묘사하고 설명하려고 한다(a 그림의 왼쪽 위에 자취가 보인다). 그의 말(그림 9.8)은 양손의 몸짓과 병행된다. 글렌은 손가락이 '힘' 화살표에 평행하도록 그의 오른손을 든다. 그리고 두 개의 도상적 몸짓 사이의 전이를 알리고 손의 부각됨을 강조하는 원형 몸짓을 빠르게 하면서 "저 화살표"라고 말한 뒤, 곧이어 "그래서 이게 그걸 미는 거야."라고 인과적 의미의 말을 한다. 그가 "속도"([그림 9.8.c]의 세 번째 프레임)라고 말하기 전에 [속도]

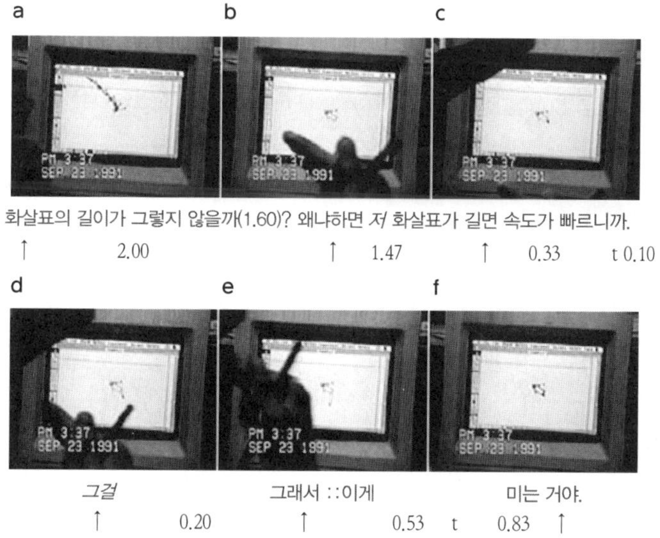
a
b
c
PM 3:37
SEP 23 1991
화살표의 길이가 그렇지 않을까(1.60)? 왜냐하면 *저* 화살표가 길면 속도가 빠르니까.
↑ 2.00 ↑ 1.47 ↑ 0.33 t 0.10
d
e
f
그걸
그래서 ::이게
미는 거야.
↑ 0.20 ↑ 0.53 t 0.83 ↑

그림 9.8. 비디오테이프 이미지와 전사본. 사용된 일반적인 전사 기호는 다음과 같다. ↑=텍스트와 그 위 그림의 시간을 맞추는 표시, t=시간 표시, (1.60)–1.60초 쉼, 이탤릭체는 음절이 강세 표시 [예를 들면, 그것의], ::=음소의 늘어짐, 0.53=↑ 사이의 시간 0.53초.

와 평행하게 들린 그의 왼손이 나타난다. 다음 프레임에서는 양손이 보인다. 오른손은 [힘]과 평행하고 왼손은 [속도]에 평행하다. 그다음 왼쪽으로 움직이고 있는 왼손에 오른손을 대고 손을 '밀어낸다'. 이 동작은 비디오 화면 밖으로 나가 문장이 끝날 때까지 계속된다. 여기서 오른손의 몸짓(그림 9.8.c)은 그에 해당하는 단어 '밀어낸다'(그림 9.8.f)보다 0.83초(0.10+0.20+0.53) 전에 시작한다. 이것은 글렌이 말로 설명하기 전에 도상적 몸짓이 나타나 물체의 궤적([그림 9.8.a]에서 여전히 보이는)을 시각적으로 묘사한다는 것이다. 글렌이 그가 이해한 것을 말하는 순간이 조금 복잡하지만 이 에피소드는 우리가 앞 절에서 논의한 것과 비슷한 지도와 영역의 융합을 보여 준다.

마이크와 비슷하게 글렌은 그의 손을 모니터상에서 사건의 도상적 해석체로 사용한다. 하지만 마이크와는 다르게 글렌은 양손을 사용해 모든 층을 한꺼번에 나타낸다. [그림 9.8.c~e]에 일부 보이는 그의 왼쪽 손은 처음에는 오른쪽을 가리키고 있었으나 손과 팔이 왼쪽으로 움직이면서 모니터의 속도 화살표와 같이 회전하기 시작한다. 오른손도 마찬가지로 지시하는 형태를 하고 있다(그림 9.7.b, d, e). 분명히 알 수 있는 사실은 손이 왼쪽으로 움직이면서도 공간적으로 항상 같은 방향을 가리킨다는 것이다. 이 손은 모니터에 보이는 힘 벡터와 같은 동작을 나타낸다. 게다가 양손은 포물선 궤적을 그린다. 즉 양손이 4개의 다른 층을 나타내는데, 왼손은 물체와 그것의 수학적 위치와 속도를 나타내고 오른손은 힘의 표상이 겹쳐진 수학적 위치를 나타낸다. 겹쳐진 시각자료가 하나로 보일 뿐만 아니라 한 사람에 의해 만들어졌기 때문에, 그것은 그것을 체험하는 사람에게 동일한 사실적 세계의 일부분이 된다. 힘과 속도는 분명히 개념적 세계에 속하지만 체험적 세계에 융합되었다. 이러한 겹쳐짐은 학생들이 뉴턴 물리학을 배우는 데 도움을 줄 수 있는 반면에, 현상적 세계와 개념적 세계를 구분하지 못하는 것은 필요할 때에 후자를 대체하지 못하게 된다는 단점이 있다. 독자들은 왜 현상적 세계와 개념적 세계를 구분할 수 있어야 하는가를 질문할 수 있다. 물리학에서 또 다른 사례를 살펴보자.

빛의 성질을 배우는 고등학생들은 빛이 어떤 상황에서는 마치 파동처럼 행동하고 다른 상황에서 움직이는 입자와 같이 행동하기 때문에 자주 혼동한다. 수업에서 현상과 그것에 대한 표상을 구분 짓지 않기 때문에 학생들은 '빛은 파동일까 입자일까?'라는 질문을 받으면 혼동한다. 우리가 현상적 세계와 개념적 세계를 구분하는 그 순간 이 질문은 바로 부적절한 문제가 된다. 빛, 곧 망막에 비치는 밝기는 경험할 수 있다. **파동**이나 **입자**와 그에 관련된 그림들은 두 개의 다른 개념적 세계이다. 어떤 상황에서는 파동과 그에 관련된 개념이 현상을 **설명**하는 데 적합한 반면, 다른 상황에서는 그와 다른 것이 적합하다. 그렇다면 질문은 더 이상 똑같지 않다. 오히려 원래의 질문은 '어떤 상황에서(어떠한 실험에서) 파동 모델을 사용하고, 어떤 상황에서 분자 모델을 써야 하는가?'라는 질문으로 대체된다. 사실 이런 접근은 학생들로 하여금 같은 현상에 대한 대체 개념의 적합성을 숙고하도록 하기 때문에 **비판적** 도해력에 진입할 수 있게 한다. 이 개념은 물리학 역사에서 물리학자들에 의해 대체된 것일 수도 있고, 학생 개인에서 유지되고 대체되는 것일 수도 있다.

5. 언어와 이미지의 조화

관찰적 묘사와 이론적 기술에 적합한 언어를 구사하는 것은 몸짓 의사소통 형태에 비해서는 조금 지체된다. 즉 학생들은 적절한 이야기 형태를 말하기 전에도 수업에서 물체의 순간 속도(모니터상에서 작은 화살표로 표시됨), 물체에 가해지는 힘(안이 비어 있는 화살표로 표시됨), 물체가 움직이는 궤적 사이의 관계를 몸짓으로 표현할 수 있다. 우리의 비디오테이프는 이 몸짓과 언어 사이의 지체가 초 단위로 줄어들어 결국 없어지는 것을 보여 준다. 나중에는 몸짓과 그에 대한 말이 동시에 나타난다(±200 밀리 초 이내).

[그림 9.8]의 에피소드 당시 글렌(그리고 그의 두 친구들)은 화살표를 과학적 용어인 힘과 속도로 표현하지 않는다. 녹화된 증거에 따르면 그와 그의 두 친구들은 2주 후 미니 세계의 시뮬레이션을 이용한 수업에서야 적합한 과학적 (구두)언어를 사용한다. 하지만 그가 [그림 9.8]의 에피소드 당시에 적합한 언어를 개발하지 못했는데도 속도와 힘이라는 개념의 관계에 대한 기술로 이해하였을 때 그의 몸짓은 이미 과학적 표상 실행과 일치한다. 그는 빈 화살표의 행동에 대해 힘을 나타내는 말인 '밀어낸다'라는 말로 묘사한다. 글렌은 또한 긴 화살표를 빨라진 속도와 관련시킨다. 여기에서 '속도'라는 지시 대상이 분명하지 않기 때문에 두 가지 뜻으로 해석될 수 있다. 말이 왼손의 위치와 동시에 발화되기 때문에 '속도'는 왼손을 지칭한다고 해석할 수 있다. 따라서 긴 오른쪽 화살표(힘)가 더 많이 밀고 그것이 긴 왼쪽 화살표(속도)로 이끌어진다. 하지만 "저 화살표가 더 길기 때문에 속도가 더 빠르다"라는 말은 긴 오른쪽 화살표의

속도가 더 빠르다고 해석할 수도 있다. 그렇다면 여기에서 (과학적으로 볼 때 부정확하게 쓰인) '속도'는 오른쪽 화살표를 말하는 것이다. 하지만 양손의 지시 대상은, 공간에 배치된 움직이는 손의 위치를 생각하면 확실해진다. 오른손의 방향은 [힘]과 평행하게 계속 유지된다. 왼손은 [속도]가 바뀌는 대로 방향이 바뀐다.

6. 대화와 해석체를 구성하는 도구

이 장에서 인터랙티브 피직스가 과학 수업에서 학생들의 대화와 학습을 돕고 구조화하는 데 큰 도움이 된다는 것을 보여 준다. 컴퓨터의 존재는 학생들에게 주제의 일관성을 유지하게 하고, 불분명한 용어의 뜻을 분명하게 하며, 화면에서 적절한 내용에 함께 주의를 기울이도록 해 준다. 기존의 대화 분석 연구에서는 대화의 주제가 참가자들이 계속 말을 하며 서로에게 직접 반응했을 때 부분적으로 지속됨을 보여 준다. 하지만 주로 말의 일시적 근접성으로 이루어진 대화는 떠돌기 마련이라는 것은 잘 알려진 사실이다. 컴퓨터 화면은 일관된 대화 구성의 가능성을 열어 준다. 실제 생활에서 개념적 이슈에 대해 대화를 나눌 때 모든 참가자들이 똑같은 것에 대해 이야기하게 하는 것은 어렵기 때문에, 이야기하는 대상의 실질적 존재인 시각자료는 학생들에게 지금 그들이 이야기하고 있는 것들을 조화시킬 도구를 부여한다. 화면 속 시각자료의 즉시성은 특정 물체를 지시하는 것을 가능하게 하며 애니메이션은 몸짓으로 움직임을 재생할 수 있게 한다. 이 즉시성을 통해 컴퓨터 화면은 곧바로 이용할 수 있는 대화의 대상이 된다. 따라서 대화는 학생들의 경험에서 분리된 물체가 아닌 실제로 존재하는 것에 대한 것이 된다. 학생들은 그들의 대화를 화면에 나타난 것에 대응시키는데, 이것은 대화 주제의 닻을 구성하는 것이라고 할 수 있다. 대화의 대상 물체가 눈앞에 있을 때 그들은 이해한 것을 실험하고 잘못 들은 것을 고친다.

컴퓨터의 미니 세계는 그저 교사가 수업에 사용할 수 있는 또 다른 종류의 시각자료가 아니라는 사실에 주목해야 한다. 컴퓨터 미니 세계는 단순히 학생들이 배울 내용을 보여 주는 도구가 아니라 집단 안에서의 상호 작용을 돕고 이해의 협상을 쉽게 하는 데 쓰인다. 학생들은 실재 세계에 일어나는 사건들과 시각자료를 과학자나 과학 교사와는 다른 방식으로 바라보기 때문에, 교사는 컴퓨터 미니 세계를 학생들이 받아들여야 하는 정확한 정보를 실어 나르는 도구가 아니고 학생들의 상호 작용을 쉽게 해 주는 도구로 사용해야 한다.

특정 사건을 가리키고 몸짓으로 재연하는 능력은 사람들, 특히 과학자들 사이의 의사소통을 쉽게 해 주는 시각자료의 중요한 측면이다. 이 점에서 시각자료(컴퓨터 디스플레이, 그림, 전자현미경, 여러 측정 도구로부터 얻은 자료, 혹은 공학 디자인)는 과학과 기술에서 이해와 의사소통 활동의 중요한 요소이다.[5] 이런 장치는 과학과 기술의 대화에 아주 중요하기 때문에 기술자들은 디자인 그림이나 디자인을 아주 명확하게 변형해 주는 도구 없이는 모임을 가지지 않는다. 아니면 과학자들은 진행되고 있는 이론적 이야기에 자신이 한 공헌을 이해시키기 위해 그림 대신에 몸짓이라도 보여 준다. 만약 이 장치가 어떤 사람들을 배제시킨다면 의사소통은 심각하게 방해될 것이다.

인터랙티브 피직스를 사용할 때 학생들의 상호 작용은 그들에게 과학을 말하는 기회를 주도록 고안된 다른 종류의 시각자료(예를 들면, 개념도)에 대한 상호 작용과 비슷한 점이 많다. 개념도와 컴퓨터 화면은 시간적, 지리적으로 국소적인 성격을 띤다. (a) 이들은 학생들이 공통의 목적을 가지고 활동하게 한다(많은 경우 이 공통의 목적이나 결과물이 상호 작용을 통해 이루어지기는 하지만 자세히 연구되지는 않았다). (b) 이들은 참가자들이 가리키고 이야기하고 그들의 역사적 발달을 부호화해야 하는 것이 많기 때문에 참가자 스스로 구성하도록 한다. (c) 이들은 참가자들의 공통된 기초와 '공통' 역사를 표현한다. 따라서 인터랙티브 피직스와 개념도는 사회적 사고를 위한 시각자료에 기반을 둔 도구로 개념화될 수 있다. 그것들은 과제와 과제 환경, 학생들이 디자인을 만들기 위해 참가하는 이야기, 그리고 최종적 이해를 조직하는 도구로 기능한다. 이러한 조직화가 이루어지는 것은 두 가지 의미에서 컴퓨터 화면과 개념도가 **공유된 것으로 간주되는**(*taken-as-shared*) 문제 공간의 일부가 되기 때문이다. 첫째로, 이 문제 공간은 학생들이 같은 과제를 동시에 할 수 있게 한다. 둘째로, 컴퓨터 화면과 개념도는 참가자들이 공통의 물체를 말, 그림, 혹은 몸짓으로 지칭할 수 있는 **공유된 것으로 간주된** 개념적 공간을 제공한다. 참가자들의 개인적 참여도는 공유된 것으로 **간주된** 공간에서 물체와 다른 참가자들에 대한 그들의 주의 집중으로 나타난다.

7. 주입과 그에 대한 반성

컴퓨터는 학생들이 벡터 그림을 바꿔서 사건(물체의 운동)을 쉽게 조정하게 해 준다는 점에서 중요하다. 전통적인 수업 상황(칠판 사용)에서는 학생들이 특정한 사건에 대해 아주 적은 수의 그림밖에 보지 못한다. 학생들의 개념 연구에서 사용하는 질문은 동전을 위로 던졌을 때 3가지 위치, 즉 반쯤 올라갔을 때, 가장 높이 올라갔을 때, 반쯤 내려왔을 때 동전에 가해지는 힘에 대해 설명하라는 것이다. 과학 교육자들은 학생들이 한 상황에서 다른 상황으로의 변환을 쉽게 상상하여 속도 벡터의 변환과 세 위치에서 힘 벡터의 불변성을 시각화한다고 가정한다. 과학 교육자들은 또한 학생들(비전문가)이 개념적 틀(벡터 도표)을 경험적 세계에 대응한다고 가정한다. 하지만 대부분의 개념 변화 연구는 학생들이 자연적 사건과 벡터 도표로 나타내는 뉴턴 역학을 잘 대응하지 못한다고 말해 준다. 컴퓨터 세계는 벡터 도표를 사건과 직접 연결하는 시각자료를 제공하여 존재론적으로 다른 것들(개념적인 것 3개와 현상적인 것 1개)을 조정하여 배치해 준다. 미니 세계가 학생들로 하여금 개념적인 것과 현상적인 물체의 표상을 조정하게 해 주기는 해도, 과학 교육자들은 미니 세계 활동에 능숙한 학생들이 이제 시각자료를 경험적 세계에 대응할 수 있다고(8장에서 본 것처럼) 가정해서는 안 되며, 학생들은 어려운 이중-역방향 변형을 수행해야 한다. 그들은 힘과 속도(벡터)의 표상을 개념적 세계로 변형해야 하고, 미니 세계의 물체를 현상적 세계로 변형해야 한다. 이 이중 변형에서 학생들은 미니 세계에서 시각적으로 연결했던 두 요소 사이의 대응 관계를 쉽게 잊고 만다. 실제 세상을 미니 세계에 대한 대화에 적용하는 것만이 학생들이 이 대응 관계를 유지할 수 있는 방법이다. 관찰된 현상을 모형화하기 위해 실제 세계의 실험과 컴퓨터의 미니 세계를 오가며 가르치는 것은 학생들이 쉽게 학습할 수 있도록 하는 그럴듯한 전략이다. 또한 이러한 전략은 학생들이 과학에서 실제 세계의 현상을 모형화하고 표상하는 일의 인식론적인 본성을 토론하게 하는 데 흥미로운 바탕이 될 것이다.

우리가 인터랙티브 피직스의 사용 환경에 대한 연구를 처음 시작했을 때 이 프로그램이 학생들의 뉴턴 역학 학습에 도움을 줄 것이라고 생각했다. 사실 시뮬레이션의 존재가 여러 종류의 대화 행동을 지원하고 개념적인 것과 현상적인 것을 대응할 수 있게 해 주어서 학생들의 의미 형성 노력을 도왔다. 컴퓨터 세계가 이것을 어떻게 성취하는가를 이해하려면 이것을 화면 디자인으로 이끈 두 개의 다른 발단인 정적 벡터 도표와 경험적 실험을 비교하는 것이 도움된다.

고전적 과학 교육자들의 관점에서 이 결과는 흥미롭겠지만, 시각자료를 읽고 사용하는 능력인 도해력뿐만이 아닌 세상의 구조에서 시각자료의 정책을 세우고 해체하는 **비판적** 도해력을 발달시키는 데 관심이 있는 비판적 교육자인 우리의 시각으로 바라볼 때 매우 문제가 된다. 인식론적 측면에서 우리는 미니 세계의 관점에 서둘러 단서를 붙인다. 서로 다른 성질의 실체를 나타내는 두 개의 시각자료를 겹치는 컴퓨터 화면은 학생들로 하여금 물리학적 지식은 머릿속의 이미지가 아닌, 초월적인 본질로 받아들여지는 체험-한-물체(object-in-experience)의 진실이 직관적(eidetic, 모양을 뜻하는 그리스어 eidos에서) 이미지의 모습이라고 생각하게 한다. 이처럼 컴퓨터 화면은 현상적인 것과 개념적인 것을 대응시키는 구성적인 일을 숨기기 때문에 자연이 그러하듯 명백하고 동일하게 보일지도 모른다. 같은 방법으로 미니 세계를 실재 세계 사건들에 대응하는 연결 고리는 성취된 것이며 존재론적으로 **선험적으로 주어진** 상태는 아니다. 구성주의 인식론을 고수하는 교사들은 여기서 논의된 여러 가지 대응의 구성적 성질을 설명하는 데 학생들과 시간을 추가로 보내야 할지 모른다.

10장

후기: 비판적 도해력을 향해

이 책에서 지금까지 (a) 서로 다른 과학 영역의 시각자료를 이해하는 데 필요한 읽기 작업을 분석하고 그러한 (b) 시각자료를 실제로 읽고 있는 학생들을 분석한 내용을 제시하였다. 그러나 비판적 교육자로서 우리의 목표는 학생들의 도해력을 함양할 수 있는 기회를 제공하는 것만이 아니다. 그보다는 학생들이 **비판적** 도해력을 개발하기를 원한다. 즉 학생들이 항상 정치적으로 배치되는 시각자료를 구성하고 해체하는 문해력을 가지기를 원한다. 이 장의 후기에서는 학생들의 도해력보다는 **비판적** 도해력 발달을 돕는 프로젝트에 포함할 수 있는 몇 가지 단계를 정교화 할 것이다.

비판적 도해력이라고 말할 때 우리가 생각하는 것이 무엇인지 보여 주기 위해 짧은 연구 사례를 제시할 것이다. 그리고 우리는 교육자들이 학습에 대해 인류학적 관점을 가질 것을 주장하는데, 이 관점에서는 **비판적** 도해력을 개인의 머릿속에 들어 있는 어떤 것이 아니고, 본질적으로 공적이며 공유된 실행으로 생각한다. 우리 중 한 명이 가르친 물리 수업의 사례를 제시하는데, 이것은 비판적인 (과학)교육자가 **비판적** 도해력을 개발하기 위해 수업에 활용할 수 있는 사례이다. 그리고 시각자료를 재설계하는 것에 대한 제안과 비판적 교육자가 자신의 수업에서 고려하기 원하는 문제에 대한 제안으로 글을 마칠 것이다.

1. 비판적 도해력의 종류는?

이 책의 독자는 우리가 생각하고 있는 **비판적** 도해력의 종류가 어떠하며, 구체적인 실행으로서 어떤 형태를 나타내는지 질문할 것이다. 지역 사회에서의 과학에 대한 우리의 연구에서 비판적 도해력이 어떤 것인지 최소한 맹아적 모습이 될 수 있는 것을 실제로 관찰했다. 연구는 지역 사회 사람들의 삶에 영향을 미치는 쟁점에 포함된 시각자료에 대해 논쟁하고 있는 사람들에 대한 것이었다. 다음에서 센트럴사니치(Central Saanich) 주 지역 사회의 공공 회의에서 있었던 논쟁의 발췌문을 짧게 제시한다. 이 회의에서 지역 주민들은 주 의회와 시장이 이웃의 모든 집에 물을 공급하는 수도망과 각 가정을 연결해 주는 급수 본관을 만들지 않기로 한 결론에 질문을 제기한다. 시민은 과학자가 연구 결과로 제시한 과학적 시각자료와 관련된 '과학적 언어'로 공공 회의를 주도하려는 시도에 굴복하지 않고, 해석에 단점이 있고 오류일 가능성이 있다고 말하면서 그 시각자료를 비판적으로 논의하였다. 공공 논쟁에서 과학적 시각자료에 문제를 제기하는 것은 우리가 생각하는 **비판적** 도해력의 일면을 구성한다.

센트럴사니치 지역에서 물 문제는 오랫동안 큰 관심사였다. 이 특정 사례에서 대중 매체는 센트럴사니치의 한 지역인 세나너스드라이브(Senanus Drive)에 급수 본관이 연결되어 있지 않은 상황을 계속 보도했다. 세나너스드라이브의 모든 건물에서는 우물이나 물탱크에서 물을 공급받았다. 우물은 강수에 의해 채워지기 때문에 물의 공급은 기상 조건에 의존한다. 아주 건조한 여름에 지하수를 품고 있는 대수층이 고갈되면서 광물 농도가 높아지고 생물체로 인한 오염이 심해진다. 지난 수십 년간 지역 신문들은 이들 우물의 수질이 끓어지기 전에는 사용하기 부적절한 정도였으며, 사람들이 5km를 운전해서 가야만 가까운 주유소에서 물을 얻을 수 있는 사연을 실었다.

센트럴사니치 주 의회는 현재의 수도선을 확장하여 세나너스드라이브에 물을 공급하는 데 드는 85만 달러(1999년 기준)의 추정액을 할당된 가용 예산으로 충당할 수 없다고 보았다. 공공 청문회 이전에 6개의 보고서가 제출되었다. 이 보고서에는 지역건강위원회의 보고서, 센트럴사니치 수도공급지원팀의 예비 보고서, 수질학자가 컨설팅한 보고서, 수도공급지원팀의 최종 보고서, 수도공급지원팀의 하위 집단에서 제출한 소수 반대 의견서, 지방자치위원회의 보고서 등이 포함된다. 센트럴사니치 시장은 공학적, 과학적 보고서의 저자를 포함한 청문회를 소집하였다. 이들 저자는 자신들이 작업한 것을 개략적으로 보고하였고 일반인들의 질문이나 조언에 응대하도록 하였다. 또한 청문회는 지역 사회의 구성원이 질문하거나 발표할 수 있는 기회를 제공하였다.

한 공학 보고서는 지역 엔지니어 기관인 로웬컨설팅 사가 만든 것이다. 청문회에서 댄 로웬(Dan Lowen)은 발표할 때 과학과 공학에 특징적인 수사적 표현을 사용하였다. 그것은 매우 사실적이며, 우물 9개의 표본에서 얻은 결과를 세나너스드라이브에 있는 모든 우물로 일반화하여 주장하는 방법론적 특성을 보여 주었다. 그는 수도관이나 저장 탱크, 물탱크에 있는 물이 아니라 우물에 있는 물을 검사했다는 주장을 지지하기 위해 표집한 시점을 기술하였다. 이러한 전문가의 증언이 공인된 지위를 갖는 것은 그를 '공학 전문가이자 전문 수질학자'로 소개하면서 다

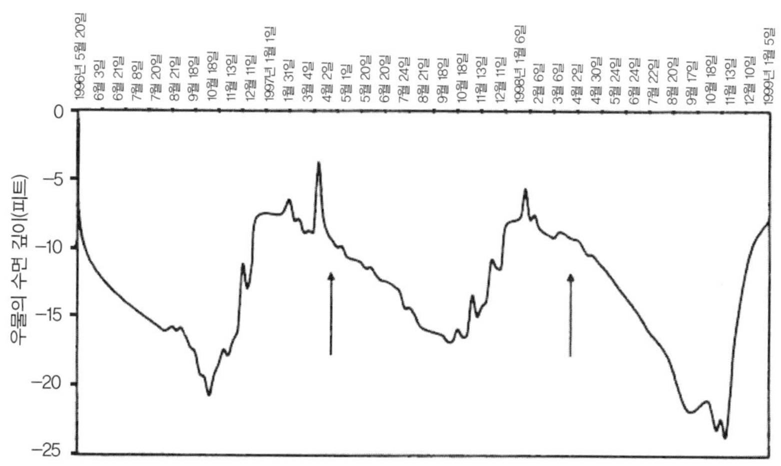

그림 10.1. 이 그래프는 지역의 한 우물에서 수면까지의 깊이를 나타낸다. 공공 청문회의 과학 전문가는 4월에 물을 표집했다. 이 에피소드에서의 쟁점은 4월 측정치가 1년 전체의 수질을 대표하는 것으로 어느 정도 인정될 수 있는가이다. 화살표는 전문가가 표집하기 전 2년간 4월의 수면 깊이를 가리킨다.

른 과학 전문가의 위치에 포함시킴으로써 정립되는 것이며, 몇몇 과학자들의 학위가 그들과 함께 소개되었다(옌 씨는 과학 석사 학위를 가지고 있으며, 수질 문제에 대해 많은 경험을 가지고 있고, 보고서 작업이나 표집 과정에 상당 부분 참여하였다). 물론 이러한 것은 개인이 한 주장을 고양시키며 예외적인 지위를 구성하는 고전적인 전략이다.

아래의 발췌문에서 지역 주민인 놋은 로웬의 결과가 지역건강위원회에서 일하는 다른 과학자가 제시한 것과 분명히 모순되는 점을 질문한다. 질문에서 가장 문제가 되는 것은 로웬이 4월에 표집한 우물물이 양이나 화학 물질의 농도 측면에서 평균치라고 주장하는 것이다. 발표와 보고서에 지역의 한 우물에서 3년간 수면의 깊이를 측정한 값을 나타내는 그래프가 들어 있다(그림 10.1). 여기서 주된 쟁점은 로웬의 자료가 평균값을 나타내는지 아니면 단기간의 최상 상태로 해석되어야 하는가의 문제이다. 놋은 로웬에게 이러한 평가를 내리도록 요구하였을 뿐 아니라, 이후의 질문에서 보이듯이, 한편으로는 로웬이 작성한 보고서와 다른 한편으로는 지역건강위원회의 과학자가 낸 보고서가 서로 모순된다는 적절한 문제를 이끌어냈다.

01 놋: 당신은 보건국에서 나온 사람이 그래프를 읽는 데 영향을 줄 수 있는 것에 대해서 이야기하는 것을 듣고 나서, 당신의 결과를 어떻게 생각하나요? 당신은 당신이 읽은 것에 상당히 많이 의존하는 것처럼 보입니다. 좋아요, 그것은 강수량 차이로 설명될 수 있겠네요. 이제 당신은 동의하나요? 예를 들면, 대수층과 우물에서 나오는 물이 대부분 강수의 결과라는 것에 동의하나요?
02 로웬: 맞습니다. 모두 강수의 결과이지요, 대부분이 아니라.
03 놋: 좋아요, 여기는 완충 효과가 작용하고 여기는 즉각적인 효과가 나타나죠. 내 말은, 여기에는 즉각적인 효과가 있다고 말할 수 없고, 긴 시간의 결과로 나타나는 느린 효과가 있죠. 아마도 주로 2, 3, 5개월 정도의 기간 말이죠.
04 로웬: 대수층에 있는 모든 물, 모든 신선한 물은 근원적으로는 강수에서 오는 것입니다.
05 놋: 예를 들면, 하지만….
06 로웬: 어떤 물은 다른 물보다 땅속에 오래 있을 수 있고, 오랜 기간 땅속에 있던 물은 광물 농도가 높은데 암석에서 광물을 흡수하기 때문입니다.
07 놋: 물론 그렇죠. 그럼 여기에서, 당신이 여기 그린 것이 몇 년도 것인지, 몇 년 것부터 기록되어 있는지 말해 주겠어요?
08 로웬: 예를 들면, 관측한 우물은 1979년부터 기록되었고, 여기서 볼 수 있는

것은 1997년 10월부터 1999년 6월까지의 자료입니다.

09 놋: 좋아요, 지난 가을과 올 봄의 강수량을 보고, 어떤 일이 있었다고 생각하나요? 이 기간은 강수량이 많은 기간인가요, 보통인가요?

10 로웬: 내가 알기로는 그 시기에 강수량이 기록적이었는데, 강수가 수면 높이에 영향을 주지 않았어요. 왜냐하면 대수층의 1988년 수면 봉우리가 1999년의 겨울 수면보다 높기 때문이에요.

11 놋: 잠깐만요. 당신은 방금 강수의 직접적인 결과라고 말했는데, 기록적인 강수가 내렸는데 그것이 영향을 미치지 않았다고요? 무엇인가 빠진 것 아닌가요?

12 로웬: 그건 폭우는 빠르게 흘러가기 때문에 일부만이 대수층에 들어갈 수 있다는 걸 말합니다. 이게 저의 해석입니다.

13 놋: 하지만 그건 또한….

14 로웬: 얼마나 많은 물이 들어가는가에 대한 제한 요소가 있습니…

15 놋: 음, 좋아요. 그게 맞을 수 있지만 우리가 경험한 것은, 월평균을 고려할 때 여름철에 522퍼센트의 강수 증가가 있습니다. 다른 말로 하면 겨울철에 얻은 것은 당신의 검사 결과 이전 5개월을 통해서입니다. 그것을 여름철 평균과 비교하면, 그 기간 중 522퍼센트가 더 많습니다. 이제 우리가 당신의 결과에서 나오는 평균치를 다루는 것이 아닌 것 같고, 아마도 더 높은 곳의 대수층에서 공급되는 정수두(靜水頭, hydrostatic head)를 다루고 있는 것 같으며, 끝이 아주 높게 올라가 당신이 얻은 결과가 희석되는 것 같습니다.

16 로웬: 우리가 보여드리는 물 그래프는 4월 말과 5월 초의 평균치입니다. 이 그래프에는 평균 수면을 나타냈습니다….

17 놋: 오류가 있을 수는 없나요? 여기에 오류는 없을까요?

[그림 10.1]에서 보면 일 년 동안 지하수면의 변화가 심한 것은 분명하다. 그런데 로웬은 화학적, 생물적 오염 농도를 한순간에 측정했다. 로웬은 앞서 자신의 자료(표집한 해의 최젓값과 최댓값 사이의 중간에서 대수층의 수면에서 얻은 것)가 평균값을 나타내며, 따라서 수질의 생물학적, 화학적 수치의 대푯값이 된다고 주장하였다. 이와 반대로 지역건강위원회의 과학자는 수위가 크게 변하므로 한 해의 반 정도는 수질값이 캐나다 보건국 기준보다 실제로 낮다고 제안하였다. 이 입장에서 문제가 되는 것은 로웬의 자료가 평균 농도를 대표하는지 여부가 아니라, 일 년 중 어느 시기에는 농도가 캐나다 기준보다 높다는 사실이다. 이 시기는 지역 주민들이 지역의 물을 사용하지 말라는 권고를 받는 때와 일치한다. 따라서 이것은 그들의 삶의 질에 매우 큰 영향을 미치고 있다. 이 발췌문에서 놋은 그래프에서 로웬이 측정한 시기의 대수층 수위가 변화하는 것에 대해 질문한다. 여기서 이러한 상호 작용은 수질을 용인할 수 있는지에 대한 상반된 주장이 다시 공공의 문제로 부각되는 순간을 구성한다. 여기서의 문제는 그래프의 해석 문제이다.

그래프와 같은 시각자료를 비판적으로 따져보는 것이 바로 우리가 생각하고 있는 그것이다. 우리가 학생들이 개발하기를 원하는 **비판적** 도해력의 한 모습을 놋이 보여 주고 있다. 그는 단지 그 지역의 주민일 뿐이지만 로웬의 보고서와 다른 결론을 내린 보고서를 접한 후, 로웬에게 그래프를 읽은 결과를 반성해 보도록 요구하였다. 특히 놋은 로웬에게 검사 전후 비의 양을 고려하여 표집 시기의 영향을 해석하도록 하였다. 로웬이 우물과 대수층의 모든 물이 강수로부터 온다고 말한 것에 응하여, 놋은 완충 효과가 있을 수 있다고 제안하였다. 즉 대수층에서의 변화가 강수와 직접적으로 연결되지는 않아도 3~5개월 정도의 시간차를 가질 수 있다는 것이다.

로웬이 모든 물이 비에서 온다는 또 다른 분류적 진술을 했을 때, 놋이 "예를 들면, 하지만…"이라고 끼어들었기 때문에 로웬은 자신이 먼저 말한 것을 거두거나 최소한 수정하게 되었다. 그는 이제 물이 땅속에 오래 머물수록 녹아 있는 금속 농도가 높아질 것임을 인정한다. 놋의 다음 질문은 로웬이 지하수 수위에 대해 말하도록 이끌 목적이 있는 것처럼 보인다. 로웬은 기록적인 수위가 있었다고 인정할 수밖에 없었지만, 이러한 강수가 지하수 수면에 영향을 미치지 않는다고 주장하려는 시도를 했다. 그러나 놋은 이러한 주장을 분명히 모순되는 앞선 주장과 대조함으로써 의문을 제기하였다. 로웬은 흡수에 한계가 있어서 대부분의 강수가 유수로 흘러가기 때문에 그래프(그림 10.1)에서 볼 수 없다고 주장하려고 하였다. 놋은 이러한 대답에 만족하지 않았다. 그는 여름에서 겨울로 가면서 522퍼센트의 강수 증가가 있다고 제안하였다(15번 대화). 로웬이 보고서에서 주장한 것처럼 수위가 평균된 것이 아닐 수 있고, 따라서 물질의 농도가 보통 상황보다 전반적으로 낮을 수 있다(희석되어). 하지만 로웬은 수질 그래프가 평균 측정치를 보여 준다고 응대하였다. 우리는 마지막 대화에서 놋이 이 대답에 만족하지 않은 것을 알 수 있다. 그는 우선 4월과 5월의 물 그래프에 나타난 수위 평균값을 사용할 때 오류의 발생 가능성을 환기하며 로웬의 결론에 의문을 제기하였다. 또한 재치 있고 기민한 수사적 어조로 "여기에 오류가 있을 수 있지 않나요?"라고 하며 그는 정면으로 전문가의 책무성을 탓했다.

이 에피소드에서 수질, 지하수 수면 그래프, 자료 수집 방법, 자료에 근거한 그래프 읽기 등에 관련하여 과학자의 보고서 내용에 대해 일반 시민 구성원이 질문하는 것을 볼 수 있다. 질문하는 놏과 다른 모든 사람들은 과학 전문가(여기서 몇몇 과학자는 학위나 기관에서의 직위를 언급하면서 소개되었다)라는 사회적 지위에 주눅 들지 않은 것처럼 보인다. 이들은 일련의 질문을 부각시켰으며, 이 질문이 없었다면 수질에 대한 권위적인 진술이나 시각자료 제시로만 끝났을 것이다.

이 사례에서 로웬은 과학적 시각자료를 본질적으로 비정치적인 것인 것처럼 사용했다. 그의 연구실에서 시각자료를 만들고 연구할 때에는 그럴 수 있다. 그러나 이들 시각자료가 연구실을 떠나는 순간, 예를 들면, 센트럴사니치 주 의회의 보고서가 되는 순간 그것은 정치적인 것이 되며 정치적 목적으로 사용된다. 세나너스드라이브 주민이 처한 곤경이 여러 지역 매체에서 계속 묘사되고 있음에도 불구하고 센트럴사니치 주 의회는 주장을 굽히지 않았다. 다른 지역에는 개발 허가를 내주면서 이곳에 급수 본관을 확장하려는 허가나 자료를 제공하지 않는다. 세나너스드라이브 지역의 법정 구역을 변화시킬 가능성을 차단하려는 목적이 있는 게 분명하다. 논쟁하던 시기에 이곳은 시골로 지정되어 있었다. 급수 본관이 이 지역으로 확장되면 소방전도 설치될 것이고 그러면 지역 구분과 토지 구획, 건축 구역 등이 변하게 될 것이다. 그런 발전을 기피하여 이전의 주 의회는 계속 수도 확장에 반대하였는데, 다른 지역의 경우에는 농지-보호 구역에서 저밀도 주거지로 법정 구분이 바뀌었다. 여기에 과학적 시각자료의 정치적 성격이 분명히 드러난다. 로웬이 만든 보고서에는 과학적 시각자료가 많이 들어 있는데 이것은 수도 확장 방지를 유지하는 결과로 의사 결정을 이끌어 가는 시금석이 된다.

시각자료의 정치적 성격은 그것이 논쟁의 중심이 되는 공청회에서 분명해진다. 이런 상황에서 다른 중요한 측면도 드러난다. **비판적** 도해력은 사람들 머릿속에 저장되어 접근할 수 없는 어떤 것이라기보다는, 사람들이 실제로 **행하는** 것, 즉 실행으로서 더 잘 연구되고 사고될 수 있는 것이다. 즉 우리는 비판적 교육자들에게 **비판적** 도해력을 정부 정책이나 개혁 보고서에 편재하는 심리적이고 인지적인 관점에서 볼 것이 아니라 인류학적 관점에서 바라볼 것을 권한다.

2. 비판적 도해력: 인류학적 관점 취하기

현재 학교에서 학생들은 언어적 문해력에 많은 시간을 보내며, 비판적 도해력은 고사하고 도해력 개발에도 거의 시간을 투자하지 않는다. 하지만 우리는 시각적 세상에 살고 있으며 시각자료는 과학 텍스트의 중요한 특징이자, 과학자들의 핵심적인 실행에서 일부를 차지하고 있다. 학생들이 심리학에 기반을 둔 교육이나 개혁 텍스트에 제시된 표준적인 방식으로 그래프를 만들거나 읽는 데 어려움이 있다는 것은 잘 알려져 있다. 이 어려움에 관한 몇몇 연구들이 취한 접근법은 개인의 두뇌 프로그램이나 하드웨어에 문제를 치부하는 것이었다. 연구자들은 인지 발달의 지연, 무능, 인지적 결함에 대해 텍스트를 썼다. 따라서 심리학적 접근은 치료, 인지 발달 가속, 메타 인지 증진 등에 초점을 둔 수업을 제안하였다.

인류학적 접근은 분명히 다른 전략을 취한다. 이들 연구자들은 개인의 두뇌와 같은 하드웨어에서 기인한다는 것에 문제를 제기하고, 대부분의 학생들이 참여할 기회를 거의 가지지 못하는 실행의 사회적이고 맥락적인 성격과 실행할 시간이 부족했다는 점을 지적한다. 아동이나 학생에게 읽기를 가르치는 것은 그들의 읽기 능력을 개발하여 그들이 독자 집단에 들어올 수 있도록 하기 위한 것이다. 아동은 자신의 읽기에서 공동체의 읽기 실행을 수행하도록 배운다. 그들은 사회의 읽기 방식에 보조병이 된다. 처음 읽기를 배울 때부터 능숙하게 읽을 수 있게 되기까지의 과정에서 읽기는 단순히 문자를 읽는 것을 뛰어넘어 투명하고 능숙한 읽기로 진전된다(자신이 텍스트를 읽고 있다는 것을 전혀 인식하지 않으면서 텍스트를 읽는 상태; 역자 주). 이와 대조적으로 시각자료를 투명하게 읽을 수 있는 학생은 거의 없다. 이 책에서 우리가 분석한 것을 통해 교과서에 사용된 시각자료의 빈도와 질은 학생들이 그래프를 능숙하게 읽는 실행이 문화화되도록 돕는 데 거의 기여하지 못하는 것을 알 수 있다. 시각자료의 정치적 성격을 해체하고 재인식하는 데 필요한 **비판적** 도해력을 개발하게 하기에는 더더욱 부족하다. 이것은 학생들이 시각자료를 잘 읽지 못하는 하나의 근원이 될 수 있다. 우리의 인류학적 접근은 연구자들에게 다음과 같은 질문에 다시 초점을 맞추게 한다. 어린 학생이나 상급학생이 어느 정도 **비판적** 도해력을 수행하는가? 아동이 자기주장을 할 때 시각자료를 얼마나 활용하는가? 학습 환경은 학생들이 시각자료 실행에 필요한 스스로의 목적을 개발하도록 얼마나 허용하는가? 비판적 교육자들에게 우리가 조언하는 것은 학생들이 일상적으로 참여하는 활동에 시각자료가 핵심이 되는 학습 환경을 구성하라는 것이다.

인류학적 관점에 따르면 인지지향적 연구에서 확인된 몇몇 문제들은 연구의 인위적 구성물에 불과하게 된다. 예를 들면, 학생들은 그래프를 그림처럼 생각한다고 한다. 그렇게 생각하고 사용하는 것은 학생들이 단어를 사전으로만 배우고 실제로 사용해 볼 기회가 없을 때 잘못 사용하는 것과 유사하다. 우리의 연구는 과학자들조차도 친숙하지 않은 그래프에 대한 질문에 답할 때 도상적 특성이나 자료를 부적절하게 사용하는 것을 보여 준다. 도상성은 지각에 기초하며, 지각은 9장에서 본 것과 같이 그 구체성과 실재성으로 우리에게 세상을 제공한다.

단어와 문장은 의미의 섬이 아니다. 그래프 역시 그렇다. 시각자료가 어떤 텍스트의 일부로 제시되었을 경우, 캡션이나 본문에 있는 다양한 유형의 다른 자료는 시각자료를 읽는 데 도움을 준다. 학생들에게 그러한 자료가 없는 그래프를 제공하는 것(예를 들면, 2, 4, 7, 8장)은 아이러니이다. 반면 과학자에게는 그들의 일상 연구를 구성하는 일부인 과학 문헌에서 그러한 자료를 당연하게 제공하고 있다. 시각자료를 읽는 데 제공된 자료가 도움이 되려면 독자에게 친숙해야 한다는 것은 그 자체로 자명한 것처럼 보인다. 그러나 시각자료에 대한 연구는 학생들에게 친숙하지 않은 라벨을 사용하고 있다. 예를 들면, 고등학생이나 대학생들이 '속도'를 비규범적으로 사용한다는 많은 연구가 있어도, 과학 교육 연구자들은 그것을 축의 이름으로 사용한다. 우리의 관점에서 '속도' 개념에 관련된 '오개념'을 생각한다면 많은 학생들이 그래프를 비표준적으로 읽는 것은 놀라운 일이 아니다.

시각자료에 대한 인류학적 관점은 교사에게 그래프 그리기 단원을 마친 후에 학생들이 그래프에 유능해질 것을 기대하지 말고 도해력을 과학 학습의 종합적인 부분이 되도록 할 것을 제안한다. 즉 학생들은 시각자료의 읽기, 해석, 생산을 포함하는 삶의 과학적 형태의 측면에서 도해력에 문화화되어야 한다. 학생들을 도해력과 비판적 도해력 모두에 문화화 하려는 노력에서, 그들이 사용하는 도구와 참여하는 활동은 주 활동의 대체물이 되어서는 안 되고, 학생들이 비판적 도해력에 능숙하게 참여할 수 있을 때까지 연속적인 경로로 참가할 수 있도록 해 주어야 한다. 다음의 언어 학습에 대한 비유가 우리의 관점을 명확히 해 줄 것이다. 학생들이 시각자료를 규범에 맞고 적절하게 읽기를 기대하는 것은 예를 들면, '존재론'과 같이 그들이 많이 쓰지 않는 단어를 그 정의부터 이해하고 사용하도록 기대하는 것과 같다. 학생들은 '존재론'이라는 단어를 특정한 상황에 친숙하게 사용하기 위해 적절하고 계속적인 대화와 읽기 활동에 참여할 필요가 있다. 이 책에서 우리는 과학자가 일상적으로 그러하듯이 학생들이 자신의 연구 결과를 동료에게 확신시키기 위한 수사적 목적으로 시각자료를 사용할 때 시각자료의 사용법을 배운다는 증거를 제시하였다(3장).

우리의 책은 **비판적** 도해력이 발달 가능한 경로에 대해 질문을 던진다. 표면적으로 교과서에 있는 시각자료는 어떤 수준에서는 세련된 보통 독자를 위한 책이나 정기간행물(예를 들면, *Scientific American*이나 *New York Times*)에 사용되는 시각자료와 같은 유사성이 있다. 따라서 어떤 사람은 교과서가 과학 커뮤니티에서 요구하는 도해력과 다른 도해력 발달을 지원한다고 말할 수 있다. 그러나 우리의 최근 연구는 많은 과학자들조차도 고등학교나 대학 교재에 전형적으로 나오는 그래프를 해석하는 데 어려움이 있음을 보여 준다. 게다가 많은 생태학 전공 대학생이나 예비 과학 교사들은 교재를 읽을 때 나오는 그래프를 해석하는 데 주의를 기울이거나 해석을 시도하지 않음을 보여 주었다. 이러한 점에서 교과서에 사용되는 그래프의 교육학적 가치가 좀 더 확립될 필요가 있다.

우리의 인류학적 관점은 학생들의 그래프 읽기, 해석, 제작 능력에 관심이 있는 연구자들에게 중요한 제안을 한다. 예를 들면, 몇몇 연구자는 학생들이 그래프를 읽을 때 잘못된 안내를 한다. 이렇게 하는 것은 보통의 과학 실행에서 존재론적 모호성을 줄이기 위해 그래프를 제시할 때 이런저런 군더더기를 추가하는 것과 정반대에 놓인다. 2장에서 지적한 대로 과학자들은 그래프를 만들 때 다른 해석을 최소화하기 위해 캡션과 본문을 사용한다. 4장에서 사진에 추가적인 텍스트 자료인 캡션이나 본문이 있으면 학생들이 사진을 다르게 해석하는 것을 보여 주었다. 과학 문헌에서 독자가 동일한 영역 출신이 아닐 가능성이 있어, 독자가 하나의 해석, 즉 저자가 의도한 해석을 할 수 있도록 충분한 자료(지시, 설명)가 제공된다. 우리는 과학자들이 의도된 해석을 할 수 있는 능력을 개발해 온 것을 인정한다. 과학자들은 이미 배경 지식을 가지고 가정을 공유할 수 있고 이들을 다루는 구체적 현상에 많은 경험이 있으므로 그렇게 할 수 있다. 따라서 우리의 관점은 과학 교육 연구자들이 시각자료를 완성된 형태로 만들고 필요한 자료를 제공하여 학생들이 배경 지식이 없어서 사전에 가정을 공유하지 않아도 그것을 이해할 수 있도록 할 것을 강조한다.

우리의 기호학적 분석은 학생들이 화학기호학적 분석을 수행할 수 있을 정도의 비판적 도해력을 개발하도록 도울 것을 제안한다. 이것은 간단한 질문으로 시작할 수 있다. '여기 이 그림은 무엇에 대한 것이지?'라고 묻고, 교사가 약간의 도움을 주는 것을 통해 학생들이 질문에 대답할 수 있다. 그다음에 학생들은 '이 그림은 우리가 현상을 특별한 방식으로 보도록 하는가?', '같은 내용을 다르게 제시하여 또 다른 측면을 나타내는 방법이 있는가?', '이 그림에 들어 있는 인식론이나 정치학은 무엇인가?'와 같은 비판적인 질문을 할 수 있을 것이다. 이러한 과정에서 학생들은 화학을 배울 것이고, 그렇게 배운 것을 사용하여 추가적으로 비판적인 분석을 할 수 있을 것이다. 중학교나 고등학교에서 학교생활의 요점이 이렇고 저런 학문, 즉 관련 학문의 맹점이나 이데올로기에 주입되는 것일 수는 없다. 그보다 미래 시민으로서 필요한 것은 서로 다른 지식 형태를 비판적으로 다룰 수 있는 능력이며, 그것은 부분적으로 시각자료에 구현되어 비판적 도해력을 통해서 의문시되어야 하는 것이다. 이러한 면에서 비판적 교육자들은 우리에게 '비판적 도해력을 가르치도록 돕기 위해 내가 무엇을 할 수 있는가?', '비판적 도해력을 가르치는 것을 시작하려면 어떻게 해야 하는가?'라고 질문할 수 있다.

3. 학생들의 비판적인 태도 발달을 돕기

시각자료에 대해 좀 더 반성적이고 비판적인 입장을 개발하는 것은 인식론을 다루는 것을 의미한다. 우리의 관점에서 인식론은 모든 형식의 교육 과목에서 가장 필요하면서도 과소하게 제시되는 내용이다. 하지만 학생들이 인식론적 실행에 참여할 기회가 없다면 어떻게 그들이 비판적인 사람이 될 수 있으며 유능한 비판적 도해력을 개발할 수 있을 것인가? 우리는 '학생들이 실제 인식론을 행하고 시각자료를 과학적으로나 다른 방식으로 재구성할 수 있는가?'라고 질문할 수 있다. 우리는 이 질문에 확실히 '그렇다!'라고 대답할 뿐 아니라, 이 절에서 저자 중 한 명(울프-마이클 로스)이 가르친 물리 수업에서의 짧은 발췌문을 제시한다. 이 수업은 학생들이 지식과 지식이 표현되는 서로 다른 방식에 대해 비판적인 입장을 취하도록 돕기 위하여 인식론적 문제에 관련된 토론이 종합적인 요소로 드러나도록 하였다. 목적은 학생들이 어떤 특정한 인식론적 입장(객관주의, 사실주의, 사회적 구성주의, 급진적 구성주의, 또는 다른 어떤 주의)을 개발하도록 하는 것이 아니고, 자신이 어떤 입장을 취하든 반성적인 태도를 가지는 광범위한 도구를 개발하는 것이었다.

인식론은 보통 추상적 지식의 복합체로서 사람들이 접근하기 어려운 것처럼 주로 제시된다. 따라서 인식론의 핵심은 특별한 능력을 가진 사람만이 얻을 수 있는 것으로 생각된다. 이런 관점에서라면 인식론자 또는 좀 더 일반적으로 말해서, 철학자는 과거의 언어로 치장된 신성한 지식을 가진 고귀한 성자이다. 그러나 우리는 다음과 같이 질문할 수 있다. '모든 사람들에게 세상을 기술하고 설명하는 데 사용하는 신성한 책과 시각자료를 해석할 기회를 제공하면 어떤 일이 일어날까?', '특별하고 전제적인 능력의 망토가 없다면 어떤 일이 일어날까?', '(신성한) 몸으로서의 인식론에 대한 본성에 질문을 제기하면 어떤 일이 일어날까?' 이들 질문에 답하기 시작하면 우리는 인식론이 실행, 즉 참여자와 관찰자(연구자, 분석자)가 모두 동일하게 감지할 수 있는 생생한 경험의 형태일 뿐이라는 것을 깨닫게 된다. 즉 인식론은 신성한 책이나 높은 성직자의 마음속에 있는 어떤 영적인 객체가 아니라, 텍스트화되고 분석될 수 있는 것이 된다. 달리 말하면, 만약 우리가 인식론을 일상의 실행으로, 일반적인 개인이 접근할 수 있고 실행할 수 있는 것으로 간주하면, 인식론은 그 신성한 미스터리 같은 힘을 잃는다. 이러한 문제가 다음의 에피소드에서 분명히 드러난다.

12학년 물리 수업의 에피소드에서 학생들은 물리 언어의 발명, 즉 실제의 발명에 관련된 다양한 텍스트를 읽고 있었다. 여기서 학생들은 교사와 함께 실험이 보여 주는 것과 실험 결과를 설명하는 이론 사이의 관계에 대해 토론하였다. 토론의 구체적 내용은 빛의 명백한 이중성으로, 참여자들이 칠판(그림 10.2)에 그려진 그림을 참고하여 상호 작용하는 것이다. 맷은 이 에피소드에서 세상의 비접근적 측면과, 세상을 기술하고 이론화하는 데 사용되는 이론과 개념을 구분하였다.

01 맷: 이중 슬릿(double slit)[칠판을 가리킨다(그림 10.2)]에 대한 법칙은 무한하거나 복잡하지 않고, 단지 자연을 단순화한 것, 우리의 작은 머리가 이해할 수 있는 수준으로 단순화한 것이에요. 그것은 실제가 아니며, 우리는 단지 파동이나 입자와 같은 관습적인 관점을 빛이나 전자와 같은 완전히 비관습적인 대상에 적용하는 것이에요. 그리고 우리는 그것을 제한된 용어로 기술하죠. 이것은 그들이 대상을 다루는 방식이 아니에요….

02 교사: 거기서 우리는 제한된 용어와 그림을 사용하는 것이지.

03 존: 우리가 본 것을 기술하기 위해서 우리가 경험한 것을 사용해요.

04 교사: 우리의 경험이 제한되어 있다면 그것을 사용할 때 어떻게 될까?

05 존: 패러독스예요. 만약 간단히 단순화할 수 없는 어떤 것, 동시에 파동이면서 입자인 어떤 것을 생각하면, 그건 같은 특성을 보여요. 전자처럼 행동하고 빛처럼(칠판을 가리킨다), 하지만 둘 다일 필요는 없고, 둘 다 동등하게 유효하고 둘 다 없어서는 안 되는 것이에요. 그래서 우리는 우리의 경험을 뛰어넘어 설명을….

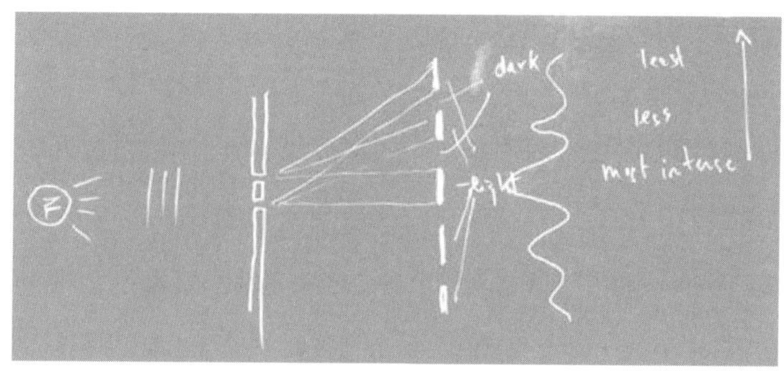

그림 10.2. 학생들과 교사는 빛과 전자의 성질, 두 현상에 대한 그림과 언어 사이의 관계에 대하여 토론할 때 칠판에 그려진 이 시각자료를 가리키며 사용하였다.

06 닉: 우리의 경험….

07 존: 지금 일어나는 것은, 그건 파동이면서 동시에 입자인 것은 아니에요.

교사는 정확한 파동과 입자의 이미지를 현상에 귀인하는 진술을 수정해야 한다고 조언했다. 다음 진술에서 파동 방정식과 입자의 이미지는 현상과 동일시되어 '**있다**'(교사의 말에서 강조함)라고 표현되었는데, 이는 반성적 탐구를 요구한다. 사실 이 방정식(**그것**)은 수정을 요한다. 여기서 교사는 학생들이 지식을 실체화하고 세상에 대해 질문할 기회를 제공하고 질문에 초대한다.

08 교사: 그래서 실제 질문은 네가 말한 첫 문장에서 어떤 것은 파동**이고** 어떤 것은 입자**이고**, **그것**은 실제 수정될 필요가 있다. 안 그래?

09 닉: 그건 아닌 것 같은….

10 맷: 그건 기술될 수 있는데….

11 닉: 하지만 그건 실제로 둘 중 어느 하나도 아니에요.

12 토드: 맞아요.

13 교사: 그게 무엇인지 우리가 아나?

14 맷: 전자에 대해 말할 때와 같아요. 선생님이 칠판에 그린(칠판을 가리킨다), [그레고리가] 제시한 예가 좋아요. 스크린 뒤에 구슬이 있고 구멍을 작게 뚫으면, 전자의 정확한 위치를 아는 것은, 그것의 경로는 잘 알 수 있지만, 전자가 어디에 있는지 말해 주지는 못하죠. 전자에 대해서는 그 반대죠. 그래서 처음 들었을 때 '에이, 이상해. 왜 그런 일이 일어나요? 전혀 이해가 안 돼요' 라고 반응한 것과 같아요. 하지만 그것은 다음에 따르면 이해될 수 있어요. 왜 우리의 제한된 경험이 모든 개념을 판단하는 기준이 되어야 하나요? 전자가 가져야 하는 실제 경로는 구슬과는 다른 것처럼, 그것은 단지, 단지 그것은 다음과 같은….

15 마크: 우리가 모르는 것을 어떻게 해석할 수 있나요? 앎의 근본을 우리가 가지고 있지 않은 것처럼?

16 헌준: 맞아, 그게 내가 말하려던 거야!

17 마크: 우리는 전혀 알 수 없어.

18 닉: 시도해 볼 수는 있어.

19 토드: 맞아.

20 맷: 전자의 위치와 운동이 전자의 특성이 아닌 것과 같은데….

21 교사: 그렇게 상상하는 것은 여기서 중요하지 않아. 기억해! 이 그림이(칠판을 가리키며) 우리를 딴 곳으로 유도하고 있어.

22 닉: 잘 모르겠어요.

대화를 주고받으면서 닉과 맷은 빛이나 전자와 같은 현상이 기술될 수 있다는 사실을 다음과 같이 진술했다. —여기서 진술되지 않은 것은 어떤 조건에서 이것이 그런가이다— 파동과 입자의 용어로 진술하지만, 현상은 그것에 대한 기술과 동일하지 않다고(11번 대화) 교사는 주장했다. 만약 현상이 그것에 대한 기술과 같지 않다면 —이것은 과학적 지식이 보통 표현되는 방식은 동형{기본적 구조↔수학적 구조}이다— 과연 현상은 무엇인가? 맷은 긴 설명을 통해 전자를 입자로 보는 것은 모순이라는 결과에 직면하는데, 벽을 통하는 궤적을 좁혀 감에 따라[칠판의 시각자료에 표현된 것처럼(그림 10.2)] 그들의 경로에 대해 얻는 정보는 점점 더 줄어든다고 하였다. 전자가 통과하는 구멍이 좁아지거나 사진판이 구멍 뒤에 있다면 전자가 위치할 수 있는 장소는 점점 더 많이 분산된다.

그리고 마크는 실제로 인식론적 관점과 관련된 질문을 하였다. 우리가 알지 못하면, 우리가 모르는 것을 어떻게 해석할 수(또는 알 수) 있는가? 우리가 세상과 그림과 언어 사이에 그 본성이 분명한 관계가 있다는 가정을 끊어 버리면 우리가 어떻게 알 수 있는가? 맷은 또 다른 정확한 특성으로 그것의 부재를 구성했다. 위치와 움직임은 전자의 특성이 아니다. 그러나 교사는 그림에 대해 질문해야 한다고 맷과 그의 동료에게 환기시켰으며, 그림은 우리를 다른 곳으로 유도한다(21번 대화).

교사는 미술에 대한 토론을 이끌었지만, 맷은 예술가가 자신의 그림(착시와 다른 공간의 차원)에서 다룬 기본적인 문제와 예술가의 이름을 말하며 선수를 쳤다. 다른 학생이 대화에 참여하면서 예술가가 그린 한 그림(그림 10.3에 그려진 불가능한 삼각형과 같은)과 이 학생들과의 다른 수업에서 교사가 칠판에 그렸던 그림을 언급했다. 삼차원의 대상을 더 낮은 차원인 이차원의 시각자료로 표현할 때 어떤 일이 일어나는지를 고려함으로

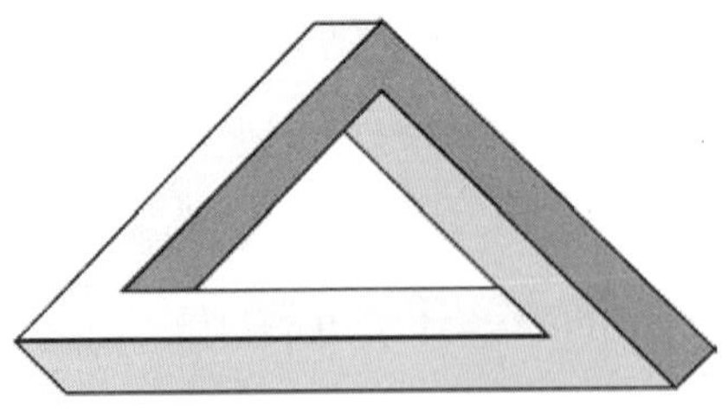

그림 10.3. 많은 학생들과 교사는 에스허르와 그가 그린 불가능한 그림에 대해 잘 알고 있다. 실제로 있을 수 없는 삼차원 대상은 실제 대상의 삼차원을 이 시각자료의 이차원으로 환원하는 것에서 발생한다.

써 학생들이 복잡한 현상을 적은 수의 차원으로 나타낼 때 일어나는 왜곡을 이해하고 설명할 수 있게 하였다.

23 교사: 한 미술가가 있지….

24 맷: 삼차원 그리고 사차원 공간, 우리 집에 책이 있어. 에스허르가 그린 그림이 들어 있는 책인데, 착시와 관련된 그림이고 비뚤어진 건물 그림이야.

25 제임스: 삼각형이 있는 거?

26 맷: 계단이 점점 올라가는데 끝에서 다시 시작하는 계단.

27 토드: 폭포도 있어.

28 교사: 폭포가 다시 처음으로 되돌아가지. 어떻게 그렇게 되지?

29 크리스: 착시는 그림자 때문에 나타나요.

30 교사: 하지만 그 그림은, 그는 무엇을 나타내려 한 걸까?

31 제임스: 삼차원 공간을 이차원으로.

32 교사: 삼차원 공간을 이차원으로, 그것처럼 네가 복잡한 현상을 단순화하면….

33 맷: 그걸 왜곡하면 되지요.

34 교사: 매우 유사한 일이 양자 세계에서 일어나고 공통의 현상이 있어. 우리는 기술하는 방식을 사용하려고 하는데, 결국 어떤 경우에 공처럼 보이는 것이 다른 경우에는 파동인 것처럼 보이게 되어 버리지. 하지만 우리는 단지 우리가 모를 뿐이라고 말해야 해. 우리는 그럴 수 없는데 —이 책에 나오는 것 같은데— 우리는 실제로 세상이 무엇인지는 알 수 없고, 우리가 할 수 있는 것은 기술하는 것, 항상 언어와 그림을 이용해서 기술하는 것이야.

에스허르의 그림에 대한 몇 가지 내용을 말한 후(24~27번 대화) 교사는 이 착시의 기원에 대해 물었다. 크리스는 그림자가 착시를 만든다고(예를 들면, 그림 10.3) 말하였고, 이것은 평면의 종이에 삼차원을 나타내는 것처럼 그림을 그리는 기술적인 답이었다. 다음으로 제임스가 인식론적으로 흥미 있는 발문을 하고 맺은 완성을 지었다. 착시는 삼차원이 이차원에 표상된 결과이다. 교사는 학생들의 미술에 대한 토론을 요약하고 그것을 물리학으로 확장하였다. 우리는 단지 표상만 가지고 있으므로, 우리는 실제로 세상이 어떤지 알 수 없다. 양자적 현상은 어떤 경우에는 공처럼 보이지만 어떤 경우에는 파동처럼 보인다. 실제 삼각형, 계단, 폭포 등 그려진 것과 실제를 연결할 수 있는 에스허르의 그림과 달리, 양자 세계에는 우리가 그려 넣는 방식 이외에는 접근할 길이 없다.

이 에피소드는 **비판적** 도해력을 개발하기 원하는 교실의 수업 모습을 조금 보여 준다. 여기서 교사는 학생들이 물리 시각자료를 사용하고 읽도록 할 뿐 아니라, 시각자료를 비판적 방식으로 문제 삼기 시작하는 상황으로 이끈다. 이러한 점은 물리 수업 전체에서 볼 수 있는데, 예를 들면, 학생들에게 수집한 자료와 잘 들어맞는 몇 개의 수학 방정식 중 하나를 고르도록 의사결정을 내리게 하였다. 그러한 결정을 내리면서 학생들은 시각자료가 본질적으로 정치적이고, 선호하는 이론이 서로 다르며 개인적 선호도가 개입되는 것을 깨달을 수 있으며, 따라서 과학적 시각자료의 '객관적' 성격에 대한 주장을 폄하할 수 있게 된다. 이러한 점은 물리 수업을 듣는 16세 학생의 다음 진술에서 분명히 드러난다.

> 과학은 언어 게임이다. 그것은 공동의 언어를 공유하는 학자 공동체 안에서 세상에 대하여 이야기하게 해 준다. 이 언어를 통해 우리는 도구(개념과 이론)를 만들어 이 세상에 대해 이야기할 수 있고, 사건을 예측하고 설명할 수 있으며, 그렇게 해서 이 세상에 대한 지식을 생성할 수 있다. 우리는 우리 자신에게 질문할 수밖에 없다. '이 도구와 진실이 어떤 모양을 하고 있고, 우리는 그것을 어떻게 사용하는가?' 이에 대한 대답은 내 에세이 중 하나의 서문에 있는데, 나는 거기에 과학적 지식이 기초하고 있는 것은 '단어, 소리, 모든 재미있고 흥미롭고 터무니없는 것' 이라고 적었다. 우리가 관찰한 것을 기술하는 데 사용하는 우리가 발명한 언어는 도구 그 자체가 된다. 언어를 바꿈으로써 과학이 진술하는 법칙이나 원리를 바꿀 뿐만 아니라, 이전에 진실로 받아들였던 것을 바꾸고 새로운 것을 효율적으로 만들어 낸다. 즉 우리 지식의 핵심에 있는 것은 언어, 그리고 우리가 관찰하는 현상을 정의하기 위해 선택하는 방식이다. 이러한 단어를 통해 우리는 이미지와 생각에 도달할 수 있고 그것을 통해 우리는 관찰을 예측하고 설명할 수 있다. 이것은 우리의 삶 모든 것에 대해 옳으며, 우리가 생각, 사고, 감정을 의사소통하는 것은 언어를 통해서이며, 우리 마음속에 지각한 것을 재창조하는 것을 통해

우리가 배우는 것도 언어를 통해서이다.

지식과 표상의 정치학에 대해 많은 토론을 한 2년간의 물리 수업 이후에 학생들은 상당한 수준의 **비판적인** 문해력과 도해력을 보여 주었다. 한 학생이 말했듯이 학생들은 '과학 교과서는 성경과 같다. 그것은 믿음에 근거하고 있고 믿음을 요구한다.'라는 것을 인식하기 시작했다. 우리는 이것이 우리가 생각하는 시민, 예를 들면 몬산토(Monsanto) 기업이 유전자 조작 식물과 장기적으로 지속 가능하지 않은 다른 산물을 팔려고 하는 노력을 면밀히 조사할 수 있는 시민을 향해 한 걸음 다가가게 해 준다고 제안한다. 우리는 과학자를 비판적으로 대할 수 있고 그럴 의향이 있는 시민, 비판적 태도에 덧붙여 비판적 도해력이 있는 시민을 바란다.

교육자와 교과서 저자는 어떻게 이러한 교육을 지원할 수 있는가? 다음 절에서 우리는 학생들을 지원할 수 있는 방식을 개략해 본다.

4. 시각자료로 가르치기

교과서에 시각자료가 사용된 방식에 대한 분석은 (a) 교과서 저자와 (b) 교과서 독자, 교사와 학생들에게 몇 가지 시사점을 준다. 우리의 연구는 교과서 저자와 출판업자가 서로 다른 시각자료를 적절히 통합하여 학생들의 이해를 돕는 데 주의를 기울이도록 한다. 또한 한 개의 시각자료만으로는 독자가 무엇이 중요한지 알아내지 못할 수 있다. 반면 (시간) 계열적 또는 대조적 시각자료는 변화를 부각시키면 독자가 그것을 확인하고 학습을 촉진하는 내용을 알게 할 가능성이 있다. 교과서 저자가 시각자료를 선택할 때 주의를 기울여야 하는 몇 가지 중요한 주제를 짧게 논의해 보고자 한다.

모든 시각자료에는 적절한 캡션을 달아야 하고 그것을 통해 본문에 연결되어야 한다. 적절한 캡션이란 시각자료에 제시되고 본문에 언급된 대상이나 현상을 단순히 확인하는 것 이상이어야 한다. 캡션에는 충분한 텍스트를 넣어서 독자가 시각자료에 대한 모든 해석의 기초를 이루는 지각적인 분석을 통해 관련된 세부 사항을 확인하고 그림과 본문을 관련지을 수 있도록 안내해 주어야 한다. 그림(시각자료와 캡션)은 색인을 통해 본문에 명시적으로 연결되어야 하며, 그것은 본문에 해당 대상이나 현상이 처음 언급된 바로 뒤에 명시되는 것이 좋다. 이렇게 하여 독자가 그림과 텍스트를 쉽게 관련지을 수 있으며 시각자료를 오해할 가능성을 매우 낮춰 준다. 복잡한 현상이나 변화를 표현하는 데에는 시간 계열이나 일련의 사진이 단일 시각자료보다 좋다. 비교할 수 있는 한 쌍의 시각자료나 한 개의 시각자료에 있는 대상의 특정 부분을 확대한 시각자료(또는 작은 대상을 멀리서 본 것)는 단일 시각자료보다 효과가 큰 것으로 생각된다.

단일 시각자료를 사용할 때에는 시각자료 자체에 특별히 주의를 기울일 필요가 있다. 특히 사진이나 사실적 그림을 다룰 때에는 시각자료의 배경을 쉽게 확인할 수 있어야 한다. 시각자료에서 중심 대상이나 현상은 그 배경에 비해 강조되어야 한다. 대상이나 현상을 중심에 놓거나 초점을 맞추는 것은 그것이 중요하다는 것을 강조하는 방법이다. 탈맥락화의 문제가 없다면 검은 바탕과 같이 중성의 배경을 사용하는 것이 대상이나 현상을 강조하는 효율적인 방법이다. 어떤 경우에는 화살표나 다른 기호를 시각자료 위에 바로 놓아서 중요한 세부 사항을 구분하도록 도울 수 있다.

독자에 대한 연구 사례에 따르면, 학생과 교사는 교과서를 다루면서 시각자료, 특히 사진과 캡션에 거의 주의를 기울이지 않는다. 만약 캡션과 시각자료를 변증법적으로 연결하면서 정보를 얻어야 한다면, 학생들은 배우려는 주제를 이해하는 데 필요한 주요 자료를 놓치는 것이다. 교사와 학생들은 시각자료가 텍스트의 이해를 높여 줄 가능성이 있다는 것에 좀 더 주의를 기울여야 한다. 앞 절에서 학생들이 시각자료를 토론하던 방식대로, 아마도 시각자료는 그 자체로 토론의 대상이 될 수 있고, 그렇게 하여 학생들과 교사는 다른 사람이 시각자료를 볼 때 무엇을 어떻게 보는지, 교과서 페이지에 제공된 다른 다양한 텍스트 자료의 맥락에서 시각자료를 어떻게 해석하는지 등에 대해 통찰력을 개발할 수 있을 것이다. 하지만 시각자료가 교과서를 사용하는 학생들과 교사에게 미치는 교육적 잠재력 문제를 논의하기 위해서는 추가적인 연구가 필요하다. 미래의 연구에서는 학생들과 교사가 시각자료(캡션과 본문과 함께)를 실제로 해석하는 것에 초점을 두어야 한다.

학생들이 교과서를 읽을 때, 시각자료를 해석하는 방식은 교과서에 제시된 개념을 이해하는 데 큰 영향을 미친다. 즉 교사는 선정한 교과서나 수업에서 시각적 보조 자료가 사용될 경우에는 시각자료의 해석에 포함된 과정의 복잡성과 미묘함에 좀 더 많은 주의를 기울여야 한다. 이 책에서 우리가 부각시킨 것은 다음과 같다. 시각자료는 혼동을 줄 수 있다. 캡션과 본무에 학생들이 시각자료를 본문과 연결하는 데 필요한 정보가 부족할 수 있다. 학생들의 사전 지식이나 경험은 그들이 텍스트와 그림을 읽는 것에 영향을 준다. 즉 교사는 학생들이 교과 주제에 대한 문해력을 개발할 필요가 있을 뿐 아니라, 교과서를 완전히 이해하는 데 도해력도 필요하다는 것을 알고 있어야 한다.

새로운 관점은 이미 알려진 문제를 설명할 수 있어야 할 뿐 아니라 새로운 접근법을 기술하는 데 유용해야 한다. 따라서 우리는 (a) 자연적 선택에 대한 선 그래프의 대안적 사례(그림 2.4)와 (b) 그래프 실행을 가르치고 연구하는 데 필요한 시사점을 제공한다.

우리는 앞서 분석했던 자연적 선택에 대한 선 그래프와 관련된 캡션과 본문을 재설계했다(그림 10.4). 이 재설계에서 기본적 가정은 과학 개념이 존재론적으로 단어와 시각자료에 재현된 전체성으로 구성된 이질적 구성체라는 것이다. 따라서 과학 개념을 아는 것은 그것의 다양한 측면을 사용할(읽고, 해석하고, 생산하는) 줄 아는 것을 의미한다. 예를 들면, [그림 2.4]의 분포가 자연 선택 상황에서 인정되고 공인되는 시각자료라는 것을 가정하면, '안정화 선택'과 '방향적 선택'을 아는 것은 이들 선 그래프를 이 맥락에서 완전히 읽을 줄 안다는 것을 의미한다. 따라서 우리가 제안하는 것에는 정상 분포를 자연 선택 맥락에서 읽는 데 필요한 자료를 포함한다(그림 10.4).

[그림 10.4]를 살펴보면 우리의 그래프 존재론에서 살펴본 많은 자료들(2장을 보라)을 포함했다는 것을 알 수 있다. (a) 양 축에 라벨, 눈금, 단위가 있고, (b) 표식과 확인자, 선과 점에 라벨, 화살표가 있고, (c) 추가적인 이름(환경 A, 환경 B)으로 판들을 구분하였다. 캡션에서는 그래프 읽는 방법을 명시하여 안정화 선택과 방향적 선택이 그래프 읽기와 일치하도록 하였다. 예를 들면, 환경 A에서 날개의 길이가 평균과 많이 다른

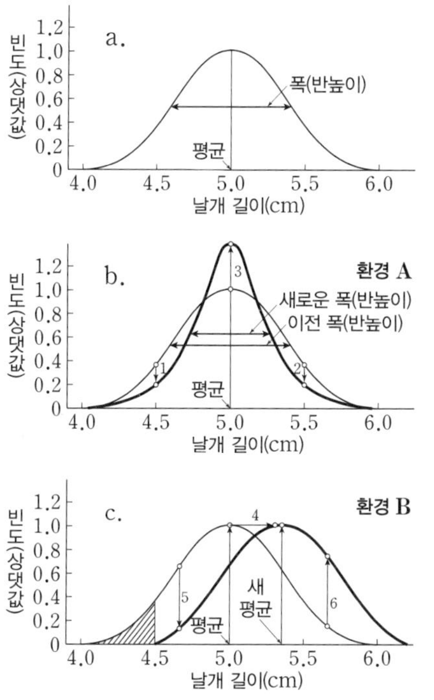

그림 x. 여러 세대에 걸친 가상적인 성체 동물 개체군에서 날개 길이 분포의 변화. (a) 처음 개체군은 날개의 평균 길이가 5.0cm인 특징을 가진다. (b) 환경 A에서 시간이 흐른 후 새로운 분포가 관찰되었다(굵은 선). 평균 날개 길이는 여전히 5.0cm이다. 하지만 짧은 날개를 가진 동물이 더 적고(1), 긴 날개를 가진 동물도 적고(2), 평균에 가까운 날개를 가진 동물은 많다(3). 새로운 분포에서 높이의 폭은 1/2 감소하였다. '안정화 선택'이라는 개념은 처음 분포에서 이 새로운 분포로 변화하는 것을 말한다. (c) 환경 B에서 시간이 흐른 후 다른 종류의 변화가 관찰되었다. 새로운 분포의 모양과 크기는 같지만 평균이 5.3cm 정도로 변화하였다(4). 짧은 날개를 가진 동물의 빈도가 줄어들고(5), 긴 날개를 가진 동물의 빈도가 증가한 것(6)에 주목하라. 날개가 4.5cm보다 짧은 성체 동물은 처음 개체군에서는 존재했지만(개체 수는 빗금 친 부분의 면적에 비례한다), 여러 세대를 거치면서 환경 B 조건에서는 거의 관찰되지 않는다. 즉 '방향적 선택'이 발생하여 날개가 긴 개체가 선호되었다.

그림 10.4. [그림 2.4]에 그래프, 캡션, 본문을 재배치한 대안 그래프. 캡션과 본문은 독자가 그래프와 두 가지 형태의 자연 선택을 이해하게 하기 위해 최대한의 자료를 제공하도록 설계되었다.

개체가 적을 때 분포가 어떻게 좁아지는지 캡션이 명시한다. 이러한 읽기는 본문에 있는 '안정화 선택'이라는 언어적 기술과 일치하며, 그것은 날개의 길이가 평균 근처인 개체에게 좋은 조건이고 평균과 다른 개체에게 덜 좋은 조건이 된다.

본문: 유전적으로 나타나는 특징(예를 들면 날개의 길이)에 대한 처음 분포(그림 x.a)가 변하는 것을 환경 조건과 선택 개념으로 모형화하였다. 분포 변화가 좁고 높은 곡선(그림 x.b)으로 관찰될 때 다음과 같은

모형을 세울 수 있다. 환경 조건이 날개 길이가 평균(약 5.0cm)에 가까운 동물의 생존에 적절하고, 날개가 길거나(예를 들면, 5.5cm) 짧은(예를 들면, 4.5cm) 동물의 생존에는 부적절하다. 결과적으로 날개 길이가 5.5cm인 동물의 빈도는 증가하고 그보다 더 길거나(예를 들면, 5.5cm 이상) 짧은(예를 들면, 4.5cm 이하) 동물의 빈도는 감소한다. 우리는 이러한 현상을 '안정화 선택'이라고 기술할 수 있는데, 이것은 평균에 가까운 특성을 가진 동물의 빈도가 증가하는 것을 강조한다. 날개 길이의 평균이 변하는 분포 변화로 날개 길이를 관찰할 수 있는데, 예를 들면, 환경 B에서 개체 수 변화는 평균 길이가 증가한다(그림 x.c). 성체 동물에서 이러한 분포 변화를 관찰하면 우리는 다음과 같이 모형화한다. 날개가 긴 동물의 빈도가 증가하고 날개가 짧은 동물의 빈도가 동시에 감소하는 것은 날개가 긴 동물이 짧은 동물보다 환경 B에서 생식이 가능한 나이까지 살아남을 기회가 많고 그래서 [그림 x.c]와 같은 그래프에서 우리가 볼 수 있듯이 수가 많아졌다고 가정하면 설명할 수 있다. 처음 개체군의 관점에서 보았을 때 이 선택은 '방향적'이라고 기술될 수 있다. [그림 x.c]에 나타난 동물 특징의 분포 이동은 환경이 빠르게(동물의 평균 나이에 비하여) 변하는 시기에 관찰될 수 있다.

캡션과 본문은 그래프가 서로 다른 환경에 있는 가상적인 동물 개체군의 관찰 결과를 재현하는 것이라고 분명히 드러낸다. 본문에서 우리는 '안정화 선택'과 '방향적 선택'이라는 용어의 이론적 기능을 분명히 하기 위해 '기술하다'와 '모형화하다'라는 동사를 사용하였다. 이렇게 하여 우리의 그래프는 독자가 그래프 활동에 새로운 방식으로 참여하도록 해 준다. 그래프 활동과 대화 실행이 밀접하게 통합되어서, 그것들은 서로에게 자료가 되고 서로를 안정화하며 따라서 더 쉽게 활용될 가능성이 높아졌다. 또한 우리의 그래프는 그래프, 캡션, 본문의 자료를 과학 학술지와 유사하게 통합함으로써, 학생들이 진정한 과학적 표상 실행에 참여할 기회를 가질 수 있다. 우리가 여기서 제안한 것은 과학자들이 일상적으로 참여하는 시각자료 실행으로 향해 가는 초석을 제공한다.

원래의 그림이나 텍스트와 우리가 제안한 것 간에는 길이나 세부 사항 측면에서 분명한 차이가 있다. 이 점에서 [그림 10.4]는 학생들의 현재 읽기 실행 안에서 학생들의 해석을 지원하는 '좀 더 나은' 또는 '더 의미 있는' 그래프에 대한 가설을 구성한다. 학생들의 해석 실행을 비교하는 실험적 연구가 수행되어야 한다. 우리의 제안에 따라 나타날 수 있는 필연적 결과는 만약 교과서의 크기가 일정해야 한다면 교과서에서 다루는 개념의 수를 필요한 만큼 축소해야 하는 것이다. 사전처럼 과학 용어를 반복적으로 다루는 것은 후퇴될 것이고 과학 공동체에서 일상적으로 일어나는 좀 더 통합된 대화와 시각자료 실행을 선호하게 될 것이다.

주석

서문

1. Lori L. DiGisi and John B. Willett, 'What high school biology teachers say about their textbook use: A descriptive study', *Journal of Research in Science Teaching*, Vol.32, No.1 (1995), 123-142.

글을 시작하기에 앞서

1. John Berger, *Ways of Seeing* (London: Penguin Books, 1972), 10.
2. Bruno Latour, *Science in Action: How to Follow Scientists and Engineers through Society* (Milton Keynes: Open University Press, 1987).
3. Frances K. Aldrich and Linda Sheppard, 'Graphicacy: The Fourth "R"?', *Primary Science Review*, Vol.64, No.1 (2000), 8-11.
4. Pierre Bourdieu, 'The practice of reflexive sociology (The Paris workshop)', in Pierre Bourdieu and Loïc J. D. Wacquant, *An Invitation to Reflexive Sociology* (Chicago: University of Chicago Press, 1992), 216-260.
5. Greg Myers, 'Every picture tells a story: Illustrations in E. O. Wilson's *Sociobiology*', in Michael Lynch and Steve Woolgar (eds.), *Representation in scientific practice* (Cambridge, MA: MIT Press, 1990), 231-265, 244.
6. Michael Lynch, 'Laboratory space and the technological complex: An investigation of topical contextures', in S. Leigh Star (ed), *Ecologies of Knowledge: Work and Politics in Science and Technology* (Albany, NY: State University of New York Press, 1995), 226-256, 255, emphasis in the original.

7. 예를 들면, 다음을 보라. Richard E. Mayer and Richard B. Anderson, 'The instructive animation: Helping students build connection words and pictures in multimedia learning', *Journal of Educational Psychology*, Vol.84, No.4 (1992), 444-452.

8. Wolfgang Schnotz, E. Picard and A. Hron, 'How do successful and unsuccessful learners use texts and graphics?', *Learning and Instruction*, Vol.3, No.3 (1993), 181-199.

9. Latour, 앞의 책, 258.

10. Ken Morrison, 'Some researchable recurrences in discipline-specific inquiry', In D. T. Helm, W. T. Anderson, A. J. Meehan, & Anne W. Rawls (eds), *The Interactional Order: New Directions in the Study of Social Order* (New York: Irvington, 1989), 141-158, 145.

11. Morrison, 앞의 논문, 147.

1장

1. Michel Foucault, *Surveiller et punir: Naissance de la prison* (Paris: Gallimard, 1975).

2. 그러한 연구들이 다음의 재미있는 책에 모여 있다. *Representing as Scientific Practice.* Michael Lynch and Steve Woolgar (eds), *Representing as Scientific Practice* (Cambridge, MA: MIT Press, 1990).

3. Henry A. Giroux, *Border Crossings: Cultural Workers and the Politics of Education* (New York: Routledge, 1992), 244.

4. 예를 들면, 다음을 보라. Jacques Bertin, *Semiology of Graphics: Diagrams, Networks, Maps* (Madison, WI: University of Wisconsin Press, 1983); Fernande St. Martin, *Semiotics of Visual Language* (Bloomington: Indiana University Press, 1990; and Edward R. Tufte, *The Visual Display of Quantitative Information* (Cheshire, CT: Graphics Press, 1983).

5. 예를 들면, 다음을 보라. Gaea Leinhardt and coworkers (1990). 현재 밸러리 워커딘(Valerie Walkerdine)을 포함하여, 수학적 앎(knowing)을 사회적 실행으로 접근하며 '두 귀 사이와 두개골 아래'에 있는 회색 물질에서부터 관심을 돌려 개인이 사회적 · 물질적 세계와 상호 작용하는 것에 초점을 두는 연구자들이 있다. Gaea Leinhardt, Orit Zaslavsky and Mary K. Stein, 'Functions, graphs, and graphing: Tasks, learn-

ing, and teaching', *Review of Educational Research*, Vol.60, No.1 (1990), 1-64; Valerie Walkerdine, *The Mastery of Reason* (London: Routledge, 1988).

6. Howard Wainer, 'Understanding graphs and tables', *Educational Researcher*, Vol.21, No.1 (1992), 14-23, 18.
7. Bruno Latour, *Science in Action: How to Follow Scientists and Engineers through Society* (Milton Keynes: Open University Press, 1987), 258.
8. 움베르토 에코는 기호를 자신 이외의 다른 것을 가리키고 표현하는 물질의 분절이라고 정의하였다. 기호에는 문자, 단어, 문장, 그림, 그래프 등이 포함된다. 실력 있는 셜록 홈스에게는 어떤 대상의 위치, 소파 위의 머리카락, 밤중에 개 짖는 소리들도 어떤 대상이나 사건이나 현상을 말해 주는 기호가 된다. 수학 교육 문헌에서 '심볼(symbol)'의 개념은 기호학 문헌에서의 '기호'와 같은 의미로 종종 사용된다. Umberto Eco, *Semiotics and the Philosophy of Language* (Bloomington: Indiana University Press, 1984).
9. Bruce Wake, 'Best bang for education buck debated at school board', *Peninsula News Review*, 1998년 12월 11일자, 2.
10. 아래에 개관된 대로, 여기서 택한 관점을 따르면 기호와 텍스트는 그들이 나타내는 현상과 상호 구성적이다. 따라서 실재는 텍스트 **뒤에** 놓이는 것이 아니라 맥락/텍스트(con/text)에 동등하게 놓인다. 예를 들면 다음을 보라. Richard Rorty, *Contingency, Irony, and Solidarity* (Cambridge: Cambridge University Press, 1989).
11. Willard Van Orman Quine, *From Stimulus to Science* (Cambridge, Mass: Harvard University Press, 1995), 48.
12. Jon Barwise, 'On the circumstantial relation between meaning and content', In Umberto Eco, Marco Santambrogio and Patrizia Violi (eds), *Meaning and Mental Representations* (Bloomington: Indiana University Press, 1988), 23-39.
13. 기호학 연구들은 일반적으로 개인에게 기호의 존재는 문제시되지 않는다고 생각한다. 밸러리 워커딘은 'no more'라는 하나의 표현이 서로 다른 두 사람에게 같은 기표(signifier, 물질의 분절)가 될 수 있지만, 서로 다른 기호가 될 수 있다는 것에 주목한 사람 중 하나이다. Valerie Walkerdine, 'Redefining the subject in situated cognition theory', in David Kirshner and James A. Whitson (eds), *Situated Cognition* (Mahwah, NJ: Lawrence Erlbaum Associates, 1997), 57-70.
14. 독자는 카렌이 굴곡이 있는 선에 대한 묘사(해석체)로 '이것은 막힌 관이다'라고 반

대로 말한 것으로부터 심오한 인식론적 시사점을 생각해 보고 싶어 할 수 있다. 르네 마그리트가 그린 그림 〈파이프〉의 캡션에 있는 '이것은 파이프가 아니다.'라는 진술을 생각해 보라. 이 그림은 동일한 제목을 가진 미셸 푸코(Michel Foucault)가 쓴 유명한 소설의 주제이다. Michel Foucault, *This is not a Pipe*, trans. and ed. J. Harkness (Berkeley: University of California Press, 1983).

15. Eric Livingston, *An Anthropology of Reading* (Bloomington: Indiana University Press, 1995).

16. Wolff-Michael Roth and G. Michael Bowen, 'Complexities of graphical representations during lectures: A phenomenological approach', *Learning and Instruction*, Vol.9, No.3 (1999), 235-255.

17. 그래프 해석에 대한 연구에서는 학생들이 현상에 친숙한지(이것은 그래프와 현상 사이의 번역에서 중요하다), 특정 그래프 기호 요소의 사용에 관련된 규칙이나 관습에 친숙한지 등을 확인하지 않는다.

18. 예를 들면, 그러한 사례는 다음에서 찾아볼 수 있다. John Clement, 'The concept of variation and misconceptions in Cartesian graphing', *Focus on Learning Problems in Mathematics*, Vol.11, No.2 (1989), 77-87.

19. Wolff-Michael Roth, Michelle K. McGinn and G. Michael Bowen, 'How prepared are preservice teachers to teach scientific inquiry? Levels of performance in scientific representation practices', *Journal of Science Teacher Education*, Vol.9, No.1 (1998), 25-48.

20. 예를 들면, 다음을 보라. Paul Ricoeur, *From Text to Action: Essays in Hermeneutics, II* trans. K. Blaney and J. B. Thompson (Evanston, IL: Northwestern University Press, 1991).

21. 예를 들면, 다음을 보라. Winfried Nöh, *Handbook of Semiotics* (Bloomington: Indiana University Press, 1990).

22. 모든 현상은 어떤 형태의 기호에 '포착되기' 때문에, 그리고 우리의 모든 반성적 지식은 표상을 필요로 하기 때문에, 기호는 다른 기호를 나타낼 뿐이다. 구성주의자들도 다음과 같은 결론에 도달한다. 우리는 세상에 있는 그대로 접근할 수 없고 그것에 대한 묘사물에 접근할 수 있기 때문에, 하나의 기호는 다른 것을 나타낸다. 포스트모던적 읽기에서 우리는 맥락/텍스트에서 절대 벗어날 수 없다.

23. Barwise, 앞의 논문, 23-29.

24. Jenny Preece and Claude Janvier, 'A study of the interpretation of trends in multiple curve graphs of ecological situations', *School Science and Mathematics*, 92, No.6 (1992), 299-306.

25. Giroux, 앞의 책, 243.

26. Elinor Ochs, *Culture and Language Development: Language Acquisition and Language Socialization in a Samoan Village* (Cambridge: Cambridge University Press, 1988), 16.

2장

1. Wolff-Michael Roth, *Toward an Anthropology of Graphing: Semiotic and Anthropological Perspectives* (Dordrecht, The Netherlands: Kluwer Academic Publishers, 2003).

2. 베르탱(Bertin)은 그러한 측면에 대한 이야기를 개관하였다. 다음을 보라. Jacques Bertin, *Semiology of Graphics: Diagrams, Networks, Maps* (Madison, WI: University of Wisconsin Press, 1983).

3. Greg Myers, 'Every picture tells a story: Illustrations in E. O. Wilson's *Sociobiology*', in Michael Lynch and Steve Woolgar (eds.), *Representation in scientific practice* (Cambridge, MA: MIT Press, 1990), 231-265, 238).

4. Françise Bastide, 'The iconography of scientific texts: principles of analysis', in Michael Lynch and Steve Woolgar (eds), *Representation in Scientific Practice* (Cambridge, MA: MIT Press, 1990), 187-229.

5. Wolff-Michael Roth, 'Emergence of graphing practices in scientific research', *Journal of Cognition and Culture*, (in press).

6. Bastide, 앞의 책, 208.

7. Eric Livingston, *An Anthropology of Reading* (Bloomington: Indiana University Press, 1995), 55.

8. Robin S. Reid and James E. Ellis, 'Impacts of pastoralists on woodlands in South Turkana, Kenya: Livestock mediated tree recruitment', *Ecological Applications*, Vol.5 (1995), 978-992, 987.

9. D. E. Moody, 'Evolution and the textbook structure of biology', *Science Education*,

No.80, Vol.4 (1996), 395-418.

10. Roth, 앞의 책, 1.

11. Sylvia S. Mader, *Inquiry into Life* 4th ed. (Dubuque, IA: Wm. C. Brown, 1985), 504.

12. Mader, 앞의 책, 504.

13. Raymond F. Oram, *Biology: Living systems* 4th ed. (Columbus, OH: Charles E. Merril, 1983), 649.

14. Oram, 앞의 책, 82.

15. Oram, 앞의 책, 649.

16. 다음을 보라. G. Michael Bowen, Wolff-Michael Roth and Michelle K. McGinn, 'Interpretations of graphs by university biology students and practicing scientists: towards a social practice view of scientific representation practices', *Journal of Research in Science Teaching*, Vol.36, No.9 (1999), 1020-1043.

17. William A. Andrews, B. Jennifer Andrews, D. A. Balconi and N. J. Purcell, *Discovering Biological Science* (Scarborough, Ontario: Prentice-Hall Canada, 1983), at 568-570.

18. Andrews et al., 앞의 책, 568-570.

19. 예를 들면, 다음을 보라. Wolff-Michael Roth, G. Michael Bowen and Domenico Masciotra, 'From thing to sign and "natural object": Toward a genetic phenomenology of graph interpretation', *Science, Technology, & Human Values*, Vol.27, No.4 (2002), 327-356.

20. Jay L. Lemke, 'Multiplying meaning: Visual and verbal semiotics in scientific text', in J. R. Martin & R. Veel (eds), *Reading science* (London: Routledge, 1998), 87-113.

21. T. Piersma, J. van Gils and P. de Goeij, 'Holling's functional response model as a tool to link the food-finding mechanism of a probing shorebird with its spatial distribution', *The Journal of Animal Ecology, 64* (1995), 493-504, 497.

3장

1. 예를 들면, 다음을 보라. Jean Lave, *Cognition in Practice: Mind, Mathematics and*

Culture in Everyday Life (Cambridge, England: Cambridge University Press, 1988).

2. Wolff-Michael Roth, Kenneth Tobin and Kenneth Shaw 'Cascades of inscriptions and the re-presentation of nature: How numbers, tables, graphs, and money come to re-present a rolling ball', *International Journal of Science Education*, Vol.19, No.10 (1997), 1075-1091.

3. '데카르트의 오류'에서, 안토니오 다마시오(Antonio Damasio)는 신경학 연구에서 나타난 증거를 제시하였는데, 특정한 형태의 뇌손상을 입은 사람이 다른 행동을 생각해야 하는 지능 검사나 사회성 검사에서는 잘 하지만 일상의 상황에서는 의사 결정에 모두 실패하였다. 즉 검사 맥락에서 보여 준 지식은 실제적인 지식 활용과는 다르다. 다음을 보라. Antonio Damasio, *Descartes' Error: Emotion, Reason, and the Human Brain* (New York: HarperCollins, 2000).

4. 마이클 보엔은 이 단원을 설계하고 함께 가르쳤으며, 울프-마이클 로스는 교실에서의 연구를 수행하고, 검사를 설계하고 실시하였으며, 수업을 촬영하고, 면담을 하고, 기록을 전사하고, 자료를 분석하였다.

4장

1. 추이대는 인접한 군락이 서로 겹치면서 생긴 혼합 식생의 생태적 군락으로 정의된다. 이것은 보통 단절적인 선보다는 띠의 형태를 띤다. 예를 들면 아마존 강의 범람원은 강과 땅 사이의 추이대로 해석되기도 하고, 때로는 특정한 생태계로 간주되기도 한다. 하지만 추이대는 그 경계를 쉽게 정할 수 없다는 이유 등으로 개념상 많은 논란이 있다.

2. Bruno Latour, *Pandora's Hope: Essays on the Reality of Science Studies* (Cambridge, MA: Harvard University Press, 1999).

3. John Law and Michael Lynch, 'Lists, field guides, and the descriptive organization of seeing: Birdwatching as an exemplary observational activity', in Michael Lynch and Steve Woolgar (eds), *Representation in Scientific Practice* (Cambridge, MA: MIT Press, 1990), 267-299.

4. 로스(Roth), 보엔(Bowen), 맥긴(McGinn)의 연구 (1999)와 포저(Pozzer), 로스의 연구(2003)에서 우리는 고등학교 교과서에 사용된 서로 다른 유형의 시각자료를 자세히 분석하였으며, 전자의 논문에서는 과학 학술지에 있는 시각자료의 유형과도 비교하였다. 또한 2장을 보라. Pozzer, Lilian L. and Wolff-Michael Roth, 'Prevalence,

function, and structure of photographs in high school biology textbooks', *Journal of Research in Science Teaching*, Vol.40, No.9 (2002), 1089-1114; Roth, Wolff-Michael, G. Michael Bowen and Michelle K. McGinn, 'Differences in graph related practices between high school biology textbooks and scientific ecology journals', *Journal of Research in Science Teaching*, Vol.36, No.9 (1999), 977-1019.

5. 전체 148개의 시각자료 중에서 이들 4가지 기능의 빈도는 다음과 같다. 장식적 기능 (*n*=8 [5.4%]), 예시적 기능 (*n*=52 [35.1%]), 설명적 기능 (*n*=42 [28.4%]), 보충적 기능 (*n*=46 [31.1%]).

6. 조지 레이코프(George Lakoff)는 두 가지 사례를 이야기하였는데, 그 하나는 중심에 근접한 유형의 예를 들면 상대적으로 전형적인 예이며, 다른 하나는 두 유형의 경계에 근접한 예를 들면 어느 유형으로 분류하는 것이 쉽지 않은 예이다. 다음을 보라. George Lakoff, *Women, Fire, and Dangerous Things: What Categories Reveal about the Mind* (Chicago: University of Chicago Press, 1987).

7. 웹 페이지와 같은 멀티미디어에서 이미지에 접근하도록 하는 방법은 다양하다. 예를 들면 이미지에 연결된 버튼을 만들어서 독자가 원한다면 새 창에 열어 모니터 이곳저곳으로 움직이게 할 수 있다.

5장

1. 인류학, 언어학, 교육에서의 문헌 리뷰는 다음에 있다. Wolff-Michael Roth, 'Gestures: Their role in teaching and learning', *Review of Educational Research*, Vol.71, No.4 (2002), 365-392; Wolff-Michael Roth, 'Gesturespeech phenomena, learning and development', *Educational Psychologist*, Vol.38, No.4 (2003), 249-263.

2. Jay L. Lemke, 'Multiplying meaning: Visual and verbal semiotics in scientific text', in J. R. Martin & R. Veel (eds), *Reading Science* (London: Routledge, 1998), 87-113.

3. Charles Goodwin, 'Professional vision', *American Anthropologist*, Vol.96, No.4 (1994), 606-633.

4. Wolff-Michael Roth, G. Michael Bowen and Michelle K. McGinn, 'Differences in graph-related practices between high school biology textbooks and scientific ecology journals', *Journal of Research in Science Teaching*, Vol.36, No.9 (1999), 977-1019.

6장

1. John Berger, *Ways of Seeing* (London: Penguin Books, 1972), 10.

2. 예를 들면, 다음을 보라. Lucy A. Suchman and Brigitte Jordan, 'Interactional troubles in face-to-face survey interviews', *Journal of the American Statistical Association*, Vol.85 (1990), 232-244; Wolff-Michael Roth and Yew Jin Lee, 'Interpreting unfamiliar graphs: A generative, activity-theoretic model', *Educational Studies in Mathematics* (in press).

3. 우리의 연구 집단에서 수행한 한 연구에서 환경보호론자가 한 사진을 사용하여 하천이 인간의 활동에 의해 변하고 황폐화된 것과 시민들이 하천을 보살피고 모니터하고 있는 것을 살펴보았다. 다음을 보라. Stuart Lee and Wolff-Michael Roth, 'How ditch and drain become a healthy creek: Representations, translations and agency during the re/design of a watershed', *Social Studies of Science*, Vol.31, No.3 (2001), 315-356.

4. 그러한 연구의 예를 들면, 다음을 보라. Schoultz, Säljö & Wyndhamn, 2001; Ueno & Arimoto, 1993. 우리의 연구 집단에서 수행한 한 연구는 도해력이 맥락화되는 서로 다른 방식을 조사하도록 설계되었는데, 한 맥락은 물리학자가 잠재적인 지시 대상을 정교화하는 맥락이며, 다른 맥락은 면담 자체의 맥락으로 참여자가 면담을 목표로 하고 그들의 응답에 의해 매개되는 맥락이다. 다음을 보라. Roth and Lee, op. cit. note 2. 그리고 다음을 보라. Jan Schoultz, Roger Säljö and Jan Wyndhamn, 'Heavenly talk: Discourse, artifacts, and children's understanding of elementary astronomy', *Human Development*, Vol.44, No.1 (2001), 103-118; Naoki Ueno and N. Arimoto, 'Learning physics by expanding the metacontext of phenomena', *The Quarterly Newsletter of the Laboratory of Comparative Human Cognition*, Vol.15, No.1 (1993), 53-63.

7장

1. 예를 들면, 다음을 보라. Wolff-Michael Roth, Carolyn Woszczyna and Gilian Smith, 'Affordances and constraints of computers in science education', *Journal of Research in Science Teaching*, Vol.33, No.10 (1996), 995-1017.

2. 여기에서 독자는 주어진 시각자료에 대한 해석자를 말한다. 우리는 시각자료를 이해하는 데(예를 들면, [그림 7.1]에서 보일 법칙을 해석하는 데) 필요한 해석적 일을 연구

자 또는 저자의 관점에서 분석한다. 단, 우리를 시각자료에 친숙하지 않다고 가정하고, 그렇게 만듦으로써 분석한다.

3. 의미론은 문장이나 단어 등의 의미에 대한 해석이다(캐나다 옥스퍼드 사전, 2001) 이 장에서 의미론적 모형이라는 말은 시각자료를 해석하는 일을 분석하는 데 사용된 모형을 지칭한다.

4. Wolff-Michael Roth and Reinders Duit, 'Emergence, flexibility, and stabilization of language in a physics classroom', *Journal for Research in Science Teaching*, Vol.40, No.9 (2003), 869-897.

5. Jacques Derrida, *Limited Inc* (Chicago: University of Chicago Press, 1988).

8장

1. 예를 들면, 다음을 보라. Yehudit J. Dori and Mira Hameiri, 'Multidimensional analysis system for quantitative chemistry problems: Symbol, macro, micro, and process aspects', *Journal of Research in Science Teaching*, Vol.40, No.3 (2003), 278-302.

2. 예를 들면, 다음을 보라. Dorothy L. Gabel, 'Research on problem solving: Chemistry', in Dorothy L. Gabel (ed), *Handbook of Research on Science Teaching and Learning* (New York: Macmillan Publishing Company), 301-326.

3. Shimshon Novick and Joseph Nussbaum, 'Junior high school pupils' understanding of the particulate nature of mater: An interview study', *Science Education*, Vol.62, No.3 (1978), 273-281.

9장

1. Michael Lynch, 'Method: measurement-ordinary and scientific measurement as ethnomethodological phenomena', in Graham Button (ed), *Ethnomethodology and the Human Sciences* (Cambridge: Cambridge University Press, 1991), 77-108.

2. Paul Ricoeur, *From Text to Action: Essays in Hermeneutics, II*, trans. K. Blaney and J. B. Thompson (Evanston, IL: Northwestern University Press, 1991).

3. Gregory Bateson, *Steps to an Ecology of Mind* (New York: Ballantine, 1972).

4. Jeremy Roschelle, 'Learning by collaborating: Convergent conceptual change', *The*

Journal of the Learning Sciences, Vol.2, No.3 (1992), 235-276.

5. 예를 들면, 다음을 보라. Kathryn Henderson, 'Flexible sketches and inflexible data bases: Visual communication, conscription devices, and boundary objects in design engineering', *Science, Technology, & Human Values*, Vol.16, No.4 (1991), 448-473; Karin Knorr-Cetina and Klaus Amann, 'Image dissection in natural scientific inquiry', *Science, Technology, & Human Values*, 15, No.3 (1990), 259-283.

참고 문헌

Aldrich, Frances K. and Linda Sheppard, 'Graphicacy: The Fourth 'R'?', *Primary Science Review*, Vol.64, No.1 (2000), 8-11.

Andrews, William A., B. Jennifer Andrews, D. A. Balconi and N. J. Purcell, *Discovering Biological Science* (Scarborough, Ontario: Prentice-Hall Canada, 1983).

Barwise, Jon, 'On the circumstantial relation between meaning and content', In Umberto Eco, Marco Santambrogio and Patrizia Violi (eds), *Meaning and Mental Representations* (Bloomington: Indiana University Press, 1988), 23-39.

Bastide, Françoise, 'The iconography of scientific texts: principles of analysis', in Michael Lynch and Steve Woolgar (eds), *Representation in Scientific Practice* (Cambridge, MA: MIT Press, 1990), 187-229.

Bateson, Gregory, *Steps to an Ecology of Mind* (New York: Ballantine, 1972).

Berger, John, *Ways of Seeing* (London: Penguin Books, 1972).

Bertin, Jacques *Semiology of Graphics: Diagrams, Networks, Maps* (Madison, WI: University of Wisconsin Press, 1983).

Bourdieu, Pierre, 'The practice of reflexive sociology (The Paris workshop)', in Pierre Bourdieu and Loïc J. D. Wacquant, *An Invitation to Reflexive Sociology* (Chicago: University of Chicago Press, 1992), 216-260.

Bowen, G. Michael, Wolff-Michael Roth and Michelle K. McGinn, 'Interpretations of graphs by university biology students and practicing scientists: towards a social practice view of scientific representation practices', *Journal of Research in Science Teaching*, Vol.36, No.9 (1999), 1020-1043.

Clement, John, 'The concept of variation and misconceptions in Cartesian graphing', *Focus on Learning Problems in Mathematics*, Vol.11, No.2 (1989), 77-87.

Damasio, Antonio, *Descartes' Error: Emotion, Reason, and the Human Brain* (New York: HarperCollins, 2000).

Derrida, Jacques, *Limited Inc* (Chicago: University of Chicago Press, 1988).

DiGisi, Lori L. and John B. Willett, 'What high school biology teachers say about their textbook use: A descriptive study', *Journal of Research in Science Teaching*, Vol.32, No.1 (1995), 123-142.

Foucault, Michel, *Surveiller et punir: Naissance de la prison* (Paris: Gallimard, 1975).

________, *This is not a Pipe*, trans. and ed. J. Harkness (Berkeley: University of California Press, 1983).

Gabel, Dorothy L., 'Research on problem solving: Chemistry', in Dorothy L. Gabel (ed), *Handbook of Research on Science Teaching and Learning* (New York: Macmillan Publishing Company), 301-326.

Giroux, Henry A., *Border Crossings: Cultural Workers and the Politics of Education* (New York: Routledge, 1992).

Goodwin, Charles, 'Professional vision', *American Anthropologist*, Vol.96, No.4 (1994), 606-633.

Henderson, Kathryn, 'Flexible sketches and inflexible data bases: Visual communication, conscription devices, and boundary objects in design engineering', *Science, Technology, & Human Values*, Vol.16, No.4 (1991), 448-473.

Knorr-Cetina, Karin and Klaus Amann, 'Image dissection in natural scientific inquiry', *Science, Technology, & Human Values*, 15, No.3 (1990), 259-283.

Lakoff, George, *Women, Fire, and Dangerous Things: What Categories Reveal about the Mind* (Chicago: University of Chicago Press, 1987).

Latour, Bruno, *Science in Action: How to Follow Scientists and Engineers through Society* (Milton Keynes: Open University Press, 1987).

________, *La clef de Berlin et autres leçons d'un amateur de sciences* (Paris: Éditions la Découverte, 1993).

________, *Pandora's Hope: Essays on the Reality of Science Studies* (Cambridge, MA:

Harvard University Press, 1999).

Lave, Jean, *Cognition in Practice: Mind, Mathematics and Culture in Everyday Life* (Cambridge, England: Cambridge University Press, 1988).

Law, John and Michael Lynch, 'Lists, field guides, and the descriptive organization of seeing: Birdwatching as an exemplary observational activity', in Michael Lynch and Steve Woolgar (eds), *Representation in Scientific Practice* (Cambridge, MA: MIT Press, 1990), 267-299.

Leinhardt, Gaea, Orit Zaslavsky and Mary K. Stein, 'Functions, graphs, and graphing: Tasks, learning, and teaching', *Review of Educational Research*, Vol.60, No.1 (1990), 1-64.

Lemke, Jay L., 'Multiplying meaning: Visual and verbal semiotics in scientific text', in J. R. Martin & R. Veel (eds), *Reading science* (London: Routledge, 1998), 87-113.

Livingston, Eric, *An Anthropology of Reading* (Bloomington: Indiana University Press, 1995).

Lynch, Michael, 'Laboratory space and the technological complex: An investigation of topical contextures', in S. Leigh Star (ed), *Ecologies of Knowledge: Work and Politics in Science and Technology* (Albany, NY: State University of New York Press 1995), 226-256.

________, 'Method: measurement—ordinary and scientific measurement as ethnomethodological phenomena', in Graham Button (ed), *Ethnomethodology and the Human Sciences* (Cambridge: Cambridge University Press, 1991), 77-108.

Lynch Michael and Steve Woolgar (eds), *Representing as Scientific Practice* (Cambridge, MA: MIT Press, 1990).

Mader, Sylvia S., *Inquiry into Life* 4th ed. (Dubuque, IA: Wm. C. Brown, 1985).

Mayer, Richard E. and Richard B. Anderson, 'The instructive animation: Helping students build connection words and pictures in multimedia learning', *Journal of Educational Psychology*, Vol.84, No.4 (1992), 444-452.

Moody, D. E., 'Evolution and the textbook structure of biology', *Science Education*, No.80, Vol.4 (1996), 395-418.

Morrison, Ken, 'Some researchable recurrences in discipline-specific inquiry', In D. T. Helm, W. T. Anderson, A. J. Meehan, & Anne W. Rawls (eds), *The Interactional Order: New Directions in the Study of Social Order* (New York: Irvington, 1989), 141-158.

Myers, Greg, 'Every picture tells a story: Illustrations in E. O. Wilson's Sociobiology', in Michael Lynch and Steve Woolgar (eds.), *Representation in scientific practice* (Cambridge, MA: MIT Press, 1990), 231-265.

Nöth, Winfried, *Handbook of Semiotics* (Bloomington: Indiana University Press, 1990).

Novick, Shimshon and Joseph Nussbaum, 'Junior high school pupils' understanding of the particulate nature of mater: An interview study', *Science Education*, Vol.62, No.3 (1978), 273-281.

Ochs, Elinor, *Culture and Language Development: Language Acquisition and Language Socialization in a Samoan Village* (Cambridge: Cambridge University Press, 1988).

Oram, Raymond F., *Biology: Living systems* 4th ed. (Columbus, OH: Charles E. Merril, 1983).

Piersma, T., J. van Gils and P. de Goeij, 'Holling's functional response model as a tool to link the food-finding mechanism of a probing shorebird with its spatial distribution', *The Journal of Animal Ecology*, Vol.64 (1995), 493-504.

Pozzer, Lilian L. and Wolff-Michael Roth, 'Prevalence, function, and structure of photographs in high school biology textbooks', *Journal of Research in Science Teaching*, Vol.40, No.9 (2002), 1089-1114.

Preece, Jenny and Claude Janvier, 'A study of the interpretation of trends in multiple curve graphs of ecological situations', *School Science and Mathematics*, 92, No.6 (1992), 299-306.

Quine, Willard Van Orman, *From Stimulus to Science* (Cambridge, Mass: Harvard University Press, 1995).

Reid, Robin S. and James E. Ellis, 'Impacts of pastoralists on woodlands in South Turkana, Kenya: Livestock mediated tree recruitment', *Ecological Applications*,

Vol.5 (1995), 978-992.

Ricoeur, Paul, *From Text to Action: Essays in Hermeneutics, II* trans. K. Blaney and J. B. Thompson (Evanston, IL: Northwestern University Press, 1991).

Rorty, Richard, *Contingency, Irony, and Solidarity* (Cambridge: Cambridge University Press, 1989).

Roschelle, Jeremy, 'Learning by collaborating: Convergent conceptual change', *The Journal of the Learning Sciences*, Vol.2, No.3 (1992), 235-276.

Roth, Wolff-Michael, 'Gestures: Their role in teaching and learning', *Review of Educational Research*, Vol.71, No.4 (2002), 365-392.

_______, 'Gesture-speech phenomena, learning and development', *Educational Psychologist*, Vol.38, No.4 (2003), 249-263.

_______, *Toward an Anthropology of Graphing: Semiotic and Anthropological Perspectives* (Dordrecht, The Netherlands: Kluwer Academic Publishers, 2003).

_______, 'Emergence of graphing practices in scientific research', *Journal of Cognition and Culture,* (in press).

Roth, Wolff-Michael and G. Michael Bowen, 'Complexities of graphical representations during lectures: A phenomenological approach', *Learning and Instruction*, Vol.9, No.3 (1999), 235-255.

Roth, Wolff-Michael, G. Michael Bowen and Domenico Masciotra, 'From thing to sign and "natural object": Toward a genetic phenomenology of graph interpretation', *Science, Technology, & Human Values*, Vol.27, No.4 (2002), 327-356.

Roth, Wolff-Michael, G. Michael Bowen and Michelle K. McGinn, 'Differences in graph-related practices between high school biology textbooks and scientific ecology journals', *Journal of Research in Science Teaching*, Vol.36, No.9 (1999), 977-1019.

Roth, Wolff-Michael and Reinders Duit, 'Emergence, flexibility, and stabilization of language in a physics classroom', *Journal for Research in Science Teaching*, Vol.40, No.9 (2003), 869-897.

Roth, Wolff-Michael and Yew Jin Lee, 'Interpreting unfamiliar graphs: A generative, activity-theoretic model', *Educational Studies in Mathematics* (in press).

Roth, Wolff-Michael, Michelle K. McGinn and G. Michael Bowen, 'How prepared are preservice teachers to teach scientific inquiry? Levels of performance in scientific representation practices', *Journal of Science Teacher Education*, Vol.9, No.1 (1998), 25-48.

Roth, Wolff-Michael, Kenneth Tobin and Kenneth Shaw 'Cascades of inscriptions and the re-presentation of nature: How numbers, tables, graphs, and money come to represent a rolling ball', *International Journal of Science Education*, Vol.19, No.10 (1997), 1075-1091.

Roth, Wolff-Michael, Carolyn Woszczyna and Gilian Smith, 'Affordances and constraints of computers in science education', *Journal of Research in Science Teaching*, Vol.33, No.10 (1996), 995-1017.

Schnotz, Wolfgang, E. Picard and A. Hron, 'How do successful and unsuccessful learners use texts and graphics?', *Learning and Instruction*, Vol.3, No.3 (1993), 181-199.

Schoultz, Jan, Roger Säljö and Jan Wyndhamn, 'Heavenly talk: Discourse, artifacts, and children's understanding of elementary astronomy', *Human Development*, Vol.44, No.1 (2001), 103-118.

St. Martin, Fernande, *Semiotics of Visual Language* (Bloomington: Indiana University Press, 1990).

Suchman, Lucy A. and Brigitte Jordan, 'Interactional troubles in face-to-face survey interviews', *Journal of the American Statistical Association*, Vol.85 (1990), 232-244.

Tufte, Edward R., *The Visual Display of Quantitative Information* (Cheshire, CT: Graphics Press, 1983).

Ueno, Naoki and N. Arimoto, 'Learning physics by expanding the metacontext of phenomena', *The Quarterly Newsletter of the Laboratory of Comparative Human Cognition*, Vol.15, No.1 (1993), 53-63.

Wainer, Howard, 'Understanding graphs and tables', *Educational Researcher*, Vol.21, No.1 (1992), 14-23.

Wake, Bruce, 'Best bang for education buck debated at school board', *Peninsula News*

Review, 11 December 1998.

Walkerdine, Valerie, *The Mastery of Reason* (London: Routledge, 1988).

_______, 'Redefining the subject in situated cognition theory', in David Kirshner and James A. Whitson (eds), *Situated Cognition* (Mahwah, NJ: Lawrence Erlbaum Associates, 1997), 57-70.

사진 정보

저작권 허락을 받아 게재함

89쪽 그림 2.3, 95쪽 그림 2.4, 101쪽 그림 2.5, 104쪽 그림 2.6, 158쪽 그림 4.1, 163쪽 그림 4.3, 169쪽 그림 4.5, 170쪽 그림 4.6, 172쪽 그림 4.7, 175쪽 그림 4.9, 179쪽 그림 4.10, 180쪽 그림 4.11, 181쪽 그림 4.12, 182쪽 그림 4.13, 184쪽 그림 4.15, 185쪽 그림 4.16, 225쪽 그림 6.1, 226쪽 그림 6.2, 227쪽 그림 6.3, 228쪽 그림 6.4, 259쪽 그림 7.1, 272쪽 그림 7.3, 278쪽 그림 7.5, 283쪽 그림 7.7, 288쪽 그림 7.9, 301쪽 그림 8.1, 307쪽 그림 8.2, 314쪽 그림 8.5, 315쪽 그림 8.6, 323쪽 그림 8.8, 328쪽 그림 8.10, 332쪽 그림 8.12

울프-마이클 로스 제공

193쪽 그림 5.1, 234쪽 그림 6.5

역자 후기

우리는 이 책을 함께 공부하면서, 교육적 관점에서 '시각자료'의 의미를 생각하고 연구할 정향을 가지게 되었다. 궁극적으로 이 책은 교사가 비판적 교육자로서의 자세를 가지고 학생들의 비판적 도해력을 발달시키게 한다.

이 책은 모든 교과서와 교실 수업에서 일상적으로 사용하고 있는 간단한 시각자료와 겹쳐진 시각자료의 의미를 읽고, 이해하며, 해석하고, 활용하는 데 필요한 기호학, 인류학, 비판적 현상학과 해석학적 관점을 만나게 해 준다.

세상의 모든 것이 다 기호이며, 기호학은 세상을 보는 다양한 시각을 제시한다. 자신을 지우면서 비판적으로 세상을 보는 기호학적 시각을 한글로 소개할 수 있게 되어 기쁘다. 그리고 번역이 저술 못지않게 어렵다는 걸 이제 몸으로 알았다.

이 책은 한재영 교수님 덕분에 여러 교과교육 전공자들이 함께 모여 즐겁게 공부한 결과물이지만, 역자들의 미숙한 번역으로 부족한 점이 많다. 독자와 함께 '시각자료'의 의미를 어떻게 이해하고 활용할 것인가를 다시 생각해 보는 기초 자료로 공유해 보겠다는 생각만으로 출판하게 되었다. 지금부터 여러분을 '시각자료'의 의미를 토론하는 담론의 장으로 초대한다.

역자들의 원고를 책으로 출판해 주신 ㈜푸른길 출판사 김선기 대표이사님과 이선주 님께 진심으로 감사드린다.

2015년 2월 개신동 연구실에서

번역자 일동